Rainer F. Schmidt

Rudolf Heß
»Botengang eines Toren«?

Rainer F. Schmidt

Rudolf Heß
»Botengang eines Toren«?

Der Flug nach Großbritannien
vom 10. Mai 1941

ECON

2. Auflage 2000
Econ Ullstein List Verlag GmbH & Co. KG, München

Lektorat: Dr. Klaus von Seckendorff
Gesetzt aus der Melior
Satz: Dörlemann Satz, Lemförde
Papier: Papierfabrik Schleipen GmbH, Bad Dürkheim
Druck und Bindearbeiten:
Bercker, Graphischer Betrieb GmbH & Co. KG, Kevelaer
Printed in Germany
ISBN 3-430-18016-3

Inhalt

Danksagung

Die vorliegende Studie wurde im Sommersemester 1996 von der Philosophischen Fakultät der Julius-Maximilians-Universität Würzburg als Habilitationsschrift angenommen. Mein Dank gilt daher zuvörderst den Gutachtern der Arbeit, den Herren Professoren Harm Hinrich Brandt, Peter Baumgart, Peter Herde, Wolfgang Altgeld und Paul-Ludwig Weinacht, für die kritische Lektüre des Manuskripts.

Für Auskünfte und Korrespondenz bzw. wegen der Überlassung von Material aus Privatbesitz bin ich den folgenden Herren sehr verpflichtet: Herrn Heinz Ehrenberg, Herrn General Adolf Galland (†), Herrn Michael Gerl, Herrn Botschafter a.D. Hans-Heinrich Herwarth von Bittenfeld, Herrn Regierungsbaumeister Wolf Rüdiger Heß, Herrn Ingenieur Heinrich Linse, Herrn Piloten Franz Löser, Herrn Verfassungsschutzpräsidenten a.D. Hubert Mehler, Herrn Rüdiger Proske, Herrn Hugo Renninger, Herrn Dr. Ulrich Schlie, Herrn Reinhard Spitzy, Herrn Prof. Dr. Norman Stone sowie Herrn Werner Ziegler.

Mein Dank gebührt auch denjenigen Damen und Herren, die mir in den verschiedenen Archiven und bei behördlichen Auskunftsstellen ihre freundliche Unterstützung gewährten. Im einzelnen sind hier hervorzuheben: Frau Dr. Elke Fröhlich und Herr Dr. Hermann Weiß vom Institut für Zeitgeschichte in München; Frau Dr. Maria Keipert vom Politischen Archiv des Auswärtigen Amtes in Bonn; Mrs Linda Wheeler von der Hoover Institution in Kalifornien; Mrs M. Cousins, Mrs Christine Wilson und Mr Richard Bevins vom Library and Records Department des Foreign and Commonwealth Office in London; Mr Stephen Walton vom Imperial War Museum in London; Mrs Helen Langley von der Bodleian Library in Oxford; Mr Alan Kucia vom Churchill Archi-

ves Centre des Churchill College in Cambridge sowie dessen Keeper Mr Correlli Barnett, M.A. Der engagierten Fürsprache von Herrn Dr. Ehni, Chef der Kulturabteilung der deutschen Botschaft in Großbritannien, ist es zu verdanken, daß ich im Churchill Archives Centre in die sogenannten Chartwell Papers Einsicht nehmen konnte.
Im jahrelangen Entstehungsprozeß der Arbeit ist mir von vielen Seiten Hilfe, Anregung und Förderung zuteil geworden. Meine Freunde Dr. Wolfgang Bergerhausen/Universität Würzburg, Dr. Timothy O'Herlihy/University of Cork sowie Professor Dr. Lothar Höbelt/Universität Wien haben den Fortgang der Studie mit großem Interesse und nie ermüdender Diskussionsbereitschaft begleitet; mein Vater hat das Manuskript mit großem Engagement durchstudiert; Frau Charlotte und Herr Peter Heinlein, mein ehemaliger Seminarlehrer, sowie Herr Professor Dr. Peter Herde, der profunde Kenner des Zweiten Weltkrieges, haben mir stets ihren warmherzigen Rat und manchen Ansporn zuteil werden lassen. Die größte Dankesschuld ist jedoch gegenüber meinem verehrten akademischen Lehrer Professor Dr. Harm Hinrich Brandt abzutragen, dessen Geduld, Toleranz und analytische Brillanz mir stets ein unerreichbares Vorbild bleiben werden. Ihm ist diese Arbeit gewidmet.

Vachendorf, im Frühjahr 1997
Rainer F. Schmidt

Neue Quellen und alte Spekulationen

Am Samstag, dem 14. Juni 1941, merken die Wachsoldaten, daß etwas Ungewöhnliches im Gange ist. Der Gefangene bleibt den ganzen Tag über in einer »schwierigen Stimmung«, läuft »wie ein Löwe im Käfig auf der Terrasse hin und her und weigert sich zu antworten, wenn man ihn anspricht«. Er bittet »lediglich um eine Klistierspritze« und zieht sich, wie es im Tagebuch des Lagerkommandanten heißt, »mit diesem Schatz« in sein Badezimmer zurück. Kurze Zeit später erscheint er wieder, »offenbar ohne irgendeine Erleichterung durch sein neues Spielzeug erhalten zu haben«, und verbringt den Nachmittag »in tiefstem Trübsinn auf seinem Zimmer«.[1]

In diesem knapp 15 Quadratmeter großen, spartanisch möblierten Raum im Obergeschoß eines »Camp Z« genannten viktorianischen Landhauses im südenglischen Kent, wo man ihn interniert hält, trifft er Anstalten, von der Welt Abschied zu nehmen. Seine handgeschriebenen Notizen für die vor knapp einer Woche endlich angelaufenen Verhandlungen mit der britischen Regierung versieht er mit der bitteren Schlußbemerkung: »Schweigen – Keine Zustimmung«.[2] Dann schreibt er drei Abschiedsbriefe: an seine Familie und Freunde mit dem fatalistisch-pathetischen Schlußsatz: »Früher oder später müssen wir alle sterben. Wohl dem, der für eine große Idee sterben darf«,[3] an seinen dreijährigen Sohn, dem er in allen Einzelheiten seinen dramatischen Flug vom 10. Mai mit einer Me 110 nach Schottland schildert, wobei er von »höhere[n], schicksalsgesteuerte[n] Kräfte[n]« schreibt, auf deren Bestimmung hin er nach England gekommen sei, um »hier über Verständigung und Frieden zu sprechen«,[4], an seinen »Führer«, Adolf Hitler, dem er seinen »letzten Gruß« widmet und dessen »Groß-Deutschland«, so zeigt er sich

überzeugt, »einer ungeahnten Größe« entgegengehe.[5] Diese Abschiedsbriefe, gekennzeichnet von Todessehnsucht, Wehmut und der Erkenntnis, daß seine selbstgewählte Mission gescheitert ist, sind bewegende Zeugnisse. Sie dokumentieren, daß sich hinter dem Gestus des tollkühnen Parlamentärs, hinter der Fassade der unerschütterlichen Siegeszuversicht eines verstockten Nationalsozialisten, hinter den großen Entwürfen von der Aufteilung der Welt in ein deutsch beherrschtes Kontinentaleuropa und ein britisches Seeimperium eine menschliche Tragödie verbirgt, die nun am Abgrund der Selbstzerstörung angelangt ist.
Die Wachsoldaten, die er bis gegen zwei Uhr morgens ständig auf Trab hält, finden ihn im Zustand hochgradiger Erregung, leichenblaß und mit tief in den Höhlen liegenden Augen. Er sei, so stößt er immer wieder hervor, in die Hände des Secret Service gefallen und werde auf Anweisung einer »kleinen Clique«, die ihn davon abhalten wolle, zwischen Deutschland und England Frieden zu stiften, durch die Beimengung von Gift in seine Lebensmittel systematisch in den Tod getrieben.[6] Der psychische Zustand von Heß hat am Sonntag morgen ein derart kritisches Stadium erreicht, daß Sir Stewart Menzies, der Chef des für Spionage zuständigen Geheimdienstes MI 6 Seiner Majestät, sich eilends ins Foreign Office begibt, um mitzuteilen, daß Heß »durchzudrehen« drohe. Dort allerdings begegnet man dem persönlichen Schicksal des Staatsgefangenen mit emotionaler Kälte und politisch bestimmter Zweckrationalität. »Mir ist es ziemlich egal, was mit *ihm* passiert. *Wir* können ihn benutzen«, so kommentiert der zuständige Unterstaatssekretär Sir Alexander Cadogan die Nachrichten aus Camp Z in seinem Tagebuch. Es komme vielmehr darauf an, wie man die Affäre Heß »ausbeutet, gleichviel, ob er lebt, unzurechnungsfähig oder tot ist«.[7]
In der darauffolgenden Nacht kommt es kurz vor der Morgendämmerung zum Höhepunkt der Krise. Gegen 3:55 Uhr taucht »Z«, wie Heß' Deckname im Jargon des britischen Geheimdienstes lautet, im Pyjama vor dem Zimmer des Offiziers vom Dienst auf und erklärt, daß er nicht schlafen könne und deshalb etwas Whisky zu sich genommen habe. Dann schlurft er scheinbar gleichgültig in sein Zimmer zurück. Fünf Minuten später ruft er dem Wachposten durch die Dunkelheit zu, daß er sofort einen Arzt zu sehen wünsche. Und dann geht alles ganz schnell. Kaum ist Major Dicks, der zuständige Arzt, geweckt worden, kaum hat

der Posten das eiserne Gitter zurückgeschoben, das im oberen Teil des Hauses die Räume des Gefangenen vom Flur und vom Treppenhaus trennt, stürmt Heß, der seine Luftwaffenuniform übergestreift hat, los. Die Absätze seiner schwarzen Fliegerstiefel knallen auf den marmornen Fußboden. Seine unter buschigen Brauen tiefliegenden Augen haben einen starren Ausdruck angenommen. Mit einem Ruck stößt er den Posten und den Arzt beiseite und stürzt sich über das Treppengeländer in die knapp vier Meter tiefer liegende Eingangshalle hinunter.[8]

»Z fiel schwer und begann sofort zu wehklagen und zu schreien [...] Der Arzt verabreichte Z eine Morphiuminjektion«, der herbeigerufene Chirurg diagnostizierte einen Bruch des linken Oberschenkels, und Heß wurde dann in sein Zimmer zurückgebracht und auf ein Armeebett gelegt, so lautet das nüchterne Fazit dieser dramatischen Szene in den Akten.[9] Wie so vieles seit seiner Ankunft in Schottland nach einem Flug von Haunstetten bei Augsburg vor genau sechs Wochen ist Heß auch dieser letzte, selbstzerstörerische Versuch mißlungen, durch seinen Freitod die britische Öffentlichkeit aufzurütteln, für die Ausgleichsideen Hitlers zu gewinnen und ein Fanal zum Sturz der Regierung Churchill zu setzen. Tatsächlich hat Heß keinen Einfluß mehr auf den Gang der Entwicklung, ist er in einer grenzenlosen Selbsttäuschung befangen, wenn er starrsinnig daran festhält, daß – mit Ausnahme Churchills – »das gesamte Kabinett bemüht sei, einen Frieden auszuhandeln«.[10] Denn mit seiner Friedensinitiative wird hinter den Kulissen von Whitehall bereits seit Wochen handfeste Interessenpolitik betrieben.

Im Foreign Office, das mit der politischen Behandlung des Falles betraut ist, fällt die Bewertung des nächtlichen Selbstmordversuches entsprechend kalt und emotionslos aus. Cadogan, der die Nachricht am Morgen des 16. Juni von Stewart Menzies entgegennimmt, bringt Churchill sogleich von dem »törichten« Vorhaben ab, auch nur ein Wort nach außen dringen zu lassen. Er überzeugt den Premierminister, daß »mit Blick auf H. ›Mummenschanz die Parole‹ sei«. »Das ist es, was ich wollte«, bilanziert er das Ergebnis seiner Bemühungen zufrieden, »und jetzt werde ich mit meiner Propaganda fortfahren.«[11]

Diese Bemerkung Cadogans führt mitten hinein in eines der letzten großen Rätsel des Zweiten Weltkrieges, das trotz zahlreicher Deutungsmuster, die zur Erklärung des spektakulären Heßschen

Unternehmens vom 10. Mai 1941 vorgelegt wurden, bis zum heutigen Tag mysteriös geblieben ist. Welche Art von »Propaganda« das britische Foreign Office in der Sache Heß verfolgte, wie das Kabinett Churchill auf die Friedensinitiative des Führerstellvertreters reagierte, welche Handlungsspielräume sich für London nach der Ankunft von Heß in der konfliktträchtigen Situation knapp sechs Wochen vor dem deutschen Angriff auf die Sowjetunion eröffneten und welche Rolle die Briten bei der Planung und Durchführung des Fluges spielten – all dies sind Fragen, die sich aus Mangel an einschlägigen Quellen einer Klärung entzogen haben.
Unbeantwortet ist zweitens die Frage, welche Umstände und Motive Heß zu seiner riskanten Mission veranlaßten, wie er aufgrund seines Informationsstandes die Erfolgsaussichten seines Fluges mitten hinein in feindliches Terrain beurteilte und weshalb er zu diesem kritischen Zeitpunkt jenen riskanten Entschluß zu einem Flug nach Schottland in die Tat umsetzte, um seiner fixen Idee eines Ausgleichs zwischen England und Deutschland zum Durchbruch zu verhelfen.
Drittens ist bis heute umstritten, ob Heß aus eigenem Antrieb handelte, sozusagen in »konfusem Heroismus«[12], um bei Hitler in einem Akt von konstruktivem Ungehorsam durch einen aufsehenerregenden Erfolg längst verlorenes Terrain und Prestige zurückzugewinnen, seine im Schwinden begriffene Autorität neu zu befestigen und – als getreuer Eckart seines »Führers« – dessen Wunsch nach einer Einigung mit England ungeachtet aller Gefahren für Leib und Leben in die Tat umzusetzen.[13] Oder handelte Heß mit Wissen und Duldung, vielleicht sogar im geheimen Auftrag Hitlers? Denn sowohl Stil und Methodik des Unternehmens entsprachen Hitlers unkonventionellen und überraschenden Schachzügen auf diplomatischem Feld; und Heß' Vorhaben, durch einen Separatfrieden im Westen die Aktionsfreiheit des Reiches gen Osten zu erweitern, stand genau auf der Grundlinie von Hitlers axiomatisch festliegender Politik der Suche nach einem modus vivendi mit England.[14]
Viertens schließlich ist bis heute nicht hinreichend geklärt, welche Offerte Heß bei seinem Flug mit sich führte und welche Ziele er dabei verfolgte. Rechnete er tatsächlich damit, in England Friedensverhandlungen führen beziehungsweise diese vorbereiten zu können, oder sah er sein Unternehmen lediglich als eine Art

von Erkundungsfahrt an, um die Bedingungen und Möglichkeiten jener britischen Oppositionskreise für einen Sturz Churchills auszuloten, über deren angebliche Existenz und Einfluß er augenscheinlich gut unterrichtet war? Offenbarte er seinen Gesprächspartnern auf britischer Seite tatsächlich Einzelheiten des in Kürze anlaufenden Unternehmens »Barbarossa«? Versuchte er durch Ausspielen der antibolschewistischen Karte die Komplizenschaft Englands für den bevorstehenden Kampf gegen Stalin zu erreichen, wie dies Lord Beaverbrook auf dem Höhepunkt des Kalten Krieges anno 1959 in einer Fernsehsendung der BBC behauptete?[15]
In diesem Zusammenhang ist, abweichend von der regierungsamtlichen britischen Lesart des Falles, die stets die Substanzlosigkeit der von Heß vorgelegten Angebote betonte und energisch bestritt, daß Heß die deutschen Angriffspläne gegen die Sowjetunion preisgegeben habe,[16] vor allem von rechtskonservativer Seite – unter anderem vom ehemaligen Reichsstatthalter und Gauleiter der NSDAP in Magdeburg, Rudolf Jordan – immer wieder auf die große Tragweite der von Heß in seinen Gesprächen mit britischen Offiziellen unterbreiteten Offerten verwiesen worden. Jordan zufolge habe Heß vorgeschlagen, »den Krieg im Westen zu beenden«, und angeboten, »Frankreich, Holland, Belgien, Norwegen und Dänemark zu räumen.« Darüber hinaus, so Jordan, wollte sich Hitler aus »Jugoslawien, Griechenland und dem gesamten Mittelmeergebiet zurückziehen« und sei bereit gewesen, »seine Hilfe für die Bereinigung aller Fragen zwischen Italien und England anzubieten«. England und Frankreich sollten »die Waffenschmiede der freien Welt gegen den Kommunismus bleiben«, ihre »gesamte Produktion« sollte für die »Kriegführung und den Aufbau im Osten Anwendung finden« und England die Verpflichtung eingehen, »gegenüber Deutschlands Absichten in Osteuropa wohlwollende Neutralität zu üben«.[17]
Diese These einer Räumung und Freigabe fast aller der durch die Wehrmacht bis dahin eroberten Länder und Territorien, also eines ebenso großangelegten wie großzügigen Angebots des »Führers« an England als Inhalt der Mission von Heß, wurde in der Folgezeit bereitwillig von der apologetischen Heß-Literatur aufgegriffen.[18] Die Zielsetzung war dabei offensichtlich. Der dahinterstehende moralische Rigorismus, befördert durch den schmerzlichen, nie verwundenen Untergang des Deutschen Rei-

ches im Zweiten Weltkrieg und die tiefgreifende Ächtung der dafür Verantwortlichen, richtete sich alsbald und zuvörderst gegen England, dem man eine Mitschuld an der nationalen Katastrophe gab. Dem Heßschen Unternehmen vom 10. Mai 1941 ließ sich somit nicht nur der Anstrich eminenter politischer Tragweite angesichts eines möglichen und von deutscher Seite ernsthaft erwogenen Wendepunktes des Krieges geben. Die britische Regierung wurde wegen ihrer brüsken Zurückweisung der »generösen Offerte« auch in die Mitverantwortung für die globale Ausweitung des Krieges sowie die nachfolgenden Greueltaten von deutscher Seite genommen.

Demnach wäre, so hat Wolf Rüdiger Heß stellvertretend für diese apologetisch-abstruse Sicht der Dinge geschlossen, bei einem Eingehen der Briten auf die übermittelten deutschen Friedensvorschläge sowohl »der deutsche Angriff auf die Sowjetunion am 22. Juni 1941 unterblieben« als auch die »europäische Judenfrage« einer friedlichen Lösung zugeführt worden.[19] »Wie sähe die Weltgeschichte heute aus«, so hat auch Rudolf Jordan diesem verqueren Gedankengang Ausdruck verliehen, »wenn in realer und harter Entscheidung der Westen die von Heß vorgeschlagene Kurswendung vorgenommen hätte? Weder ein unversöhnlicher Ost-West-Gegensatz noch ein drohender Dritter Weltkrieg mit Atom-Angst auf beiden Seiten würde heute die angstvollen Gemüter der Welt bewegen. Der Bolschewismus als Regierungs- und Kolonialsystem würde das Opfer geworden sein [...].«[20]

Der Grund dafür, daß all diese aufgeworfenen Fragenkomplexe im diffusen Nebel der politisch motivierten Spekulation und der mitunter funktional ausgerichteten Mutmaßungen blieben, ist vor allem im eigenartigen Gebaren der britischen Regierung zu suchen. So erklärte die Regierung Churchill unmittelbar nach dem 10. Mai 1941 die Affäre Heß zum Staatsgeheimnis allerhöchster Priorität, wurden die Kabinettsmitglieder durch einen Maulkorberlaß zu striktem Stillschweigen vergattert und wurde eine Informationssperre gegenüber Öffentlichkeit und Parlament verhängt – ein Verhalten, das schon unter zeitgenössischen Beobachtern auf Unverständnis stieß, Argwohn weckte und die Gerüchte über die wahren Hintergründe des Falls wuchern ließ. Auch in den folgenden Jahren gingen die britischen Behörden nicht von ihrem restriktiven Kurs in der Sache Heß ab, spielten deren Bedeutung, wo immer sie konnten, herunter und erließen für die den Flug und die sich anschließende Haftzeit von Heß in England betreffenden Dokumente eine Aktensperre, die diese weit über die sonst übliche 30-Jahres-Frist bis zum Jahre 2018 unter Verschluß nahm und den Blicken einer neugierigen Öffentlichkeit entzog. Überging man somit von britischer regierungsamtlicher Seite stillschweigend die offensichtliche Ungereimtheit einer politisch angeblich vollkommen belanglosen Tat eines irregeleiteten Einzelgängers, die gleichwohl so brisant erschien, daß sie hinter dem Vorhang absoluter Geheimhaltung versteckt werden mußte, so taten die Memoiren und Erinnerungen der mit der Affäre Heß unmittelbar befaßten britischen Offiziellen ein übriges, um diese im grauen Dunst der Unzurechnungsfähigkeit ihres Protagonisten, seiner wahnhaften Vorstellungen und Gedanken sowie deren politischen Irrelevanz, ja Lächerlichkeit, einzunebeln.

So bezeichnete Churchill den Heß-Flug als die »abstruse Tat eines in Wahnideen befangenen Idealisten«, der aufgrund seiner »eigenen, freien Entscheidung« nach England gekommen sei. Demzufolge müsse man Heß, wie der Premierminister in seinem mehrbändigen Werk über den Zweiten Weltkrieg mit Nachdruck feststellte, als »a medical, and not a criminal case« ansehen.[21] Diese Sichtweise fand ihre Bestätigung in dem von Oberst Dr. John Rawlings Rees, dem Consulting Psychiatrist to the Army, im Anschluß an den Nürnberger Kriegsverbrecherprozeß herausgegebenen Band, der die Berichte und Beobachtungen der mit der Betreuung von Heß in »Camp Z« sowie später im walisischen Maindiff Court befaßten britischen Mediziner und Psychiater enthielt. In ausladender Dokumentation entfaltete sich hier das Bild eines vollkommen paranoiden, neurotischen, ja schizophrenen Charakters, dessen krankhafte und labile Veranlagungen durch den Mißerfolg seiner Friedensinitiative gänzlich zum Durchbruch kamen und in morbiden Phantasiebildern resultierten, die zu geistiger Umnachtung, Wahnvorstellungen und monatelangem Gedächtnisverlust führten.[22] Dieser durch Churchill und die Psychiater der britischen Armee vorgezeichneten Linie folgten auch andere Memoirenschreiber der britischen Politik. Sie stuften die Sache Heß entweder als »Komödie vom Anfang bis zum Ende« ein und gaben sie der Absurdität und Lächerlichkeit preis[23] oder – wie neuerdings der damalige Leiter des Central Department im Foreign Office, Sir Frank Roberts – sprachen ihr auch nach dem Tode von Heß und aus der Distanz von 50 Jahren jegliche politische Bedeutung ab und erklärten die Errichtung einer Informationssperre durch die britische Regierung ebenso kurz wie bündig mit der Absicht einer Vermeidung von »gefährlichen Mißverständnissen sowohl in England wie bei unseren Alliierten«.[24] Die Tatsache, daß England im Mai/Juni 1941 noch gar keine Alliierten hatte, sondern allein gegen Hitler und mit dem Rücken zur Wand stand, übersah Roberts dabei allerdings geflissentlich. Es entsprach diesem Bestreben von britischer Seite, die Hintergründe, Begleitumstände und Folgen des Heß-Fluges aus dem Rampenlicht der Öffentlichkeit zu nehmen und die Diskussion der Rolle und der Verwicklung Whitehalls in die Affäre durch ein gezieltes Unterbinden des Informationsflusses abzuwürgen, wenn die bald nach dem 10. Mai 1941 kursierenden Gerüchte um ein Spionagespiel, das der britische Geheimdienst mit Heß als Hauptfigur aufgeführt habe, nicht nur unkommentiert blieben, sondern im Idiom des Foreign Office auch als »pieces of Hessiana« abqualifiziert wurden.

Es waren vor allem die Sowjets, die immer wieder versuchten, diese Mauer des Schweigens und der Geheimhaltung zu durchbrechen und die britische Seite mit öffentlichkeitswirksamen Anklagen und Vorwürfen im Fall Heß zu einer Stellungnahme zu provozieren. So brachte Stalin im Oktober 1944, als er mit Churchill im Kreml über künftige Einflußzonen auf dem Balkan verhandelte und sich der Sieg der Alliierten im Krieg längst abzeichnete, unvermittelt einen Toast auf den britischen Geheimdienst aus, dem es gelungen sei, Heß nach England zu locken. Den Protest des Premierministers, der vehement bestritt, daß die britische Regierung (sic!) vorab Kenntnis von Heß' Mission hatte, konterte Stalin ebenso lakonisch wie bissig: Der russische Geheimdienst informiere für gewöhnlich die Regierung im Kreml auch erst dann, wenn sich ein Unternehmen als erfolgreich erwiesen habe.[25]

Wie sensibel die Sowjets im Fall Heß reagierten, daß sie durch keine wie auch immer gearteten Versicherungen aus Whitehall von ihrer Vermutung eines dunklen Intrigenspiels der Briten mit Heß abzubringen waren, sollte auch ihr Verhalten beim Prozeß gegen die Hauptkriegsverbrecher in Nürnberg unter Beweis stellen. Die sowjetischen Richter des Tribunals, General Nikitschenko und sein Stellvertreter Wolchkow, forderten für Heß die To-

desstrafe und verwiesen immer wieder darauf, daß sein Flug genau 10 Tage nach dem von Hitler endgültig in Aussicht genommenen Termin für den Beginn des Unternehmens »Barbarossa« stattgefunden habe.[26] Das beantragte Verdikt der Hinrichtung durch den Strang wurde zwar auf Betreiben der Westalliierten in lebenslange Haft umgewandelt; aber Moskau sorgte in der Folgezeit dafür, daß der Stellvertreter des »Führers« trotz zahlreicher Initiativen von Menschenrechtskomitees den roten Backsteinbau von Spandau nicht lebend verlassen konnte, in dem er seit 1966 unter anachronistischen Haftbedingungen als letzter und einziger der in Nürnberg Verurteilten saß.
Die Sowjets wurden dabei von einem doppelten Motiv der Vergeltung angetrieben. Zum einen war und blieb Heß für sie immer der Kardinalübeltäter unter den führenden Nationalsozialisten, der durch seine aufsehenerregende Aktion Hitler den Rücken für seinen Angriff vom 22. Juni 1941 freihalten wollte; der, uneinsichtig und führergläubig, wie er sich auf der Anklagebank in Nürnberg gab, vielleicht zum ersten Mal in seinem Leben die Rolle als Stellvertreter Hitlers wirklich ausfüllte und dessen mögliche spätere Freilassung nicht nur mit unabsehbaren politischen Risiken behaftet war, sondern auch dem eigenen, im Kriege erbrachten Blutzoll Hohn sprach. »Die Figur Heß' ist in dieser Hinsicht geradezu symbolisch«, so hat Lew Besymenski die sowjetische Einstellung zum Fall Heß charakterisiert. »Er war kein ›Botschafter des Friedens‹, auf sein Schuldkonto kommt die blutige Verschwörung des Nazismus, er hat Hunderttausende Menschenleben auf dem Gewissen, ist für zahllose im Nürnberger Urteil genannte Verbrechen verantwortlich. Für nazistische Kriegsverbrecher [...] gibt es keine Gnade.«[27]
Zum anderen spiegelte sich in der unnachgiebigen Härte der Sowjets gegenüber Heß der alte, stets aufrechterhaltene Vorwurf einer britischen Komplizenschaft mit dem Führerstellvertreter, der dessen Begnadigung für alle Zeiten ausschloß. Das Zusammenspiel zwischen der britischen Regierung und Heß hinter den Kulissen ging nach sowjetischer Auffassung so weit, daß bei dem Nürnberger Kriegsverbrechertribunal gar eine Art von informeller Allianz geschlossen wurde, derzufolge »weder Heß noch die Briten Licht in die ›Affäre des Jahrhunderts‹ brachten, als ob sie miteinander abgesprochen hätten: dem einen das Leben, den anderen die Ehre«.[28] Konnte man also die Briten für ihr Intrigen-

spiel mit Heß nicht direkt belangen, konnte man sie nicht zwingen, die gesperrten Akten offenzulegen und Aufschluß über ihre Verwicklung in den Fall zu geben, so hielt sich Moskau an dessen Hauptfigur schadlos. Die Affäre Heß blieb somit, dies war die eigentliche Absicht des sowjetischen Kalküls, im Rampenlicht des öffentlichen Bewußtseins. Die bald einsetzende Agitation gegen die Verurteilung und lebenslange Inhaftierung von Heß, die sich vornehmlich gegen die britische Regierung richtete, hielt den von Moskau gewünschten politischen Druck auf Whitehall aufrecht, endlich Klarheit in die eigene, undurchsichtige Rolle im Fall Heß zu bringen. Dementsprechend hat Anthony Eden, der Außenminister im damaligen Kabinett Churchill, in seinen Memoiren eingeräumt: »Das Drama des Heßschen Unternehmens hat die Russen immer fasziniert. Sie fanden es schwer zu glauben, daß hinter der ganzen Sache nicht finstere Machenschaften steckten, in die die britische Regierung irgendwie verwickelt war.«[29]

Von dieser Lesart des Falles Heß ist die sowjetische Historiographie denn auch bis in die jüngste Gegenwart bestimmt geblieben. Es sind vor allem drei Aspekte, die immer wieder angeführt werden, um die These eines britischen Komplotts, ja eines Erpressungsmanövers gegenüber Moskau in der Sache Heß zu untermauern. Erstens hält man unverändert an der bereits von Stalin und seinen Epigonen vertretenen Auffassung fest, »daß der Stellvertreter des ›Führers‹ nicht mit Hamilton korrespondierte, sondern mit dem britischen Intelligence Service«. Der Flug von Heß wurde demnach durch einen vom Geheimdienst im Namen des Herzogs von Hamilton fabrizierten Briefwechsel und durch die Zuspielung getürkter Informationen über angebliche britische Oppositionskreise provoziert, so daß Heß »nach allen Regeln der Kunst ausmanövriert und nach Schottland gelockt« wurde.[30]

Zweitens entwarf Heß angeblich nach seiner Ankunft für die britische Regierung ein präzises Bild von dem gegen die Sowjetunion in Aussicht genommenen Eroberungs- und Vernichtungskrieg und stellte darauf ab, mit England »gemeinsam gegen die UdSSR vorzugehen«, zumindest aber die Zusicherung zu erreichen, »daß London Berlin nicht daran hinderte, [...] ›an Rußland bestimmte Forderungen zu stellen, die entweder auf dem Verhandlungswege oder im Ergebnis des Krieges erfüllt werden müssen‹«.[31] Dieses Wissen um den in Kürze erfolgenden Schlag Hitlers gen Osten leitete in der Sicht der Sowjets die britische Politik gegenüber Moskau und bestimmte deren Züge in den sechs Wochen vom 10. Mai bis zum 22. Juni 1941.

Drittens blieb Heß auch in der Folgezeit eine Schlüsselfigur für die Strategie Whitehalls im Weltkrieg, mittels derer jederzeit ein direkter Kanal zur nationalsozialistischen Führungsspitze eröffnet werden konnte, um die Sowjetunion mit der Drohung eines Separatfriedens im Westen unter Druck setzen zu können. »Heß blieb«, so der Tenor, »faktisch bis 1943/44 eine Zeitbombe, die Großbritannien jederzeit nutzen konnte und die man deshalb auch lange nicht entschärfte.«[32]

Diese von den Sowjets forcierte Konspirationstheorie hat, wenn man die in der Forschung vorgebrachten Erklärungsversuche für den Heß-Flug überblickt, kaum Anhänger gefunden. Die Gründe dafür liegen auf der Hand. Die Russen waren nicht bereit, ihre Archive zu öffnen und Belege zu präsentieren, um ihre Vorwürfe zu erhärten; die Briten reagierten mit Schweigen, bestenfalls mit nichtoffiziellen, publizistischen Dementis,[33] und den Wissenschaftlern erschien die ganze Geschichte allzu phantastisch, zu sehr von den politischen Hintergedanken der Herren im Kreml bestimmt, um der ernsthaften Nachforschung wert zu sein. Hinzu kam, daß die Quellengrundlage für die Verifizierung dieser Konspirationstheorie über lange Zeit als mangelhaft, ja als kaum existent einzustufen war. So wurden die Akten der mit dem Fall Heß hauptsächlich befaßten britischen Ministerien, des Foreign und des War Office, bis weit nach der Jahrtausendwende gesperrt, die Papiere der Geheimdienste MI 5 (Military Intelligence für Gegenspionage und Spionageabwehr) und MI 6 (Military Intelligence für Auslandsspionage) werden gar auf unabsehbare Zeit unter Verschluß gehalten, und bis dato konnte kein ernstzunehmendes zeitgenössisches Dokument beigebracht werden, das die Verwicklung des Secret Service in die Planung und Durchführung des Heß-Fluges nachwies oder auch nur nahelegte.

Aufgegriffen wurde diese These denn auch nur von der umfangreichen populärwissenschaftlichen Literatur. Deren Interessen orientierten sich jedoch weniger an einer sine ira et studio betriebenen Aufklärung des historischen Sachverhalts, sondern sie waren durch reißerische und spektakuläre Darstellung des Falles vornehmlich den Auflagenzahlen der Bücher sowie den humanitären Aspekten der Affäre Heß verpflichtet. Zur letzteren Kategorie gehören die von Wolf Rüdiger Heß vorgelegten Bücher. Ihr Hauptanliegen ist das menschlich verständliche Bestreben, die Freilassung des Vaters aus Spandau zu erwirken. Zugleich unternehmen sie jedoch den Versuch, in kontinuierlicher Verschärfung der sich gegen die britische Regierung richtenden Anklagen, die im Vorwurf eines vorsätzlichen Mordes an Rudolf Heß durch Geheimdienstagenten im Jahre 1987 gipfeln, die politische Rehabilitierung des Führerstellvertreters zu erreichen, indem dieser mittels einer Indizienkette als Opfer einer 1941 durch den britischen Geheimdienst geschickt eingefädelten Intrige dargestellt wird.[34]

Die zweite Kategorie wird vertreten durch die Werke von John Costello und Richard Deacon.[35] Costello band den Heß-Flug nicht nur als spektakulärstes Schlußglied ein in eine abenteuerlich konstruierte Kette angeblicher Versuche britischer Appeasementkreise seit dem Frühjahr 1940, mit Nazideutschland zu einem Arrangement zu kommen. Er postulierte zugleich, daß Heß mit Wissen und im Auftrag Hitlers handelte und vom britischen Geheimdienst im Rahmen eines »peace plot« zu einem Friedensflug angestiftet worden sei.[36] Costellos Hauptbeleg für diese weitreichenden Mutmaßungen ist zum einen die auf der Rekonstruktion des Einfluges von Heß nach Schottland aufgebaute These, daß die entlang der Küste aufgereihten Radar- und Luftabwehrstationen der Royal Air Force den geheimen Befehl hatten, die Maschine von Heß weder abzufangen noch abzuschießen[37] – ein Argument, das bereits Stalin im Jahre 1944 Churchill entgegengehalten hatte, als er darauf hinwies, daß Heß ohne britische Hilfe nicht imstande gewesen sei, in den schottischen Luftraum einzudringen.[38] Zum anderen verweist Costello auf das nach seiner Ansicht eigenartige, ja verdächtige Verhalten des Herzogs von Hamilton, der sich zunächst einer Zusammenkunft mit Heß entzog und nach der Identifizierung des Führerstellvertreters am 11. Mai mehr als sieben Stunden verstreichen ließ, bis er die Londoner Behörden über dessen Ankunft informierte.[39] Hieraus allerdings die These entwickeln zu wollen, daß Hamilton durch den Geheimdienst im vorhinein von Heß' Kommen unterrichtet worden war und daß er als Kommandeur der RAF Station Turnhouse für ein ungehindertes Einfliegen von Heß in den schottischen Luftraum sorgte, ist nicht nur spekulativ, sondern unhaltbar.

Kann Costello keinen zeitgenössischen schriftlichen Beleg für seine Version der Konspirationstheorie vorlegen und nimmt er gewagte Interpretationen ungeklärter Sachverhalte vor, so beruft sich Richard Deacon bei seiner Variante eines britischen Komplotts auf die mündliche Mitteilung eines ehemaligen britischen Geheimdienstoffiziers. Bei Deacons Informant handelt es sich um keinen Geringeren als den damaligen persönlichen Assistenten des Director of Naval Intelligence und Chef des Planungsstabes der Geheimdienstsektion der britischen Marine, Ian Fleming,[40] der nach dem Kriege als Autor der »James Bond«-Romane seine Erlebnisse im Dienst des Secret Service in fiktionaler Form für ein breites Publikum verarbeitet hat. Laut den Erinnerungen Flemings habe man die Heß nahestehenden okkultistischen Zirkel systematisch infiltriert und dem Führerstellvertreter im Frühjahr 1941 über einen Kontaktmann des Secret Service in der Schweiz ein manipuliertes Horoskop zugespielt, um ihn zu seiner Friedensmission zu veranlassen. Dieses Horoskop habe den 10. Mai 1941 als erfolgversprechenden Tag für »eine Reise im Interesse des Friedens« genannt, Schottland als die Region ausgewiesen, wo der Friede zu erlangen sei, und den Herzog von Hamilton, den Lord Steward des Königs, als geeigneten Kontaktmann bezeichnet, um den Frieden herbeizuführen.[41] Diese Aussage Flemings, der 1964 verstarb, entzieht sich der Nachprüfbarkeit, solange die Akten der britischen Geheimdienste nicht zugänglich sind. Flemings Bruder Peter hat dieser Sicht der Dinge denn auch entschieden widersprochen.[42] Zudem unterläßt es Deacon, die offenbare Affinität von Heß gegenüber Okkultismus und Astrologie systematisch auszuleuchten; er gibt keine Erklärung für den Umstand, daß Heß spätestens seit dem Herbst 1940 mit den Vorbereitungen für seinen Flug befaßt war und bereits vor dem 10. Mai 1941 mehrere Anläufe nahm, um sein Unternehmen in die Tat umzusetzen. Vor allem aber vermag Deacon nicht – sieht man von der isoliert im Raum stehenden Darstellung Ian Flemings ab – durch eine Indizienkette schlüssig zu belegen, daß Heß seine Friedensmission tatsächlich aufgrund astrologischer Hinweise und Berechnungen in Angriff nahm und durchführte.
Steht die von den Sowjets inspirierte Konspirationstheorie somit auf schwachen argumentativen Beinen und auf quellenmäßig mangelhaft abgesichertem Fundament, so gilt ein gleicher Befund für eine Theorie, die nicht minder abstrus klingt, die jedoch

für ungleich mehr Furore und öffentliche Aufmerksamkeit gesorgt hat: In der Me 110, mit der Heß nach gängiger Auffassung gen Schottland flog – so hat Hugh Thomas, ein ehemaliger Chirurg am britischen Militärhospital in Berlin behauptet –, saß gar nicht der Führerstellvertreter, sondern ein von Heinrich Himmler ausgewähltes und perfekt getrimmtes Double, das Rudolf Heß bis aufs Haar glich und dessen Rolle sowohl in England wie später in Nürnberg und Spandau mimte.[43] Der echte Heß, so Thomas, sei kurz nach dem Start in Augsburg gemäß dem Befehl Himmlers abgeschossen worden. Dies sei im Rahmen der Vorbereitung einer Palastrevolution gegen Hitler geschehen, um über einen den Briten untergeschobenen Doppelgänger selbst Gang und Inhalt der Verhandlungen in London bestimmen zu können. Außer einer entsprechenden Stelle in den Memoiren des Generals der Jagdflieger, Adolf Galland, er habe »am frühen Abend des 10. Mai 1941« von Göring den telefonischen Befehl erhalten, die Me 110 des »verrückt geworden[en] Stellvertreter[s] des Führers« auf ihrem Weg nach England abzuschießen[44] (die allerdings durch die minutiösen Eintragungen in Görings Terminkalender nicht bestätigt, sondern eindeutig widerlegt wird)[45] und dem vagen Hinweis in den Aufzeichnungen des ehemaligen Botschafters von Hassell, daß »ein Vertrauensmann von Himmler« im Vorfeld des Fluges von Heß bei Jacob Burckhardt in der Schweiz erschienen sei, »um ihn zu fragen, ob England wohl mit Himmler statt Hitler Frieden machen würde«,[46] existiert jedoch kein Beleg für die von Thomas vertretene These eines vom Reichsführer SS geplanten Umsturzversuches in der fraglichen Periode.[47]

Ein ähnliches Bild ergibt sich, wenn man die zweite Hauptsäule der Argumentation von Thomas ins Auge faßt. Er geht nämlich davon aus, daß die Maschine, mit der der echte Heß kurz vor 18 Uhr am 10. Mai 1941 vom Flugplatz Haunstetten bei Augsburg startete, nicht identisch mit derjenigen Me 110 war, die gegen 23 Uhr unweit von Glasgow abstürzte. Die Indizien, die Thomas zusammengetragen hat, sprechen für sich. Erstens war die Me 110 von Heß angeblich nicht mit Zusatztanks ausgerüstet, wie ein durch Karl Heinz Pintsch, den Adjutanten von Heß, aufgenommenes Photo zu beweisen scheint, und deshalb, so Thomas, gar nicht in der Lage, die Distanz von 1260 Meilen zu bewältigen. Zweitens war die geborgte Fliegerkombination, die Heß bei sei-

nem Unternehmen nach Thomas' Auffassung trug, im Innenteil mit dem Namen ihres ursprünglichen Besitzers, des damaligen Testpiloten der Messerschmitt-Werke, Helmut Kaden, versehen, während die Uniform des in Schottland gelandeten Doppelgängers keine Namenseintragung aufgewiesen habe. Und drittens lautete die werksseitige Kennziffer am Rumpf der Maschine, die in Schottland zu Bruch ging, »NJ + OQ« und war damit nicht identisch mit der in Augsburg gestarteten Heß-Maschine, die nach Thomas' Recherchen die Bezeichnung »NJ + C11« trug.[48]
Diesen Behauptungen von Thomas wurde nicht nur von Helmut Kaden heftig widersprochen, in dessen Besitz sich das Bordbuch der Me 110 von Heß mit dessen eigenhändiger Unterschrift befindet und der die für den Flug benutzte Maschine bis zum 6. Mai zu Testzwecken fünfmal selbst flog;[49] vielmehr kann sich auch jeder Londontourist von der Unhaltbarkeit der Mutmaßungen überzeugen, wenn er das Wrack der in Schottland abgestürzten Me 110 in Augenschein nimmt. Seit einiger Zeit ist es im Imperial War Museum in Lambeth in London zu besichtigen. Es trägt die zweifelsfreie Aufschrift »VJ + OQ« und entlarvt Thomas' weitreichende Spekulation damit als Lesefehler. Nicht ganz von der Hand zu weisen ist allerdings der Hauptbeleg, den Thomas für die Validität seiner Doppelgängertheorie ins Feld führt. Es handelt sich um eine Röntgenuntersuchung des Spandauer Gefangenen Nummer sieben, die der Mediziner Thomas im September 1973 als Arzt am britischen Militärhospital in West-Berlin vornahm. Dabei entdeckte er weder eine äußere Narbe des Lungendurchschusses, den Rudolf Heß im Ersten Weltkrieg an der rumänischen Front am 8. August 1917 erlitten hatte [»bei der Erstürmung des Ungureana schwer verwundet (Gew.Geschoß – Lunge lks.)«],[50] noch zeigten die Röntgenaufnahmen irgendeinen Nachweis der alten Verletzung im linken Lungenflügel, wie dies aus radiologischer Sicht angezeigt war.[51] Diese offenbare medizinische Ungereimtheit wurde für Thomas zum Anlaß aller weiteren Nachforschungen im Fall Heß und zum Nukleus seiner Doppelgängertheorie. Sie erklärt für ihn das Faktum, daß sich der in britischem Gewahrsam befindliche »Pseudo-Heß« immer wieder in den Gedächtnisverlust flüchtete und daß der Gefangene Nummer Sieben in Spandau sich bis zum Jahre 1969 hartnäckig sträubte, Besuche seiner Familie zu empfangen.
Vehement widersprochen wurde dieser Doppelgängertheorie

nicht nur von Albert Speer, der Heß seit 1945/46 sowohl in Nürnberg wie in Spandau über 20 Jahre hinweg täglich sah und sprach,[52] sondern auch von Heß' Ehefrau Ilse, die ihren Gatten in Spandau mehr als dreißigmal besuchte und Thomas' These folgendermaßen kommentierte: »Dieser Kerl hat nicht alle Tassen im Schrank.«[53] In der Tat erscheint es nicht vorstellbar, daß ein Double über 46 Jahre hinweg die Rolle des echten Heß mimte, die Strafe des Stellvertreters als dessen Stellvertreter unschuldig absaß und Ehefrau, Schwester sowie die alten Gefährten von Heß, von denen ja bekanntlich einige wieder auf freien Fuß gelangten und so nicht länger der Kontrolle der Alliierten unterstanden, hinters Licht führen konnte. All dies, ganz abgesehen von den möglichen Motiven eines Doppelgängers, dieses Verwirrspiel über Jahrzehnte hinweg aufrechtzuerhalten, sind Fragen, die Thomas bezeichnenderweise gar nicht stellt, geschweige denn beantwortet. So abstrus seine Doppelgängertheorie somit den Historiker anmutet, bleibt es doch eine der zahlreichen Merkwürdigkeiten im Fall Heß, daß auch die erste Röntgenuntersuchung des Schottlandfliegers vom 13.5.1941, die im Drymen Military Hospital vorgenommen wurde, keine radiologische Spur des im Ersten Weltkrieg erlittenen Lungendurchschusses aufweist. Im Befund von Dr. Gibson Graham heißt es vielmehr lapidar: »an X-ray of the chest showed clear lung fields, save for a small calcified area in the upper right [sic!] zone.«[54]
Eine weitere Theorie, die man zur Erklärung des Heßschen Unternehmens vorgebracht hat, läßt sich als »Opfertheorie« bezeichnen. Ihr zufolge wurde der Stellvertreter, der treueste und fanatischste Gefolgsmann Hitlers – der »Hagen der Partei«, wie er sich in kruder Analogie zum Verhältnis zwischen König Gunther und Hagen von Tronje selbst einmal bezeichnet hat –,[55] von Hitler in einem perfiden Winkelzug ganz bewußt auf eine von vornherein aussichtslose Friedensmission geschickt und so im Rahmen einer Kriegslist geopfert. Der Sinn dieses Vorgehens soll darin bestanden haben, Stalin bezüglich der deutschen Angriffsabsichten im Osten in Sicherheit zu wiegen, durch den Flug von Heß augenfällig das nicht vertretbare Risiko eines erneuten Zweifrontenkrieges zu demonstrieren, ja den Eindruck eines Machtkampfes in der nationalsozialistischen Führungsspitze zwischen einer probritischen und einer prosowjetischen Fraktion zu erwecken und so die Notwendigkeit eines Friedensschlusses im

Westen als Voraussetzung für den Schlag im Osten nachhaltig zu unterstreichen.[56] Der Flug von Heß fügt sich somit als Mosaikstein in jenes große Ablenkungsmanöver im Vorfeld des Unternehmens »Barbarossa« ein, das von deutscher Seite auf militärischer (»Operation Haifisch«/»Operation Harpune«), auf politischer und auf propagandistischer Ebene inszeniert wurde, um gegenüber England und der Sowjetunion die wahren Ziele des deutschen Truppenaufmarsches im Osten zu verschleiern und Stalin durch das von Hitler einkalkulierte Scheitern der Mission von Heß in London zu täuschen.[57]

Auch die umgekehrte Lesart des Falles, die eines Bruches von Heß mit Hitler, der durch den in Aussicht genommenen Zweifrontenkrieg nicht davor zurückschreckte, die alte Basis von »Mein Kampf« zu verlassen, und der drauf und dran war, das Reich genau in jenes prekäre Zweifrontenkriegsdilemma zurückzuführen, dem es im Ersten Weltkrieg schon einmal erlegen war, hat ihre Anhänger gefunden.[58] Diese Sicht der Dinge setzt voraus, so hat man argumentiert, daß die Parteigenossen der ersten Stunde immer deutlicher »die innere Unsicherheit« von Hitlers Entscheidungen spürten, daß sich der »Führer« in »katastrophaler Weise über seine eigenen Möglichkeiten und diejenigen seiner äußeren Gegner täuschte«. Folglich habe sich bei den alten Anhängern der NSDAP wie Heß die Erkenntnis Bahn gebrochen, »daß Hitlers Regierungsführung Deutschland, die Partei und damit sie selbst in einen schrecklichen Untergang stürzen mußte«. Heß, so hat man aus dieser mit Blick auf die Quellen und die Stimmungslage unter den Paladinen des »Führers« absolut kontrafaktischen Interpretation geschlossen, war also zu dem Entschluß gelangt, sich von Hitler loszusagen, »bevor dessen größte Verbrechen« mit der »Eröffnung des Rußland-Feldzuges« begannen. Dies sei auch der Grund gewesen, weshalb sich Heß in ein Land wie England begab, wo »ihn die Schergen Hitlers nicht erreichen konnten« und wo »Hitlers Macht endete«.[59] In diesem Zusammenhang ist es erwähnenswert, daß ein Freund und Intimus von Rudolf Heß, der Hindelanger Arzt Prof. Dr. Franz Gerl, der dem Führerstellvertreter durch seine Praxistätigkeit in London wichtige Kontakte zur britischen Hocharistokratie vermittelte, seiner Familie nach 1941 von einer geheimen Liste für eine geplante Umbildung des deutschen Reichskabinetts berichtet hat, die Heß auf seinem Flug mitgeführt habe. Darin seien, so Gerl, er

selbst als Gesundheitsminister und späterer Außenminister sowie Heß als neuer Reichskanzler vorgesehen gewesen.[60]
Erscheint diese Verrätertheorie schon aufgrund der blinden Ergebenheit, ja hündischen Geducktheit, die Heß stets seinem Führer gegenüber bewiesen hat, als kaum haltbar, zumal die kalte Planung eines Staatsstreichs so recht nicht zum gängigen Bild des farblosen, zaudernden und politisch wenig ambitionierten Stellvertreters passen will, so läßt die Opfertheorie, die das Heßsche Unternehmen als grandiosen machiavellistischen Propagandacoup deuten will, vollkommen die Risiken außer acht, die Hitler mit einem solchen Schachzug eingegangen wäre. Sechs Wochen vor dem Beginn des Rußlandfeldzuges hätte selbst ein vabanquebereiter Hitler seinen Stellvertreter kaum ohne Not den Briten ausgeliefert und Churchill damit ein erstklassiges Propagandaobjekt an die Hand gegeben. Hinzu kommt, daß Hitler spätestens mit der Landung von Heß in Schottland die Fäden seines Spiels entglitten wären und daß ein geopferter und getäuschter Heß in den kommenden entscheidenden Wochen einen unkalkulierbaren Risikofaktor darstellen mußte. Kurzum: Eine Kosten-Nutzen-Analyse aus der Perspektive Hitlers, bei der die Nachteile eines solchen Unterfangens den möglichen propagandistischen Gewinn deutlich überwogen hätten, erweist schnell die geringe Plausibilität dieses angeblichen Hitlerschen Kalküls.
Die meisten Historiker, die sich mit dem Flug von Heß, dessen Motivlage und Hintergründen auseinandersetzten, haben denn auch weder der Konspirations- noch der Doppelgängertheorie, weder der Opfer- noch der Verrätertheorie etwas abgewinnen können. Ihre Interpretation ist weit banaler, weit weniger spektakulär. Für sie war Heß ein ins Abseits geratener Paladin Hitlers, dessen persönliche Marotten und Absonderlichkeiten die Grenzlinie zwischen Wahnsinn und Normalität touchierten, der von der fixen Idee eines möglichen Ausgleichs zwischen den »germanischen Brudervölkern« Deutschland und England besessen war und der sich in die Vorstellung verbissen hatte, durch eine aufsehenerregende Tat, durch ein politisches Husarenstück, bei dem er Leib und Leben bedenkenlos aufs Spiel setzte, seinem Führer jenes Bündnis mit England zu bringen, das mit den gewöhnlichen Mitteln der Diplomatie nicht zu erlangen war. Demnach war Heß also ein »geflügelter Parzifal«, der in einem Akt von blindem Heroismus und Selbstaufopferung als ver-

meintliches Sprachrohr Hitlers und ohne den geringsten Blick für die Realitäten des Krieges und der britischen Festlandspolitik gen Schottland flog.[61]

Betrachtet man diese Vielzahl konträrer Interpretationen, die der Flug von Rudolf Heß erfahren hat, so lassen sich mehrere Ursachen hierfür benennen. Ein ganz wesentliches Antriebsmoment, das von jeher die Phantasie der Zeitgenossen, aber auch die Neugier von Journalisten, Autoren und Historikern geweckt und beflügelt hat, war die Einzigartigkeit des Vorgangs, die durch den kritischen Zeitpunkt des Fluges und die sich anschließende Geheimniskrämerei von britischer Seite noch befördert wurde. Hinzu trat der Faktor, daß es sich bei dem Protagonisten des Unternehmens nicht um irgendeinen Unterhändler handelte, sondern um den Stellvertreter, um den frühesten, glühendsten und engsten Gefolgsmann Hitlers, der von diesem nach Göring als zweiter Nachfolger ausersehen worden war. Verlieh dies dem Fall Heß von jeher ein geradezu mythisches Gepräge, so taten Heß' offenkundig bizarre Charakterstruktur, seine menschliche und persönliche Tragik, die sich in der Kluft zwischen Friedensappell und einer 46jährigen ununterbrochenen Haftzeit bis zum Ende in Spandau auftat – während andere wichtigere und einflußreichere Diener des Regimes wie Albert Speer, Baldur von Schirach oder auch Karl Dönitz längst ihre Freiheit wiedererlangt hatten –, ein übriges, um den Fall im öffentlichen Bewußtsein wach zu halten. Je länger, desto deutlicher wurde die ganze Angelegenheit somit abseits der Bahnen eines rein historisch motivierten Erkenntnisinteresses auf humanitäre und politische, auf juristische und journalistische Geleise geschoben.

Dies dokumentierte sich nicht nur in der über viele Jahre hinweg geführten Debatte, ob Heß gemäß der international verbrieften Regeln und Normen des Völkerrechts der Status eines Parlamentärs zuerkannt werden müsse, was seine umgehende Freilassung aus der Haft nach sich gezogen hätte und Staatsrechtler, Staatsmänner sowie Politiker zur Auseinandersetzung mit dem Fall zwang.[62] Die Gründung der »Rudolf-Heß-Gesellschaft«, die Initiativen von Menschenrechtskomitees, die Bücher und Fernsehauftritte von Heß' Sohn Wolf Rüdiger sowie die zahlreichen von seiner Frau Ilse herausgegebenen Briefsammlungen seiner Korrespondenz aus England, Nürnberg und Spandau[63] sorgten auch dafür, daß der Fall Heß in der Öffentlichkeit und in den Medien ein breites Echo fand. Selbst Theaterbühnen, Psychologen und Romanschriftsteller haben sich des Stoffes bemächtigt und versucht, ihn mit ihren Mitteln und Methoden – zuweilen dramatisch-künstlerisch, zuweilen effektheischend kitschig-naiv – darzustellen.[64]

Vor allem aber wurde der Fall Heß von rechtskonservativer und nationaldeutscher Seite begierig aufgegriffen und in seiner ganzen moralisch-humanitären Dimension und medienwirksamen Tragweite als Vehikel zur »Entsorgung der deutschen Vergangenheit« funktionalisiert.[65] Aus dem Greis von Spandau, in dessen persönlicher Tragik sich der Untergang des Deutschen Reichs in beiden Weltkriegen verdichtete, ja symbolisierte, der dort als letzter und einziger von Hitlers Paladinen saß und den strikten Haftbedingungen mit Unbeugsamkeit und dogmatischem Starrsinn trotzte, wurde »der deutsche Märtyrer«, der, so diese verquere Lesart, »stellvertretend für das besiegte und gedemütigte Deutschland im Kerker der alliierten Sieger« seine Strafe verbüßte.[66] Zweitens avancierte Heß in dieser Perspektive zum Archetypus und Ehrenretter des von hehren Motiven und edlen Absichten geleiteten »guten Nationalsozialisten«, dessen Leidensweg und Scheitern sich dazu eignete, die verbrecherischen Züge des Hitlerregimes in den Hintergrund treten zu lassen und so, wenn nicht einer Rehabilitierung des Nationalsozialismus insgesamt, so doch einer Betonung seiner angeblich positiven Züge den Boden zu bereiten. Drittens wuchsen sich diese rechtskonservativen Publikationen zum Fall Heß zu einer Anklageschrift gegen die Siegermächte aus, die den »Friedensparlamentär« völkerrechtswidrig gefangensetzten und »alttestamentarischen Rächern« gleich zu lebenslanger Haft verurteilten, um, wie es heißt, »dadurch einen Mitwisser ihrer eigenen Verbrechen mundtot zu machen« und die »Massenmörder Churchill, Roosevelt und Stalin« zu decken.[67]

Das enorme Echo, das der Fall über Jahrzehnte hinweg im In- und Ausland ausgelöst hat und in dem historisch fruchtbringende Fragestellungen vollkommen von kommerziellen, humanitären, juristischen und politischen Interessen überlagert wurden, findet seine Entsprechung in dem Umstand, daß bis dato keine wissenschaftlichen Ansprüchen genügende Biographie von Rudolf Heß vorgelegt wurde. Alle Anläufe in diese Richtung haben entweder stark essayistischen Charakter,[68] sind selektiv von dem Bestreben einer Begnadigung beziehungsweise Ehrenrettung des Spandauer Gefangenen bestimmt[69] oder von dem methodisch unhaltbaren Verfahren beherrscht, mittels einer im Stile der oral history durchgeführten Befragung von Heß selbst historische Erkenntnisse gewinnen zu wollen, wie dies bei dem Buch des ehemaligen amerikanischen Gefängniskommandanten von Spandau, Oberst Bird, der Fall ist.[70] Die Gründe für die mangelnde wissenschaftliche Auseinandersetzung mit Rudolf Heß und seinem Flug vom 10. Mai 1941 sind vorwiegend in der ungewöhnlich dürftigen Quellenlage sowie der dem ganzen Untersuchungsfeld eigenen, höchst schwierigen Ausgangssituation für den Historiker zu suchen.

So erforderte die Planung und Durchführung des Fluges, ob Hitler nun eingeweiht war oder nicht, von Heß ein solches Maß an Geheimhaltung, Diskretion und Camouflage, daß wichtige Weichenstellungen in der Vorgeschichte des Unternehmens keinen schriftlichen Niederschlag fanden, weshalb eine lückenlose Rekonstruktion des Vorgangs nicht möglich ist. Zweitens wurden kurz nach dem Abflug von Heß zwar von deutscher Seite alle verfügbaren Stellen des nationalsozialistischen Staatsapparates wie das Reichssicherheitshauptamt (RSHA) mit der Untersuchung und Aufklärung der Hintergründe beauftragt, das Scheitern der Aktion des Führerstellvertreters verlagerte jedoch schnell den Fokus der Bemühungen weg von der Ausleuchtung des Falles auf dessen Verschleierung. Demzufolge wurden von den nächtlichen Besprechungen und hitzigen Diskussionen, die nach dem Bekanntwerden des Vorgangs auf dem Berghof geführt wurden, keine Niederschriften angefertigt. Drittens zeigten auch die Briten kein Interesse, das spektakuläre Unternehmen propagandistisch auszuschlachten, sondern taten ihr Möglichstes, um ihm jegliche Brisanz oder Publizität zu nehmen. Viertens wurde Heß noch am Abend seines Fluges in offiziellen Gewahrsam genommen, so daß er seine Unterredungen weder unbeaufsichtigt führen noch ohne Kontrolle und Einsichtnahme von britischer Seite vorbereiten konnte. Dieses Faktum der Gefangenschaft und der mangelnden Intimsphäre gilt nicht nur für die Jahre in britischer Internierung, sondern prägte maßgeblich auch Heß' spätere Aussagen und Korrespondenzen in Nürnberg und Spandau. Schließlich dürfen fünftens das vollkommene Scheitern des Unternehmens und die psychologische Rückwirkung dieses Faktums auf

Heß nicht außer Betracht bleiben. Sein Interesse mußte es fortan sein, seine Peiniger und Bewacher, seine Richter und die für die Zurückweisung seines Angebots Verantwortlichen in ein schlechtes Licht zu rücken beziehungsweise durch die demonstrative Betonung der eigenen besten Absichten und die strikte Leugnung jeglicher ihn belastender Umstände seine Freilassung aus alliierter Haft zu erwirken. Dies ist im übrigen der Hauptvorwurf gegen die von Oberst Bird verfaßte »Quasi-Autobiographie«, denn das Motiv des im Spandauer Gefängnisgarten bereitwillig plaudernden Greises war natürlich mitnichten das der historischen Wahrhaftigkeit, wie Bird unterstellt.[71] Es ging Heß vielmehr darum, den Amerikaner über die Mauern des roten Backsteinbaus hinweg als Sprachrohr zu nutzen, um eine Begnadigung zu erlangen.

Diesem Befund einer ungewöhnlich schwierigen Rahmensituation entspricht die magere Quellenlage, die die Historiker bislang abgeschreckt hat, sich der Rolle, dem Wirken und der Bedeutung von Heß in der NS-Führungshierarchie sowie den Umständen des Fluges intensiv zuzuwenden. So gilt es zu konstatieren, daß zentrale Bestände von Dokumenten entweder nicht zugänglich beziehungsweise verschollen sind oder planmäßig vernichtet wurden. Was die Binnenlage auf deutscher Seite anbelangt, so haben kaum Akten aus dem Stab des Stellvertreters des Führers und der Parteikanzlei der NSDAP das Kriegsende überdauert. Diese Lücke konnte im Rahmen des vom Münchner Instituts für Zeitgeschichte initiierten Projekts einer Rekonstruktion der »Akten der Parteikanzlei« aus anderen Quellenbeständen erfreulicherweise weitgehend geschlossen werden, zumal hieraus auch eine Studie zur Organisationsgeschichte dieser Dienststellen hervorging, die deren Entscheidungskompetenz im Staats- und Parteibereich des Dritten Reiches nachzeichnet.[72]

Was die unmittelbare Vorgeschichte des Fluges angeht, so bleibt jedoch leider ein unübersehbares Defizit an einschlägigen Dokumenten bestehen. Um nur die wichtigsten zu nennen: Die Tagebücher von Karl und Albrecht Haushofer, die beide eine eminente Rolle in der Vorbereitung des Heßschen Unternehmens spielten, wurden kurz nach Kriegsende von amerikanischen Offizieren beschlagnahmt und sind seither nicht wieder aufgetaucht, so daß der von Hans Adolf Jacobsen herausgegebene Nachlaß Karl Haushofers, dessen Original im Bundesarchiv in

Koblenz verwahrt wird, die einzig verfügbare Quelle bleibt.[73] Desgleichen sind die von Heß hinterlassenen Abschiedsbriefe an Karl Haushofer, an seine Angehörigen und an Hitler, aus denen sich Aufschluß über die Motive der Mission sowie über die Frage einer Mitwisserschaft des Unternehmens hätte gewinnen lassen, nicht mehr vorhanden beziehungsweise wurden von Ilse Heß verbrannt. Auch die Akten des RSHA (Reichssicherheitshauptamt) und der Abwehr des Oberkommandos der Wehrmacht, die die eingeleitete Spurensicherung des Fluges und die Enttarnung seiner eventuellen Hintermänner dokumentierten, sind zum großen Teil nicht mehr greifbar.[74] Gleiches gilt für die Auslandsorganisation der Partei, die Heß unterstand und über die wichtige Kontaktlinien nach England, aber vor allem in die neutralen Staaten wie Portugal, Spanien und Schweden liefen, sowie für die im Umfeld des Berliner Verbindungsstabs angesiedelte Geheimdienstorganisation des Stellvertreters des Führers (StdF), mit deren Hilfe er Einblick in den Schriftwechsel der britischen, französischen, amerikanischen und sowjetischen Botschafter in London, Paris und Moskau erhielt.[75]

Was die britische Seite angeht, so galt die Quellenlage ebenfalls lange Zeit als spärlich und unbefriedigend. Die Akten der mit dem Fall unmittelbar befaßten Abteilungen des Geheimdienstes, MI5 und MI6, über die allein ein zweifelsfreier, nicht auf Indizien gründender Aufschluß, die Rolle der Briten in der Vorgeschichte des Fluges betreffend, zu erlangen wäre, bleiben »indefinitely closed«. Ebenso wurde der größte Teil der Akten des War Office und des Foreign Office, die die Originalprotokolle der Unterredungen von Heß mit britischen Offiziellen, die von ihm angefertigten Manuskriptunterlagen und den gesamten Schriftwechsel mit »Camp Z« und mit Maindiff Court enthalten, mit einem Sperrvermerk bis zum Jahre 2018 versehen. Auch die Papiere zu den Friedenssondierungen Albrecht Haushofers, die dieser im Auftrag von Heß im Herbst 1940 und im Frühjahr 1941 beim britischen Botschafter in Madrid, Sir Samuel Hoare, unternahm, sind nicht zugänglich. Gleiches gilt für den umfangreichen Nachlaß Winston Churchills im Churchill College in Cambridge, dessen komplette Einsichtnahme bislang nur seinem Biographen Martin Gilbert gestattet wurde, sowie für die Aufzeichnungen von Churchills Geheimdienstoffizier Major Desmond Morton, der für die Verbindung zu MI6 und Bletchley Park zuständig war.

Schließlich dürfte es kein Zufall sein, daß von den sogenannten Beuteakten, die die Briten nach der Kapitulation des Deutschen Reiches in ihre Obhut überführten, just jene Bestände bis weit nach der Jahrtausendwende gesperrt wurden, die die Akten des RSHA und der Abwehr umfassen.

Erst seit kurzer Zeit ist hier eine Veränderung der Situation eingetreten, die es ermöglicht, das Dickicht an Spekulationen, Theorien und Mutmaßungen, das sich in den letzten 55 Jahren um den Heß-Flug gerankt hat, auf seinen tatsächlichen Kern zurückzuschneiden und das Unternehmen, seine Vorgeschichte und seine Folgewirkungen auszuleuchten. Fünf Jahre nach dem mysteriösen Tod des Stellvertreters im Spandauer Gefängnisgarten entschloß sich die britische Regierung – nicht zuletzt, um dem zunehmenden internationalen Druck, der mit dem Ableben von Heß im Jahre 1987 verstärkt einsetzte, zu begegnen –, mehr als 2000 Dokumente aus der Zeit zwischen 1941 und 1960 freizugeben. Diese betreffen nicht nur Akten des War Office und des Air Ministry, sondern vor allem den umfangreichen Bestand des Foreign Office, aus dem nur noch zwei Einzelakten der Jahre von Heß' britischer Haftzeit gesperrt bleiben.[76] Mit einer Sondergenehmigung des deutschen Auswärtigen Amtes konnte ferner der Churchill-Nachlaß in Cambridge eingesehen werden. Im Zuge der Recherchen in britischen Archiven konnten außerdem Dokumente erschlossen werden, die von der Forschung bislang nicht beachtet beziehungsweise nicht vollständig ausgewertet wurden. Dazu zählen unter anderem die Werksunterlagen der Messerschmitt-Flugzeugwerke, die Handakten von Willy Messerschmitt sowie das Tagebuch des Lagerkommandanten in »Camp Z«, Colonel A. Malcolm Scott, im Imperial War Museum in London; die Papers von Lloyd George und Lord Beaverbrook im House of Lords Record Office, die Templewood (Samuel Hoare) Papers in der University Library, Cambridge; die Hugh Dalton Papers in der London School of Economics sowie die Monckton und Simon Papers in der Bodleian Library, Oxford.

Etwa zeitgleich mit der Öffnung der britischen Archive zogen nach dem Zerfall der alten Sowjetunion auch die Russen nach und gewährten einen – wenn auch selektiven – Einblick in ihre Quellenbestände zum Fall Heß. In der KGB-Akte mit dem Codewort »Schwarze Bertha«, dem angeblichen Decknamen von Heß in Berliner und Münchner homosexuellen Kreisen, findet sich neben Agentenmeldungen zum Englandflug auch ein Bericht des Geheimdienstchefs der tschechischen Exilregierung in London, Oberst Moravec, der eine tiefe Verstrickung des Secret Service in die Vorgeschichte des Unternehmens nahelegt. Durch gezielte Nachforschungen in amerikanischen Archiven, namentlich den National Archives in Washington und der Hoover Institution on War, Revolution and Peace in Stanford, wo das bislang völlig unausgewertete Tagebuch von Eduard Taborsky, des Sekretärs von Eduard Benes, des Präsidenten der tschechoslowakischen Exilregierung in London, liegt, konnte die Validität dieser These überprüft werden.

Schließlich verdienen die besuchten deutschen Archive eine Erwähnung: das Bundesarchiv mit seinen Unterabteilungen, das Politische Archiv des Auswärtigen Amtes in Bonn, das Archiv des Instituts für Zeitgeschichte in München – das über ein Manuskript der Erinnerungen Walter Schellenbergs, der rechten Hand Reinhard Heydrichs im RSHA, verfügt, das im Gegensatz zu den gedruckt vorliegenden Memoiren Schellenbergs wichtige Aufschlüsse über das Ergebnis der von deutscher Seite veranlaßten Untersuchungen zum Fall Heß gab – sowie das Staatsarchiv Nürnberg, wo die Korrespondenz zwischen Heß und Prof. Franz Gerl eingesehen werden konnte, die durch die Befragung von Herrn Michael Gerl ergänzt wurde.

In den Jahren seit dem Ableben von Heß, seit dem Zerfall der alten Sowjetunion sowie seit der Öffnung der britischen Archive im Jahre 1992 hat sich mithin die Quellenlage so weit verbessert, daß der Versuch unternommen werden konnte, auf Basis der nun zugänglichen Akten nicht nur eine Bestandsaufnahme der bisherigen Ergebnisse zum Fall Heß vorzunehmen, sondern zugleich eine Neuinterpretation der Vorgeschichte, der Durchführung sowie der Folgen des Fluges vom 10. Mai 1941 in Angriff zu nehmen.

1 Der Günstling des »Führers«

Das Bild ist aus nationalsozialistischen Propagandafilmen bestens vertraut: Mit harter, metallischer Stimme, die unter buschigen Brauen liegenden Augen starr auf seinen »Führer« geheftet, das kantige, fast rechteckig auslaufende Gesicht beherrscht und doch voller ekstatischer Hingabe, kündigt Rudolf Heß den Auftritt Hitlers bei den Parteitagen der NSDAP an. »Mein Führer«, so formulierte er in Nürnberg im Jahre 1934, nur wenige Wochen nach dem blutigen Mordtreiben des sogenannten »Röhmputsches« in hyperbolischer und metaphorischer Sprache, »um Sie stehen die Fahnen und Standarten dieses Nationalsozialismus. Wenn Ihr Tun einst morsch sein wird, erst dann werden die Menschen ganz fähig sein, rückblickend die Größe unserer Zeit zu verstehen und zu begreifen, was Sie, mein Führer, für Deutschland bedeuten.« Und dann folgen Sätze, die für Heß mehr als eine Überzeugung waren, die einem tief empfundenen Glaubensbekenntnis entsprangen, während die Kamera, die Begeisterungsstürme der Parteigenossen einfangend, von einem Gesicht zum nächsten schwenkt. »Sie sind Deutschland. Wenn Sie handeln, handelt die Nation, wenn Sie richten, richtet das Volk. Unser Dank ist das Gelöbnis, in guten und in bösen Tagen zu Ihnen stehen, komme was da wolle.« Mit weit aufgerissenen Augen, sich überschlagender Stimme und hochgerecktem rechten Arm schmettert der Stellvertreter ein inbrünstiges »Adolf Hitler. Sieg Heil! Sieg Heil!« in die Versammlung und räumt die Bühne für einen Größeren, seinen »Führer«.[1]

Es ist dieser unstillbare Glaubenshunger, diese magnetische Gebundenheit an Hitler, eine hündische Geducktheit, hinter der die eigene Persönlichkeit zuweilen vollkommen verschwand, die das Bild von Heß bereits unter den Zeitgenossen prägten. Dem

Unterstaatssekretär im amerikanischen Außenministerium, Sumner Welles, der im Rahmen seiner Gespräche mit Hitler, Ribbentrop und Göring im Frühjahr 1940 auch mit Heß zu einer Unterredung in Berlin zusammentraf, erschien er als »überaus schwacher Charakter, mit der Veranlagung, sich stets einer stärkeren Persönlichkeit zu unterwerfen«.[2] Major Frederick W. Winterbotham, der Chef der Luftwaffensektion im britischen Secret Intelligence Service (SIS),[3] der Heß während der dreißiger Jahre bei seinen Deutschlandbesuchen mehrmals sprach, bemerkte eine »gewisse Charaktertiefe und Intelligenz« sowie eine »verborgene Sensibilität im Vergleich zur brutalen Effizienz eines Göring oder Himmler«, hielt jedoch als hervorstechendstes Merkmal fest, daß Heß stets das Rampenlicht scheute und niemals gegen die Rolle als Schatten Hitlers aufbegehrte.[4] Generalfeldmarschall Erhard Milch, dem Staatssekretär im Reichsluftfahrtministerium, fiel diese monomanische Führerbezogenheit noch zu Zeiten der gemeinsamen Haft in Nürnberg als ungebrochene Konstante und augenfälligstes Charakteristikum von Heß auf. »Er ist ein seltsamer Mensch«, stellte Milch fest, »teils intelligent, teils sehr verworren, aber ein solcher Fanatiker und Asket, daß man ihn unmöglich für völlig zurechnungsfähig halten kann.«[5]
In der Tat hatte dieser jedwede Ratio und alle kritische Distanz tötende magische Zauber Hitlers für Heß auch nach dem vollkommenen Zusammenbruch von Reich und Regime, nach der Flucht des »Führers« in den Freitod und der Offenlegung der Untaten und Verbrechen der Nationalsozialisten nichts von seiner hypnotischen Kraft eingebüßt. »Es war mir vergönnt«, so gab der Stellvertreter vor der Geschichte und der Weltöffentlichkeit mit seinem Schlußwort im Nürnberger Prozeß unbelehrbar zu Protokoll, »viele Jahre meines Lebens unter dem größten Sohne zu wirken, den mein Volk in seiner tausendjährigen Geschichte hervorgebracht hat. Selbst wenn ich es könnte, wollte ich diese Zeit nicht auslöschen aus meinem Dasein. [...] Ich bereue nichts. Stünde ich wieder am Anfang, würde ich wieder handeln, wie ich handelte, auch wenn ich wüßte, daß am Ende ein Scheiterhaufen für meinen Flammentod brennt. Gleichgültig, was Menschen tun, dereinst stehe ich vor dem Richterstuhl des Ewigen. Ihm werde ich mich verantworten, und ich weiß, er spricht mich frei.«[6]
Diese auf Hitlers Schlußwort von 1924 im Prozeß vor dem Münch-

ner Volksgericht anspielende Passage dokumentiert die unauflösbare Bindung von Heß an Hitler, seine blinde Ergebenheit, seine nach Orientierung lechzende Dienstmanngesinnung. Und diesem Befund entsprach es, wenn Heß in seiner »grenzenlosen Verehrung« für Hitler seit den Tagen der gemeinsamen Landsberger Haft mit Eifersucht darüber wachte, daß niemand seinem Idol näher stand als er selbst,[7] gleichzeitig aber darauf bedacht war, Hitler mit der Glorie politischer Unfehlbarkeit zu umgeben, seinen »Führer« in den Bereich des Übermenschlichen zu rükken. Für die Entstehung des Führermythos, »dieser seltsamen Mischung von Traum und Doktrin«, wie ein alter Parteigenosse urteilte,[8] tat Heß trotz mangelnder propagandistischer und rhetorischer Fähigkeiten, die gegenüber denen eines Göring oder gar Goebbels verblaßten, mehr als alle anderen Gefolgsleute Hitlers. Es war vor allem seiner hartnäckigen und konsequenten Initiative zuzuschreiben, wenn Hitler in den Kreisen der aufstrebenden Partei bald nach der Entlassung aus Landsberg nicht mehr mit »Herr Hitler«, sondern nur noch mit »Chef« und dann mit »Führer« angeredet wurde.

Alle Psychiater, die sich in späteren Jahren mit dem Charakter und der Persönlichkeitsstruktur von Rudolf Heß, mit seiner Fixierung auf Hitler und die Kommandowelt des Totalitären beschäftigten, stimmen darin überein, daß der Schlüssel für diese Disposition in der Phase der primären Sozialisation, in der Jugend mit einem strengen und übermächtigen Vater zu suchen ist.[9] Ebenso wie Hitler wurde auch Rudolf Walter Richard Heß außerhalb der deutschen Grenzen geboren: am 26. April 1894 in Ibrahimieh, einem Vorort des ägyptischen Alexandria, als ältester Sohn des Kaufmanns Johann Fritz Heß und dessen Frau Klara.[10] Die ursprünglich aus Böhmen stammende Familie hatte sich in den sechziger Jahren des 18. Jahrhunderts im oberfränkischen Wunsiedel niedergelassen, wo der Stammvater Peter Heß eine Schuhmacherdynastie begründete. Ein knappes Jahrhundert später, im Jahre 1849, hatte der Großvater von Rudolf, mit Namen Johann Christian Heß, das Fichtelgebirge verlassen und war über das Großherzogtum Toskana in die habsburgische Hafenstadt Triest gelangt, wo er 1861 die Tochter eines Schweizer Konsuls und Handelsherrn heiratete. Vier Jahre später, Rudolfs Vater Fritz war eben geboren, siedelte Johann Christian Heß in die aufstrebende ägyptische Handelsmetropole Alexandria über, wo er mit der Mitgift seiner Frau Margaretha Bühler die Importfirma Heß & Co. gründete. Als Rudolfs Vater Fritz die Firma im Jahre 1888 übernahm, gehörte sie bereits zu den führenden Handelshäusern in Alexandria.

Die Verbindung nach Deutschland riß, wie bei so vielen auslandsdeutschen Familien der Zeit, niemals ab. Dafür sorgte die Mutter Klara, die Tochter des Textilfabrikanten und Kommerzienrates Rudolf Münch aus dem oberfränkischen Hof; dafür sorgte die Pflege deutschen Kulturgutes im Hause Heß, die die zweistöckige Villa inmitten eines Gartens voller tropischer Blütenpracht wie einen Mikrokosmos vor den morgenländischen Sitten und Gebräuchen abschirmte, aber auch vor jeder Art von polyglottem und aufgeklärtem Weltbürgertum; und dafür sorgten die nicht selten halbjährlichen Aufenthalte im Fichtelgebirge, wo der Vater im Jahre 1900 in dem kleinen Ort Reicholdsgrün, zwischen Wunsiedel und Kirchenlamitz gelegen, ein Grundstück gekauft und darauf eine zweistöckige Jugendstilvilla errichtet hatte.[11] »Alle anderthalb Jahre«, so hat sich Heß in Spandau wehmütig an jene Zeit in Ägypten erinnert, fing für ihn, seinen jüngeren Bruder Alfred und die nach der Großmutter genannte Schwester Margaretha das »Globetrotten […] übers Meer und durch halb Europa« an und entführte die Familie aus dem ägyptischen »Paradies«.[12]

In Ibrahimieh wuchs Heß gewissermaßen in einem deutschen Ghetto auf. Die um diese Zeit entdeckten Katakomben von Komel-Schuf-aker hat er nie gesehen, einheimische Freunde oder Bekannte hat er – mit Ausnahme der Dienerschaft, zu der sich gemäß den Normen von Zeit und Stand ein distanziertes Verhältnis gebot – nie gehabt; mit dem Englischen, der Kolonialsprache des Landes, kam er nicht in Kontakt. Es ist bezeichnend, daß ihn der Vater schon nach kurzer Zeit von der öffentlichen Schule in Alexandria nahm und ihn sowie seinen Bruder Alfred in die Obhut des deutschen Hauslehrers Rudolf Haffner gab.[13] Zum prägenden Faktor seiner frühen Jahre wurde eben jener strenge, polternde und keinen Widerspruch duldende Vater, der nach Rudolfs eigenen Worten »bleichen Schrecken bei seiner Brut« verbreitete.[14] Im Hause Heß war die gesamte Ordnung, der ganze Tagesablauf auf den patriarchalisch-puritanischen Vater abgestellt. So wurden die Mahlzeiten täglich mit einer Pünktlichkeit serviert, nach der man die Uhr stellen konnte, und von den vollzählig versammelten Familienmitgliedern erdreistete sich niemand, ein Wort zu sprechen, solange der Vater nicht geruhte, das Gespräch zu eröffnen.[15] Er war es, der das Lachen der spielenden Kinder zum Verstummen brachte, wenn er das Haus betrat; er war es, an dem Wissensdurst und Entdeckerfreude des Knaben Rudolf immer wieder ihre Grenze fanden, und er war es, der den widerstrebenden Jungen, dem seine Lehrer Neigungen und hervorragende Anlagen zur Astronomie, Physik und Mathematik attestierten, in den Kaufmannsberuf zwang.[16] »Als eines Tages der liebe Vater«, so hat Heß im Rückblick die Szene beschrieben, »feierlich die ernste Frage an mich stellte, was ich werden wollte – in dem Ton, bei dem allein uns schon das Blut zu gerinnen drohte [...], da kam es mir gar nicht in den Sinn, etwas anderes zu stottern als ›Kaufmann‹.«[17]

Es ist immer wieder darauf hingewiesen worden, daß viele der führenden Nationalsozialisten aus strengen Elternhäusern stammten und ihre eigenen beruflichen Vorlieben nicht in die Tat umsetzen konnten; daß Hitler, wie man eingängig formuliert hat, »von den Erziehungsschäden einer Epoche profitierte, die ihre pädagogischen Leitbilder von den Kasernenhöfen holte und ihre Söhne in den Härtekategorien von Kadetten aufzog«.[18] Rudolf Heß, der unsäglich unter der tyrannischen Natur seines Vaters mit der »Mentalität eines Kegelbruders«[19] litt, die immer wieder seinen Willen brach und die Basis schuf für die Anfälligkeit dem Totalitären gegenüber und die Suche nach einem »Ersatzvater«, entsprach exakt diesem Typus.

Im März 1908 kam für den Vierzehnjährigen der Abschied aus Ägypten. Der Vater brachte ihn ins Internat des Evangelischen Pädagogiums nach Bad Godesberg am Rhein. »Als wir 1908 abfuhren«, so die Erinnerung des Greises in Spandau, »der ägyptische Küstenstreif langsam hinter uns versank, die Pompejus-Säule, der Leuchtturm, ein paar Palmen als letztes sichtbar, sagte der Vater zu mir: ›Sieh dir das Land noch einmal genau an. Du nimmst für einige Jahre Abschied!‹«[20] Es sollte ein Abschied für immer sein.

Der Karriere als zukünftiger Handelsherr schien nichts im Wege zu stehen. Auf den Realschulabschluß im Godesberger »Deutschen Haus« folgten das Schweizer Internat »Ecole Supérieure de Commerce« in Neuchâtel und eine Kaufmannslehre in Hamburg. Rudolf Heß hat diese Jahre widerwillig und zähneknirschend über sich ergehen lassen, denn frühzeitig war ihm klar, daß er für die Fortführung der väterlichen Firma nicht bestimmt war, daß für ihn »die Bilanz der doppelten Buchführung [...] immer, wenn nicht mit sieben Siegeln, so doch mit einigen« behaftet bleiben würde.[21] Allein, zur offenen Rebellion gegen den übermächtigen Vater war er nicht fähig. Bis dann im Sommer 1914 ein Ereignis eintrat, gegen das selbst die eiserne Strenge des Vaters nichts ausrichten konnte: der Erste Weltkrieg.

Bereits in Godesberg, wo ihn die Schulkameraden mit dem Spitznamen »der Ägypter« hänselten, hatte die ihm auferlegte Rolle eines Ausländers sein Nationalgefühl nur um so stärker wachgerufen und herausgefordert.[22] Und nun, in jenen heißen Augusttagen, da die deutsche Jugend zu Zehntausenden zur Verteidigung des Vaterlandes freiwillig zu den Waffen eilte, kam es zu einer heftigen Auseinandersetzung mit dem Vater im Garten der Reicholdsgrüner Villa. Es sollte der erste und entscheidende Akt der Emanzipation vom Vater werden. »Jetzt geben nicht Kaufleute, jetzt geben Soldaten die Befehle!«, so soll Rudolf Heß dem konsternierten Familienoberhaupt zugerufen haben.[23] Am nächsten Tag meldete er sich als Freiwilliger beim 7. Bayerischen Feldartillerie-Regiment in München.[24]

Der vierjährige Weltkrieg wurde für den jungen Heß wie für so viele seiner Generation zum Fundamentalerlebnis, zum patriotischen Daseinszweck, zum unauslöschlichen Bezugs- und Orientierungspunkt der folgenden Jahre. Die langen und entbehrungsreichen Monate als Frontkämpfer in vorderster Linie formten, wie er bald feststellte, »Charakter, Entschluß, Tat, Selbständigkeit«[25] – sie wurden, ähnlich wie bei Hitler, zur Wegscheide in seinem Leben. Die ersten Briefe, die er als frisch ausgebildeter Rekrut nach dem Eintreffen an der Westfront im November 1914 nach Hause schickte, verraten eine glühende Kriegsbegeisterung. Im Schützengraben liegt er wie ein »Höhlenmensch unter der Erde im Stroh, warm und bequem«, und er »lacht über das Treiben der Kugeln u. Sausen der Granaten«. »Die Landschaft [ist] weiß von Schnee, Sternhimmel funkelt. [...] Brennende Ortschaften! Packend schön. Krieg!«[26] Er wettert »gewaltig gegen die ›Flaumacher‹, die es überall gibt«, hat das »höchste Vertrauen zum Sieg und zur Gerechtigkeit unserer Sache« und fühlt sich als Teil der »Jugend«, die »für das Fortbestehen Deutschlands kämpft«. »Nicht nur für Deutschland«, wie er nach Reicholdsgrün schreibt, »sondern für alles, was darin [ist], nicht zuletzt für

Eltern u. Geschwister, für Euch selbst. Wie es wäre, wenn die russischen Horden hereinbrächen, wenn Franzosen und verrohte Engländer samt fanatischen Wilden, italienischen Messerhelden bei uns wirtschafteten, brauch ich Euch nicht lange auszumalen.«[27]

Inmitten der Stellungskämpfe in Frankreich – an der Somme, im Artois und in der Trichterlandschaft von Verdun – erhält er am 27. April 1915 das Eiserne Kreuz Zweiter Klasse, wird er am 21. April 1915 zum Gefreiten und genau einen Monat später zum Unteroffizier, am 1. August zum Offiziersanwärter und drei Wochen später zum Ersatzleutnant befördert.[28] Der Krieg und seine gewaltigen Verlustzahlen sorgen für schnelle Karrieren. Mit Erbitterung registriert Heß im Frühjahr 1916, als der innenpolitische Burgfrieden zwischen den Parteien im Reichstag brüchig wird und sich in Deutschland die Friedenssehnsucht mehrt, daß sich in der Heimat »Schwarzseher und Flaumacher«, wie er sie nennt, breitmachen. »Oh, sie wissen ja gar nicht, wie sie sich an uns versündigen, diese Schwätzer am Biertisch, diese Klatschbasen im Kaffeekränzchen! Sie würden sonst schweigen! Frieden schließen ist schön gesagt.« Aber es ist doch »nichts im Verhältnis zu dem, was die Soldaten leisten, die seit Jahr und Tag in der Erde schlafen, im Wasser stehen, nachts alle zwei Stunden auf Posten ziehen, ihr Leben lassen oder Krüppel werden. [...] Also müssen wir weiterkämpfen, weiter durchhalten, im Felde wie daheim.«[29] In diesen Zeilen kündigt sich bereits das Trauma des gestohlenen Sieges an: der Verrat der Heimat an dem im Felde unbesiegten Heer, der meuchelnde Dolchstoß von hinten, wie Heß es ein Leben lang empfinden sollte, was zur Triebkraft seines gesamten politischen Lebens wurde.

Am 12. Juni 1916 wird er bei Douaumont zum ersten Mal durch ein Artilleriegeschoß an der linken Hand und am linken Oberarm verwundet; am 25. Juli 1917, als er längst an der Südostfront kämpft, trifft es auf den Höhen zwischen Ojtoztal und Slanic erneut den linken Oberarm, und genau vierzehn Tage später ereilt ihn bei der Erstürmung der Ungureana eine dritte, diesmal ernste Verwundung.[30] »Es ist«, wie er den Eltern schreibt, »ein glatter Durchschuß unterhalb der linken Schulter hinein, am Rücken heraus«, den er »auf Offiz[iers] Patrouille« im Kampf gegen Rumänen erleidet, die ihn »auf 30 Schritt niederknallten«.[31] Im Gegensatz zu der von Hugh Thomas mit weitreichenden Spekula-

tionen verknüpften Annahme einer operativen Versorgung der Lungenverletzung,[32] die nach menschlichem Ermessen sichtbare Spuren hinterlassen hätte, ist gar nicht sicher, inwieweit Brustkorb und Rippen von Heß überhaupt in Mitleidenschaft gezogen waren. Vielmehr stellt ein erst seit kurzem greifbarer Brief der Mutter an den alten Hauslehrer Georg Haffner unter Beweis, daß der Kugelschuß »glücklicherweise ohne Knochenverletzung« abging und »so vorzüglich« heilte, »als ob nichts passiert wäre«.[33] Immerhin aber war die Verletzung so gravierend, daß sie einen monatelangen Lazarettaufenthalt notwendig machte und Heß die Versetzung von der Infanterie zu den Fliegern einbrachte. Im Frühjahr 1918 absolvierte er, inzwischen zum Leutnant der Reserve befördert, einen Flugzeugführerlehrgang im Lager Lechfeld bei Augsburg und nahm, kurz vor Kriegsende im Oktober 1918, als Mitglied der Jagdstaffel 35 noch an den letzten Luftkämpfen an der Westfront bei Valenciennes teil.[34] Es sind jene Wochen, als die Heere der Ententemächte die deutschen Linien auf breiter Front durchbrechen und als die Reichsregierung in Hoffnung auf die »Vierzehn Punkte« Wilsons und auf Anraten der 3. Obersten Heeresleitung überstürzt um einen Waffenstillstand nachsucht. Von diesen Entwicklungen auf dem Felde der großen Politik ahnt Heß natürlich nichts. Er sieht nur, daß »alles Blutvergießen und alles Entbehren« an der Front vergeblich waren, daß die Waffenstillstandsgerüchte »wie ein böser Traum« sind und daß »trotz der Hetzereien aus der Heimat« das deutsche Heer »nicht schlechter da[steht] als im Jahre 1914, als wir die Russenfront noch hatten«.[35]
Die Nachricht von der Novemberrevolution im Reich, vom Rücktritt des Kaisers und vom demütigenden Waffenstillstand trifft ihn denn auch wie ein Keulenschlag. Es sind »die schwersten Augenblicke« seines Lebens, so beschreibt er den Eltern in Reicholdsgrün seine verzweifelte Stimmungslage. »Wer hätte gedacht, daß Teile unseres Volkes so niedrig, so gemein, so schamlos sein können.« In die Verzweiflung mischen sich Zorn und das Bedürfnis nach Rache für den »Verrat« der Heimat an den »Unbesiegten« im Felde. »Schuld an allem sind die Unabhängigen [i.e. USPD, d.Verf.]. Die haben seit Monaten in der Armee gehetzt, bis der Zusammenbruch da war.«[36] Heß läßt sich inmitten der allgemeinen Demobilisierung weder die Achselstücke noch die Waffen oder Kokarden abnehmen, aber die eigentlich nie-

derschmetternde, fast tödliche Enttäuschung steht ihm noch bevor: die Unterzeichnung des Versailler Friedensvertrages, das Ergebnis des »Lug- und Trugspiels« Wilsons, der mit seinen Vierzehn Punkten »unser Volk gefangen [hat] wie mit Speck die Mäuse«.[37] »An den Frieden darf man nicht denken«, so schreibt er nach Hause. »Das einzige, das mich hochhält, ist die Hoffnung auf den Tag der Rache, wenn er auch noch so fern ist.«[38]

Wie stark ihn das Erlebnis des verlorenen Krieges beschäftigte, wie es ihn demoralisierte, entwurzelte, ja traumatisierte, ihn zugleich aber vorantrieb, inspirierte und dynamisierte, läßt sich noch im Abstand von knapp zehn Jahren erkennen, als er in einem Brief an seine Kusine Gret Georg in Schweinfurt inmitten der goldenen Jahre der Weimarer Republik folgende Bilanz zog: »Ich hab' gekämpft für all das dort, wo ein Mann in meinem Alter selbstverständlich zu kämpfen hatte, wo es am härtesten zuging, in Dreck und Schlamm, in der Hölle von Verdun, von Artois und wo es sonst war, hab' das Todesgrauen in allen Spielarten durchgekostet, bin in Trommelfeuer tagelang geschüttelt worden, schlief in einem Unterstand, in dem ein halber Franzose lag, habe gehungert und gelitten, wie eben Frontkämpfer gehungert und gelitten haben. Und das soll alles umsonst gewesen sein?! Und das Leiden der Mehrheit der Guten der Heimat soll umsonst gewesen sein? [...] Nein, wär's umsonst gewesen, bereute ich heute noch, daß ich am Tag, da die ungeheuerlichen Waffenstillstandsbedingungen und ihre Annahme bekannt wurden, ich mir nicht eine Kugel durchs Hirn jagte. Ich tat es damals nicht in der einzigen Hoffnung: Du kannst noch irgendwie dein Teilchen beitragen zur Wendung des Schicksals.«[39]

Diese Wendung des Schicksals begann für Heß im roten München jener Monate, wo eine Gruppe jüdischer Intellektueller und Kommunisten eine Räterepublik nach sowjetischem Vorbild installierte und wo er, weitgehend mittellos nach der Enteignung der elterlichen Firma in Alexandria durch die Briten, um die Jahreswende 1918/19 eintraf. Die »roten Herren« von München, wie Heß sie verächtlich nannte, die linksradikalen Massenkundgebungen des Führers der bayerischen USPD, Kurt Eisner, und dessen Ermordung im Gefolge der Landtagswahlen durch den 22jährigen Maximilian Graf von Arco-Valley – »ein Segen, der uns viel ersparte«, wie Heß seiner Mutter schreibt[40] – brachten ihn in die Politik. Als Mitglied der zweiten Zeitfreiwilligenkompanie des bayerischen Infanterieregiments, des Schützenkorps Epp, eines jener berüchtigten rechtsradikalen Freikorps, die marodierend die Stadt durchzogen und die Gegenrevolution gegen die Räterepublik ausriefen, nahm er an den blutigen Straßenkämpfen teil, um den »kommunistischen« Spuk zu beenden.[41]

Im Februar schrieb er sich an der Münchner Universität als Student der Volkswirtschaft, Geschichte und Jurisprudenz ein.[42] Zu diesem Zeitpunkt war er bereits Mitglied eines Sammelbeckens rechtsradikaler, antimarxistischer und antijüdischer Kreise, der sog. Thule-Gesellschaft, die im ersten Stock des renommierten Hotels »Vier Jahreszeiten« tagte.[43] Dort suchte er seine neue weltanschauliche Heimat. Dort fand seine politische Sozialisation statt, die den Boden für die krausen Ideen des Nationalsozialismus bereitete, denen er bald anhängen sollte. Der Begründer, Namensgeber und Vorsitzende dieser Gesellschaft nennt sich Rudolf Freiherr von Sebottendorff. Er ist der Sproß einer bürgerlichen Familie aus Hoyerswerda, besitzt seit 1911 die türkische Staatsbürgerschaft und hat sein Adelsprädikat durch Adoption erworben. Er führte als Wahrzeichen des elitären Klubs nicht nur das siegende Sonnenrad und die bronzene Mitgliedsnadel ein, die auf einem Schild ein von zwei Speeren durchbohrtes Hakenkreuz zeigt, und vollzog an jedem dritten Samstag im Monat in ritueller Manier sogenannte »Weihetage«, sondern er propagierte auf Basis der Schriften völkischer Sektierer wie Guido von List und Lanz von Liebenfels auch einen hypertrophen Germanenkult, den Wiederaufstieg des gedemütigten Reichs zur Groß-, ja Weltmacht, und einen radikalen Antisemitismus.

An die Seite dieser ideologischen Ausrichtung trat die Ausbildung des 24jährigen Heß an der Universität, wo ihn vor allem ein Gelehrter und dessen Theorien in den Bann schlugen. Es ist Professor Karl Haushofer, geboren am 27. August 1869 als Sohn eines Professors der Staatsökonomie, Artillerieoffizier und Veteran des Weltkrieges, ehemaliger Militärattaché in Tokio und Experte für den südostasiatischen Raum. Seine Frau Martha ist die Tochter eines jüdischen Kaufmanns aus Frankfurt, die ebenso wie die beiden Söhne Albrecht und Heinz nach den Rassebegriffen der Nationalsozialisten als jüdische Mischlinge ersten und zweiten Grades gelten. Heß lernte den Professor für Geopolitik am 4. April 1919 durch die Vermittlung seines Fliegerkameraden

Max Hofweber kennen, der zugleich Ordonnanzoffizier Haushofers im Weltkrieg war.[44] Schon bald entwickelte sich zwischen Lehrer und Schüler ein vertrauliches, ja privates und freundschaftliches Verhältnis, das die Regeln akademischen Unterrichts weit hinter sich ließ, auf einer »Seelenverwandtschaft und Männerkameradschaft« gründete und Heß den Zugang in den innersten Familienkreis der Haushofers verschaffte.[45] Bei dem ihm intellektuell weit überlegenen Haushofer fand Heß eine neue emotionale Heimstatt. Haushofer wurde sein »Vater-Ersatz«, sein geistiger Mentor und Bezugspunkt. Auf stundenlangen Spaziergängen durch den Englischen Garten, auf Ausflügen und Reisen, beim gemeinsamen Besuch von Veranstaltungen, die die wissenschaftliche Arbeit des Studenten im Geographischen Institut Haushofers ergänzten und fortführten, gewann Heß Einblicke in Haushofers Lehre von der Geopolitik und machte sich deren Theoreme zu eigen.[46]

In Anlehnung an die Erkenntnisse des Geographen und Völkerkundlers Friedrich Ratzel und des schwedischen Gelehrten Rudolf Kjellén postulierte Haushofer, daß der geographische Rahmen eines Staates dessen Politik bestimme, daß eine unaufhebbare Wechselbeziehung zwischen den geographischen Gesetzmäßigkeiten und dem politischen Handeln bestehe. Demzufolge untersuchte er als Geopolitiker die im Raume wirksamen Kräfte sowie die Korrelation zwischen Mensch und Raum, um aus dem Zusammenwirken dieser Faktoren sogenannte »Raumfunktionen« mit politischen Konsequenzen abzuleiten. »Ursprünglich ist der Raum da«, so beschrieb Haushofer selbst seinen Ansatz. »Er besteht nach seinen Gesetzen«, während der »Naturhaushalt [...] nach den Gesetzen der Auslese und der Symbiose« funktioniert. Der Mensch, der als drittes Element hinzukommt, »wird zum Überwinder des Raumes«, macht sich »die im Raume schlummernden Energien« nutzbar und schafft somit über kurz oder lang im Kampf aller gegen alle ein Raumproblem: das des knappen Lebensraumes.[47]

Bedenkt man die Wertigkeit, die die Axiome des Sozialdarwinismus und der Lebensraumkonzeption in Ideologie und Politik des Nationalsozialismus einnahmen, wie sie in imperialistischem Zuschnitt und im Sinne einer rigiden, menschenverachtenden Expansionsphilosophie ausgeformt wurden, so zeichnet sich hier jener hauptsächliche, wenngleich einzige programmatische An-

teil ab, den Heß zur Weltanschauung des Dritten Reichs beigesteuert hat.
Zu dieser an wissenschaftlichen Kategorien orientierten Lehre der Geopolitik, wie sie Haushofer und Heß verband, will es nicht so recht passen, daß beide einer Leidenschaft frönen, die im Bereich der Halbwahrheiten, des Spekulativen und des Aberglaubens angesiedelt ist: der Vorhersehbarkeit der Zukunft durch Horoskope und allerlei okkultistischen Zauber. Bereits im Weltkrieg hatte sich Heß bei einem alten Sanitäter, der »Charakter und Veranlagung aus den Schädelformen« herleitet, Rat geholt.[48] Seit den frühen zwanziger Jahren entwickelte sich diese intensive Beziehung zur Pseudowissenschaft, die Haushofer teilt und die Heß an Hitler während der Landsberger Haft weitergibt,[49] zur Manie. Eine »Planetendame« erstellte aus Heß' Geburtsdatum ein Horoskop, und immer wieder sucht er inmitten persönlicher und politischer Krisen der aufstrebenden nationalsozialistischen Partei bei Weissagungen Zuflucht, zum Beispiel, als er sich von einer alten Zigeunerin vorhersagen läßt, daß Deutschland »1928 wieder in alter Stärke unter den Völkern« stehen wird.[50]
Die Beziehung zu Haushofer, so herzlich und freundschaftlich, ja väterlich sie war, verblaßte allerdings gegenüber der, die Heß von Beginn der Bekanntschaft an mit Hitler verband. Haushofer ist ein Gelehrter, ein Theoretiker, ein Patriot gewiß, aber seine Lehren sind keine Botschaften, die die Massen mitreißen, die ihnen wieder den Glauben an die Größe Deutschlands einimpfen, die die Menschen aus ihrer Lethargie aufrütteln und ihre Trägheit in einen glühenden Nationalismus verwandeln. Im Grunde ist der Professor Heß trotz allen Charismas zu wenig entrückt, um diesen auf Dauer an sich zu fesseln; und sein Einfluß auf Heß findet dort eine Grenze, wo dessen wildes Verlangen nach Rache und Vergeltung für die Niederlage im Krieg und den Versailler Schmachfrieden beginnt.[51]
Die erste Begegnung mit Hitler fand am 19. Mai 1920 bei einem Sprechabend der Deutschen Arbeiterpartei im Nebenzimmer des Sterneckerbräu im Münchener Tal statt.[52] Um diese Zeit wohnte Heß in einer kleinen Pension in München-Schwabing, wo er seine spätere Frau Ilse Pröhl kennenlernte, die Tochter eines preußischen Sanitätsoffiziers im Ersten Garderegiment zu Potsdam. »Plötzlich sprang«, so erinnerte sie sich an ihr erstes Zusammentreffen mit Heß, »ein junger Mann in feldgrauer Uniform,

am Arm den bronzenen Löwen des Freikorps Epp, drei Stufen auf einmal nehmend, die kleine Treppe hinauf. Ein Ruck bei meinem unerwarteten Anblick, ein höchst finsterer und abweisender Blick unter buschigen Brauen, ein knappstes, aber höfliches, hackenklappendes Verbeugen [...]. Das war Rudolf Heß.«[53] »Er lachte selten, er rauchte nicht, Alkohol verachtete er, und für die Tatsache, daß junge Menschen auch nach einem verlorenen Krieg Freude an Tanz und Geselligkeit haben konnten, fehlte ihm jedes Verständnis.«[54]

In diese Düsternis und verbissene Schwermütigkeit des 26jährigen Studenten bricht, einem erlösenden Blitzstrahl gleich, das erste Zusammentreffen mit dem Trommler der Deutschen Arbeiterpartei, mit Adolf Hitler ein, dessen Rede er im verrauchten, heruntergekommenen Sterneckerbräu gebannt, atemlos und wie in Trance lauscht. »Plötzlich flog mit einem Krach die Tür auf«, so schilderte Ilse Pröhl die Rückkehr von Heß in die Schwabinger Pension an jenem Abend, »und hereingestürmt kam Rudolf Heß, ganz und gar ohne jene übliche Kühle und Ferne [...].« »Der Mann – der Mann«, so stieß er vollkommen entrückt, ja verzaubert, immer wieder hervor. »Es sprach ein Unbekannter, den Namen weiß ich nicht mehr. Aber wenn jemand uns von Versailles befreien wird, dann ist es dieser Mann – dieser Unbekannte wird unsere Ehre wieder herstellen.« »Er war wie ausgewechselt«, so beschrieb Ilse Pröhl die Wandlung von Heß an diesem Abend, »lebendig, strahlend, nicht mehr düster, nicht vergrämt. Ihm mußte etwas ganz und gar Neues, etwas Aufrüttelndes begegnet sein.«[55] Kurze Zeit später trat Heß als Mitglied Nr. 16 in die Partei ein, deren Führung Hitler bald an sich reißen sollte.[56]

Es ist eine geradezu magische Beziehung, die sich zwischen Heß und seinem Führer entwickelt in jenen Tagen der Frühzeit der Partei, als die Beitragskasse noch eine leere Zigarrenkiste ist und die NSDAP eine der unzähligen Splittergruppen, die im Gefolge der Novemberrevolution wie Pilze aus dem Boden schießen. Was den Studenten und Offizier, den Sohn einer wohlsituierten bürgerlichen Kaufmannsfamilie, mit Hitler, dem gescheiterten Realschüler und Kunstmaler, dem Weltkriegsgefreiten und Reichswehragenten, dem Bewohner des Männerheims der Barmherzigen Brüder in der Münchner Lothstraße, zusammenschweißt, ist weniger soziale oder intellektuelle Gemeinsamkeit. Es ist der fanatische Haß gegen die aus den Scherben des Kaiserreichs hervorgegangene erste deutsche Republik, es ist das traumatische Erlebnis des verlorenen Weltkriegs, die Entbehrungszeit des Frontkämpfers der vordersten Linie und die bittere Erfahrung des »gestohlenen Sieges«. Vor allem aber ist es die selbstverachtende Treue von Heß, die blinde, bedingungslose Hinwendung zu Hitler, die selbst keinen Ehrgeiz kennt und deren einziges Ziel die Verehrung des »Führers« und die Verbreitung des Glaubens an die charismatische Gestalt und Mission Hitlers ist.

Bereits im November 1921 faßte Heß den Führermythos in bezeichnende Worte, als er an einem Preisausschreiben zum Thema »Wie wird der Mann beschaffen sein, der Deutschland wieder zur Höhe führt« teilnahm, das ein in Spanien lebender Auslandsdeutscher veranstaltet hatte und bei dem Heß mit seinem Beitrag den ersten Preis gewann.[57] Nach einer ausführlichen Darstellung der Leiden des deutschen Volkes im Weltkrieg und des Zusammenbruchs von 1918 als Werk von »Verführern und ihren Helfern« samt einer Beschreibung des »Blutabgusses aus den Hauptschlagadern« von Staat und Volk als Folge des Versailler Schanddiktats gerät in einer Art von historischer Rückschau die Gestalt des Diktators in den Mittelpunkt der Betrachtung. Wie Napoleon das Chaos der französischen Revolution und den Wirrwarr des Pöbels bändigte oder Cäsar den Sumpf der römischen Republik trockenlegte, brauche auch Deutschland, so formuliert Heß, einen Diktator, der es »wieder aufwärts führt [...], aber in heiliger Vaterlandsliebe [...] über allem eigenen Ehrgeiz seines Landes Wohl und zukünftige Größe als einziges Ziel« im Auge habe, um, »wie der Arzt einen Halbirren«, Deutschland wieder zur Vernunft zu bringen.

»Um der Rettung der Nation willen« dürfe dieser Diktator nicht die »Waffen des Gegners, Demagogie, Schlagworte, Straßenumzüge u.s.w.« verabscheuen, und er müsse die »breite Masse [...] psychologisch behandeln«. »Er selber« jedoch, so fährt Heß fort, »hat mit der Masse nichts gemein, ist ganz Persönlichkeit, wie jeder Große. Die Macht der Persönlichkeit strahlt ein Etwas aus, das die Umgebung in seinen Bann zwingt und immer weitere Kreise zieht.« Und nun folgen jene Eckpfeiler der Weltanschauung und Staatspraxis Hitlers, die im Dritten Reich grausame Wirklichkeit werden sollten: die Erziehung der Arbeiter zum »rücksichtslosen Nationalismus«; die »Zertrümmerung der international-sozialen marxistischen Weltanschauung«; die Idee der Volksgemeinschaft, bei der »Gesamtinteresse [...] vor Eigeninteresse« geht, gemäß der Devise »erst die Nation, dann ich«; die Heranziehung einer »Kampftruppe« aus der Reihe »der lawinenartig wachsenden Anhänger«; die Denunziation des Parlaments als Schwatzbude, während der Führer »handelt«; die Forderung nach Rücksichtslosigkeit, ja Brutalität gegenüber den eigenen Parteigängern, indem der »wahre Diktator« auch »über seine nächsten Freunde hinwegstampft«, wenn es dem Wohl des Ganzen dient; die »Ertüchtigung der Jugend«; der Ruf nach einem »fürchterlichen Strafgericht [...] über die Verräter der Nation« und endlich die Brechung des Einflusses »der Juden und der jüdisch verseuchten Freimaurer«.

»So haben wir das Bild des Diktators«, lautet der Schlußsatz in Heß' Arbeit von 1921, »scharf von Geist, klar und wahr, leidenschaftlich und wieder beherrscht, kalt und kühn, zielbewußt wägend im Entschluß, hemmungslos in der raschen Durchführung, rücksichtslos gegen sich selbst und andere, erbarmungslos hart und wieder weich in der Liebe zu seinem Volk, unermüdlich in der Arbeit, mit einer stählernen Faust in samtenem Handschuh, fähig, zuletzt sich selbst zu besiegen.« Man mag sich streiten, welche dieser Charakteristika tatsächlich auf Hitler zutrafen. Einer Forderung, die Heß an den zukünftigen Diktator stellte, ist Hitler ganz gewiß nicht gefolgt: »Statt seine Macht bis zur Neige auszukosten, legt er sie nieder und steht als getreuer Ekkehard zur Seite.«

In diesen Monaten vor dem Novemberputsch von 1923 ging Heß mit Feuereifer ans Werk, um die Partei aus ihrem Schattendasein herauszuführen und ihrem Trommler den Weg zu bereiten. Dabei war es bezeichnend, daß er selbst das Rampenlicht öffentlicher Auftritte scheute, sich auch nicht danach drängte, wichtige Ressorts und Positionen in der noch machtlosen NSDAP an sich zu reißen, sondern sich ambitionslos in die Kärrnerarbeit verbiß. Das Geschäft der Machtakkumulation, das ein Himmler, ein Röhm oder gar ein Göring so virtuos handhabten und beherrschten, sollte nie seine Sache sein. Heß fungierte als ehrenamtlicher Mitarbeiter, kümmerte sich um die Mitgliederwerbung, betreute Sammellisten von Zeitungsausschnitten, verteilte Flugblätter, Handzettel, Postkarten und feilte in Ausarbeitungen am programmatischen Profil der Partei.[58] Für Hitler, diesen »Prachtmenschen«, mit dem er »beinahe täglich« zusammentrifft, der ihm bald »ein lieber Freund« geworden ist, dessen »gewaltiges Wissen« ihn tief beeindruckt und der, wie Heß feststellt, »mit unbeugsamem Willen« daran arbeitet, »Deutschland aus dem Sumpf herauszuhelfen«,[59] wirft er sich sogar in das Getümmel der Saalschlachten im Münchner Hofbräuhauskeller und läßt sich den Kopf blutig schlagen.[60] Erst im Sommer 1922, als Hitler in München-Stadelheim eine Haftstrafe wegen Landfriedensbruch verbüßte, wandte sich Heß wieder ernsthaft dem Studium zu, ohne dieses jedoch jemals zum Abschluß zu bringen. Auch hier machte sich der Einfluß des »Chefs« zunehmend geltend, kam Heß dem Autodidakten und Bohemien Hitler immer näher. Inzwischen waren auch alle Versuche von Heß mißlungen, seine beiden Vaterfiguren zusammenzuführen und eine Brücke zwischen ihnen zu bauen. Haushofer, den Heß im Juli 1920 erstmals zum gemeinsamen Besuch einer nationalsozialistischen Parteiveranstaltung überreden konnte, reagierte mit Zurückhaltung auf den bramarbasierenden »Tribunen«, wie er Hitler abschätzig titulierte; und eine von Heß arrangierte persönliche Begegnung zwischen Haushofer und Hitler am 24. Juli 1921 am Ammersee verlief nicht erfolgreicher im Sinne der konsensstiftenden Bemühungen von Heß.[61] Haushofer war von Hitlers Aura der Besserwisserei, Selbstgefälligkeit und Unnahbarkeit eher abgestoßen, und für Hitler repräsentierte der alte Professor den Archetypus des Intellektuellen – eine Spezies, die ihm, dem Instinktpolitiker, von jeher suspekt war. Nach weiteren erfolglosen Versuchen von Heß, im Hause des Verlegers Bruckmann (Juni 1926/März 1927) und bei einer Geburtstagseinladung in sein Heim in Harlaching (26. April 1938) eine Gesprächsbasis zwischen Haushofer und Hitler herzustellen,[62] kam es denn auch zum offenen Bruch bei der Namensweihe von Heß' Sohn Wolf Rüdiger am 10. November 1938, bei der Haushofer und Hitler jeweils die Patenschaft übernahmen. Als Haushofer in einer letzten lautstarken Auseinandersetzung Hitler vor einer Allianz mit Italien warnte und dessen rigide Revisionspolitik kritisierte, erhob sich Hitler wortlos und verließ den Raum.[63]

Wie marginal Rolle und Bedeutung von Heß in der Partei bis Ende 1923 noch waren, erwies sich, als Hitler inmitten der Nachwehen von Ruhrkampf und Hyperinflation, inmitten der von Generalstaatskommissar Gustav Ritter von Kahr und dem Kommandeur der 7. in Bayern stationierten Reichswehrdivision, General von Lossow, praktizierten Insubordination gegenüber der Reichsregierung in Berlin, die Stunde für gekommen hielt, um die »nationale Revolution« auszurufen und einen Putsch zu wagen. Obschon Heß bereits seit längerer Zeit mit General a.D. Erich Ludendorff in Verbindung stand und den »Weltkriegshelden« als Aushängeschild für die Sache der NSDAP wohl auch anwarb,[64] war er selbst nicht unmittelbar an den Vorbereitungen zum geplanten Umsturz in München beteiligt. Statt dessen saß er bei seinen Eltern in Reicholdsgrün und fragte sich, ob er »noch vor Semesterbeginn« ins Zentrum der Aktion geholt werde.[65] Seit dem sogenannten »Deutschen Tag« in Hof, als ihn Hitlers Auftritt so bewegt hatte, daß er »die Zähne aufeinanderbeißen mußte«, wußte er vom Entschluß des »Chefs«, in Kürze »das Feuer auf's Pulverfaß zu werfen«.[86] Am 14. Oktober wurde er endlich nach Nürnberg gerufen, wo Hitler den Parteigenossen »mit seiner scharfen, prachtvollen Klarheit, seiner strengen Logik, seinem hinreißenden Idealismus«, wie Heß feststellte, sein Vorgehen entwickelte.[67] Aber erst am Tage des geplanten Coups, am 8. November, weihte ihn Hitler in den genauen Ablauf der Aktion ein und betraute ihn mit der Aufgabe, bei der durch Kahr aus Anlaß des fünften Jahrestages des Waffenstillstands von Compiègne für denselben Abend angesetzten Massenveranstaltung im Bürgerbräukeller das gesamte bayerische Ministerium zu verhaften.[68] »Mit untergeschnallter Pistole unter dem Mantel« traf Heß gegen 18 Uhr in der Bierschwemme ein, begleitete Hitler zum Rednerpult, wo sich dieser durch einen Schuß in die Decke Ruhe und Aufmerksamkeit verschaffte, die bayerische Regierung für abgesetzt erklärte und die »nationale Revolution« proklamierte. Während Hitler sich nun mit Kahr, Lossow und Seisser zurückzog, um sie für den Staatsstreich zu gewinnen, führte Heß seinen Auftrag aus. Er verhaftete den Ministerpräsidenten Eugen Ritter von Knilling, den Innenminister Franz Schweyer, den Polizeipräsidenten von München, Karl Mantel, den Landwirtschaftsminister Wutzelhofer und den Kabinettschef des letzten bayerischen Königs, Josef Graf Soden, und setzte sie isaraufwärts im Hause des Verlegers Julius Lehmann, des Führers der Alldeutschen, in der Menterschweige fest. Was dann geschah und ob Heß mit den in Todesangst schwebenden Ministern »makabre Scherze« trieb, wie sein Biograph Schwarzwäller annimmt,[69] bleibt unklar. Fest steht nur zweierlei: Alle verhafteten Geiseln kamen wenig später unversehrt frei; und Heß, der nicht am Marsch auf die Feldherrn-

halle am Morgen des 9. November teilnahm und vom schnellen Scheitern des dilettantischen Putsches im Kugelhagel der Polizei erfuhr, flüchtete sofort in die österreichischen Berge. Vom 14. bis zum 17. November fand er Unterschlupf in der Münchner Stadtwohnung der Haushofers,[70] dann verliert sich seine Spur im Untergrund. In dieser Zeit des Wartens und der Unentschlossenheit suchte er wieder Zuflucht und Hilfe bei der Astrologie, die für ihn »die nächsten Wochen entscheiden« sollte und ihm »geradezu fürstlich gehäufte Ehren« vorhersagte.[71]
Erst spät, im Frühjahr 1924, entschloß sich der inzwischen steckbrieflich Gesuchte, sich den Behörden zu stellen. Zwei Gründe waren ausschlaggebend für diese Entscheidung. Zum einen erfuhr Heß, daß die Überweisung seines Falles ans Reichsgericht in Leipzig drohte, da in Kürze die Aufhebung der bayerischen Volksgerichte bevorstand, was ohne Zweifel eine längere und härtere Bestrafung für sein Vergehen der Geiselnahme nach sich gezogen hätte.[72] Zum anderen – und weit wichtiger – wußte er von der überaus milden Bestrafung Hitlers und von dessen Inhaftierung in Landsberg. Die Aussicht, mit dem »Chef«, der »das Geniale und das Heldische, die Fähigkeit zur Tat« wie kein Zweiter verkörperte, gemeinsam einzusitzen, war allzu verlockend.[73]
Am 14. Mai begann für Heß der Prozeß, bei dem er zu 18 Monaten Festungshaft verurteilt wurde. Wie erwartet, konnte er noch siebeneinhalb Monate davon an der Seite Hitlers in Landsberg zubringen.
Die eigentliche Karriere von Heß sollte dort beginnen, wo sie auch endete: im Gefängnis. In Landsberg, wo Heß mit seinem Führer Tür an Tür wohnte (Stube 5 und 7), im ersten Stock des mächtigen Festungsbaus, den die Mitgefangenen den »Feldherrnflügel« nannten, wurde das Fundament gelegt für die in religiöse Kategorien hinüberreichende Ergebenheit des Jüngers gegenüber seinem Herrn. Hier, bei den täglichen Spaziergängen und Diskussionen, bei den stundenlangen, ausschweifenden Monologen Hitlers, denen Heß andächtig und geduldig lauschte, bildete sich jene Bewunderung, Faszination, ja Hörigkeit aus, die Heß wie keinen zweiten aus der Garde der alten Gefolgsleute an den »Führer« band. Aber auch Hitler wußte die Anwesenheit von Heß zu schätzen. Denn auf sich selbst zurückgeworfen, ohne die Aura des Führers, ohne Publikum und Zuhörerschaft, die seine dilettantischen Entwürfe über Straßenbau, Massenmotorisierung und

Weltraumfahrt, seine Theorien zur Entstehung der Mondkrater und seine gigantomanischen architektonischen Pläne für künftige Prachtbauten in den Rang genialer Ideen erhebt, verkümmert er förmlich.[74] Der fanatische Glaube von Heß an Hitlers Größe und Mission, seine immer wieder zum Ausdruck gebrachte Überzeugung, »daß er der ›kommende Mann‹ in Deutschland ist, der ›Diktator‹, dessen Flagge doch über kurz oder lang auf den öffentlichen Gebäuden in Berlin wehen wird«,[75] ersetzt für Hitler die Atmosphäre der johlenden Bierkeller und substituiert die Droge der jubelnden Massen.
Vor allem galt dies für Heß' Beitrag an der Entstehung von Hitlers Buch »Mein Kampf«, dieser unverdaulichen Mischung aus Autobiographie, Programmschrift und Fiktion. Heß war kein Mitautor, kein Ideengeber, geschweige denn ein Ghostwriter. Aber seine Funktion war für Hitler wichtiger als all dies. Als Weltkriegsteilnehmer und Frontkämpfer, als Mann aus der Masse wie Hitler selbst, repräsentierte er das durch Novemberrevolution und Versailles »betrogene« Deutschland, für das Hitler in Seelenverwandtschaft schrieb. Und als gläubiger und bewundernder Zuhörer verströmte er das Stimulans des fanatischen Gefolgsmanns, das Hitler hinter den Festungsmauern entbehrte, um seine krausen Ideen in Worte zu kleiden und zu Papier zu bringen.
Für diese eigentümliche Form der Arbeitsteilung gibt es eine Schlüsselszene, die Heß in einem Brief an Ilse Pröhl geschildert hat. »Als ich ihm heut' Mittag den Tee brachte, [...] hieß er mich bleiben, ich solle das Umgeschriebene anhören: Politische Betrachtungen zum Weltkriegsbeginn, Zusammenballen der Gewitterwolken, bis der Blitz des gewaltigen Geschehens niederzuckt, und in den Donner mischt sich das Grollen der Batterien des Weltkriegs. Er erzählt seinen Eintritt ins bayer[ische] Heer, den Ausmarsch, Fahrt am Rhein entlang, der Zug mit dem jungen Freiwilligen-Regiment kommt am Niederwald-Denkmal vorbei, das durch zarte Nebel in der Sonne aufleuchtet, die Wacht am Rhein erklingt von den Lippen der Knaben. – Kurz darauf in Flandern pfeifen und singen die ersten Grüße des Todes ihnen entgegen. [...] Plötzlich klingt es von weit rechts erst leise, dann immer stärker herüber. ›Deutschland, Deutschland über alles ...‹. Immer Neue nehmen es auf, das Lied, und geben es weiter, bis die ganze Front ein stürmendes Singen ist. Zwischen die Träger des Sangs aber peitschen die Garben, die Blüte Deutschlands niedermä-

hend. [...] Der Tribun hatte zuletzt immer langsamer, immer stokkender gelesen, mit unbeweglichem Gesicht suchte er auf seinem, wie mir schien, unübersichtlichen Konzept, er machte immer längere Pausen, dann ließ er plötzlich das Blatt sinken, stützte seinen Kopf in seine Hand und – schluchzte ––. Daß es da auch mit meiner Fassung zu Ende war, brauch' ich Ihr das zu sagen! [...] Dann sprach er noch ein paar Worte vom unvergleichlichen Heldentum unseres Heeres, [...] er sprach von seinen Kämpfen und Leiden und dann der Verrat zu Hause – ›oh, ich werde erbarmungslos und fürchterlich Rache nehmen, an dem Tag, an dem ich es kann! Ich nehme Rache im Namen der Toten, die ich dann vor mir seh'!‹ Über die ›Lesepause‹ haben wir kein Wort verloren; aber als ich ging, reichten wir uns die Hand zu festem langem Druck. – Ich bin ihm ergeben mehr denn je! Ich liebe ihn!«[76]

Nach diesem 29. Juni nahm die Zusammenarbeit zwischen Heß und Hitler bei der Abfassung des Buches geradezu ritualisierte Formen an: Heß steht um 5 Uhr morgens auf, kocht eine Tasse Tee für Hitler und sich selbst, arbeitet bis 7:30 Uhr gemeinsam mit Hitler als »Arbeiter der Stirn«, hackt nach dem Frühstück als »Arbeiter der Faust« Klafter von Holz; nimmt nach Mittagessen, nach Mittagsschlaf und Tee wieder die »Arbeit der Stirn« auf und unterhält sich mit Hitler nach dem Abendessen »spazierengehenderweise«.[77] Hitler liest ihm dabei »regelmäßig aus seinem Buch vor«, und »wir sprechen über den einen oder den anderen Punkt«, wie Heß seinen Eltern nach Ägypten berichtete. Dabei ist er so »hingerissen«, daß ihm das »Blut durch die Adern hämmerte«, so beseelt von dem Atem der Geschichte, der ihn umweht, daß er »eine Welle von Staunen, Wut und Bewunderung« voraussieht, die »nach dem Erscheinen durch die deutschen Lande gehen wird.«[78] Hitler forderte ihn denn auch bald nicht nur zum »gemeinsamen Durchkorrigieren« der Entwürfe auf, die er selbst in seiner Haftstube mit Bleistift zu Papier gebracht hatte, sondern Heß setzte diese auch auf der Schreibmaschine in monatelanger Arbeit in Reinschrift um und merzte »einzelne Beobachterstil-Stellen« aus – in »schwerem Kampf«, wie er Ilse Pröhl schrieb.[79]

Tatsächlich leistete Heß, sieht man von dieser redaktionellen Betätigung ab, wohl nur einen echten inhaltlichen Beitrag zu »Mein Kampf«. Zu seiner Lektüre in Landsberg gehörte unter anderem die »Politische Geographie« von Friedrich Ratzel, dessen Hauptthesen er sich bei insgesamt acht Besuchen Karl Haushofers vom

Juni bis zum November 1924 ausführlich erläutern ließ.[80] Es ist genau dieser Begriff des »geopolitischen Lebensraums«, den sich Heß von Haushofer immer wieder persönlich erklären, ja exakt definieren läßt, über den sich in Landsberg zwischen ihm und Hitler immer wieder Diskussionen ergeben. Es ist daher kein Zufall, wenn dieser Ansatz Eingang in »Mein Kampf« findet und als imperialistisch gefaßter »Raumgedanke« neben der Kategorie des völkisch-elitären »Rassegedankens« zum zweiten zentralen Axiom von Hitlers Programmschrift wird.[81]

Die gemeinsame Zeit in Landsberg schmiedete Heß und Hitler für immer zusammen. »Ich kenne [...] die inneren Gedanken des Tr[ibunen], seine Einstellung zu allen nur möglichen Fragen, seine ganze Art. Er kennt mich; das gegenseitige Vertrauen bis zum Letzten, das Verstehen ist da« – so ließ sich Heß nach seiner um die Jahreswende 1924/25 erfolgten Entlassung vernehmen.[82] Und auch Hitler zeigte, gemessen an seiner sonstigen zwischenmenschlichen Kälte und Aura des Unnahbaren, eine auffallend tiefe persönliche Verbundenheit mit Heß, den er »mein Rudi, mein Hesserl« nennt.[83] Kurz nach der Neugründung der NSDAP, im April 1925, als Hitler die rivalisierenden nationalistischen Splittergruppen wieder unter seine Kontrolle gebracht hatte und sich anschickte, die Partei als »Hitlerbewegung« zu organisieren, gab Heß seine Stelle als Hilfsassistent an Haushofers Deutscher Akademie auf und folgte »den wiederholten Bitten des Tribunen«, als Privatsekretär in dessen persönliche Dienste zu treten.[84]

Nun begann jene Zeit, in der Heß zu Hitlers »Schatten« wurde, wie Haushofer nicht ohne Wehmut anmerkte.[85] Fernab von Publizität und Rampenlicht, wie die dürre Quellenlage unter Beweis stellt, durchweg ohne eigenständiges Profil, aber emsig und eifrig inmitten der »Kampfzeit der Bewegung«, machte er sich bald unentbehrlich. Heß wurde Hitlers ständiger Begleiter auf Reisen, Versammlungen und Kundgebungen, er erledigte dessen Korrespondenz, führte Hitlers Terminplan, vertrat den arbeitsscheuen Tribunen bei Besprechungen, verhandelte mitunter für ihn, fungierte als »Bindeglied zwischen der Massenbewegung und der Schicht der Gebildeten«, wie er sich selbst sah, und schuf die Umrisse einer Art von Parteikanzlei, in der die Fäden der NSDAP zusammenliefen.[86]

Nachdem im Juli 1925 der erste Band von »Mein Kampf« erschienen war und die Tantiemen in Hitlers Kasse flossen, übernahm

Heß auch die Drucklegung des zweiten Bandes, korrigierte die Druckbogen, brachte stilistische Korrekturen an und sorgte für die Seitenüberschriften.[87] Auf seine unbedingte Loyalität und alle eigenen Interessen opfernde Arbeitsdisziplin war Hitler um so mehr angewiesen, als dieser sich um eine regelmäßige Amtsführung kaum kümmerte und die Schreibtischarbeit scheute. Statt dessen umgab er sich mit Salonlöwen und schillernden Figuren wie dem Harvard-Absolventen Ernst »Putzi« Hanfstaengl, dem Photographen Heinrich Hoffmann, dem Kaufmann Kurt Luedecke und dem Hauptschriftleiter des »Illustrierten Beobachters« Hermann Esser, die über hervorragende Kontakte zur Münchner Schickeria verfügten. In diesen Kreisen wurde der farblose Sekretär belächelt, blieb er ein Fremdkörper. Ja bald kamen gar Gerüchte über Intimitäten auf, die sich an Heß' Spitznamen »Fräulein Heß« festmachten,[88] und bei den Zeitungskorrespondenten kursierte der Klatsch, daß Heß seine Fußnägel mit Nagellack rot anmale.[89] Es dauerte nicht lange, bis Hitler diesen Latrinenparolen mit einem probaten Mittel entgegentrat. Er befahl Heß kurzerhand, seine Studienkollegin und alte Freundin Ilse Pröhl zu ehelichen, die dieser nun seit gut sieben Jahren kannte, die zu dieser Zeit in einem Münchner Antiquariat arbeitete und eben im Begriff stand, für längere Zeit nach Italien zu gehen.[90] Am 20. Dezember 1927 wurde die Hochzeit gefeiert. Es dauerte fast genau zehn Jahre, bis der Sohn Wolf Rüdiger geboren wurde, und Ilse Heß beklagte sich nach der Heirat bei einer Freundin, daß sie sich bezüglich der »ehelichen Freuden« wie »eine Klosterschülerin« vorkomme.[91]

Ungeduldig und enttäuscht über die mangelnde Resonanz, die die Partei bei den Wählern inmitten der Erholungsphase der Republik nach dem Dawes-Plan fand, wandte sich Heß wieder der Astrologie zu und erwartete aufgrund entsprechender Voraussagen, daß im Jahre 1927 »in Deutschland eine Änderung der politischen Lage eintreten werde, [...] daß der Mann, der es schaffen werde, den unteren Schichten des Volkes entstamme«.[92] Tatsächlich aber sanken die Mitgliederzahlen, und erst in den Wirren der Weltwirtschaftskrise, als der Reichsorganisationsleiter der Partei, Gregor Strasser, ganz Deutschland mit einer effizienten Parteiorganisation überzog,[93] wurde die NSDAP zum Massenphänomen. Auch Heß schaltete sich in diesen Jahren stärker in die Außenarbeit der Partei ein, warb bei den Industriellen Fritz Thyssen und Otto Kirdorf, dem Chef des Rheinisch-Westfälischen Kohlesyndikats, millionenschwere Darlehen für die stets knappen Kassen ein, führte Otto Dietrich, den späteren Reichspressechef, der Partei zu und entwarf Plakate und Flugblätter für die Reichstagswahlkämpfe.[94] Im Frühjahr 1930 wurde für Heß ein lang gehegter Wunsch erfüllt, was ihn in Stand setzte, »zum Leidwesen des Tribunen, der meine Fliegerei mit allen Mitteln sabotieren möchte, weil er [...] immer Angst hat, mir könnte was passieren«, seine alte Flugleidenschaft wieder aufzunehmen. Er erhielt eine Messerschmitt 25 zu seiner persönlichen Verfügung, auf deren Rumpf in großen Buchstaben die Aufschrift »Völkischer Beobachter« zu lesen war, und er nutzte die Maschine nicht nur, um ständig zwischen München und Berlin zu pendeln, sondern auch für Propagandaflüge im Dienste der Partei.[95] Bald galt er als versierter Flieger und nahm mehrfach am Sportfliegerwettbewerb »Rund um die Zugspitze« teil, wo er 1932 den zweiten und 1934 den ersten Preis davontrug.[96]

Es war das erste Mal, daß eine breitere Öffentlichkeit den Namen des im Verborgenen wirkenden Privatsekretärs zur Kenntnis nahm, der nach wie vor keinen Rang in der Partei bekleidete, der über keine Hausmacht verfügte, sondern dessen Stellung sich allein auf die unmittelbare Nähe und das Vertrauensverhältnis zu Hitler gründete. Dies kam auch bei der Umsiedlung der Parteizentrale ins sogenannte »Braune Haus« in der Münchner Brienner Straße im Frühjahr 1931 zum Ausdruck, wo Heß' Büro »direkt neben dem Zimmer des Führers« lag, wie er seinen Eltern stolz berichtete, wo er über einen Bürochef und zwei Sekretärinnen verfügte.[97] Daß nicht die Effizienz der Amtsführung, das persönliche Charisma, sondern allein die selbstverachtende Treue, die bedingungslose Hingabe an Hitler, über Karrieren in der Partei entscheidet, sollte sich nach dem überraschenden Wahlsieg der NSDAP vom Juli 1932 herausstellen, mit dem die Partei mit 230 Abgeordneten im Reichstag als dessen stärkste Fraktion kometenhaft nach oben schoß. Ihr blendendster organisatorischer Kopf, Gregor Strasser, der zweite Mann der NSDAP, dem die Erfolge der letzten Jahre weitgehend zu verdanken waren, wurde zum Rücktritt gezwungen (8. Dezember 1932) und mußte alle Ämter niederlegen. Gewiß, Strasser war ein nationaler Sozialist, der die Großindustriellen verprellte, und sein Ausscheiden beschwor die Gefahr einer Parteispaltung herauf. Aber der Hauptgrund, der für Hitler alle anderen Erwägungen in den Schatten stellte, war, daß Strasser als unbotmäßiger Rebell gegen das Führerprinzip verstoßen und hinter seinem Rücken mit dem neuen Reichskanzler Kurt von Schleicher über eine Regierungsbeteiligung verhandelt hatte, die Hitlers Kurs des »Alles-oder-Nichts« zuwiderlief.[98] Die Ausbootung Strassers war das bislang wichtigste Glied in jener endlosen Kette von Säuberungsprozessen, die die Geschichte der NSDAP durchzieht. Blutigere sollten folgen, und Heß war dabei stets an der Seite seines Führers zu finden.

Das Parteiimperium, das der Reichsorganisationsleiter über Jahre hinweg aufgebaut hatte, wurde von Hitler rücksichtslos zerschlagen. Hauptprofiteur dieser Aktion zur Neugliederung der Partei war Rudolf Heß, auch wenn dies auf den ersten Blick nicht so erscheinen mochte.[99] Denn die Führung der Reichsorganisationsleitung [ROL] übernahm Hitler nun selbst, und er machte den bisherigen Reichsinspekteur Robert Ley mit dem Titel eines Stabsleiters der Parteiorganisation zu seinem Stellvertreter. Die Abteilung für Volksbildung wurde in die Reichspropagandaabteilung eingegliedert und Goebbels unterstellt. Die innenpolitische Abteilung des Strasserschen Machtapparats wurde der Rechtsabteilung der Partei zugeschlagen, der agrarpolitische Zweig dem Führer direkt zugeordnet, die wirtschaftspolitische Abteilung wurde ebenso wie der Reichswirtschaftsrat aufgelöst. Gleichzeitig rief Hitler jedoch eine neugeschaffene »Politische Zentralkommission« ins Leben, die er bezeichnenderweise nicht in die Hände eines prominenten Parteigenossen gab, sondern seinem ambitionslosen, bislang vollkommen im Verborgenen wirkenden Privatsekretär übertrug. Heß wurde also am 15. Dezember 1932, praktisch aus dem Nichts heraus, zum nominell zweitmächtigsten Mann in der Parteihierarchie nach Hitler.[100] Dies ließ sich nicht zuletzt daran ablesen, daß die Robert Ley als dem unmittelbaren Erben Strassers verbliebenen Aufgabenbereiche neben der Nationalsozialistischen Betriebszellenorganisation (NSBO), der späteren Deutschen Arbeitsfront (DAF), lediglich Randbereiche in der Verwaltung der Partei sowie die Schulung ihrer Funktionäre umfaßten, während die Zuständigkeitsbereiche der »Politischen Zentralkommission«, die sich nominell in drei Kommissionen – für Wirtschaftsfragen, zur Überwachung der nationalsozialistischen Presse und zur Koordination der nationalsozialistischen Arbeit in den Länderparlamenten und Kommunen – gliederte,[101] insgesamt so unbestimmt waren, daß sich hieraus beizeiten die Möglichkeit zur Ämterkumulation und

Ausweitung der Machtbefugnisse ergab. Der Kompetenzkampf zwischen Ley und Heß, der sich nach der »Machtergreifung« voll entfaltete und dem letzterer auf Dauer immer weniger gewachsen war, sollte dies erweisen.

Knappe sieben Wochen später, am 30. Januar 1933, waren die Nationalsozialisten am Ziel angelangt. Heß erlebte den Tag der sogenannten »Machtergreifung« in einer Mischung aus »Traum und Wachsein«, ergriffen von der historischen Bedeutung des Augenblicks und mit aufeinandergebissenen Zähnen. Nach der Ernennung zum Reichskanzler holte ihn Hitler »aus der Menge der wartenden Führer« der Partei im Empfangszimmer des Berliner Hotels Kaiserhof heraus und führte ihn in sein Schlafzimmer. Dort gestand ihm der »Chef«, daß es »ein paar Mal auf des Messers Schneide« gestanden habe, »wegen der Intransigenz der alten Spitzmaus [i.e. Hugenberg, d. Verf.] im Kabinett«. »Eine neue Zeit und eine neue Zeiteinteilung sind angebrochen!«, so schrieb Heß seiner Frau im Jubeltone. »Eine Etappe zum Sieg haben wir hoffentlich endgültig hinter uns. Die zweite schwere Kampfperiode hat begonnen!«[102]

2 Imperium ohne Imperator

»Ich erinnere mich«, so berichtet Albert Speer in seinen Memoiren, »[...] daß die Filmaufnahmen von einer der feierlichen Tagungen des Parteikongresses 1935 verdorben waren. Hitler ordnete auf Leni Riefenstahls Vorschlag hin an, daß die Szenen im Atelier zu wiederholen seien. In einer der großen Filmhallen in Berlin-Johannistal wurde von mir als Kulisse ein Ausschnitt des Kongreßsaales sowie das Podium und das Rednerpult aufgebaut, Scheinwerfer darauf gerichtet, der Filmstab lief geschäftig herum – und im Hintergrund sah man Streicher, Rosenberg und Frank mit ihren Manuskripten auf und ab gehen, eifrig ihre Rollen memorierend. Heß kam an und wurde als erster zur Aufnahme gebeten. Genau wie vor den 30000 Zuhörern des Parteikongresses erhob er feierlich die Hand. Mit dem ihm eigenen Pathos aufrichtiger Erregung begann er sich genau dorthin zu wenden, wo Hitler nun eben nicht saß, und rief in strammer Haltung: ›Mein Führer, ich begrüße Sie im Namen des Parteikongresses. Der Kongreß nimmt seinen Fortgang. Es spricht der Führer!‹«[1]
Diese Szene veranschaulicht trefflich das von Heß in den Parteikreisen immer wieder kolportierte Wort: »Man darf nicht auf einen Führer warten oder nach ihm rufen, man muß ihn wollen.«[2]
Der Glaube an den Führer, diese selbst auferlegte Rolle als Herold Hitlers, als Hohepriester des Führerkults, die die eigene Persönlichkeit vollkommen überlagerte, hat auch das in der historischen Forschung vorherrschende Bild von Heß geprägt. Er funktionierte wie eine Marionette, die am unsichtbaren Faden ihres »Führers« hing, gleichviel ob dieser nun zugegen war oder nicht. Er war, so hat man formuliert, von einer »Arglosigkeit [...], die einfach treu sein und dem Führer dienen wollte«; von einer »anspruchslosen Dienstmann-Gesinnung«, die ihre »höchste Mo-

ral in der ›blindvertrauenden Ergebenheit‹ erkannte, [...] und sich als Werkzeug des Mannes betrachtete, dem gegenüber er jedes Gewissensopfer zu bringen bereit war«.[3]
Tatsächlich hatte die seit den Tagen der Landsberger Haft bestehende tiefe persönliche Beziehung zwischen Heß und Hitler mit der Machtübernahme im Reich eine neue Stufe erreicht. War Heß in Landsberg zum intimsten Vertrauten Hitlers avanciert, hatte er ihm in der sogenannten »Kampfzeit« der Bewegung als beflissener Privatsekretär gedient, so begann nun, in der Phase der Gleichschaltung und der Machtkonsolidierung, seine Karriere als treuester Paladin Hitlers und ergebenster Funktionär der Partei. Eben deswegen hatte Hitler ihn im Dezember 1932 zum Leiter der »Politischen Zentralkommission« berufen, und dieses unbeschränkte Loyalitätsverhältnis, das keinen eigenen Ehrgeiz kannte und die Gewähr bot, daß »er nur der Interpret Hitlers und niemals der Vertreter eigener Interessen sein würde«,[4] trug Heß alsbald weitere wichtige Posten und Aufgaben ein.
Mit einer Verfügung vom 21. April 1933 ernannte Hitler den knapp 39jährigen zu seinem Stellvertreter in der NSDAP und erteilte ihm zugleich die Vollmacht, »in allen Fragen der Parteiführung« in seinem Namen zu entscheiden.[5] Seit dem 27. Juni dieses Jahres nahm Heß in dieser Eigenschaft an den immer spärlicher werdenden Ministerbesprechungen und Sitzungen des Reichskabinetts teil,[6] wurde er Mitglied des Reichstages, dieses parlamentarischen Lendenschurzes, mit dem Hitler seine Diktatur bemäntelte. Gemäß einer weiteren Verfügung Hitlers vom 2. September legte Heß die bis dahin geführten Titel eines Reichsleiters der Partei und eines Obergruppenführers der SS ab und erfuhr insofern eine Rangerhöhung und Auszeichnung in der Führungsspitze der NSDAP, als er sich fortan nur noch als »Stellvertreter des Führers« [StdF] bezeichnen durfte.[7] Im Zuge des Gesetzes zur Sicherung der Einheit von Staat und Partei erhielt er gemeinsam mit Ernst Röhm durch Reichspräsident Paul von Hindenburg als »Reichsminister ohne Geschäftsbereich« am 1. Dezember 1933 Kabinettsrang,[8] wurde er am 4. Februar 1938 Mitglied des Geheimen Kabinettsrates und am 30. August 1939, kurz vor Beginn des Zweiten Weltkrieges, in den Ministerrat für Reichsverteidigung berufen.
Die gesamte apologetische Literatur zu Heß[9] erblickt in dieser Ämterfülle, die dem Stellvertreter im Laufe der dreißiger Jahre zu-

wuchs, nichts als eine leere Hülse angeblicher Machtausübung, die Heß – wenn überhaupt – nur formell, keinesfalls jedoch inhaltlich zum Mitverantwortlichen für die Untaten des Dritten Reiches werden ließ. Erst in den letzten Jahren ist es der Forschung gelungen, durch Detailstudien zu belegen, daß sich die Rolle von Heß keineswegs in der einer bloßen Symbolgestalt für die Schaffung und Ausformung des Führerkults erschöpfte, daß das Bild des regimetreuen Mitläufers und bloßen Mitunterzeichners der nationalsozialistischen Unrechtsgesetze einer Korrektur bedarf.[10] In den Jahren nach der »Machtergreifung« gelang es dem Stellvertreter vielmehr, mit »perfektionistischem Eifer«[11] von der Keimzelle seines persönlichen Stabes aus, der »Dienststelle Heß«, ein Imperium an Einfluß und Machtkompetenzen, an Parteiorganen und -institutionen zusammenzuraffen, das den Totalitätsanspruch der doktrinären nationalsozialistischen Weltanschauung im staatlichen Bereich auf breiter Front zur Geltung brachte und das Heß, einem von Hitler gesalbten Vizekönig gleich, in Auseinandersetzung mit den anderen Parteibonzen ständig erweiterte. Immer stärker wurde Heß so zu einem der tragenden Pfeiler des NS-Staates. Er, der landläufig als das »Gewissen der Partei« galt, als anspruchsloser, »sauberer und rechtlich denkender Mann«, ein »empfindsamer, weicher und sensibler« Charakter,[12] der sich und seinen Stab als »zentrale Beschwerde- und Klagestelle«[13] gegen die bald einsetzenden Übergriffe und Auswüchse der NS-Funktionärsclique begriff, wurde dabei »durch seinen Glauben an das Genie des Führers«[14] zum Gefangenen des Mythos vom Messias und durch die verbrecherischen Taten des Regimes schrittweise korrumpiert. Die Auszeichnung, die Heß am 1. September 1939, dem Tage des Angriffs auf Polen, durch Hitler erfuhr, als ihn dieser vor dem Reichstag für den Fall seines Ablebens als zweiten Nachfolger nach Hermann Göring bestimmte, kam also durchaus nicht von ungefähr.
Ausgangsbasis für Heß' Mitwirkung an der Gleichschaltung von Partei und Staat, an der sukzessiven Penetration der staatlichen Organe mit Geist und Idee des Nationalsozialismus, bildeten das Gesetz zur Einheit von Staat und Partei vom 1. Dezember 1933 sowie die vom gleichen Tag datierende Ernennung des StdF zum Reichsminister. Hieraus leitete Heß das Recht ab, an den gesetzgeberischen Aktivitäten aller Reichsministerien beteiligt zu werden, um sozusagen als staatlich sanktioniertes Aufsichtsgremium

der Partei in der Regierungspraxis eine ideologische Kontrollfunktion auszuüben. »Da Fragen der Weltanschauung«, so sein entsprechender Antrag vom Mai 1934, »in jegliches Gesetzgebungsgebiet hineinspielen, muß der Stellvertreter des Führers von jeglichem Gesetzgebungsvorhaben zu einer Zeit Kenntnis erhalten, wo der in Norm zu fassende Stoff noch im Fluß und nicht bereits in feste Form gegossen ist.«[15] Binnen kurzer Zeit und gegen den erklärten Widerstand des nationalsozialistischen Innenministers Frick erreichte Heß hierfür die Zustimmung Hitlers, die dieser – en passant zwischen dem Besuch zweier Wagneropern in Bayreuth – in einer entsprechenden Anordnung den »Herren Reichsministern« übermittelte.[16] Ein knappes Jahr später konnte der StdF in einer Verfügung denn auch zufrieden Bilanz ziehen. »In den elf Monaten, in denen ich dieses Recht ausübe, ist es mir gelungen, den vorher völlig zurückgedrängten Einfluß der Bewegung auf die Einzelheiten der Gesetzgebung des Reichs wieder herzustellen. Die Sachbearbeiter der Reichsministerien können Gesetze nur noch vorbereiten, wenn diese in ihrem Entstehen laufend daraufhin überwacht werden, daß sie den nationalsozialistischen Gedanken entsprechen.« Damit nicht genug: Heß betonte nochmals seine Monopolstellung im Parteibereich, als er feststellte, daß jegliche andere Parteidienststellen, die zu gesetzgeberischer Arbeit hinzugezogen würden, sich »sofort« mit ihm in Verbindung zu setzen hätten. »Denn nur ich allein«, so hieß es, »und keine andere Parteidienststelle neben mir, ist für die Partei vom Führer mit der Mitwirkung an der Gesetzgebung des Reiches beauftragt.«[17]

Verschaffte dieses Instrument einer weltanschaulichen Kontrolle der Reichsgesetzgebung der Partei im Bereich der Verwaltung des Staates Einfluß von oben, so ergab sich eine Parallele auf der kommunalen Ebene. Auch hier konnte Heß den Zugriff der NSDAP weitestgehend durchsetzen.[18] Durch die »Deutsche Gemeindeordnung« vom 30. Januar 1935 verschaffte sich der StdF das Recht, die »Beauftragten der NSDAP« zu bestimmen, die die Ernennung linientreuer Bürgermeister, Beigeordneter und Gemeinderäte in den Kommunen gewährleisten sollten. Dieses Vorhaben setzte Heß in seinen Ausführungsbestimmungen vom Juli 1935 rigoros in die Tat um. Zu den »regelmäßigen Landratskonferenzen und Bürgermeisterbesprechungen«, so hieß es dort, seien »die Politischen Leiter der NSDAP zuzuziehen.« In den Gemeinden sei die »Mitwirkung des Beauftragten der NSDAP bei der Berufung und Abberufung des Bürgermeisters und der Beigeordneten« sicherzustellen. Um zu erreichen, »daß nur geeignete Leute in die Gemeindeverwaltung« kämen, sollte der jeweilige Beauftragte der Partei die eingegangenen Bewerbungen durchsehen und drei weltanschaulich einwandfreie Kandidaten vorschlagen, wobei der Beauftragte »in erster Linie« darauf bedacht sein müsse, »einen Nationalsozialisten als Bürgermeister vorzuschlagen«. Analog war das Verfahren bei der Bestellung der Gemeinderäte geregelt. Sie unterlagen vollkommen der Berufung durch den Beauftragten der Partei, der sein »besonderes Augenmerk«, wie es hieß, darauf zu richten habe, »daß in erster Linie Parteigenossen berufen werden«.[19]

Machte die Kontrolle von Gesetzgebung und Kommunalverwaltung Heß somit zu einem der Architekten der Gleichschaltung von Staat und Partei, so trat als dritter Pfeiler die Beteiligung des StdF an der Ernennung und Beförderung von Beamten hinzu. Hier ging es um die ebenso schwierige wie für die Unterwanderung des Staates durch die Partei wichtige Aufgabe, die traditionelle Beharrungskraft der etablierten Bürokratie zu brechen.[20] In seinem Vorgehen wandte Heß wieder die bewährte Taktik des Vorpreschens und der nachträglichen Absegnung eines fait accompli durch Hitler an. So beantwortete er den zähen Widerstand der Reichsressorts, insbesondere des Innen- und des Finanzministeriums, sowie die nach dem Gesetz zur Wiederherstellung des Berufsbeamtentums erneut eingerissene Praxis der staatlichen Verwaltung, ihre Führungselite nicht nach Linientreue, sondern nach Eignung und Leistung zu rekrutieren, mit einem Rundschreiben, das seinen Kompetenzanspruch rigoros anmeldete.

Namentlich die »höheren Beamten«, so formulierte er, »bedürfen jetzt schon vor der Ernennung und Beförderung durch die zuständige Reichsbehörde der Anhörung des Stellvertreters des Führers«. Dieses Mitwirkungsrecht werde, so Heß weiter, noch ausgebaut, um nur solche »Volksgenossen« zu berufen, »die in jeder Hinsicht die Gewähr dafür bieten, daß sie rückhaltlos für den nationalsozialistischen Staat eintreten«.[21] Parallel hierzu ergingen präzise Anweisungen an die Gauleiter und Kreisleiter der Partei vor Ort zur Erstellung personalpolitischer Gutachten, um den eingeforderten Anspruch schnell wirksam werden lassen zu können.[22] Auch diesmal zog Hitler nach. Durch einen Führererlaß vom 24. September 1935 wurde Heß »bei der Ernennung sämtlicher Beamter, die der Führer selbst ernennt«, beteiligt, und das bedeutete – mit Ausnahme des Bereiches der Wehrmacht – ein Mitwirkungs- und Vetorecht des StdF bei allen Neueinstellungen und Beförderungen von Beamten des höheren Dienstes im gesamten Staatsapparat. Der Leiter der Abteilung III für »Staatliche Angelegenheiten« in der Dienststelle des StdF, Walther Sommer, konnte demnach bald resümieren: »Vom Studienrat und vom Amtsgerichtsrat angefangen, wird kein Beamter in Deutschland ernannt und befördert, ohne daß seine Personalien dem Stellvertreter des Führers vorgelegen haben.«[23] Allerdings mußte Heß bald beredte Klage über die säumigen Gauleiter führen, von denen »die wenigsten«, wie es hieß, »die gestellten Fristen« für die angeforderten personalpolitischen Stellungnahmen einhielten, weshalb er sie erneut aufforderte, »alle Anfragen [...] über einzelne Beamte mit der größtmöglichen Beschleunigung« zu beantworten.[24]

Dies leitet von der Einflußnahme des StdF auf der staatlichen Ebene zu seinem Kompetenz- und Führungsanspruch im Binnenbereich der Partei über, insbesondere zur Aufsicht und Kontrolle über die Provinzfürsten der NSDAP, die Gauleiter. Es entsprach Hitlers Führungsstil eines »organisierten Chaos« und einer dilatorischen, ja ausweichenden Praxis der Streitschlichtung unter den Würden- und Funktionsträgern der Partei, wenn er die Gauleiter, die ihm allein persönlich unterstanden, von jeder Bevormundung freihielt und sich weigerte, sie an die Leine einer wie auch immer gearteten zentralen Überwachung zu legen.[25] So hatte Hitler bereits im Umfeld der Zerschlagung des Strasserschen Machtapparats im Dezember 1932 eindeutig festgestellt: »Es ist mein Wunsch und Wille, daß ihre Stellung in der Bewegung eine möglichst souveräne ist. Mögen sie sich aber auch selbst in der Partei als ebenso souveräne Repräsentanten der Partei führen und fühlen.«[26]

In dem Bestreben, die Parteizentrale im Braunen Haus in München zum vorgesetzten Organ für alle Funktionsträger der NSDAP auszubauen, mußte Heß deshalb mit erheblichen Widerständen nicht nur vor Ort, sondern auch – zumindest was die Gauleiter anbetraf – mit der Opposition Hitlers rechnen. Während er in einer Anordnung vom Dezember 1933 die Reichsleiter der Partei aufforderte, ihm »alle wesentlichen zur Veröffentlichung in der

Presse bestimmten Bekanntgaben und Anordnungen« rechtzeitig als Vorabinformation zugehen zu lassen, um eine wirksame Kontrolle ihrer Aktivitäten zu erreichen,[27] hielt er sich bei den Gauleitern zunächst zurück. Bei Beschwerden gegen Gauleiter, so hieß es in einer fünf Tage später ergangenen Anordnung noch vorsichtig, soll »in allen ernsthaft erscheinenden Fällen von oben her eine Untersuchung eingeleitet« werden, »ohne daß die örtlichen Führer in die Lage versetzt werden, gegen berechtigte Beschwerdeführer vorzugehen. Ein Vorgehen darf nur nötigenfalls nach der Untersuchung von oben her erfolgen.«[28] Wenig später verschärfte er allerdings die Gangart ganz merklich und zog die Zügel straffer an. So verfügte er Ende Februar 1934, daß »alle Rundschreiben wesentlicheren Inhalts« jeder Gauleitung den Referenten und Amtsleitern seiner Dienststelle in München vorab zugeleitet werden sollten,[29] und er reklamierte geradezu eine politische Richtlinienkompetenz innerhalb der Partei sowie eine Monopolstellung als alleiniger Vertreter der NSDAP gegenüber der Reichsregierung, als er im Oktober 1934 rigoros klarstellte: »Die Vertretung der Partei in allen Dingen gegenüber der Reichsregierung behalte ich mir persönlich vor. Das gilt auch für die Vertretung der Partei gegenüber den Regierungen der Länder, die mehrere Gaue umfassen, also Preußens und Bayerns. Die Hoheitsträger der Partei haben daher künftig alle Anliegen, für die die genannten Regierungen zuständig sind, mir zur weiteren Bearbeitung zuzuleiten.«[30]

Entsprach dies dem Bestreben des StdF, dem politischen Geltungsdrang und Einfluß der Duodezfürsten der Partei sowohl im Reich wie in den Ländern Schranken zu setzen, so ging Heß nun auch dazu über, ein Netzwerk direkter Kontrollmechanismen für die Gauleiter zu entwickeln. Im Dezember 1934 führte er eine detaillierte monatliche Berichtspflicht für jeden Gau ein und fügte in einem 42 Punkte umfassenden »Plan für die Ausarbeitung der monatlichen Tätigkeits- und Stimmungsberichte der Gauleiter« die »einzelnen Fragen und Sachgebiete« bei, zu denen im Sinne »leichterer und zweckdienlicher Auswertung« Stellung zu nehmen war. Dazu gehörten neben Organisationsfragen, die die Politischen Leiter, die Parteigenossen, die SA, SS, die HJ, den BDM, die Schulung in der Partei, das Presse- und Propagandawesen sowie wirtschafts-, agrarpolitische und kirchliche Fragen umfaßten, vor allem das »Verhältnis von Trägern des Staates zur Partei«, die Tätigkeit der örtlichen Beratungsstellen sowie die Komplexe »Marxismus«, »Judentum« und »Freimaurer«.[31] Im Frühjahr 1935 trat dann auf Basis einer entsprechenden Verfügung Hitlers, der die Ernennung und Absetzung aller Politischen Leiter der Partei bis zum Kreisleiter herab vollkommen an sich zog, die Etablierung der Dienststelle des StdF als Zwischeninstanz hinzu. Die Verfügung besagte, daß »alle Anträge [...] auf Absetzung oder Ernennung« über das Braune Haus in München einzureichen seien.[32]

Heß machte also durchaus von der im April 1933 verliehenen Generalvollmacht, im Namen Hitlers in allen Fragen der Parteiführung zu entscheiden, Gebrauch, um seine Autorität im internen Ringen um Macht und Einfluß schrittweise zu befestigen und zur Geltung zu bringen. Im Rahmen der bewußt angelegten und von Hitler forcierten personellen wie organisatorischen Dezentralisierung der Partei mußte jeder Versuch einer straffen Führung der NSDAP jedoch unweigerlich Stückwerk bleiben, zumal es dem StdF – im Vergleich etwa zu einem Heinrich Himmler – an jeglichen Exekutivbefugnissen und Machtinstrumenten fehlte, um der Partei seinen Stempel aufzudrücken. Die Tatsache, daß Heß, ohne eigene Hausmacht, allein auf den Willen des Führers angewiesen war, stellte sich also im Binnenbereich der Partei und im Unterschied zur staatlichen Ebene eher als Nachteil denn als Vorteil heraus. Vor allem die Gauleiter verstanden es immer wieder, sich den dirigistischen Maßnahmen aus München zu entziehen, und Heß fehlte es an persönlicher Durchschlagskraft, an Dynamik und an konsequenter Unterstützung von oben, um sich auf einen langwierigen Kleinkrieg einzulassen, der das ihm vorschwebende Bild einer Einheitlichkeit der Bewegung nach außen überdies beschädigt hätte.

Ein zweiter Grund, warum sein Alleinvertretungsanspruch innerhalb der Partei auf halbem Wege steckenblieb, war die Immediatstellung der Gauleiter bei Hitler, die diese kampferprobten Parteipotentaten immer wieder nutzten, um sich Freiräume offen zu halten. So konnte beispielsweise der Gauleiter von Franken, Julius Streicher, gegen den Heß wegen schwerer persönlicher Verfehlungen ein Parteigerichtsverfahren angestrengt hatte,[33] durch einen direkten Appell an Hitler eine Revision der Entscheidung erreichen. Im Oktober 1935 mußte der StdF in Abänderung seiner eigenen Anordnung konzedieren, daß »die Vertretung gegenüber den Ländern, die in einem Gau liegen oder einen ganzen Gau umfassen, [...] Sache der zuständigen Gauleiter« ist.[34] Dennoch bleibt der Befund bestehen, daß Heß auch mit Blick auf die von ihm innerhalb der Partei vertretene und großenteils durchgesetzte Richtlinienkompetenz, bei der er seinen direkten Konkurrenten, den Reichsorganisationsleiter Robert Ley, in dessen Funktionen für Personal, Schulung und Organisation der Partei zunehmend beschnitt und in den Hintergrund drängte,[35] keinesfalls so macht- und ambitionslos handelte, wie er oft beschrieben wird.

Dies findet seine Bestätigung in Vorgeschichte und Verlauf jener »braunen Bartholomäusnacht« (Otto Strasser), in der Hitler am 30. Juni 1934 in einer wahren Blutorgie seine innerparteilichen Widersacher in den Reihen der SA ausschaltete und in wahllosem Mordtreiben an Schleicher, Kahr, Gregor Strasser und anderen alte, noch offene Rechnungen beglich. Auch hier spielte der StdF eine tragende Rolle. Seine fortschreitende Korrumpierung als getreuer Diener eines verbrecherischen Regimes, das alle moralischen Maßstäbe und rechtsstaatlichen Skrupel bedenkenlos aus dem Wege räumte, nahm hier ihren Ausgang.

Bereits im April 1933, als kurz nach der Machtübernahme die ersten Tendenzen der SA auf Einforderung und Durchsetzung einer zweiten, sozialistischen Revolution gegen Großindustrie und Reichswehr ruchbar wurden, erließ Heß eine Verfügung, die den »Mitgliedern der NSBO, den SA- und SS-Männern oder sonstigen Angehörigen der NSDAP« untersagte, »in die inneren Verhältnisse der Wirtschaftsunternehmungen, Industriewerke, Banken u.s.w. selbständig einzugreifen«.[36] Im Januar 1934 folgte eine zweite, diesmal kaum verhüllte Warnung an die Adresse der SA. »Für die SA oder sonstige Teilorganisationen der Partei«, so verkündete Heß drohend am 22. des Monats im Völkischen Beobachter, »besteht heute und für künftige Zeiten nicht die geringste Notwendigkeit, ein Eigendasein zu führen. Es besteht keine Notwendigkeit – mehr noch, es wäre ein Schaden für die Gesamtheit –, wenn sie ihren Eigennutz vor den Gemeinnutz der Partei stellten. Und die Billigung des Führers fänden sie niemals.«[37]

Zum direkt Beteiligten an der bald erfolgenden Mordaktion wurde Heß, als sich die Fronten zwischen SA und Reichswehr durch ein von Hitler am 28. Februar herbeigeführtes Versöhnungsgespräch im Vortragssaal des Reichswehrministeriums zwischen

Röhm und Kriegsminister Blomberg scheinbar geklärt hatten. Beide mußten im Beisein Hitlers ein Papier unterzeichnen, das Röhm auferlegte, seinen Plan zur Schaffung einer SA-Miliz nicht weiter zu verfolgen, und das zudem den militärischen Primat der Reichswehr garantierte. Bei einem sich anschließenden Sektfrühstück im Palais Huldschinsky, dem Berliner Amtssitz Röhms, reichten sich der Stabschef der SA und der Kriegsminister sogar feierlich die Hände.[38] Nachdem sich die Reichswehroffiziere verabschiedet hatten, ließ der offenbar stark alkoholisierte Röhm in einer improvisierten Ansprache an die SA-Führer seiner Wut und Enttäuschung über den »Verrat« Hitlers freien Lauf. »Was dieser lächerliche Gefreite erklärte«, so zog er vom Leder, »gilt nicht für uns. Ich denke nicht daran, das Abkommen einzuhalten. Hitler ist treulos und muß mindestens auf Urlaub. Wenn nicht mit, so werden wir die Sache ohne Hitler machen.«[39]
Es sollte allerdings Röhm selbst sein, der bald in einen »mehrwöchigen Krankheitsurlaub«, wie es im Völkischen Beobachter hieß,[40] ins oberbayerische Bad Wiessee geschickt wurde, denn seine Tiraden im Palais Huldschinsky waren über SA-Obergruppenführer Viktor Lutze dem StdF, Rudolf Heß, hinterbracht worden, der Lutze sofort nach Berchtesgaden zu Hitler auf den Berghof schickte. Heß war es auch, der unmittelbar vor der Liquidierung Röhms und seiner Spießgesellen in der Münchner Haftanstalt Stadelheim in einer Rede über die deutschen Sender scharf mit der SA-Führung ins Gericht ging, der bevorstehenden Mordaktion vor der Öffentlichkeit ein Motiv verschaffte und den noch zaudernden Hitler unter Zugzwang setzte. Wie hatte er in seinem preisgekrönten Aufsatz vom November 1921 formuliert: »Sein Ziel zu erreichen, stampft der Diktator auch über seine nächsten Freunde hinweg!«[41] Entsprechend war auch die Rede von Heß vom 25. Juni 1934 in Köln gehalten.[42]
Dort führte er mit klarer Blickrichtung auf die SA aus: »Zu einer besonderen Vorsicht möchte ich jene idealistischen Leichtgläubigen unter meinen Parteigenossen mahnen, die manchmal in der Erinnerung an den Heroismus und die herrliche Kameradschaft in den Kampfzeiten der Bewegung dazu neigen, sich Provokateuren zuzuwenden, die Volksgenossen gegeneinander zu hetzen versuchen und dieses verbrecherische Spiel mit dem Ehrennamen einer ›zweiten Revolution‹ bemänteln. […] Wehe dem, der die Treue bricht im Glauben, durch eine Revolte der

Revolution dienen zu können! [...] Adolf Hitler ist Revolutionär größten Stils und bleibt innerlich Revolutionär größten Stils. Er braucht keine Krücken. [...] Wehe dem, der plump zwischen die feinen Fäden seiner strategischen Pläne hineintrampelt im Wahne, es schneller machen zu können.«
Und dann folgte, im Stile fanatischer, religiöser Inbrunst, die Eloge an Hitler: »Mit Stolz sehen wir: Einer bleibt von aller Kritik stets ausgeschlossen – das ist der Führer. Das kommt daher, daß jeder fühlt und weiß: Er hatte immer recht, und er wird immer recht haben. In der kritiklosen Treue, in der Hingabe an den Führer, die nach dem Warum im Einzelfalle nicht fragt, in der stillschweigenden Ausführung seiner Befehle liegt unser aller Nationalsozialismus verankert. Wir glauben daran, daß der Führer einer höheren Berufung zur Gestaltung deutschen Schicksals folgt! An diesem Glauben gibt es keine Kritik.«
Diesmal war der Heßsche Katechismus allerdings keine Leerformel blinden Führerwahns, kein Zeichen zelotischer Entrücktheit, sondern er hatte im Zuge des anlaufenden Mordtreibens Methode und Ziel. Denn – so fuhr Heß, Röhm und die SA-Führer gleichsam zum Abschuß freigebend, fort – »wenn sich die NSDAP [...] zum Kampf gegen Kritikaster und Nörgler entschlossen hat, dann führt sie den Kampf entsprechend dem nationalsozialistischen Grundsatz: Wenn Du schlägst, dann schlage hart!«
Der Schlag kam vier Tage später, und wieder war Heß in vorderster Linie zu finden. Er begleitete Hitler im Morgengrauen des 30. Juni nach Bad Wiessee,[43] wo Röhm und seine Gefolgsleute verhaftet wurden. In der Münchner Parteizentrale ging Heß dann gemeinsam mit Hitler die Liste der Todeskandidaten durch und machte sich offenbar auch anheischig, Röhm selbst zu erschießen.[44] Ob er dabei tatsächlich in einer stundenlangen Auseinandersetzung mit Hitler »leidenschaftlich [...] um einzelne Köpfe« rang und vielen SA-Führern das Leben rettete, wie sein Adjutant Leitgen, der selbst bezeichnenderweise nicht zugegen war, nach dem Kriege behauptete, darf bezweifelt werden.[45] Heß fiel schließlich auch die Aufgabe zu, den vom Kabinett als »Staatsnotwehr« deklarierten und durch ein Plebiszit vom 19. August pseudo-legalisierten blutigen Gründungsakt der Hitler-Diktatur gegenüber den Angehörigen der Opfer wie den teilweise entsetzten Parteigenossen zu rechtfertigen. Bei einer Tagung in Flensburg vor den Reichs- und Gauleitern am 4./5. Juli sowie drei Tage später im

ostpreußischen Königsberg vor den Politischen Leitern tat er dies mit einem Zynismus und einer Kaltschnäuzigkeit, die seinen Ehrentitel eines »Gewissens der Partei« ad absurdum führte.[46]
Von Gewissen, Moral und Sauberkeit der Gesinnung kann auch keine Rede sein, wenn man die Aktivitäten des StdF Revue passieren läßt, die unter den Stichworten Weltanschauung und Ideologie, Antisemitismus und Antibolschewismus zusammengefaßt werden können. Zwar entwickelte Heß hier nicht den kalten und brutalen Schreibtischterror eines Himmler oder Heydrich, aber er bewies absolute Gefolgschaft gegenüber den rassistischen Prinzipien der Partei. Vor allem die Judenpolitik wurde zu einem der Hauptpunkte seiner gesetzgeberischen Bemühungen, und die rasche Abfolge der Ausnahmegesetzgebung seit 1935 ist nicht zuletzt der Mitwirkung des Apparats und dem Eifer des StdF zuzuschreiben.[47]
In seinem Stab gab es vor allem zwei Ressorts, die die rassistischen Maßnahmen federführend initiierten: das Amt »für alle Fragen der Volksgesundheit«, das dem Reichsärzteführer Dr. Gerhard Wagner unterstand,[48] sowie das »Rassenpolitische Amt der NSDAP« unter der Leitung von Dr. Walter Groß. Dessen Aufgabe war zum einen die Vereinheitlichung und Überwachung der gesamten ideologisch ausgerichteten Schulungs- und Propagandaarbeit, die Heß mit einer Verordnung vom Juni 1935 ganz an sich gezogen hatte.[49] Zum anderen hielt das »Rassenpolitische Amt«, das bis hinunter auf die Ebene der Kreisleitungen durchorganisiert war, mit den zuständigen Regierungsbehörden ständig Kontakt, um den weltanschaulichen Leitlinien der Partei im Rahmen der gesetzgeberischen Tätigkeit der Ministerien Geltung zu verschaffen. Dies war der Grund, weshalb alle Erlasse und Gesetze, die die vollkommene Entrechtung der Juden in Deutschland verfügten – angefangen von den berüchtigten Nürnberger Gesetzen »zum Schutze des deutschen Blutes und der deutschen Ehre« vom September 1935[50] über das Zulassungsverbot aller jüdischen Ärzte, Apotheker und Rechtsanwälte vom Sommer 1938 bis hin zu den zahlreichen Verordnungen im unmittelbaren Gefolge der sogenannten Reichskristallnacht –, die Unterschrift des StdF trugen. Schließlich blieb auch das Gesetz zur »Verhütung erbkranken Nachwuchses«, wie es im bürokratischen NS-Jargon hieß, nicht ohne die ausdrückliche Billigung von Heß. In einem Rundschreiben bezeichnete er die geplante

Unfruchtbarmachung Zehntausender als »biologische Abwehrmaßnahme« zum Schutz kommender Generationen und rief alle Parteigenossen auf, sich mit »vollster Überzeugung« vor das Gesetz zu stellen und sich »niemals, ganz besonders nicht durch konfessionelle Einflüsse, zu einer ablehnenden Haltung [...] verleiten zu lassen«.[51]

Auch die von Hitler stets propagierte Gleichsetzung von Judentum und Bolschewismus fand in Heß ihren treuesten Interpreten. In seiner Abschlußrede auf dem dritten Reichsbauerntag in Goslar am 17. November 1935 verstieg er sich zu wüsten Ausfällen gegen die »Pest des jüdischen Bolschewismus«, dessen Kampf sich in erster Linie »gegen das zutiefst gehaßte Deutschland« richte. Dem »jüdischen Machwerk«, dem Versailler Vertrag, sei es zuzuschreiben, wenn das Reich nach 1918 ins wirtschaftliche Chaos stürzte, wenn es zur Verknappung der Lebensmittel und zur »Arbeitslosenarmee« gekommen sei. Dieses Bestreben der Juden, »Deutschland dem Hunger preiszugeben« und die Massen »geistig und organisatorisch auf die Bolschewisierung« vorzubereiten, bedeute, so Heß, den »Ausbruch der Verzweiflung – bedeutet Bolschewisierung«.[52]

Selbst das Motiv der radikalen Ausrottung des Judentums als Volk in seiner Gesamtheit ließ Heß in einer seiner Reden deutlich anklingen, lange bevor Hitler dies mit seiner düsteren Prophezeiung vor dem Reichstag am 30. Januar 1939 dann selbst tat. Sein Stellvertreter versuchte sich bereits drei Jahre vorher als Prophet der kommenden Vernichtung. Auf dem »Reichsparteitag der Ehre« am 14. September 1936 in Nürnberg führte Heß in seiner Ansprache vor den Reichs-, Gau- und Kreisleitern der Partei zum spanischen Bürgerkrieg aus: »Die antijüdische Bewegung in der übrigen Welt, das Erkennen des Jahrtausende alten Feindes greift auch bei den anderen Völkern unaufhaltsam um sich. Verzweiflungsaktionen, wie sie jetzt über Spanien dahinrollen, werden vielleicht die Entwicklung nur beschleunigen. Die Schreie der Gefolterten gellen doch zu laut durch die Welt! Und die Feuersäulen über den herrlichsten Kulturdenkmälern wird man vielleicht einst als Fanale auf dem Weg des Untergangs des jüdischen Volkes bezeichnen.«[53]

Welchen Stellenwert Heß dieser üblen Propaganda gegen die Juden einräumte, läßt sich daran ablesen, daß er wenige Tage nach Beginn des Zweiten Weltkrieges über seinen Adjutanten Alfred

Leitgen beim Hauptarchiv der NSDAP »antijüdisches Material« anfordern ließ. Der StdF benötige entsprechende Unterlagen, so hieß es in dem Schreiben von Leitgen, um »Deutschlands Kampf gegen die Plutokratien, gegen die Finanzreiche in Händen der Juden« propagandistisch zu führen.[54] Binnen weniger Wochen stellte das Hauptarchiv eine insgesamt 54 Punkte umfassende Liste zusammen, die die »dokumentarischen Unterlagen für den Nachweis« enthielt, »daß der gegenwärtige Krieg Englands und Frankreichs gegen Deutschland in der Hauptsache das Werk der englischen und französischen Juden und Judengenossen im Interesse Englands« sei.[55] In fast allen Reden, die Heß nach dem September 1939 hielt und die sich mit den Ursprüngen des Weltkrieges auseinandersetzten, pflegte er diese Sammlung auszuschlachten. So am 1. Mai 1940, als Heß in der Essener Lokomotivwerkstatt der Firma Krupp die deutsche Invasion Norwegens und Dänemarks ausführlich damit begründete, daß die »aufgenordete Banken- und Judendynastie« der Hambros das britische und das französische Volk in den Krieg gegen Deutschland gelockt und durch ihre Gier nach »schwedischem Erz, norwegischem Holz und dänischen Eiern und Speckseiten« die deutsche Präventivaktion ausgelöst habe.[56]

Tatsächlich gründete die von Heß unter den Parteigenossen bald nach 1933 erworbene Formel vom »Künder und Mahner«, vom moralisch sauberen »Gewissen der Partei«, vorwiegend auf seiner persönlichen Anspruchslosigkeit, ja Askese, die sich kraß von Prunksucht und Prahlertum der nationalsozialistischen Lichtgestalt eines Göring oder von den sexuellen Ausschweifungen und dem Geltungsdrang eines Goebbels abhob. Aber sie entfaltete eben nur eine sehr begrenzte Binnenwirkung in den Reihen der Partei selbst, und sie war nicht frei von der bisweilen als Spleenigkeit empfundenen Aura eines weltfremden Sonderlings. Diesem Selbstverständnis von Heß als Puritaner der Partei, als »Klagemauer der Bewegung«,[57] entsprangen seine schier endlosen Appelle an die nationalsozialistische Funktionselite, »den Volksgenossen ein Beispiel der Einfachheit« zu geben, sowie seine ständigen Ermahnungen an die Adresse der Amtsträger der NSDAP wegen deren »protzenhaftem, überheblichem und undiszipliniertem Auftreten« in der Öffentlichkeit.[58]

Gegen den bald nach 1933 einreißenden Verfall der Sitten, gegen die Alkoholexzesse der Parteileiter und gegen eklatante Formen des Amtsmißbrauchs wandte sich Heß zum Beispiel in einer Anordnung vom Mai 1934, als er Anstoß daran nahm, daß »auffallende Wagen mit Hoheitszeichen und Dienstflagge stundenlang an belebten Plätzen vor den teuersten Gaststätten stehen«; als er im Januar 1935 »zur Ehrlichkeit bei der Abgabe der Steuererklärung« aufrief, denn die Parteigenossen müßten »die Tugenden der Einsatzbereitschaft, Opferfreudigkeit und Pflichterfüllung jeden Tag von neuem vorleben«; und als er im November desselben Jahres »jüngere wie ältere Parteigenossen« rügte, die »durch unvorschriftsmäßiges Fahren und Geheul von Auspuffsirenen womöglich noch in Uniform mit einem Dienststellenstander am Wagen« gegen die Verkehrsvorschriften verstießen oder »im Dienstanzug mit Frauen im offenen oder geschlossenen Wagen Vergnügungsfahrten unternehmen.«[59] Es blieben allesamt leere Appelle, obschon Heß mehrmals warnte, daß er »im Interesse der Sauberkeit und Reinheit der Bewegung« fest entschlossen sei, »notfalls auch gegen verdiente Führer der NSDAP, die durch Verfehlungen das Ansehen der Bewegung schädigen, mit den schärfsten Maßnahmen« vorzugehen.[60]

Die Fruchtlosigkeit seiner Ermahnungen hatte weniger mit der mangelnden Autorität in Parteikreisen zu tun, weniger damit, daß seine Parolen vom Maßhalten, seine Aufrufe zur Selbstzucht mit der Zeit immer abstrusere Formen annahmen und bei den rauhbeinigen, rabaukenhaften und trinkfesten Kampfnaturen und Condottieri der Partei, die ihre errungene Machtposition nun auch ausleben wollten, bestenfalls Schweigen, beizeiten aber nur mehr ein sarkastisches Kopfschütteln ernteten. Entscheidend war, daß Heß' selbstauferlegte Rolle als moralisierender »Gralshüter wahrer nationalsozialistischer Wesensart« (Longerich) bei Hitler keine Unterstützung fand, ja dessen Verständnis von Manneszucht und Gehorsam gegenüber einer in der Kampfzeit gehärteten neuen Elite diametral zuwiderlief. Nicht einmal gelang es Heß, in diesem Zusammenhang seine Vorstellungen von der »Reinerhaltung der Partei« auch durchzusetzen, und da er einen offenen Konflikt mit Hitler scheute, reagierte er immer häufiger damit, daß er sich, wie seine Frau Ilse berichtete, auf sein Fahrrad schwang und sich seinen Zorn auf Touren durch den Englischen Garten lauthals von der Seele schimpfte.[61]

Heß' Bedeutung für die Durchsetzung der Alleinherrschaft der NSDAP in den ersten beiden Jahren nach der Übertragung der

Reichskanzlerschaft auf Hitler sowie für die Stilisierung des Führermythos in der Art eines Hohepriesters des Hitlerkults läßt sich vor allem daran ablesen, daß sich der StdF jeweils bei entscheidenden Stationen im Prozeß von Gleichschaltung zwischen Staat und Partei zu Wort meldete und unausgesetzt an der Hitler-Legende wob. Stellvertretend sei hier die Rede nach dem Tode des Reichspräsidenten Paul von Hindenburg erwähnt, die Heß am 14. August 1934 in Kiel hielt und mit der er die fünf Tage später anberaumte Volksabstimmung über die nachträgliche Absegnung der Übertragung des Reichspräsidentenamts auf Hitler vorbereitete. In dieser über die deutschen Sender ausgestrahlten Ansprache[62] schilderte er, fernab jeder Realität, den Aufstieg Hitlers »aus dem Hause eines kleinen Beamten heraus durch Hunger und Entbehrung, ohne alle Hilfe, ja, im Kampf mit einer Welt voll mächtiger Gegner, [...] zum Führer eines der ersten Völker der Erde.« Er berichtete, wie Hitler durch den »frühen Tod der Eltern« in jungen Jahren »wirkliche Not« kennenlernte, wie die Entbehrung jener Zeit ihn zwang, »Bauarbeiter zu werden«, ihn »das Verständnis für die Not seiner Mitmenschen« lehrte und ihn »das Los des ›Proletariats‹ auskosten« ließ. Heß erzählte von den Jahren an der Front des Weltkrieges, die Hitler die »Gefahren verachten lehrten, weil sie ihn härteten, weil sie ihn zusammenbrachten mit allen Schichten des Deutschen Volkes und ihn erkennen ließen, wie nichtig Standesdünkel und Klassenstolz sind«. Damals in München, als Hitler »im abgeschabten feldgrauen Rock und [...] mit hungrigem Magen« durch die Straßen gezogen sei, habe ihm die »Vorsehung« die Gaben und Kräfte verliehen »zur Erreichung seines Zieles: der Rettung Deutschlands!« All dies diente der Einstimmung der Zuhörerschaft auf einen Satz, wie er sechs Wochen nach den Massenmorden vom Juni nicht falscher, nicht zynischer sein konnte. Denn der Hauptgrund, den Heß für die Wahl Hitlers als »Hindenburgs lebendiges Vermächtnis für Deutschland« angab, war, daß er »durch seine Taten und durch sein Leben bewiesen hat, daß er die Verkörperung alles Guten im deutschen Menschen ist«.

Das weitaus wichtigste Indiz für die These, daß Heß eben nicht jener kraftlose Funktionärstyp von Hitlers Gnaden, jene passive Mitläufergestalt ohne eigenes Machtstreben inmitten eines Sumpfes von Intrigen und Rivalitäten unter den Paladinen des Führers war, ist jedoch die Tatsache, daß es ihm binnen weniger Jahre nach 1933 gelang, ein Imperium zusammenzuschmieden, das dem eines Hermann Göring oder Heinrich Himmler kaum nachstand. Dieser zielstrebig erfolgte Ausbau des Stabes des StdF zu einer zentralen Kontroll- und Führungsinstanz war die Basis für den Einflußreichtum von Heß im Bereich von Staat und Partei, war die wichtigste Säule seiner Macht. Ursprünglich hatte Heß, als er im Frühjahr 1931 ins Braune Haus in München einzog, über einen »Büro-Chef und zwei Schreibmaschinen-Damen« verfügt.[63] Zum Stichtag des 15. Oktober 1936 umfaßte der Gesamtpersonalbestand von Stab und Dienststelle des StdF bereits insgesamt 172 Personen,[64] und diese krebsartige Wucherung von Personal und den damit einhergehenden weitverzweigten Kompetenzbereichen hielt an. Denn ein Mitarbeiterverzeichnis der Münchner Dienststelle vom 1. Oktober 1938 wies nicht weniger als 468 Namen auf, wobei die Mitarbeiter des Berliner Verbindungsstabes noch nicht eingerechnet waren.[65]

Der Hintergrund dieser wundersamen Vermehrung war eine verwirrende Vielfalt von Ämtern, Unterabteilungen und Organisationen, die Heß zwischen 1933 und 1935 entweder an sich riß, ausbaute oder neu ins Leben rief.[66] Die Schaltzentrale dieses Imperiums des StdF bildete nach wie vor das Braune Haus in München, wo der frühere Kassenwart des SA-Hilfsfonds, der ehemalige Gutsinspektor in Mecklenburg und Schwiegersohn des Parteirichters Walter Buch, der stiernackige und blendende Organisator Martin Bormann, die Fäden zog. Heß hatte ihn im Juli 1933 zum Stabsleiter seiner Dienststelle berufen und ihn im Oktober in den Rang eines Reichsleiters der NSDAP befördert. Gleichzeitig war im März 1933 im ehemaligen Gebäude des preußischen Staatsministeriums in Berlin, in der Wilhelmstraße 64, der sog. »Verbindungsstab der NSDAP« eingerichtet worden – eine wichtige Kontaktstelle zwischen der Parteizentrale in München und den Behörden der Reichsministerien in der Hauptstadt –, über die Heß den gesamten Geschäftsverkehr mit der Reichsregierung und Reichskanzlei abwickelte.

Um nicht den Überblick über das sich zunehmend verschlungener und amorpher gestaltende Ämter- und Organisationswesen innerhalb seiner Dienststelle zu verlieren, ließ Heß im Mai 1934 – ungeachtet des bereits unter der Leitung von Robert Ley bestehenden Hauptpersonalamts der NSDAP – in seinem Stab ebenfalls ein Personalamt einrichten. Jeder Parteiamtsleiter, einschließlich der nationalsozialistischen Minister, mußte einen Fragebogen, ein Führungszeugnis, einen Auszug aus dem Strafregister, zwei Paßbilder und einen Ahnennachweis über seine arische Abstammung beibringen.[67] Hier fand die Machtexpansion des StdF ihren peniblen bürokratisch-formalen Niederschlag, während seine Ämter- und Kompetenzakkumulation bald einen gigantischen Apparat hervorbrachte, der sich in mehrere zentrale Bereiche und Aufgabengebiete untergliederte: in Ressorts für Wirtschaftsfragen, für Finanzpolitik, für Kulturwesen, für Volkstums- beziehungsweise Rassenpolitik sowie für Außenpolitik.[68] Die sogenannte »Kommision für Wirtschaftspolitik« unter Leitung von Bernhard Koehler mit bis zu 60 Mitarbeitern organisierte ein intensives Seminarprogramm zur Schulung der Wirtschaftsfunktionäre der Partei. Ein »Beauftragter für Wirtschaftsfragen« befaßte sich mit der Bekämpfung von Korruption und der Eindämmung »wirtschaftsfeindlicher Elemente«. Die im Juli 1933 begründete »Abteilung Wirtschaft« unter dem bayerischen Fabrikanten Wilhelm Keppler, dem Wirtschaftsberater Hitlers mit Büro in der Reichskanzlei, war für die Kontakte des Führers zu den Wirtschaftskreisen zuständig.

Auf dem Gebiet der Finanzpolitik ernannte Heß im September 1934 den Staatssekretär im Reichsfinanzministerium, Fritz Reinhardt, zu seinem »Sachbearbeiter für alle Fragen der Finanz- und Steuerpolitik und für alle Fragen des Kampfes um die Verminderung der Arbeitslosigkeit«, der den StdF auch bei der Kontrolle von Gesetzentwürfen im Bereich von Steuer- und Finanzpolitik beriet.

Auf dem Felde der Kulturpolitik wurde ein »Sachbearbeiter für kulturpolitische Fragen« installiert – ein Posten, den zunächst Philipp Bouhler bekleidete, der spätere Leiter der »Kanzlei des Führers der NSDAP«. Diesem »Kulturchef« im Stabe Heß arbeitete eine ganze Reihe von weiteren Sachbearbeitern zu: für Musik, für bildende Kunst, für Filmfragen sowie für Schrifttum und Wissenschaft. Diese zuletzt genannte Abteilung unterstand einem persönlichen Freund der Familie Heß, dem Reichsamtsleiter Ernst Schulte-Strathaus, der neben seiner offiziellen Tätigkeit die Funktion eines »astrologischen Beraters« für Heß erfüllte und diesem im Frühjahr 1941 ein Horoskop stellte, das die Entscheidung für den Flug nach Schottland ganz maßgeblich beeinflussen sollte.[69]

Daneben gab es die sogenannte »Parteiamtliche Prüfungskommission zum Schutz des NS-Schrifttums« (PPK), der alle Bücher und Schriften nationalsozialistischen Inhalts zur ideologischen Kontrolle zuzuleiten waren und die vor der Publikation derselben Unbedenklichkeitsbescheinigungen ausstellen mußte. Hier entwickelte sich bald ein heftiger Streit mit Max Amann, dem Leiter des NS-Zentralverlages, mit Robert Ley sowie vor allem mit der von Alfred Rosenberg geleiteten Dienststelle zur »Überwachung der gesamten geistigen und weltanschaulichen Schulung und Erziehung der NSDAP«.[70] Dies war insbesondere deshalb der Fall, weil Heß den aus Wunsiedel stammenden Karl Heinz Hederich, einen ausgesprochenen Anhänger astrologischer Lehren, zum Leiter der PPK bestellte. Hederich hielt über die gesamte pseudowissenschaftliche Literaturgattung im Bereich von Magnetopathie, Pendlertum und Astrologie schützend seine Hand. Eine Aufzeichnung über »die Stellung des Parteigenossen Hederich zur Astrologie« vom Mai 1941 macht deutlich, welche Dimensionen dieser Komplex unter der Patronage von Heß angenommen hatte. Hederich stellte bald einen »aktiven Astrologen, einen gewissen Herrn Dr. Kittler«, der sich mit »Kosmobiologie« beschäftigte, in die PPK ein und machte es sich zum Anliegen, »die nationalsozialistische Weltanschauung mit der Astrologie in Einklang zu bringen«. Alle Versuche Rosenbergs, dieser Ausbreitung spiritistischen und okkultistischen Gedankenguts im Namen der Partei entgegenzutreten, scheiterten regelmäßig am Veto des StdF.[71]

Schließlich richtete Heß im August 1934 unter seinem persönlichen Vorsitz eine sogenannte »Hochschulkommission der NSDAP« ein, mit deren Hilfe er die »weltanschauliche Eignung« von Universitätslehrern überprüfte und Einfluß auf die Berufungspraktiken an den Hochschulen nahm. Hinzu trat im Juni 1935 das »Hauptarchiv der NSDAP«, das Heß aus dem bei der Reichspressestelle der Partei geführten Parteiarchiv und dem Archiv des Reichsschulungsamtes bildete. Sein Motiv war dabei, die »Kampfzeit« und die Aufstiegsphase der Bewegung in den Jahren zwischen 1919 und 1933 zu dokumentieren und das Monopol jeglicher Informationsvergabe über die Geschichte der NSDAP in ihrer Frühzeit an sich zu reißen. Ferner gehört hierher die Ernennung von Hans von Tschammer und Osten zum »Reichssportführer« und »Beauftragten für Leibesübungen der NSDAP«, der als Speerspitze einer Lieblingsidee von Heß die Einheitlichkeit der Leibesübungen unter den Parteigenossen sicherstellen sollte. Selbst zwei der hervorragendsten Technokraten der Partei, Fritz Todt und Albert Speer, band Heß in seinen Stab ein. Todt war Leiter des »Hauptamts für Technik der NSDAP« und »Persönlicher Beauftragter des Stellvertreters des Führers für alle Fragen der Technik und Organisation« sowie »Sachbearbeiter für Fragen des Straßenwesens«; Speer wurde im Februar 1937 als »Beauftragter für Bauwesen« berufen. Seit 1935 hatte Heß auch den ihm persönlich bekannten Weltkriegsflieger Theodor Croneiss als Sachbearbeiter für fliegerische Fragen in seinen Stab geholt, der sich um wehrtechnische Neuerungen und Erfindungen im Motoren- und Flugzeugbau sowie im Bereich der Kriegsmarine kümmerte.[72]

Zu den Instrumenten des StdF für die Durchführung einer sich an den ideologischen Grundsätzen der Partei orientierenden Rassen- und Volkstumspolitik gehörten das bereits erwähnte »Rassenpolitische Amt der NSDAP« sowie sein »Vertrauensmann für alle Fragen der Volksgesundheit«: der Amtsleiter des NS-Ärztebundes Dr. Gerhard Wagner, einer der Architekten der Euthanasie-Aktion. In einem Rundschreiben vom Oktober 1934 betonte Heß ausdrücklich, daß er die »Erziehung der Nation zu einem rassischen Denken [...] nach nationalsozialistischen Grundsätzen« anstrebe.[73] Im Sommer 1933 verschaffte sich Heß die Zusage Hitlers, die Volkstumspolitik der Partei in dessen Auftrag verantwortlich zu leiten,[74] und bereits wenige Monate später verfügte er die Berufung eines »Volksdeutschen Rates«,[75] dessen Aufgabenbereich die Entwicklung einer einheitlichen politischen Linie gegenüber den Volksdeutschen im Ausland sein sollte. Der Vorsitz wurde Karl Haushofer und in dessen Vertretung seinem Sohn Albrecht Haushofer übertragen; eigentlich »treibende Kraft« (Jacobsen) der Organisation war allerdings ihr Geschäftsführer Hans Steinacher. Die Kontakte zu einer Volksgruppe, nämlich den Sudetendeutschen, behielt sich Heß persönlich vor, wie sein Zusammentreffen mit deren Führer Konrad Henlein in Reicholdsgrün im September 1934 unter Beweis stellte, bei dem das Vorgehen in der Frage eines Anschlusses des Sudetenlandes an das Reich erörtert unter.

Um in die vom Auswärtigen Amt in Berlin beanspruchte Richtlinienkompetenz auf dem Feld der deutschen Außenpolitik eingreifen zu können und direkte Kontakte mit wichtigen Persön-

lichkeiten und Entscheidungsträgern des Auslands herzustellen, ernannte Heß im Mai 1934 Joachim von Ribbentrop zu seinem »Bearbeiter für außenpolitische Fragen«.[76] Die seit 1935 als sog. »Dienststelle Ribbentrop« fungierende Einrichtung residierte mit einem Personalstand von rund 150 Mitarbeitern im Berliner Gebäude des Verbindungsstabes des StdF und war mit der Durchführung diverser Sonderaufträge befaßt, die Ribbentrop als »Außerordentlicher und Bevollmächtigter Botschafter des Deutschen Reiches« direkt von Hitler erhielt. Dies war der eine Grund, weshalb sich Heß nur selten der über Ribbentrop ins Ausland laufenden Kanäle bediente. Ein zweiter Grund ist in der sich beizeiten einstellenden persönlichen Aversion von Heß gegenüber dem ehrgeizigen Renommiergehabe und dem gespreizten Dünkel des Wichtigtuers Ribbentrop zu sehen, der zunehmend eine Zuarbeitertätigkeit für Heß verweigerte und bald anglophobe Tendenzen an den Tag legte, die Heß' Konzeption einer Verständigung mit England zuwiderliefen.[77]
Das Hauptorgan des StdF, über das seine Verbindungen ins Ausland liefen, war deshalb die »Auslandsorganisation« (AO) der NSDAP mit Sitz in Hamburg und in der Berliner Tiergartenstraße, die sich Heß im Oktober 1933 unterstellte.[78] Zum Leiter der AO ernannte er den im britischen Bradford geborenen und in Kapstadt aufgewachsenen Ernst Wilhelm Bohle, der über hervorragende englische Sprachkenntnisse verfügte und im Range eines Gauleiters und SS-Obergruppenführers den gesamten Schriftverkehr zwischen den Dienststellen der Partei und den Auslandsgruppen der NSDAP koordinierte und überwachte.[79] Der Stellvertreter von Bohle, und dies unterstreicht die Bedeutung der AO für Heß sowie deren Funktion als Kanal für die Abwicklung hochvertraulicher Angelegenheiten, war der einzige Bruder des StdF, Alfred Heß.
Obschon die meisten Akten, die das Tätigkeitsfeld der AO betreffen, nicht mehr greifbar sind, so läßt sich doch mit Blick auf den zu untersuchenden Zusammenhang mit dem Flug von Heß nach Schottland folgendes konstatieren: Im Auftrag von Heß zog Bohle in allen Ländern, in denen die AO organisatorisch und mit Dependancen vertreten war, ein weitverzweigtes Agenten- und Spionagenetz auf, das sich seit Kriegsbeginn vorwiegend auf die neutralen Staaten, namentlich auf Spanien und Portugal, konzentrierte.[80] Es sollte eine wichtige Rahmenbedingung für die Einschätzung der Situation in England im Vorfeld des Fluges vom

Mai 1941 liefern. Über die AO liefen aber auch direkte Fühler nach England.[81] Dies betraf vor allem die Verbindungslinien zu zwei Organisationen: zur »Anglo-German Fellowship«, die durch den Bankier Ernest Tennant, einen persönlichen Freund Ribbentrops, im Jahre 1936 mit dem Ziel einer Förderung der britisch-deutschen Freundschaft und einer Intensivierung der Handelsbeziehungen zwischen beiden Ländern gegründet wurde, sowie die Kontakte zum sogenannten »Link«, den Sir Barry Domvile, der ehemalige Direktor des Departments of Naval Intelligence (1927–1930), ein Jahr später ins Leben rief und der bald über mehr als 4000 Mitglieder verfügte.[82] Die Mitgliederliste beider pro-deutscher Organisationen umfaßte viele prominente Briten aus der Geschäfts- und Bankenwelt sowie aus den Kreisen des Militärs und der Aristokratie; unter ihnen den Präsidenten der Bank von England, F. C. Tiarks, den Herzog von Wellington, Lieutenant-Colonel Sir Thomas Moore sowie Lord Londonderry, den Luftfahrtminister im vierten Kabinett MacDonald (1931–1935) und bis 1937 Lordsiegelbewahrer im Kabinett Baldwin.[83] Auch Lord Douglas Douglas-Hamilton, Marquis of Clydesdale und 14. Herzog von Hamilton, von 1930 bis 1940 konservativer Unterhausabgeordneter für den schottischen Wahlkreis East Renfrew, bei dessen Landsitz in Dungavel Heß im Mai 1941 dann mit dem Fallschirm absprang, stand der Anglo-German Fellowship sehr nahe, obschon er kein offizielles Mitglied war.[84]
Welche Bedeutung der StdF diesen über die AO der Partei ins Ausland führenden Kanälen beimaß, läßt sich auch daran ermessen, daß er im Oktober 1935 beim Reichsaußenminister die Zusage für die Bereitstellung des Kurierdienstes des Auswärtigen Amtes für die diskrete und geheime Übermittlung von Briefen der AO erwirkte[85] und daß er im Frühjahr 1939 eine Anordnung erließ, derzufolge, wie es hieß, »alle Anträge führender Persönlichkeiten der Partei auf Genehmigung von Auslandsreisen oder Einladungen prominenter Ausländer nach Deutschland [...] zwei Wochen vor dem beabsichtigten Zeitpunkt der Reise resp. der Einladung« an die Dienststelle des StdF im Braunen Haus in München zu richten seien. Bezeichnenderweise waren hiervon die »Reisen von AO-Angehörigen« nicht betroffen.[86]
Die wohl wichtigsten Informationen über die Absichten der Großmächte beschaffte sich Heß allerdings über eine in seinem Verbindungsstab in Berlin angesiedelte, ihm persönlich zuarbei-

tende Geheimdienstorganisation, die sich »mit der Politik und Diplomatie der ausländischen Mächte befaßte und namentlich den Original-Schriftwechsel der britischen, französischen, amerikanischen und russischen Botschafter in London, Paris und Moskau erreichen konnte«.[87] Soweit sich Tätigkeit und Aufbau dieser im Verborgenen operierenden Einrichtung überhaupt rekonstruieren lassen, stand sie als separater Nachrichtendienst neben der militärischen Abwehr von Canaris und dem RSHA Heydrichs. Sie war aus Teilen des kaiserlichen Geheimdienstes entstanden und wurde mit Hilfe von General Walter von Reichenau, des ehemaligen Chefs des Stabes der Inspektion der Nachrichtentruppen, ohne Wissen von Hitler und Canaris aus dem gigantischen Aufrüstungsetat finanziert.[88] Geleitet wurde sie vom früheren OSAF und SA-Obergruppenführer Franz Pfeffer von Salomon, der als »persönlicher Sachbearbeiter für geheimdienstliche Fragen« beim StdF fungierte, sowie von einer der »Schlüsselfiguren« der deutschen Geheimdienstszene, dem einstigen pommerschen Rittergutsbesitzer Kurt Jahnke.[89] Jahnke war nach dem Ersten Weltkrieg nach Nordamerika ausgewandert und hatte dort über Geschäftsverbindungen nach China »ausgezeichnete geheimdienstliche Verbindungen nach Ostasien«, vor allem zum chinesischen und japanischen Nachrichtendienst, geknüpft. Nach seiner Rückkehr hatte Jahnke auf seinem pommerschen Gut einen privaten Agentenring aufgebaut, der der NSDAP bald Zuträgerdienste leistete. Über diese Schiene war er als Mitarbeiter des StdF angeworben worden.

Hält man sich diese knappe Zusammenschau der vielgestaltigen Einflußebenen und zahlreichen Kompetenzbereiche vor Augen, betrachtet man die verwirrende Funktionsfülle und krakengleiche Organisationsstruktur des riesigen Apparats, über den Heß gebot, und bedenkt man, daß auf dem Gebiet der Innenpolitik in den Jahren von 1933 bis 1935 praktisch kaum eine Entscheidung ohne die Mitwirkung, zumindest aber die Kontrolle und den Konsens von Heß getroffen wurde, so kann man in der Tat von einem Imperium sprechen, das der StdF nach der »Machtergreifung« aufgebaut hatte. Aber es war ein Reich ohne eine klare Herrschaftsstruktur und ohne Herrscher. Denn so imponierend die zielstrebig vorgetragene Macht- und Kompetenzakkumulation auch erscheinen mochte, so gering war die innere Kohäsion dieses Imperiums. So allumfassend der Anspruch von Heß auf Mit-

gestaltung der Verhältnisse im Dritten Reich auch sein mochte, so schnell stieß er doch an seine Grenzen.
Das hatte nicht nur mit der Person von Heß zu tun, der eben kein kalter Machttechniker wie Himmler oder Heydrich war, kein effizienter Organisator wie der Leiter seines Stabes Martin Bormann, der sich zunehmend in den Vordergrund spielte und an Hitler herandrängte, während der Zauderer Heß allein auf blinde Treue, bedingungslose Gefolgschaft und das intime Band alter Tage setzte. Das hatte nicht nur mit der gigantischen Aufblähung der Dienststelle in den beiden Jahren der Gleichschaltung von Partei und Staat zu tun, mit der sich Heß zunehmend Feinde und Rivalen schuf, die ihrerseits darauf sahen, daß der unterschätzte Stellvertreter nicht zu mächtig wurde. Und dies hatte seinen Grund nicht nur darin, daß Heß' einzige echte Monopolstellung auf dem Gebiet des Parteimanagements, der Parteiorganisation und in der Durchsetzung der Anliegen der NSDAP im Bereich von Staat und Gesellschaft lag, so daß er zwar einen universalen Zuständigkeitsanspruch für sich reklamieren konnte, der jedoch so unbestimmt, ja undefinierbar blieb, daß die Ubiquität der Befugnisse und die gewaltige Diversifizierung des Apparats bald zum Nachteil gerieten. Der bei weitem wichtigste Faktor, der für einen schleichenden, aber unaufhaltbaren Autoritäts- und Kompetenzverfall von Heß und dessen Dienststelle sorgte, für deren immer offensichtlicher werdende Randstellung mit begrenzter faktischer Bedeutung, war die Zäsur in der Geschichte des Dritten Reiches, die im Jahre 1936 eintrat. Nach der blutigen Niederschlagung der »Röhmrevolte« und der Ausschaltung der gesamten innerparteilichen Oppositionskräfte war und blieb die NSDAP, gestärkt durch das Bündnis mit den aufrüstungsbegierigen Militärs, fortan ein willfähriges Instrument in der Hand ihres Führers. Zweitens war der Prozeß einer Penetration des Staatsapparats und der Gesellschaft durch die Partei, der die wesentliche strukturelle Rahmenbedingung für Heß' Machtakkumulation geschaffen hatte, an sein Ende gelangt, hatte der StdF seine Aufgabe praktisch erfüllt. Drittens begann sich seit 1936 die Aktivität Hitlers mehr und mehr auf die Außenpolitik und die Aufrüstung zu verlagern, wie Rheinlandbesetzung und Vierjahresplan unter Beweis stellten. Diese Weichenstellung zur Kriegsvorbereitung hatte zur Folge, daß die reine Parteiarbeit, die Domäne von Heß, zugunsten der neuen Allianzpartner Hitlers in Wirtschaft, Industrie und Wehrmacht völlig in den Hintergrund

gedrängt wurde. Damit aber war die Entfremdung des Stellvertreters von der Regierungspraxis, von den Entscheidungszirkeln sowie vor allem von Hitler selbst vorprogrammiert.

Was Heß blieb, das waren seine Repräsentationsaufgaben. Von der Politik, jedenfalls von derjenigen, die auf dem Berghof, in der Berliner Regierungszentrale, in den Kanzleien der Ministerien sowie in den Generalstäben und Sandkästen der Militärs konzipiert und betrieben wurde, blieb er ausgeschlossen. Er durfte weiterhin mit Pathos die alljährliche Weihnachtsansprache halten, am Tag der Arbeit, dem 1. Mai, in den Werkhallen der Betriebe die Solidarität zwischen Partei und Volksgenossen betonen, einmal im Jahr am Münchner Königsplatz die neu ernannten Amtswalter der NSDAP durch Handauflegung auf das Parteiprogramm auf Hitler vereidigen, die Gauleiter in ihr Amt einführen, die Parteitage in Nürnberg sowie die Tagungen der Auslandsdeutschen eröffnen, am 20. April dem Führer via Volksempfänger zum Geburtstag gratulieren, Volkswohnungen einweihen, Trauerreden für verstorbene Parteigenossen halten, die Stiftung »Ehrenkreuz der deutschen Mutter« betreuen und mit kinderreichen Müttern Kaffeekränzchen abhalten. Befriedigen konnte ihn all dies nicht. Denn vom Zielpunkt seines heimlichen Ehrgeizes, daß »der Führer seine Zurückhaltung anerkennen« und ihn als seinen treuesten Gefolgsmann dem lauten »Publikumstreiben« Görings und der anderen Paladine vorziehen werde, war er bald weiter entfernt denn je.[90]

Auch ein Blick auf die nach 1936 durch die Dienststelle von Heß ergangenen Verfügungen belegt diesen Befund einer zunehmenden Abdrängung von Heß auf Randbereiche der Politik. So betrafen die Anordnungen des StdF nun die Vorbereitung und Durchführung von Parteiaufmärschen, das Absingen des Deutschlandliedes bei Parteiveranstaltungen, die Kleiderordnung der Funktionäre, die Zusammenstellung ihres Gesellschaftsanzuges sowie die Regelung des Tragens von Orden und Ehrenzeichen.[91] Entsprechend waren der Inhalt und das sachliche Sujet der Vorträge gehalten, die die leitenden Mitarbeiter der Dienststelle dem StdF hielten, mit den Jahren immer öfter in dessen Privathaus in München-Harlaching. Die bis in den März 1941 reichenden Protokolle dieser Berichte und Vorlagen, von denen sich der akribische Bormann Abschriften anfertigen ließ, um auf dem laufenden zu bleiben, sind voller randständigem

Kleinkram und voller Belanglosigkeiten, mit denen sich Heß befaßte.
Am 31. August 1938 informierte der Leiter der Abteilung II des Stabes von Heß, Helmuth Friedrichs, seinen Chef zum Beispiel über den »Bericht eines ›alten Marschierers der SA‹ über die Uniformschwierigkeiten der SA« sowie über die »Bitte des Bundes der heimattreuen bayerischen Ostmärker im Bund Deutscher Osten, neue Fahnen für den Bund anzuschaffen«.[92] Im November 1938, also unmittelbar nach der Münchner Konferenz, wurde Heß über die Frage der »beitragsmäßigen Einstufung der Parteigenossen im Sudetenland« in Kenntnis gesetzt, über die Dienststellenbezeichnung des Reichsschatzmeisters, über die »Namensänderung Gau Kurmark der NSDAP« sowie über die Dienstschilder der Gliederungen und angeschlossenen Verbände der Partei, die fortan die »Bezeichnung NSDAP« tragen sollten. Und er beschäftigte sich ausführlich mit der Schrift eines Architekten »über die Erhaltung von Mutterboden«, die allen Gauleitern »als nachahmenswert« zugesandt werden sollte.[93] Bis in den März und April 1941 hinein sollte sich an diesem Bild nichts mehr ändern. Die Arbeit an einer »neuen Besoldungsordnung für die Kreisleiter«, die »Umwandlung des Reichsbundes Deutscher Seegeltung in ein Institut«, die Organisierung einer »Marschstiefel-Sammelaktion«, die »Auflösung des ›Volksbundes deutscher Kriegsgräberfürsorge‹«, die Ergänzung des »Führungskreises des NS-Altherrenbundes« sowie die Unterbindung »aller übermäßigen Ausschmükkungen der Versammlungsräume durch Blumendekorationen« waren nur ein schaler Ersatz für die Ausblendung des Stellvertreters aus dem Dunstkreis der großen Politik.[94]
Diesem unaufhaltbaren Trend einer Marginalisierung seiner Person und Bedeutung entsprach es, wenn Heß seine Rolle als Tugendwächter der Partei nun über Gebühr herausstrich und als Kompensation seiner im Verfall begriffenen Autorität auf allerlei skurrile und abstruse Ideen verfiel, die diesen Prozeß eher beschleunigten, denn abbremsten. So brandmarkte er in seiner Ansprache an alle Reichs-, Gau- und Kreisleiter auf dem »Reichsparteitag der Ehre« in Nürnberg im Jahre 1936 »die sich oft wiederholende Inszenierung byzantinistischer Empfänge bis zum Glockenläuten während der Fahrt durchs Land«, machte seine im allgemeinen wohlbeleibten Zuhörer auf den Umstand aufmerksam, daß sich »ihre Leibgurte [...] nicht mehr schließen« lie-

ßen und nahm diesen Appell zur körperlichen Ertüchtigung doch tatsächlich zum Anlaß für einen mit allem Ernst unterbreiteten Vorschlag: Bei künftigen Reichsparteitagen, so regte Heß an, müßten »sportliche Kämpfe« seitens der Funktionsträger der NSDAP ausgetragen werden, und »bei dieser Gelegenheit [sei] ein Gottesurteil anzurufen von Fall zu Fall, indem die Führer, die sich auf gewissen Gebieten nie einigen können, in einer Arena gegeneinander antreten und den Kampf auf einer anderen Basis austragen«.[95] In diesen Ermahnungen und Empfehlungen von Heß schlug sich nicht nur sein Moralaposteltum, sein sich immer stärker bemerkbar machender Gesundheitsspleen[96] nieder, sie bedeuteten auch ein stillschweigendes Eingeständnis, daß er in seinem Bestreben, die Streitschlichtung unter den Bonzen der Partei in den Griff zu bekommen, gescheitert war.

Die Aktivitäten, die Heß bis zum Kriegsbeginn entfaltete, waren von eben jener Rolle eines Außenseiters und Sonderlings in der Partei geprägt. Stärker denn je wandte er sich seinen okkultistischen Neigungen zu, entwickelte er ein Interesse an unorthodoxen Heilmethoden, an alternativen Lehren und Erziehungspraktiken.[97] Über die anthroposophischen Steinerschulen und Waldorfschulen hielt er seine schützende Hand.[98] In Dresden wurden auf sein Betreiben hin eine »Rudolf-Heß-Akademie für neue deutsche Heilkunde« und ein ebenfalls nach ihm benanntes Krankenhaus errichtet.[99] Und Heß übernahm die Schirmherrschaft über Kongresse der Alternativmedizin, wie sich in seiner Eröffnungsrede auf dem 12. Internationalen Homöopathen-Kongreß in Berlin am 9. August 1937 dokumentierte.[100] Seine Pflichten und Aufgaben als Parteimanager ließ er zunehmend schleifen; seine Präsenz bei den ohnehin spärlichen Sitzungen von Kabinett und Reichsverteidigungsrat nahm er »unter Hinweis auf seinen Gesundheitszustand« kaum mehr wahr.[101] Als kurz nach Kriegsbeginn, im November 1939, unter der Leitung von Heß eine Expertenrunde über die Ernährungslage des Reiches debattierte, tat sich dementsprechend ein Abgrund von Unkenntnis und naivem Führerglauben auf. So bemerkte Heß zu einem detaillierten Vortrag des Staatssekretärs Backe über die engen Grenzen der Leistungsfähigkeit der deutschen Agrarwirtschaft, daß man trotz allem Grund habe, »optimistisch in die Zukunft zu sehen«. Nicht von ungefähr sei Hitler dem Attentat im Bürgerbräukeller entgangen, und dieses »Wunder« sei ein Beleg dafür, daß der Führer aller Schwierigkeiten Herr werde. In der folgenden Diskussion interessierte sich Heß vorwiegend dafür, ob »das Essen besser ausgewertet werden würde, wenn es zusammen mit einer Flüssigkeit zu sich genommen würde«, und er wandte sich dem Reichsärzteführer zu, um sich über die »Gefahren der Tuberkulose für Säuglinge bei Verabreichung von roher Milch« zu informieren. Auch die »Frage des Vollkornbrotes« erörterte er ausführlich und setzte sich für eine Propagandakampagne ein, um dessen Verzehr anzuregen.[102]

Seit Mitte der dreißiger Jahre verschlechterte sich der Gesundheitszustand von Heß rapide, ohne daß die konsultierten Ärzte einen organischen Befund ermitteln konnten. So stand der Trend zur physischen und psychischen Krise in Parallele zum gleichzeitigen Verlust an Prestige, Einfluß und Machtentfaltung. In der Literatur hat man die zahlreichen Krankheitssymptome von Rudolf Heß, seine Magenschmerzen, Gallenkoliken, Nierenleiden und Herzstiche, als »hysterisches Fluchtsyndrom« gedeutet,[103] das sich, je länger Heß' Isolierung von den Entscheidungszentren anhielt, desto ausgeprägter einstellte. Der amerikanische Armeearzt und Psychiater im Nürnberger Gefängnis, Douglas Kelley, zeigte sich denn auch überzeugt davon, daß Heß bereits vor seinem Flug nach Schottland »körperlich und geistig krank« gewesen sei.[104] Heß' Sekretärin erinnerte sich nach dem Krieg an zwei bezeichnende Episoden aus dieser Zeit. Um seine Schlaflosigkeit zu kurieren, wandte Heß eine ihm von einem Heilpraktiker empfohlene »neue Methode« an: Er ging schon gegen 17 Uhr am Nachmittag zu Bett, stand noch vor dem Morgengrauen gegen 3 bis 4 Uhr wieder auf und machte ausgedehnte Spaziergänge durch das menschenleere München, um die Lungen mit Frischluft vollzupumpen. Und, »einmal, auf einer Erholungsreise«, so Fräulein Sperr, »erlebte ich einen Augendiagnostiker, der ihm selbstzubereitete Mittel gab und ihn massierte. Ich konnte das damals überhaupt nicht verstehen, weil dieser Mann einen äußerst primitiven Eindruck auf mich machte.«[105] Es waren namentlich drei Vertreter der Alternativmedizin, denen sich Heß immer stärker zuwandte: der homöopathische Arzt Dr. Kurt Schauer in Höllriegelskreut bei München, der Heilpraktiker Reuter in der Hohenzollernstraße in München-Schwabing und der Heil- und Chiropraktiker Zeileis im österreichischen Bad Gallspach, dessen Klinik Heß mehrmals zu ausgedehnten Kuren und Erholungsaufenthalten aufsuchte.[106] Helfen konnten sie ihm allesamt nicht.

Auch bei seinem Flug nach Schottland am 10. Mai 1941 führte Heß eine ganze Sammlung homöopathischer und allopathischer Mittel und Arzneien mit sich. Darunter waren Opiumalkaloide, Aspirin, Atropin, das aufputschende Pervitin, zahlreiche Barbiturate, eine Salzmischung gegen Verstopfung, diverse Mittel aus dem Bereich der Homöopathie und ein Elixier, das der schwedische Forscher Sven Hedin aus einem tibetischen Lama gewonnen hatte und dem man wundersame Heilkräfte gegen Beschwerden in der Gallenblase nachsagte.[107]

Die Beziehung zwischen Heß und Hitler blieb von dieser persönlichen Krise des Stellvertreters nicht unberührt. Eines der Geschenke von Heß an seinen Führer zu dessen 50. Geburtstag war der Originalbriefwechsel zwischen Friedrich dem Großen und seinem Kammerdiener Fredersdorf. Darunter, so Heß, »ausgerechnet die Briefe [...], in denen der König so über die Quacksalber herzieht, durch die der getreue Fredersdorf zugrunde gerichtet wurde!! [...] Der Führer steht nämlich auch auf dem Standpunkt des Königs, während ich an die Stelle Fredersdorfs zu setzen bin – hinsichtlich des Zugrunderichtens!!«[108] Der sarkastische Humor und der tiefere Sinn der Gabe kamen nicht von ungefähr, denn Hitler, dem die Absonderlichkeiten und Depressionen seines Stellvertreters natürlich nicht verborgen blieben, reagierte zunehmend gereizt und unwillig auf die Heßschen Eskapaden. Der StdF mußte feststellen, daß ihm andere in der Gunst Hitlers längst den Rang abgelaufen hatten. »Mit Heß«, so ließ sich Hitler bald ärgerlich vernehmen, »wird jedes Gespräch zu einer unerträglich quälenden Anstrengung. Immer kommt er mit unangenehmen Sachen und läßt nicht nach.«[109] Heß reagierte wie ein vernachlässigtes Kind. Die Zurücksetzung, nur noch alle 14 Tage zur Tafel bei Hitler erscheinen zu dürfen, quittierte er damit, daß er in einem Blechgefäß ein speziell für sich zubereitetes Diätessen mitbrachte. Er trieb dies so lange, bis Hitler endlich aufmerksam wurde und ihn zur Rede stellte. Aber statt einer fürsorglichen Erkundigung erfuhr Heß nur eine barsche Zurechtweisung, als Hitler ihn anfuhr: »Ich habe hier eine erstklassige Diätköchin. Wenn Ihr Arzt etwas Besonderes für Sie verordnet hat, dann kann sie es gerne zubereiten. Aber ihr Essen können Sie nicht mitbringen.«[110]

Je weiter Heß vom Platz an der Sonne verdrängt wurde, desto mehr verdunkelte sich sein Gemüt, flüchtete er sich in seine kauzigen Eigenheiten und suchte nach einer neuen Aufgabe, um den heimlich brennenden Ehrgeiz zu befriedigen. Seit dem Kriegsausbruch im September 1939 wurde das Verlangen übermächtig, seinen Anteil zum Sieg des Reichs gegen eine Welt von Feinden im »aufgezwungenen« Krieg beizusteuern. Am Abend des 3. September, dem Tage der Kriegserklärungen Englands und Frankreichs an Deutschland, bat Heß seinen Führer um die Erlaubnis, zur Luftwaffe eingezogen zu werden. Aber Hitler lehnte kühl ab und verhängte gar ein einjähriges Flugverbot für seinen Stellvertreter.[111] Kaum war der Sitzkrieg im Westen beendet, in den ersten Tagen des Frankreichfeldzuges im Mai 1940, trieb es Heß erneut an die Front. In einer Ju 52 ließ er sich von seinem Flugkapitän Doldi zu Hitler nach Frankreich fliegen, um diesen wegen eines geplanten Frontbesuches um einige Tage Urlaub zu ersuchen. Aber Hitler verweigerte abermals seine Zustimmung.
»Er brauche«, so ein Augenzeuge der Szene, »in der Heimat einen Mann [...], auf den er sich hundertprozentig müßte verlassen können. Heß dürfte ihm nicht verloren gehen, er bestände darauf, daß Heß am nächsten Morgen wieder nach München zurückflöge.«[112] Enttäuscht und verbittert ließ sich Heß am folgenden Tag zum Flugplatz bringen und bemerkte zu Hitlers Piloten Hans Baur: »Sehen Sie, Baur, so geht es mir. Ich wäre jetzt viel lieber Kompanieführer als Reichsminister. Im Kriege gehört der Mann an die Front und nicht in die Kanzlei. Wenn ich an das denke, was ich jetzt zu tun habe, diese endlosen Parteistreitigkeiten, in die ich dauernd schlichtend und ordnend eingreifen muß [...]. Das ist eine Aufgabe, die ich mir im Frieden noch gefallen lasse, aber im Kriege ...« Und dann, so berichtete Baur, setzte sich Heß ans Steuer seiner Ju 52 und flog nach München zurück.[113]
Es war der erste Akt von Ungehorsam gegenüber seinem »Führer«. Als Heß kurze Zeit später endlich die so lange ersehnte Aufgabe, die Bewährungsprobe von Mannesmut und Patriotismus zufiel, sollte der zweite Akt folgen.

3 Der »Botengang eines Toren«?

Kontakte nach England und Einleitung der Friedensinitiative

»Wie so oft«, so erinnerte sich Heß während seiner Haft in Nürnberg an den Sommer 1940, als sein Plan eines Ausgleichsversuches mit England zu reifen begann, »hat der Führer schon zu Zeiten der größten Siege sein Bedauern darüber ausgedrückt, daß der Krieg alle seine Pläne für den Aufbau und die Entwicklung Deutschlands, mehr als je vorauszusehen gewesen sei, verzögerte ... [...] Während des Frankreichfeldzuges brachte ich dem Führer meine Meinung zum Ausdruck, daß wir uns im Falle eines Friedensschlusses mit England wenigstens das wiedernehmen müßten, was man uns durch das Friedensdiktat von 1919 genommen hatte; so zum Beispiel Ersatz für den Verlust der deutschen Handelsflotte. Der Führer widersprach mir. Er für seinen Teil wolle keinen Versailles vergleichbaren Friedensvertrag, der nur neue Kriege zur Folge haben könne. Er strebe eine echte Verständigung zwischen den Völkern an. Er sagte, ich wüßte, daß er immer für eine Verständigung mit England eingetreten sei. Schon vor langer Zeit, als er noch auf der Festung Landsberg gesessen habe, hätte er mir erklärt, daß dies der Grundstein seiner Außenpolitik sei, wie ich mich wohl erinnere. [...]
Er sagte, er habe nur *zwei* Forderungen an die Briten:

1. Die Festlegung der beiderseitigen Interessensphären, um weitere Konflikte zwischen Deutschland und England zu vermeiden; und
2. die Rückgabe der Kolonien an Deutschland.

Je schneller wir zu einer solchen Lösung kämen, um so besser sei es für die Menschheit und besonders für die betroffenen Völker: Bei einem länger andauernden Krieg würde Großbritannien seine Weltmachtposition verlieren, und das Empire wäre zum Untergang verurteilt. Aber dies läge nicht in unserem Interesse.

Er persönlich würde es bedauern. Dies sei der Grund, warum er Verständigung angeboten habe.
Ich sagte mir damals immer wieder: Wenn man dies in England wüßte, dann wäre es vielleicht möglich, daß das Volk die Verständigung einer Weiterführung des Krieges bis zum bitteren Ende vorziehe – eines Krieges, dessen Ausgang zumindest ungewiß sei und der allen Beteiligten großen Schaden zufügen müsse. Jedoch unterstellte ich, daß die Briten es als einen unerträglichen Verlust an Prestige ansehen müßten, Friedensvorschläge des Führers in der gegenwärtigen Kriegslage auch nur in Erwägung zu ziehen. Wie anders wäre es, wenn sie einen triftigen Grund hätten, in die Verhandlungen einzutreten, der für die ganze Welt verständlich sei. Da beschloß ich, ihnen diesen Grund durch meinen Flug nach England zu liefern.«[1]
Ganz so geradlinig, wie Heß aus der Rückschau von fünfeinhalb Jahren, unmittelbar nach Verkündung des Nürnberger Urteils, die Vorgeschichte seines spektakulären Unternehmens vom 10. Mai 1941 darstellte, verlief diese natürlich nicht. Tatsächlich gab es ganz andere Gründe als nur den Willen Hitlers, zu einem Ausgleich mit England zu gelangen, gab es einen ganzen Kranz von Motiven und Antriebskräften, der sich im Verlauf der zweiten Hälfte des Jahres 1940 herausbildete und der es dem Stellvertreter nahelegte, eine persönliche Friedensmission ins Auge zu fassen.
Bis zum Beginn des Frankreichfeldzuges im Mai 1940 war Heß auf außenpolitischem Terrain kaum in Erscheinung getreten. Seine wenigen Rede-Auftritte, die sich mit außenpolitischen Themen befaßten – wie die Ansprache in Königsberg an die »Frontkämpfer der Welt« im Juli 1934, seine Reden nach der Rheinlandbesetzung in Stettin im März 1936 sowie im November desselben Jahres in Goslar zum deutsch-japanischen Antikominternvertrag –, setzten keine eigenen Akzente, sondern wiederholten in ständiger Variation die Themen, die Hitler ihm vorgab: den Appell an die Völker, sich gegen die »Weltpest« von Kommunismus und Bolschewismus zusammenzuschließen, die Forderung nach Erweiterung des deutschen Lebensraumes, den Ruf nach Rückgabe der Kolonien sowie das Trauma der Einkreisung durch ein Bündnis zwischen Frankreich und der Sowjetunion.[2] Immerhin aber wurde Heß im Laufe der dreißiger Jahre zu einigen Treffen Hitlers mit prominenten Briten hinzugezogen. So als dieser im Ja-

nuar 1935 mit Lord Lothian über das Problem der Rüstungskontrolle konferierte und als Hitler am 25./26. März 1935 dem britischen Außenminister Lord Simon und Anthony Eden im Umfeld der Verhandlungen zu einem Luftpakt die Grundlagen seiner Außenpolitik darlegte. Heß' Bedeutung für die Formulierung der deutschen Außenpolitik gegenüber fremden Staatsmännern und Diplomaten – von einer Beteiligung an der Konzeption derselben ganz zu schweigen – war also verschwindend gering.[3]
Auch im Frühjahr 1940, als Heß mit dem Unterstaatssekretär im amerikanischen State Department, Sumner Welles, auf dessen Rundreise durch die wichtigsten europäischen Hauptstädte am 3. März in Berlin zu einem Gedankenaustausch zusammentraf, ergab sich kein anderes Bild. Diese sogenannte »Mission Welles« war von Präsident Roosevelt vorwiegend aus taktischen Motiven ins Werk gesetzt worden, um in der Phase des zu erwartenden Umschlags des bisherigen Sitzkrieges im Westen in einen heißen Krieg der amerikanischen Öffentlichkeit die Aussichtslosigkeit jeglicher Friedensgespräche zu demonstrieren und damit zugleich den isolationistischen Gegnern seiner Politik den Wind aus den Segeln zu nehmen.[4] Wichtiger als der Inhalt der in Berlin mit Hitler, Ribbentrop und Göring geführten Unterredungen des amerikanischen Emissärs ist mithin die Frage, warum Welles auch zu einem einstündigen Meinungsaustausch mit dem StdF zusammentraf, obwohl der mit außenpolitischen Problemen gar nicht befaßt war. Heß hielt sich in seinen Ausführungen über die von Hitler stets gewünschte »Verständigung mit England«, über die von den Briten benutzte »polnische Frage« als »Ausgangspunkt eines neuen Krieges gegen Deutschland« sowie über die »Notwendigkeit des Durchkämpfens dieses Krieges« bis zum »Sieg Deutschlands« gegenüber Welles so präzise an die von Hitler am 29. Februar ausgegebenen »Richtlinien«,[5] daß der Informationswert dieser Zusammenkunft für den amerikanischen Diplomaten gleich Null war. Der Eindruck, den Welles selbst gewann, fiel entsprechend aus. In seinem Bericht charakterisierte er Heß als Mann mit »äußerst geringer Intelligenz«, der Hitler gegenüber eine »hündische Verehrung« an den Tag lege. Heß habe, so Welles, aus seiner Tasche ein maschinengeschriebenes Memorandum hervorgeholt, auf dem offenbar alle Punkte aufgeführt waren, die anzusprechen ihm als Richtlinie für die Unterredung aufgegeben worden war.[6]

Der eigentliche Grund des von Welles gewünschten Zusammentreffens mit Heß lag denn auch auf einem ganz anderen Feld, das jenseits der Ebene der großen Politik auf das Terrain der Privat- und Geheimdiplomatie führt, derer sich Heß hinter den Kulissen seit langem bediente. Ziemlich genau zwei Monate vorher hatte die für Spionageabwehr zuständige Sektion des britischen Geheimdienstes MI 5 den Amerikanern mitgeteilt, daß ein Angestellter der US-Botschaft in London seit längerer Zeit im Sold deutscher Geheimdienstkreise stehe und den Inhalt der vertraulichen wie geheimen Berichte von Botschafter Kennedy nach Washington dem Verbindungsstab von Rudolf Heß in Berlin zugänglich mache. Nach dem Kenntnisstand von Guy Liddell, dem Chef der B-Divison von MI 5, enthielten diese Mitteilungen an das Büro von Heß »praktisch alle von Kennedy an Roosevelt übermittelten Depeschen, einschließlich der Aufzeichnungen der von Kennedy mit britischen Staatsmännern und Offiziellen geführten Unterredungen«[7]. Die daraufhin im State Department eilends in Gang gesetzten Untersuchungen bestätigten dieses Bild. Es scheint, so hieß es, »daß der Informant tatsächlich auch zum deutschen Geheimdienst gehört und mit einem Mann namens Jahnke, der zur Abteilung Pfeffer gehört, in Verbindung steht«[8].
Bis ins Frühjahr 1940 las Heß also den Schriftwechsel des gegenüber Roosevelts interventionistischem Kurs kritisch eingestellten und bezüglich der britischen Durchhaltekraft äußerst pessimistischen Joseph Kennedy mit und gewann so wichtige Aufschlüsse über die Haltung der Vereinigten Staaten wie auch der Regierung Chamberlain in London. Tatsächlich war dies nur ein Kanal von mehreren, der dem StdF zur Einschätzung der Lage in England und zur Lancierung seiner eigenen Vorstellungen von einer Verständigung mit der Insel zur Verfügung stand. Denn die Notwendigkeit eines Ausgleichs mit England, allerdings zu deutschen Bedingungen, war für Heß nicht nur ein Derivat Hitlerscher Grundüberzeugungen, sondern eine conditio sine qua non, um die deutsche Vorherrschaft auf dem Kontinent dauerhaft abzusichern. Hier kam vieles zusammen: Erfahrungen und Fundamente aus der Geburtsstunde von »Mein Kampf«,[9] die Bewunderung des britischen Weltreichs, die »fast pathologische Aversion gegen die asiatisch-bolschewistische Weltanschauung«,[10] die ein Zusammenstehen beider Nationen gegen die »Flut aus dem Osten« gebot, die rassisch-biologistische Grundhaltung, daß das britische Volk

der natürliche, völkisch gleichrangige Bundesgenosse des arischen Kernvolkes sei, und nicht zuletzt die realpolitische Erwägung, daß es eine Wiederholung des Zweifrontenkriegsexperiments aus dem Ersten Weltkrieg unbedingt zu verhindern gelte.
Ein wichtiger Weg, auf dem solche Vorstellungen in die Kreise britischer Entscheidungsträger gelangten, waren die Kontakte von Heß zu ranghohen Offizieren des Luftwaffenministeriums der Royal Air Force [RAF], die sich im Laufe der dreißiger Jahre immer intensiver gestalteten. Sie gingen auf die Englandbesuche des Chefs des Außenpolitischen Amtes der NSDAP, Alfred Rosenberg, zurück, der Ende November 1931 und im Mai 1933 nach London gereist war und dort Verbindungen zu konservativen und deutschfreundlichen Kreisen im britischen Luftwaffenministerium geknüpft hatte.[11] Rosenbergs Kontaktperson und späteres Kommunikationsorgan war der 1887 in Litauen geborene und in Dresden aufgewachsene Deutschbalte Baron William de Ropp, der im Weltkrieg im Fliegerkorps der RAF gedient hatte, seit 1915 die britische Staatsangehörigkeit besaß, über hervorragende Beziehungen zur britischen Aristokratie verfügte und als Auslandsvertreter der Bristol Aeroplane Company in den späten zwanziger Jahren den ebenfalls aus dem Baltikum stammenden Rosenberg kennengelernt hatte. Es war de Ropp, der Rosenberg mit zwei jungen Stabsoffizieren der RAF bekanntmachte: mit dem Geschwaderkommodore Frederick W. Winterbotham und mit Wing Commander Archibald Boyle, dem Beauftragten des britischen Luftwaffenministeriums für auswärtige Angelegenheiten.[12] Was weder Rosenberg noch später Heß oder auch Hitler wußten, der Winterbotham im Frühjahr 1934 zu einer vertraulichen Unterredung empfing, war, daß beide »germanophilen« Offiziere zentrale Positionen im SIS innehatten. Air Commodore Boyle war seit Anfang der dreißiger Jahre, also ziemlich zeitgleich mit seiner Bekanntschaft zu Rosenberg, stellvertretender Chef des Geheimdienstes der Luftwaffe; Squadron Leader Winterbotham war seit 1930 sein Vorgesetzter als Chief of Air Intelligence of the Secret Intelligence Service.[13] Da beide Offiziere trotz ihrer intensiven Kontakte und ungeachtet der vier Deutschlandreisen Winterbothams von 1934 bis 1938 bis zum Ende des Zweiten Weltkrieges ihre Posten behielten, darf man vermuten, daß die Kontakte zu führenden Nationalsozialisten weniger einem Drang nach Kollaboration entsprangen als vielmehr von höchster Stelle

abgesegnet waren, um Einzelheiten über die deutsche Aufrüstung sowie die damit in Zusammenhang stehende militärische und politische Planung in Erfahrung zu bringen.
Bereits bei seinem ersten Aufenthalt in Deutschland vom 27. Februar bis zum 6. März 1934 wurde Winterbotham von Rosenberg mit Heß zusammengebracht, und der StdF nutzte die Gelegenheit sofort zu einem regen Gedankenaustausch unter vier Augen, dessen Inhalte und Themen jedoch vollkommen im Dunkeln liegen.[14] Immerhin ist es bemerkenswert, daß Winterbotham auch bei seinen restlichen drei auf Anregung de Ropps – oder »Bills«, wie Winterbotham ihn nannte – zustandegekommenen Deutschlandreisen erneut zu Unterredungen mit Heß zusammentraf: im Juni 1936 in Berlin, im September 1937 und im Frühjahr 1938 jeweils in Königsberg.[15] Worüber gesprochen wurde, entzieht sich der Kenntnis, aber es steht fest, daß auch nach Kriegsausbruch die Kontakte zu de Ropp und Winterbotham nicht abrissen.
Mitte August 1939, als die Krise um Polen ihrem Höhepunkt zutrieb und der deutsch-britische Wettlauf um die Gunst Moskaus voll entbrannt war, machte sich de Ropp im Auftrag Winterbothams erneut anheischig, die Fühlungnahme mit dem britischen Luftwaffenministerium auch für den Fall eines Krieges fortzusetzen.[16] Nach Abschluß des polnischen Feldzuges und unmittelbar bevor die Regierung in Whitehall Hitlers Friedensangebot vom 6. Oktober zurückwies, gingen über de Ropp weitere Signale aus London in Berlin ein. Das englische Luftwaffenministerium, so teilte dieser einem deutschen Vertrauensmann in der Schweiz mit, »sei in keiner Weise gewillt, die jetzige Politik Englands, den Krieg bis zum Äußersten zu führen, mitzumachen«. Es sei aber »heute noch nicht stark genug, um sich durchzusetzen«. Für den Fall, daß Winterbotham diesen Zeitpunkt als erreicht ansehe, so Ropp, werde er Berlin mit dem Codewort »Schnee« entsprechend Mitteilung machen.«[17] Tatsächlich dauerte es nicht lange, bis de Ropp durchgeben konnte: »Hier ist viel Schnee gefallen, bis zum See herunter.« Die »Englische Partei«, so Ropp, sei inzwischen »mächtiger geworden«, denn neben dem Luftwaffenministerium gehöre ihr nun auch die »City«, also die Banken- und Geschäftswelt Londons, an. Es sei dem wachsenden Einfluß dieser »Englischen Partei« zuzuschreiben, »daß in den jetzigen Regierungskreisen selbst schon Differenzen aufgetaucht seien, und zwar zwischen Churchill–Eden einerseits und Halifax anderer-

seits, von Chamberlain gar nicht zu sprechen«. »Das Vorgehen Rußlands in den Ostseerandstaaten sowie in Finnland«, so führte de Ropp mit Blick auf die Empfänglichkeit der führenden Nationalsozialisten die antibolschewistische Karte ein, »habe tiefste Bestürzung hervorgerufen.« Man solle deshalb die »gemeinsamen Fühlungnahmen« fortsetzen, und wenn er »wertvolle Mitteilungen« zu machen habe, »wie in diesem Fall den Erfolg der ersten Etappe, so würde er wieder von Schnee schreiben«.[18] Im März 1940 meldete sich de Ropp dann erneut mit einer Karte aus der Schweiz. Er berichtete von »starkem Neuschnee« und bat um eine abermalige Kontaktaufnahme.[19] Ob es zu dieser tatsächlich kam, läßt sich aus den Akten nicht ermitteln.

Zwei Umstände legen nahe, daß dieser Sonderkanal zur angeblich deutschfreundlichen Gruppe im Umfeld des britischen Luftwaffenministeriums im Vorfeld des Heß-Fluges eine Rolle gespielt haben könnte. Erstens kam es im Frühjahr 1941 zu einer Reihe von Gesprächen zwischen dem Chef des Sicherheitsamtes des Air Ministry, Group Captain Blackford, und dem Herzog von Hamilton im Luftwaffenministerium in London, deren Inhalt nur bruchstückhaft bekannt ist, die sich jedoch eindeutig auf die im Auftrage von Heß durch Albrecht Haushofer angebahnte Kontaktaufnahme mit Wing Commander Hamilton bezogen,[20] der zu dieser Zeit als Kommandeur der RAF-Bombereinheit 602 der Glasgow Bomber Squadron im schottischen Stützpunkt Turnhouse tätig war. Zweitens ließ Heß in den Abendstunden des 9. Mai 1941, also unmittelbar vor seinem Flug, durch seinen Adjutanten Karl-Heinz Pintsch den Adjutanten von Rosenberg, Werner Koeppen, in Berlin anrufen und bat Rosenberg zu einem eilends anberaumten Treffen für den nächsten Morgen in sein Privathaus in München-Harlaching. Als Rosenbergs Maschine in München landete, wartete bereits ein Wagen von Heß auf ihn und brachte ihn direkt in das Privatdomizil des Stellvertreters. Dort gingen Heß und Rosenberg im Garten längere Zeit auf und ab und besprachen, wie sich Koeppen erinnerte, »offenbar etwas sehr Ernstes«.[21] Es erscheint also denkbar, daß im Mai 1941, ungeachtet der ungewöhnlichen Jahreszeit, wieder »Neuschnee« gefallen war.

Eine zweite Schiene, über die wichtige Kontakte nach England bis in höchste politische und gesellschaftliche Kreise führten, lief über den Arzt und Freund von Heß, Prof. Franz Gerl aus Hindelang im Allgäu. Auch sie läßt sich nur in groben Umrissen rekon-

struieren, denn nahezu der gesamte Schriftwechsel zwischen Gerl und Heß wurde im Mai 1941 von der Gestapo beschlagnahmt und ist seither bis auf wenige Ausnahmen verschollen. Gerl wurde nach dem Abflug von Heß von der Gestapo vernommen, kurzzeitig in der Berliner Prinz-Albrecht-Straße interniert und bis zum Kriegsende überwacht, da der von Himmler und Heydrich mit der Untersuchung des Falles beauftragte SS-Standartenführer im Sicherheitsdienst, Walter Schellenberg, zu dem Schluß gelangt war, daß Gerl »einen großen Einfluß« auf Heß ausgeübt und »eine gewisse Rolle« bei dem ganzen Unternehmen gespielt habe.[22]
Wann sich Heß und Gerl kennenlernten, läßt sich nicht genau datieren. Zusammengebracht hat die beiden wohl eine Bekannte Hitlers: Helene Bechstein, die Frau des Berliner Pianofabrikanten Carl Bechstein, die Gerl einen Flügel zukommen ließ und die Verbindung zu Heß herstellte.[23] Wie ein Brief von Heß aus dem Jahre 1934 nahelegt, avancierte der 1886 in Kehlheim geborene und 1914 an der Universität Rostock zum Dr. med. promovierte Gerl in der Familie Heß schnell zur anerkannten medizinischen Autorität.[24] Seiner Initiative ist es zuzuschreiben, daß Heß Mitte der dreißiger Jahre das Haus der Künstlerfamilie Modersohn in Gailenberg im Hindelanger Tal erwerben konnte.[25] Als Feldarzt hatte Gerl im Ersten Weltkrieg gedient, hatte nach der Rückkehr von der Front in Hindelang als dortiger Chefarzt das Krankenhaus gegründet und sich bald einen Namen als renommierter Spezialist für Endokrinologie, Schilddrüsenleiden, Diabetes, Asthma und Diätetik gemacht. Er war Träger des goldenen Parteiabzeichens und Präsident der Reichsdiabetikerzentrale. Gerl entwickelte Medikamente für bekannte Firmen wie Boehringer in Ingelheim und Knoll in Ludwigshafen. Gleichzeitig publizierte er in anerkannten medizinischen Fachzeitschriften wie der »Wiener Wochenschrift« und »The Lancet«.[26] Diese rege Veröffentlichungstätigkeit machte Gerls Namen bald über die Grenzen Deutschlands hinaus bekannt, zumal er seit Mitte der dreißiger Jahre auch bei befreundeten Ärzten in London praktizierte.
Die nahezu komplett erhaltene Kartei der britischen Patienten Gerls enthält durchweg Namen aus den ersten Kreisen von Politik und Gesellschaft Englands, wobei einige Patienten auch in die Klinik Gerls nach Hindelang kamen und dort auf Vermittlung des anglophilen Arztes mit Heß zusammentrafen. Zu den prominen-

testen Patienten Gerls gehörten der zweimalige Premierminister Sir Stanley Baldwin, dessen beide Töchter, der damalige Labour-Abgeordnete Sir Stafford Cripps, der von Churchill im Sommer 1940 als britischer Botschafter nach Moskau geschickt und als Lordsiegelbewahrer 1942 mit der Erstellung eines Dossiers über den Heß-Flug beauftragt wurde, um den Argwohn der Sowjets zu zerstreuen, sowie der ehemalige Privatsekretär Lloyd Georges, der Unterhausabgeordnete und ab 1932 als Parliamentary Secretary im britischen Gesundheitsministerium tätige Sir Geoffrey Hithersay Shakespeare.[27]
Mit letzterem traf Heß seit 1933 in Hindelang wiederholt persönlich zusammen, als Shakespeares asthmakranker Sohn in der Klinik von Gerl im Allgäu behandelt wurde.[28] Nach der Erinnerung Shakespeares erschien Heß »jedes Wochenende« bei Gerl, um diesen sowie Shakespeare auf der Gemsenjagd und bei Bergtouren zu begleiten. Heß' »fixe Idee«, so Shakespeare, sei schon damals gewesen, daß es keinen Grund gebe, warum Deutschland nicht eine Vormachtrolle auf dem Kontinent einnehmen könne, ohne die Machtstellung des britischen Empire in der Welt zu gefährden. Gemeinsam könnten England und Deutschland die Welt beherrschen. Sein Haß galt insbesondere dem bolschewistischen Rußland und allem, was es verkörperte. Heß sei des Englischen nicht mächtig gewesen, nahm jedoch Unterricht, um sich seiner Aufgabe, »einer Festigung der Freundschaft mit England zum Wohle Deutschlands«, ungehindert widmen zu können.
Diese Aufgabe hatte Heß auch im Blick, als er Gerl für dessen Englandreisen als Treuhänder der britisch-deutschen Beziehungen mit einem von höchster Stelle gezeichneten Empfehlungsschreiben ausstattete, in dem es hieß: »Parteigenosse Dr. Franz Gerl [...] hat direkte Verbindungen mit englischen Kreisen über die Familie Baldwin, Lord Rennell, Lady Cripps [...] und andere geschaffen. Parteigenosse Dr. Gerl wirkt im Einvernehmen mit mir und mit Wissen des Führers.«[29] Mit diesem Legitimitätsnachweis ausgestattet, ging Gerl fortan in London zu Werke. Er knüpfte Bekanntschaft um Bekanntschaft, warb bei konservativen germanophilen Briten wie Lord Rennell, dem Bischof von Chichester, bei Lady William Percy, einer engen Verwandten von Außenmminister Lord Halifax, sowie bei einem Vetter Lord Peels um Verständnis für die Hitlersche Revisionspolitik gegen Versailles und die Idee einer deutsch-britischen Interessenge-

meinschaft, während Heß nichts unversucht ließ, um diesen deutschfreundlichen Kreisen bei diversen Besuchen in Deutschland einen direkten Zugang zu Hitler zu verschaffen.[30] Im Umfeld der Feierlichkeiten zur Inthronisierung des neuen Königs Georg VI., der seinem zurückgetretenen Bruder Edward VIII. nachfolgte, wäre es Gerl sogar um ein Haar geglückt, dem StdF eine Einladung zur Krönung zu verschaffen.[31] Als sich die merkliche Abkühlung der deutsch-britischen Beziehungen im Verlaufe des Jahres 1938 schon abzuzeichnen begann, intensivierte Gerl gemeinsam mit Heß seine Anstrengungen. »Wir dürfen jetzt nicht erlahmen«, so ermunterte er den StdF, »da sonst die Gegenorganisation gegen Halifaxens, Baldwins und Chamberlains guten Willen sich zu sehr entwickeln würde.« Nach dem Einmarsch Hitlers in Wien regte Gerl bei Heß die Erstellung »einer Art offiziellen Weißbuches« an, das seine britischen Kontaktleute im Ober- wie im Unterhaus benötigten, um in ihren Reden, die in der Presse abgedruckt wurden, Stimmung für Deutschland machen zu können.[32]

So wichtig die England-Kontakte über Gerl waren, hatten sie doch einen nicht unbeträchtlichen Nachteil: Gerl mußte trotz des Empfehlungsschreibens, über das er verfügte, stets als Privatmann auftreten und war deshalb nicht in den Dienstbetrieb der offiziellen, für die Auslandskontakte der Partei zuständigen Stellen eingebunden. Seinen Aktivitäten fehlte folglich der Stempel amtlicher Autorität. Um dieses Manko auszugleichen, bediente sich Heß einer zweiten, bedeutsameren Kontaktperson: des anglophilen ältesten Sohnes seines alten Münchner Lehrers und Freundes, Albrecht Haushofer, mit dessen Hilfe er schon zu Beginn der zwanziger Jahre erste Versuche unternommen hatte, die englische Sprache zu erlernen.

Haushofer galt nach den Begriffen der Rassenlehre der Partei zwar als jüdischer Mischling zweiten Grades, da sein Großvater mütterlicherseits, Georg Ludwig Mayer-Doss, ein »Volljude« war. Dies hielt Heß jedoch nicht davon ab, sich seines großen diplomatischen Sachverstandes und der Beschlagenheit Albrecht Haushofers in den Traditionen der britischen Festlandspolitik sowie seiner hervorragenden Verbindungen ins Unterhaus und nach Westminster und seiner ausgezeichneten englischen Sprachkenntnisse zu bedienen. Aus persönlicher Verbundenheit, aber auch aus Gründen politischer Zweckmäßigkeit hielt der StdF stets seine schützende Hand über die Familie der Haushofers. So stellte er im August 1933 einen Schutzbrief aus, der Albrecht Haushofer zu einer Dozentenstelle für politische Geographie an der Berliner Hochschule für Politik verhalf; er setzte die Nürnberger Gesetze »zum Schutze des deutschen Blutes und der deutschen Ehre« für die Haushofers außer Geltung und protegierte auch den jüngeren Sohn, Heinz Haushofer, der 1936 eine Stelle als Landwirtschaftsattaché an der deutschen Gesandtschaft in Wien antrat.[34]

Gleichzeitig trug Heß dafür Sorge, daß Albrecht Haushofer, so gut es ging, in den offiziellen Apparat der Partei eingebunden wurde. In diesen Zusammenhang gehörten die Stellvertreterfunktion, die Albrecht Haushofer für seinen Vater im Rahmen der Leitung des Volksdeutschen Rates ausübte, sowie eine außenpolitische Beratertätigkeit als freier Mitarbeiter im Büro Ribbentrop.[35] Im Rahmen dieser Aufgabe reiste Albrecht Haushofer zwischen 1934 und 1938 nicht weniger als 14mal auf Bitten von Heß und Ribbentrop nach England und übernahm auch andere diplomatische Missionen in geheimem Auftrag. Dazu zählten Gespräche, die er 1934 in Polen und in Danzig führte, sowie ein zweimaliges Zusammentreffen mit dem Führer der Sudetendeutschen, Konrad Henlein, im Laufe des Jahres 1935. Im Dezember 1936 besuchte er in Erfüllung eines Hitlerschen Sonderauftrages Prag, wo er mit der tschechischen Regierung über einen Nichtangriffspakt verhandelte. Auch an den zwischen Ribbentrop und dem japanischen Militärattaché Oshima in Berlin stattfindenden Unterredungen über eine politische Annäherung beider Mächte nahm Haushofer teil. Als geographischer Sachverständiger im Stabe Ribbentrops wurde er bei der Formulierung des Münchner Abkommens vom September 1938 hinzugezogen.[36]

Wie sein Vater bewahrte sich Albrecht Haushofer, ungeachtet der Dienste, die er dem Regime leistete, eine Position steter Zurückhaltung und kritischer Distanz gegenüber den Nationalsozialisten, die ihn später in den Kreis der Widerständler um von Hassell und von Popitz führen sollte. Er war der Archetypus jenes mit nationalem Eifer erfüllten Intellektuellen, der – ähnlich wie Ernst von Weizsäcker, der Staatssekretär im Auswärtigen Amt – glaubte, mit den Wölfen heulen zu müssen, um deren Gebrüll zu dämpfen und ihnen Fesseln der Vernunft anlegen zu können. Mit einer urteilssicheren Bewertung der maßlosen Politik Hitlers

klagte Albrecht Haushofer denn auch bald im Zuge der Sudetenkrise seinen Eltern gegenüber: »Was man hier nicht sieht oder sehen will, ist: daß das Glas voll ist, daß kein Tropfen mehr hineingeht. […] Ein selbständiger Schritt über die Grenzen, und die Katastrophe ist da.«[37] Und nachdem der große Krieg dann da war, folgte eine differenzierte und klare Einschätzung seiner eigenen Stellung: »Der Entschluß nun, von einem havarierten, an einzelnen Stellen schon brennenden, und von Narren und Verbrechern weithin beherrschten und geführten Schiff nicht ins Wasser zu springen, wo man rasch versänke – sondern den Versuch zu machen, zu lauern, einen Schlauch in die Hand zu bekommen, und vielleicht einmal einen wichtigen Steuerhebel zu greifen, der fordert eine seelische Konzentration, in der für vieles an sich Wertvolle kein Ausdrucksgehalt mehr bleibt.«[38]
Vom Standpunkt eines Rudolf Heß – daß man sich »wirklich redlich bemüht« habe, »es ohne Krieg zu schaffen, aber je mehr es den Anschein hatte, daß wir es wirklich schaffen, […] desto mehr wuchs wohl auf der anderen Seite der Entschluß, uns in den Arm zu fallen« –[39] trennten ihn Welten. Die andere Seite, das war England; und Haushofer konnte sich in seinen Bemühungen, Verständnis und Vertrauen für die Berliner Regierung in London einzuwerben, mit Recht als mißbraucht ansehen. Dies sollte eine entscheidende Rahmenbedingung darstellen, als Heß im Sommer 1940 über Albrecht Haushofer jene Fühlungnahme einleitete, die zu seinem Flug vom Mai 1941 führte.
Zahlreich waren die Personen von Rang und Namen, die Haushofer auf seinen diversen, zum Teil mehrwöchigen Aufenthalten in England und Schottland während der dreißiger Jahre kennenlernte und denen natürlich nicht verborgen blieb, daß er im Auftrage des StdF unterwegs war, also mit quasi-offiziellem Status sprach. Zu ihnen zählten der Schotte Lord Lothian, früher Privatsekretär des Weltkriegspremiers Lloyd George und 1939/40 Botschafter in Washington; der parlamentarische Privatsekretär Neville Chamberlains, Lord Dunglass; der Unterstaatssekretär im Ministerium für Schottland, Jim Wedderburn; der Chef der Mitteleuropa-Abteilung im Foreign Office, William Strang; dessen für Südosteuropa zuständiger Kollege, O'Malley; der nachmalige Unterstaatssekretär im Foreign Office, »Rab« Butler, und dessen späterer Chef und Außenminister, Lord Halifax, den Haushofer bereits 1934 kennenlernte; sowie der kurzzeitige Außenminister

(1935), Innenminister (1937–1939), Lordsiegelbewahrer (1939/40) Luftwaffenminister (1940) und schließlich von Churchill als Botschafter nach Madrid abgeschobene Samuel Hoare.[40] Ihnen allen war gemeinsam, daß sie als Appeasementpolitiker einen für England kostengünstigen Ausgleich mit Hitlerdeutschland anstrebten, um dem bröckelnden Empire einen neuen Krieg zu ersparen, und sie alle standen dem sogenannten Cliveden-Set nahe oder gehörten diesem an. Dieser informelle prodeutsche und antifranzösische politische Klub, dessen Mitglieder und Sympathisanten sich regelmäßig auf dem gleichnamigen Landsitz des Eigentümers der Times, Lord Astor, zusammenfanden, hatte sich dem Anliegen verschrieben, »die Deutschen durch Großzügigkeit zu entwaffnen«, wie Sir Robert Vansittart gallig und verächtlich anmerkte.[41]

Die intensivsten, ja freundschaftlichen Bande knüpfte Haushofer zu Douglas Douglas-Hamilton, dem 1903 geborenen Marquis von Douglas und Clydesdale, der seit Dezember 1929 über zehn Jahre hinweg als konservativer Abgeordneter im Unterhaus saß, bevor er 1940, nach dem Tode seines Vaters, als 14. Herzog von Hamilton und 11. Herzog von Brandon einen Sitz im Oberhaus einnahm. Hamiltons Titel und Ehrenaufgaben waren ebenso schillernd wie sein abwechslungsreiches Privatleben. Er war »hereditary keeper« des königlichen Palastes in Holyrood House; »Lord Steward of His Majesty's Household« und Mitglied der »Royal Company of Archers«, der königlichen Leibwache für Schottland. Wichtiger als alle diese Prädikate, die Hamilton als vornehmstem und erstem Peer von Schottland zukamen, waren die engen Verbindungen zum königlichen Hof in Windsor, über die Haushofer und Heß genau Bescheid wußten.[42] Einer von Hamiltons vier Brüdern, allesamt Fluglehrer und Squadron Leaders in der RAF, war durch seine Frau mit Elizabeth Bowes-Lyon, der Gemahlin Georgs VI., nahe verwandt, und die Schwiegermutter des Herzogs selbst übte als Duchess of Northumberland die Funktion einer königlichen Obersthofmeisterin aus. Daß Hamilton so jederzeit Zugang zu König Georg VI. hatte, sollte sich nach der Ankunft von Heß bei Dungavel, dem Landsitz des Herzogs in der Nähe von Glasgow, erweisen.

Von all diesen Dingen war Albrecht Haushofer wohl noch kaum etwas bekannt, als er den damaligen Marquis von Clydesdale im August 1936 in Berlin durch Vermittlung von dessen jüngerem

Bruder, Lord David Douglas-Hamilton, bei einem der zahlreichen Bankette während der Olympischen Spiele kennenlernte.[43] Der in Eton und im Balliol College in Oxford erzogene »Douglo«, wie ihn Haushofer bald nennen sollte, hatte sich, vor allem als schottischer Amateurboxmeister im Mittelgewicht (»the boxing Marquis«), als Chefpilot der Mount-Everest-Expedition sowie als Buchautor (»The Pilot's Book of Everest«) einen Namen gemacht. Seit dem Frühjahr 1936 stand Hamilton in brieflicher Verbindung mit Ribbentrop. Er nahm als Ehrengast an dem Empfang teil, den Ribbentrop am 11. August 1936, dem Tage seiner Ernennung zum Botschafter in London, in Berlin abhielt. Am 12. August wurde er anläßlich eines Festbanketts in der Reichskanzlei, das Hitler zu Ehren von Lord Vansittart gab und bei dem sowohl Heß wie auch Albrecht Haushofer zugegen waren, dem »Führer« persönlich vorgestellt und lernte bei diesem Anlaß den jungen, anglophilen Berliner Professor näher kennen und schnell schätzen.[44]
Ob Hamilton während seines Aufenthaltes in der deutschen Hauptstadt auch mit Heß selbst Bekanntschaft schloß, läßt sich aufgrund der vorliegenden Informationen nicht zweifelsfrei belegen. Während der Sohn Hamiltons in seinen Büchern aus verständlichen Gründen jeden Anschein eines Zusammentreffens zurückweist und die Beziehung seines Vaters ausschließlich auf Albrecht Haushofer beschränkt,[45] spricht das große Interesse, das Heß jeglicher Art von Kontakten mit britischen Persönlichkeiten entgegenbrachte, gegen diese Ansicht – zumal Clydesdales Flug über den Mount Everest den schottischen Marquis natürlich für Heß, den Gewinner des Flugwettbewerbs »Rund um die Zugspitze«, zu einem begehrten Gesprächspartner werden ließ. In der Tat hat sich Henry »Chips« Channon, einer der Parlamentskollegen, die Clydesdale im Sommer 1936 nach Berlin begleiteten, unmittelbar nach dem Bekanntwerden der Ankunft von Heß in Schottland an eine damalige Begegnung zwischen Clydesdale und dem StdF erinnert. Am 13. Mai 1941 notierte Channon in seinem Tagebuch, daß sowohl er als auch Clydesdale im August 1936 eine private Einladung von Heß zu einem Mittagessen erhalten hätten, der er selbst nicht Folge leistete. »Aber ich erinnere mich«, so schrieb er nieder, »daß ›Douglo‹ Clydesdale, wie er damals hieß, hinging, genauso wie Pat Jersey. Die Welt weiß nicht, daß der Herzog auf diese Weise in die Geschichte verwickelt ist.«[46] Auch die Tatsache, daß es Hamilton

ohne Mühe und ohne die geringste Unsicherheit gelang, Heß am Morgen des 11. Mai 1941 bei ihrem Zusammentreffen in den Maryhill Barracks bei Glasgow zu identifizieren, läßt auf eine frühere Begegnung oder Bekanntschaft schließen. Im Grunde ist die Frage allerdings müßig, denn Albrecht Haushofer, davon darf man ausgehen, hielt Heß natürlich auf dem laufenden, was seine immer enger werdende Beziehung mit Clydesdale anbetraf.

Jenseits aller sportlichen, gesellschaftlichen und politischen Interessen gab es allerdings noch ein zweites Anliegen bei Clydesdales Aufenthalt in Berlin. Als er am 13. August bei einem Empfang bei Göring auf Haushofers Betreiben dem Reichsmarschall vorgestellt wurde, zeigte er reges Interesse an einer Besichtigung der Flugplätze der deutschen Luftwaffe, und er stimmte diesen Wunsch, den ihm Göring nicht abschlug, sofort mit Wing Commander Don ab, dem britischen Luftwaffenattaché in Berlin. Die Inspektionstour nach Staaken und Döberitz, die Clydesdale gemeinsam mit General Milch unternahm, endete im Lager Lechfeld, Heß' alter Wirkungsstätte, und verschaffte Clydesdale den gewünschten Eindruck von der deutschen Luftrüstung.[47]

Es war Clydesdales Initiative zuzuschreiben, wenn der Kontakt zu Albrecht Haushofer nicht abriß, sondern bald freundschaftliche Formen annahm. Einem Briefwechsel anläßlich eines Skiaufenthaltes von Clydesdale in den österreichischen Bergen folgte im Januar 1937 eine Begegnung in München und ein Besuch auf dem Hartschimmelhof, dem Privatdomizil der Haushofers, wo sich auch ein Kontakt zu Karl Haushofer ergab.[48] Kaum war Clydesdale wieder abgereist, erschien Heß auf dem Hartschimmelhof und ließ sich über die dort geführten Gespräche in Kenntnis setzen.[49] Umgekehrt darf man wohl auch davon ausgehen, daß Albrecht Haushofer mit seinen Verbindungen zu höchsten Regierungs- und Parteistellen in Berlin gegenüber Clydesdale nicht hinter dem Berg hielt, und daß diese Kontakte Haushofers über Clydesdales Beziehungen zu offiziellen Stellen im Luftwaffenministerium sowie ins Königshaus bald in die Kanäle der britischen Politik einflossen. Die Kenntnis der Briten, daß hinter Albrecht Haushofer der StdF Rudolf Heß stand, sollte im Herbst 1940 von gewichtiger Bedeutung sein.

Vermutlich war dies auch der Grund, weshalb Clydesdale sich an einer Intensivierung der Bekanntschaft mit Albrecht Haushofer so überaus interessiert zeigte. Für das Frühjahr 1937 lud er den Gelehrten zu einem Vortrag nach England ein, wo dieser am 29. April vor dem renommierten Royal Institute of National Affairs in Chatham House in London über das Thema: »Rohstoffe und Kolonien: Ein deutscher Blickwinkel« referierte. Es folgte ein mehrwöchiger Aufenthalt Haushofers auf dem Landsitz Clydesdales in Dungavel, wo er offenbar kein Hehl daraus machte, daß er im Auftrag von Heß gekommen sei, um sich ein Bild von der Botschaftertätigkeit Ribbentrops zu machen, bevor er Mitte Juni wieder nach London zurückkehrte, um zu einer Reise nach Japan aufzubrechen.[50] Im November 1937 erhielt Haushofer dann eine persönliche Einladung Clydesdales zu dessen Hochzeitsfest mit Lady Elizabeth Percy, der Tochter des ehemaligen Kabinettsmitgliedes und einflußreichen konservativen Politikers Lord Eustace Percy, der er jedoch nicht nachkommen konnte.[51] Zum letzten persönlichen Zusammentreffen kam es im darauffolgenden Frühjahr, als sich Haushofer erneut für eine Woche in Dungavel aufhielt.[52]

Wie eng die Beziehung über die Jahre gediehen war, läßt sich daran ablesen, daß Albrecht Haushofer inmitten der Kriegswehen im Sommer 1939 auf einer Nordlandfahrt auch vor einer vertraulichen Mitteilung an Clydesdale nicht zurückschreckte, die an Landesverrat grenzte. In einem Schreiben vom 16. Juli, an »My Dear Douglo« gerichtet, sprach er offen über Hitlers Kriegspläne. Es gebe zwar noch »keinen definitiven Zeitplan für die kommende Explosion, aber jeder Tag nach der Mitte des August könne sich als der verhängnisvolle herausstellen«. Hitler glaube immer noch an die Möglichkeit eines »isolierten lokalen Krieges« und an einen »britischen Bluff«. Deshalb erscheine es ihm angezeigt, so Haushofer, daß Clydesdale allen ihm zur Verfügung stehenden Einfluß bei der Regierung in Whitehall aufbiete, um Druck auf Mussolini auszuüben und in Form eines kollektiven Zusammenstehens der Mächte gegen das Reich Hitler von einem Schlag gegen Polen abzuhalten. Zugleich solle Clydesdale auf die Herbeiführung eines »echten britischen Friedensplans auf Basis völliger Gleichberechtigung« mit umfassenden wechselseitigen militärischen Sicherungsvorkehrungen hinwirken. Diesen Brief, so Haushofer, dürfe Clydesdale persönlich entweder dem Außenminister Lord Halifax oder dessen Unterstaatssekretär Butler unterbreiten, jedoch nur unter der Bedingung, daß keinesfalls Notizen gemacht werden würden, daß sein Name niemals ge-

nannt werde und das Schriftstück anschließend sofort vernichtet werde.[53]
Bezeichnenderweise hielt sich Clydesdale an keine dieser Vorgaben. Der erste, dem er den Brief zugänglich machte, war nicht etwa einer der Bekannten Haushofers aus dem Umfeld des Cliveden Set, sondern der schärfste Kritiker dieser Runde und rigideste Anwalt einer kompromißlosen Opposition Englands gegenüber jeder Art von Arrangement mit Hitlerdeutschland: Winston Churchill. Der damalige Hinterbänkler der konservativen Partei las den mit »Yours very sincerely, A.« unterzeichneten Brief Haushofers Ende Juli 1939 in seiner Londoner Privatwohnung in den Morpeth Mansions, nachdem er gerade einem Bade entstiegen war. Er vertiefte sich so in das Schriftstück, daß er darüber sogar seine geliebte Zigarre ausgehen ließ. »Es gibt sehr bald Krieg«, so lautete sein trockener Kommentar. Worauf Clydesdale artig erwiderte, »in diesem Falle hoffe ich sehr, daß Sie Premierminister sein werden.«[54] Erst danach kamen Lord Halifax sowie über Lord Dunglass, den Privatsekretär Chamberlains, auch der Premierminister als Empfänger der Botschaft an die Reihe. Da Clydesdale auch der zweiten Bitte Haushofers, der umgehenden Vernichtung des Dokuments, nicht entsprach – denn er führte bei seinen Unterredungen mit den Geheimdienststellen des Luftwaffenministeriums im unmittelbaren Vorfeld des Heß-Fluges das Original des Briefes mit sich –, darf bezweifelt werden, daß Clydesdale den dritten Wunsch des Freundes nach Wahrung voller Anonymität respektierte.
Schon bald nach Kriegsbeginn trat Clydesdale selbst öffentlich in Erscheinung. Am 6. Oktober 1939, dem Tage, an dem Hitler vor dem Reichstag nach Abschluß des Polenfeldzuges den Westmächten sein erstes Friedensangebot unterbreitete, veröffentlichte die London Times einen offenen Brief des Marquis.[55] »Ich glaube«, so hieß es da, »daß in dem Augenblick, in dem die Bedrohung [Englands, d. Verf.] durch eine Aggression wegfällt und das Vertrauen wiederhergestellt ist, der Krieg gegen Deutschland falsch und bedeutungslos wird. Unsere Generation ist sich darüber im klaren, daß dem deutschen Volk in der Ära nach dem letzten Krieg Unrecht widerfahren ist. […] Dieser Tag könnte noch weit entfernt sein, aber wenn er da ist, dann könnten und sollten die Feindseligkeiten aufhören, und alle Anstrengungen sollten darauf gerichtet werden, das Unrecht in Europa durch

freie Verhandlungen zwischen den streitenden Parteien wiedergutzumachen. [...] Wir neiden Deutschland seinen ›Lebensraum‹[56] nicht, vorausgesetzt, daß dieser ›Lebensraum‹ nicht zum Grab für andere Nationen wird. Und wir sollten auch bereit sein, nach einem gerechten Ausgleich in den Kolonialfragen zu suchen und diesen zu finden [...].« Am Schluß des Briefes, der noch am selben Abend im deutschen Rundfunk bekanntgemacht wurde, gab Clydesdale einer Hoffnung Ausdruck, der mit Blick auf die nachfolgenden Ereignisse eine geradezu prophetische Bedeutung zukam: »Wir werden, darauf vertraue ich, den Tag erleben, wenn solch ein versöhnlicher Friede zwischen ehrenhaften Leuten ausgehandelt wird [...].« Besser läßt sich die Zielsetzung von Rudolf Heß, als er im Mai 1941 in Richtung Dungavel aufbrach, um das von Clydesdale gesetzte Signal zu beantworten, kaum beschreiben.

Die ersten Anzeichen dafür, daß sich Heß mit dem Gedanken einer Friedensinitiative zu beschäftigen begann, fallen in den Frühsommer 1940. Noch vor dem Frankreichfeldzug, so erinnerte sich ein Augenzeuge der Szene, ließ sich Heß von Hitler beim Mittagstisch in der Berliner Reichskanzlei ausdrücklich bestätigen, daß der Führer – ungeachtet des fortdauernden Kriegszustandes mit England – an seinen alten Ausgleichs- und Verständigungsideen unbeirrt festhielt.[57] In der zweiten Maihälfte, der Endphase des Frankreichfeldzuges, als Heß bei einem Frontbesuch im belgischen Hauptquartier Hitlers erneut mit diesem zusammentraf, bedeutete er dem finnischen Physiotherapeuten Felix Kersten, der ihn dorthin begleitete, daß ihm die Aufgabe zukomme, die Hand zum Frieden zu reichen und eine Versöhnung zwischen Deutschland und seinen Kriegsgegnern zu bewerkstelligen. Einige Zeit später, so erinnerte sich Kersten, der nicht nur Heß, sondern auch Himmler behandelte, erklärte ihm Heß, daß er seine ganze Kraft auf eine »Tat von historischer Bedeutung« verwenden müsse, die Deutschland die Rettung bringen werde.[58] Dieser Befund einer selbstgewissen Rolle als Friedensengel mag auf den ersten Blick erstaunen. Tatsächlich läßt er sich nur erklären, wenn man ein ganzes Bündel von Faktoren zusammennimmt, die Heß nahelegten, daß gerade er dafür prädestiniert sei, lenkend in den Verlauf der Ereignisse einzugreifen. In seiner Wirksamkeit als Günstling, Sprachrohr und Sachwalter seines »Führers« war er zu diesem Zeitpunkt stark zurückgefallen. Längst besaß Hitler andere Vertraute: allen voran die Generalität, den Machtprotz und Volkshelden Göring, den zynischen Demagogen Goebbels, den zelotischen Ideologen Himmler sowie den kalten Ehrgeizling und brutalen Machttechniker, den stiernackigen Bormann. Der Stab von Heß leistete, so urteilte Rosenberg, nur noch »wenig fruchtbringende Arbeit«, und Heß selbst war laut Rosenberg zwar »anständig, aber krank und entschlußlos«.[59] Mußte es daher nicht wie ein Wink des Schicksals erscheinen, wenn nun ihm, mit seinen zahlreichen Verbindungen in höchste britische Kreise, endlich eine Aufgabe zufiel, die ihn mit einem Schlage wieder zurück ins Entscheidungszentrum bringen konnte? Denn der Krieg blieb im Frühsommer 1940 – ungeachtet der deutschen Erfolge in Norwegen und Dänemark sowie bald auch in Frankreich, Holland und Belgien – ein Kampf mit verkehrter Frontstellung gegen den eigentlich erwünschten Allianzpartner England, während sich Stalin hinter den Palisaden des Paktes vom August 1939 verschanzen konnte und sein Außenminister Molotow sich angesichts des Kampfes zwischen den »imperialistischen Mächten in Europa« die Hände rieb.[60]

Hinzu kam, daß das Vertrauen des Stellvertreters in das Genie Hitlers, der nach seiner Ansicht einen beherrschbaren und begrenzten Krieg führte, sich zunehmend als trügerisch erwies. Aus Anlaß des 70. Geburtstages von Karl Haushofer am 27. August 1939 hatte Heß via Telefon seinem alten Mentor noch übermittelt: »Du kannst dich darauf verlassen, es wird ein kurzes Gewitter und kein Landregen.«[61] Statt dessen zogen trotz des schnellen Sieges über Frankreich und das britische Expeditionskorps, der das Trauma des Ersten Weltkrieges verscheuchte und den »deutschen Ehrenschild« wieder blankwusch, am Himmel immer neue Gewitterwolken auf, die die Hoffnungen des Stellvertreters in weite Ferne rückten.

Winston Churchill, der neue Herr in Downing Street 10, der den konzilianten Neville Chamberlain zu Beginn des Feldzuges im Westen abgelöst hatte und einer Regierung vorstand, die alle tragenden Parteien des Landes im nationalen Konsensus zusammenschloß, hatte den zaudernden Lord Halifax im Ringen der Tories um das Amt des Premierministers zur Seite geschoben. Bereits drei Tage später, am 13. Mai, hatte er vor dem Unterhaus eine brillante Rede gehalten, in der er den Krieg Englands gegen Hitlerdeutschland auf die metaphysische Ebene eines Schick-

salskampfes zwischen den Kräften des Guten und des Bösen erhob.
»Ich habe nichts anderes anzubieten«, so die berühmten Formulierungen Churchills, »als Blut, Mühsal, Tränen und Schweiß. [...] Und dies bedeutet, den Krieg zur See, zu Land und in der Luft mit all unserer Macht und mit all der Stärke zu führen, die Gott uns geben kann: Krieg zu führen gegen eine monströse Tyrannei, die ihresgleichen in den dunklen Kapiteln der Menschheit sucht und die einen elenden Katalog menschlicher Verbrechen auf sich geladen hat.« Und dann folgte der Aufruf an die britische Nation, dem der neue Premierminister bis zum Schluß treu bleiben sollte: »Sieg, Sieg um jeden Preis; Sieg, trotz allen Terrors; Sieg, wie lang und hart die Strecke dahin auch sein mag; denn ohne Sieg gibt es kein Überleben.«[62] Zwei Tage später stellte das neue Kabinett hierfür die Weichen, als es den Bombenkrieg gegen das deutsche Hinterland beschloß, und in der Nacht vom 16. auf den 17. Mai 1940 begann der strategische Luftkrieg mit Angriffen der RAF auf Öllager und Eisenbahnziele im Ruhrgebiet.[63]
Just an dem Tag, als zum erstenmal britische Bomber über dem deutschen Reichsgebiet auftauchten, bekräftigte Hitler beim Besuch des Hauptquartiers der Heeresgruppe A in Bastogne vor den anwesenden Offizieren, daß er einen baldigen Friedensschluß mit England anstrebe. Und er deutete auch an, auf welcher Basis seiner Meinung nach ein Ausgleich zu erreichen sei. Nach Erinnerung von General von Sodenstern entwickelte Hitler die Idee, daß ein in Nordfrankreich entscheidend geschlagenes England bereit sein würde, mit Deutschland zu einer Verständigung zu gelangen, wenn man ihm das Angebot einer Trennung der beiderseitigen Einflußsphären unterbreite. Demnach sollte England seine weltweite Seegeltung und sein Empire ungeschmälert behalten dürfen, müsse jedoch dem Reich die Vorherrschaft auf dem Kontinent einräumen. »In sechs Wochen«, so das Zeugnis des ebenfalls anwesenden General von Blumentritts über die Ausführungen Hitlers, »werde Frieden herrschen, und er werde ein ›gentleman's agreement‹ mit England treffen.«[64] Am 20. Mai, als Hitler in einer Lagebesprechung des Oberkommandos der Wehrmacht, »außer sich vor Freude«, schon die Einzelheiten des Friedensvertrages mit Frankreich erörterte, äußerte der Diktator erneut, daß die »Engländer jeder Zeit Sonderfrieden« haben könnten, »nach Rückgabe der Kolonien«.[65]

Die entscheidende Niederlage Englands in Nordfrankreich blieb allerdings aus, denn am 4. Juni, nach dem Haltebefehl Hitlers für die deutschen Panzerspitzen, begann die erfolgreiche Evakuierung des britischen Expeditionskorps bei Dünkirchen über den Kanal. Für den ganz in seine Friedensidee verrannten Heß war dies, ungeachtet jedweder militärstrategischen Rationalität,[66] eine großmütige Geste des Führers, um England an den Verhandlungstisch zu bringen. »Wir werden mit England auf dem gleichen Wege Frieden schließen wie mit Frankreich«, ließ er sich wenige Tage nach dem Waffenstillstand mit Frankreich im alten Salonwagen bei Compiègne gegenüber Kersten vernehmen. Der Führer habe ihm gegenüber wiederholt von der großen Bedeutung des britischen Empire in der neuen Weltordnung gesprochen. England und Deutschland müßten daher »gegen den Feind Europas, den Bolschewismus« zusammenstehen. Aus diesem Grund, so Heß, habe der Führer die britische Armee bei Dünkirchen entkommen lassen.[67] An dieser Überzeugung konnte auch nichts ändern, daß Hitlers erneuter »Friedensappell« an die Regierung in London, den er am 19. Juli tatsächlich in einer Reichstagsrede formulierte, binnen dreier Tage nicht etwa von dem Hardliner Churchill, sondern von dem als verständigungsbereit geltenden Außenminister Halifax in einer Rundfunkansprache brüsk zurückgewiesen wurde.[68]
Die Negierung jedweder Realitäten mit Blick auf die neue Regierung in Westminster, die sich dem deutschen Führungsanspruch in Europa trotzig entgegenstemmte, hatte ihren Grund vor allem in zwei Umständen. Zum einen waren da die wiederholten Signale einer offiziellen britischen Ausgleichsbereitschaft, die offensichtlich im Widerspruch zur offiziellen Haltung Londons standen. Unmittelbar nach Compiègne ließ sich Heß über das Propagandaministerium, das Auswärtige Amt sowie den Sicherheitsdienst alle Nachrichten aus London über die Reaktionen auf die französische Niederlage mitteilen.[69] Somit war er im Bilde, als Björn Prytz, der schwedische Gesandte in London, nach einer vertraulichen Unterredung mit »Rab« Butler im Foreign Office »in maßgebenden Londoner Kreisen eine Rückkehr des gesunden Menschenverstandes« konstatierte. Man werde, so Butler gegenüber Prytz, »keine Gelegenheit versäumen, einen Kompromißfrieden zu schließen, wenn sich hierfür auf Grundlage vernünftiger Bedingungen eine Möglichkeit ergebe«; man werde nicht zulassen,

daß sich »Betonköpfe« dem in den Weg stellen wurden. Auch Außenminister Lord Halifax ließ Prytz über Butler ähnliche Gedanken ausrichten, als er formulierte: »Common sense and not bravado would dictate the British Government's Policy«.[70] Damit in Einklang stand es, wenn bald schon Gerüchte laut wurden, daß Lloyd George, der alte Weltkriegspremier und erklärte Gegner der harten Linie Churchills, »in die Regierung eintreten bzw. den Ministerpräsidentenposten übernehmen solle, und zwar, um einen Ausgleichsfrieden mit Deutschland zu schließen«, was als Beleg dafür gewertet wurde, »daß in dem jetzigen englischen Kabinett sich eine Friedensströmung Bahn breche«.[71]

Solche Hinweise auf einen möglichen Sturz Churchills, die auch durch entsprechende Berichte aus der Schweiz Bestätigung fanden[72] – und dies sollte entscheidend werden für den weiteren Gang der Entwicklung – hielten auch nach der Zurückweisung von Hitlers »Friedensappell« an. So enthielt eine Mitteilung des Schweizer Gesandten in London die Botschaft, daß das Kabinett Churchill immer stärker unter Druck gerate und sich einer »immer heftiger werdenden Opposition von seiten des Hofes, der Finanzen und eines Teils der konservativen Partei« gegenübersehe. Die Gefolgschaft des Premierministers bestehe daher nur noch, wie es hieß, in »konservativen Diehards und in der Labour Party«.[73] Die irische Regierung in Dublin nannte gar konkrete Namen und Kreise in London, die auf Basis der gegenwärtigen Lage friedensbereit seien: den von Churchill abgelösten, aber als Vorsitzender der konservativen Partei immer noch einflußreichen Neville Chamberlain, Außenminister Halifax, Lordkanzler John Simon, den Botschafter in Madrid, Samuel Hoare, sowie nahezu die gesamte hohe Beamtenschaft, die Londoner City und konservative Kreise um die Lords Astor und Londonderry.[74] Und auch aus Madrid war zu vernehmen, daß »die Engländer [...] offenbar anfangen, einzusehen, daß sie den Krieg verlieren werden« und sie deshalb zu Verhandlungen bereit seien.[75]

Der zweite Grund, weshalb man sich in Berlin hartnäckig weigerte, den nüchternen Fakten ins Auge zu sehen, war ein militärischer. Hitler und mit ihm Heß vertrauten auf die deutschen Machtmittel zur See und in der Luft, die England in absehbarer Zeit schon an den Verhandlungstisch zwingen würden. Bereits Ende Juni hatte Hitler vor seinen Generalen folgender Vermutung Ausdruck gegeben: »England wird voraussichtlich noch ei-

ner Demonstration unserer militärischen Gewalt bedürfen, ehe es nachgibt und uns den Rücken frei läßt für den Osten.«[76] Entsprechend sahen die Weichenstellungen der kommenden Wochen aus. In einer Blitzaktion wurden Ende Juni/Anfang Juli die Kanalinseln Jersey, Guernsey und Alderney durch die Truppen der Wehrmacht besetzt. Am 2. Juli ließ Hitler gegenüber dem OKW erstmals seine Absicht erkennen, unter »bestimmten Voraussetzungen« auch eine Landung auf den britischen Hauptinseln in Erwägung zu ziehen.[77] Und drei Tage vor dem letzten »Friedensappell« an die widerborstige Insel gab er in seiner Weisung Nr. 16 an die drei Wehrmachtteile unter dem Decknamen »Seelöwe« schon konkrete Befehle hierfür aus.[78] Tatsächlich aber blieb »Seelöwe« eine stumpfe Waffe und wurde nur halbherzig vorangetrieben. Denn zum einen hielt Hitler an seiner Auffassung fest, daß ein Zerfall des britischen Weltreichs für Deutschland »keinen Nutzen« habe und daß man »mit deutschem Blut etwas erreiche, dessen Nutznießer nur Japan, Amerika und andere sind«.[79] Und zum anderen führten auch die Militärs um den Chef des OKW, Generalfeldmarschall Keitel, den Chef des Wehrmachtführungsstabes, General Jodl, und um Großadmiral Raeder, den Oberbefehlshaber der Kriegsmarine, immer neue Bedenken ins Feld. Hitler entschied daher bereits Mitte August, »die Bedrohung Englands durch eine Invasion« nur noch als Täuschungs- und Erpressungsmanöver weiterhin aufrechtzuerhalten.[80]
Aussichtsreicher als die Drohkulisse einer Landungsoperation wurde allerdings die deutsche Antwort auf Churchills Provokation der Eröffnung des strategischen Luftkrieges bewertet. Am 10. Juli griffen erstmals die Luftflotten 2 (Kesselring) und 3 (Sperrle) mit starken Kräften militärische Ziele in Südengland an. Gleichzeitig begann die Beschießung britischer Geleitzüge im Kanal aus der Luft.[81] Der Zusammenhang mit der ständigen Verschleppung von »Seelöwe« wurde bald deutlich, denn nun sollten Görings Bomber und Jäger das schaffen, wozu die Kriegsschiffe, Panzer und Luftlandetruppen nicht in der Lage waren. Zwölf Tage nach dem »Friedensappell« erließ Hitler zeitgleich mit der Verschiebung von »Seelöwe« auf den 15. September die Weisung Nr. 17, die einen »verschärften Luftkrieg« gegen England anordnete, jedoch vorläufig von »Terrorangriffen« gegen die Zivilbevölkerung Abstand nahm.[82]
Die demonstrative Aufrechterhaltung einer Landungsabsicht, die

Nadelstichtaktik, mittels Spreng- und Brandbomben auf militärische Ziele England friedensreif zu machen, hing jedoch vor allem mit einem Vorhaben Hitlers zusammen, das er nun planerisch in Angriff nahm: dem Feldzug gegen die Sowjetunion. Noch vor der Zurückweisung seines Friedensangebotes an England erteilte er dem Oberbefehlshaber des Heeres, von Brauchitsch, am 21. Juli den Auftrag, »das russische Problem in Angriff [zu] nehmen« und »gedankliche Vorbereitungen zu treffen«.[83] Während Hitler in einer diesbezüglichen Besprechung mit den Führern der Wehrmacht auf dem Berghof am 31. Juli jenseits seiner alten axiomatisch festliegenden Ziele auf Gewinn von Lebensraum und Ausrottung des jüdischen Bolschewismus vor allem das Englandproblem in den Vordergrund rückte – gemäß der Parole: »Englands Hoffnung ist Rußland und Amerika. Wenn Hoffnung auf Rußland wegfällt, fällt auch Amerika weg [...]. Ist aber Rußland zerschlagen, dann ist Englands letzte Hoffnung getilgt« – und im folgenden seinen Entschluß bekanntgab, Rußland im Frühjahr 1941 zu erledigen,[84] blieben die Militärs um Halder und Brauchitsch skeptisch. In einer nächtlichen Besprechung unter vier Augen am Vorabend der Konferenz hatten sie sich für den Fall, »daß gegen England eine Entscheidung nicht erzwungen werden kann und die Gefahr besteht, daß England sich mit Rußland liiert«, gegen einen Zweifrontenkrieg ausgesprochen und dafür optiert, »besser mit Rußland Freundschaft« zu halten und dieses auf den »Persischen Golf [zu] hetzen«.[85]

Es waren alle genannten Faktoren, Entwicklungen und Umstände, die Heß nun dazu bewogen, zur Tat zu schreiten und eine Basis für seine Friedensideen zu entwickeln. War der Luftkrieg gegen England erst einmal voll im Gange, wurde auch die Zivilbevölkerung in großem Stil in Mitleidenschaft gezogen, scharten sich die Massen um Churchill als den Retter des Vaterlandes, so fehlte jenen verständigungsbereiten Kräften in London jede Aussicht, um ihren Willen auf Verständigung mit Erfolg weiterzuverfolgen. Umgekehrt galt aber auch, daß nun, da Hitler sich entschlossen hatte, in absehbarer Zeit gegen Rußland zu Felde zu ziehen, das Trauma eines abermaligen Zweifrontenkrieges heraufzog und daß ein Frieden mit England, der Deutschland den Rücken für die Aktion im Osten freihielt, dringlicher denn je erschien.

Einen Tag, nachdem Hitler die Militärs von seiner Entscheidung für einen Waffengang gegen die Sowjetunion informiert und gleichzeitig den verschärften Luftkrieg gegen England angeordnet hatte, sollte auch Heß hiervon erfahren. Am 1. August wurde er von Hitler persönlich in Kenntnis gesetzt,[86] und am 2. August rief Heß Albrecht Haushofer in sein Berliner Büro zu einem anderthalbstündigen Gespräch unter vier Augen. Über die Besprechung zwischen dem Stellvertreter und seinem Englandexperten ist wenig bekannt. Wie Haushofer mit Blick auf die Brisanz der erörterten Fragen seinem Vater lediglich andeuten wollte, wurde er »höchst verantwortliche Dinge in Bezug auf England gefragt«, und Heß habe ihm die Frage gestellt, »ob nicht in England verantwortliche Leute mit genug Weitsicht zu finden seien«.[87] Je mehr sich der Luftkrieg gegen England nun intensivierte, je konkreter die Aufmarschpläne für den Ostfeldzug in den Schubladen der Generalstäbler Gestalt annahmen, desto eiliger hatte es Heß, in Sachen Friedenssondierung voranzukommen. Zwei Tage nach dem sogenannten »Adlertag«, als Görings Bomber in großem Stil begannen, in Südengland Fliegerhorste, Radarstationen, Flugplätze, Eisenbahnanlagen und Häfen unter Beschuß zu nehmen, wurde Albrecht Haushofer in Langenbeck beauftragt, Kontakt zu friedensbereiten Kreisen in England herzustellen.[88]

Tatsächlich stand zu diesem Zeitpunkt die Eröffnung des Luftkrieges gegen die Zivilbevölkerung kurz bevor. Churchill war – dank der Experten in der Government Code & Cypher School in Bletchley Park, denen es gelungen war, den deutschen Enigmacode zu knacken –[89] präzise über den Beginn des »Adlertags« informiert, und er wußte zugleich, daß Hitler vorläufig nicht die Absicht hatte, zivile Ziele bombardieren zu lassen. »Ich sehe ihn heute noch«, so erinnerte sich Charles de Gaulle an eine makabere Szene, »wie er eines Tages im August in Chequers die Faust gegen den Himmel hob und rief: ›Sie kommen also nicht!‹ – ›Haben Sie es so eilig‹, sagte ich, ›Ihre Städte in Trümmern liegen zu sehen?‹ – ›Begreifen Sie‹, erwiderte er, ›daß die Bombardierung von Oxford, Coventry und Canterbury in den Vereinigten Staaten eine solche Woge der Entrüstung aufpeitschen wird, daß sie in den Krieg eintreten werden!‹«[90]

Es war genau dieses Kalkül, das Churchill bewog, Air Chief Marshal Sir Charles Portal am 17. August auf seinem Landsitz in Chequers zu beauftragen, seinerseits zivile Ziele in Berlin anzugreifen, sobald sich hierfür eine Gelegenheit biete.[91] Die ließ nicht lange auf sich warten, denn ein einzelnes deutsches Flugzeug warf seine Bombenlast, die eigentlich für Rochester und Thameshaven bestimmt war, auf die Randgebiete der britischen Hauptstadt. Nun handelte Churchill gemäß seiner Provokationsstrategie zielstrebig und schnell. In der Nacht vom 25. auf den 26. August wurden 89 schwere britische Bomber nach Berlin beordert. »Jetzt«, betonte Churchill gegenüber dem Generalstabschef der RAF, Air Marshal Sir Cyril Newhall, seine Entschlossenheit, »wo sie begonnen haben, die Hauptstadt in Mitleidenschaft zu ziehen, will ich, daß Sie sie hart treffen, und Berlin ist der Ort, um sie zu treffen.«[92] Hitler aber reagierte nicht – ungeachtet dessen, daß binnen der nächsten drei Nächte auch die Wohnviertel am Görlitzer Bahnhof und die Berliner Siemensstadt bombardiert wurden.

Aber Heß reagierte. Es sei, so erläuterte er seinem alten Lehrer Karl Haushofer am 31. August die Dringlichkeit einer Kontaktaufnahme mit friedensbereiten Kreisen in England, für »ein hartes und scharfes Vorgehen gegen die bewußte Insel alles so vorbereitet, daß der höchste Mann nur auf einen Knopf zu drücken braucht, damit alles spielt«.[93] Von 5 Uhr nachmittags bis weit nach Mitternacht erörterten die beiden dann ausführlich die Modalitäten einer umgehenden Verbindungsaufnahme, »um unendlich Folgenschweres hintanzuhalten«. Dabei war es Heß, der zwei geeignete Kontaktleute ins Spiel brachte, um »an einem dritten Ort solche Möglichkeiten« zu besprechen: Sir Ian Hamilton, den Vorsitzenden des britischen Frontkämpferverbandes und Veteranen der Landung in Gallipoli von 1915, der Heß im Jahre des Kriegsbeginns auf seinen Landsitz im schottischen Lennoxlove eingeladen hatte,[94] und den Freund von Albrecht Haushofer, Douglas Clydesdale, der inzwischen zum Herzog von Hamilton avanciert war. In diesem Zusammenhang erschien es Karl Haushofer, wie er seinem Sohn schrieb, geradezu als »Schicksalswink«, daß eine alte Freundin der Familie, Mrs. Violet Roberts, sich vor kurzem brieflich aus Lissabon gemeldet und um ein Rückschreiben an eine beigefügte Adresse, ein Postfach in der portugiesischen Hauptstadt, ersucht hatte.

Mary Violet Roberts war nicht etwa, wie in der Literatur durchwegs behauptet wird, die Schwiegertochter des früheren britischen Vizekönigs von Indien, Lord Roberts of Kandahar.[95] Sie entstammte der alten schottischen Familie Hall-Maxwell of Dargavel in Renfrewshire, unweit des Landsitzes der Herzöge von Hamilton und Brandon in Dungavel.[96] Mitte der zwanziger Jahre war sie mit ihrem inzwischen verstorbenen Mann Herbert Ainslie Roberts sowie dem als zweiter Sekretär der britischen Botschaft in Berlin tätigen Sohn Patrick Roberts, der 1937 bei einem Autounfall in Griechenland ums Leben kam, mehrmals bei den Haushofers zu Gast gewesen.[97] Seit dieser Zeit war der Kontakt jedoch abgerissen, und die alleinstehende Mary Roberts lebte inzwischen völlig zurückgezogen in der Wilberforce Road Nr. 10 im britischen Cambridge.

Was die inzwischen knapp 76jährige alte Dame dazu bewog, mitten im Krieg eine lange und beschwerliche Reise nach Lissabon auf sich zu nehmen; wie es ihr gelang, die strikt gehandhabten Ausreisebeschränkungen der britischen Behörden zu umgehen; warum sie sich just zu diesem kritischen Zeitpunkt mit der Bitte um eine Kontaktaufnahme an die Haushofers wandte; wo das Original ihres Briefes verblieben ist; weshalb sie um Rückantwort an ein Postfach in Lissabon bat, obschon sie sich beim Eintreffen der Antwort doch längst wieder zu Hause in Cambridge aufhielt, ja sich vielleicht nie in Portugal befunden hatte – all dies gehört zu den Merkwürdigkeiten und Ungereimtheiten der Affäre Heß, die bis heute im Dunkeln liegen. Will man sich nicht mit dem zufälligen Zusammentreffen solch unwahrscheinlicher Umstände begnügen, so bleibt nur der Befund, daß hier die ersten Fäden eines vom britischen Geheimdienst ins Werk gesetzten Spionagespiels sichtbar werden, das sieben Monate später mit dem Flug von Heß nach Schottland seinen erfolgreichen Abschluß fand. In diesem Zusammenhang ist es auch auffallend, daß Martha Haushofer etwa einen Monat vor jenem ominösen 10. Mai ein zweiter Brief von Mrs. Roberts erreichte, der diesmal aus Cambridge kam und allem Anschein nach eine wichtige Rolle spielte, als Martha Haushofer Anfang September 1941 von der Gestapo vorgeladen wurde.[98]

Inzwischen hatte Hitler – gereizt durch Churchills durchsichtiges Spiel, aber auch unter dem Druck, gegenüber der deutschen Öffentlichkeit das Gesicht zu wahren – am 4. September Vergeltung für die Luftangriffe angekündigt. Bereits drei Tage später begannen für 65 aufeinanderfolgende Nächte die Gegenschläge der Luftwaffe auf zivile Ziele in England. Dies war der Grund, der Albrecht Haushofer, neben dem Drängen seines Vaters, dazu bewog, seine hinhaltende Haltung gegenüber Heß aufzugeben und sich stärker in den Gang der Dinge einzuschalten. Gleichwohl blieb bei ihm eine unverkennbare Skepsis gegenüber dem ganzen Unternehmen bestehen. Anfang September wurde Albrecht Haushofer ins Auswärtige Amt bestellt und im Informationsbüro in Dienst genommen – ein deutlicher Hinweis, daß Heß ihn für einen kommenden Sonderauftrag legitimieren wollte.[99] Am 6. September fand sich Albrecht dann völlig überraschend zu Hause bei seinen Eltern ein und wartete auf »Weisung zur Weiterfahrt zu Rudolf Heß«, der sich in Bad Gallspach zur Kur aufhielt.[100] Dort traf er zwei Tage später mit dem Führerstellvertreter zu einer eingehenden Aussprache zusammen, deren Inhalt er allerdings erst eine Woche später in Berlin zu Papier brachte.

»Gibt es noch Möglichkeiten eines deutsch-englischen Friedens?« – so lautete der Titel des streng geheimen Memorandums, das Haushofer als Gedächtnisstütze, wohl aber auch zur eigenen Entlastung anfertigte.[101] Gemäß diesem Schriftstück erkundigte sich Heß sofort nach Albrechts Eintreffen in Gallspach nach »Möglichkeiten einer Übermittlung des ernsten Friedenswunsches Hitlers an führende Persönlichkeiten Englands«, denn man sei sich darüber im klaren, daß die »Weiterführung des Krieges selbstmörderisch für die weiße Rasse sei«, und »selbst bei einem vollen Erfolg in Europa sei Deutschland nicht in der Lage, das Empire-Erbe zu übernehmen«. Gegenüber dieser Anfrage des Stellvertreters schlug Haushofer anscheinend eine sehr offene Sprache an. Er verwies auf die zahlreichen von Hitler gebrochenen Garantien und Versicherungen, so daß »praktisch alle irgendwie in Frage kommenden Engländer einen vom Führer unterschriebenen Vertrag für einen wertlosen Fetzen Papier hielten«. Zweitens seien die Briten selbst »im äußersten Fall« eher bereit, »ihr ganzes Empire Stück für Stück den Amerikanern zu überschreiben, als einen Frieden zu unterschreiben, der dem nationalsozialistischen Deutschland die Herrschaft in Europa überlasse«. Und drittens betrachteten selbst diejenigen Engländer, »die Besitz zu verlieren hätten« und »noch am ehesten bereit wären, über einen Frieden zu reden«, diesen nur als einen »Waffenstillstand«.

Diente dies alles dazu, Heß von seinen Ideen vielleicht noch abzubringen und ihm deutlich zu machen, daß nicht nur der Kredit Hitlers und Ribbentrops, sondern der des gesamten nationalsozialistischen Regimes in London längst aufgezehrt sei, so blieb Heß von allen solchen Einwänden vollkommen unbeeindruckt. Er hielt an seiner Auffassung fest, daß »nicht die richtige Sprache gesprochen worden sei« und insistierte auf der Benennung möglicher Kontaktpersonen. Haushofer kam also, wollte er seinen Ruf als Englandexperte nicht nachhaltig schädigen und die Gunst seines Schutzherrn verlieren, nicht umhin, konkrete Adressaten einer Sondierung zu nennen. Die Diplomaten, die er aufführte – wie den britischen Gesandten in Budapest, O'Malley, Sir Samuel Hoare in Madrid und den Botschafter in Washington, Lord Lothian – befanden sich jedoch alle außerhalb des britischen Mutterlandes. Dies konnte von Vorteil sein, wenn es um eine Kontaktaufnahme auf neutralem Boden ging. Aber eines vermochten die Genannten von ihrem externen Standort aus keinesfalls zu bewirken: den Sturz Churchills in England.

Als »letzte Möglichkeit« nannte Haushofer deshalb den Namen des Herzogs von Hamilton, den Heß bezeichnenderweise gegenüber Albrechts Vater schon ins Spiel gebracht hatte. Hamilton, so Haushofer, habe »jederzeitigen Zugang zu allen wichtigen Persönlichkeiten in London [...], auch zu Churchill und zum König«. Dieser sei unter Umständen zu einem »persönlichen Zusammentreffen [...] auf neutralem Boden« bereit. Heß' Erklärung, daß er sich »das Ganze noch einmal gründlich überlegen« müsse, und die Bitte Haushofers um »genaueste Instruktionen« und »Richtlinien von alleroberster Stelle« für den Fall einer persönlichen Mission sorgten bei Albrecht für den »starken Eindruck«, daß die Unterredung »nicht ohne Vorwissen des Führers geführt wurde«.

Tatsächlich brauchte Heß keine 24 Stunden, bis er sich entschieden hatte, welchen Kontaktmann er für den aussichtsreichsten hielt. Eine eingehende Rücksprache mit Hitler, der sich in diesen Tagen im weit entfernten Berlin aufhielt,[102] konnte also gar nicht stattgefunden haben. Bereits am 10. September, also unmittelbar nachdem Albrecht – aus Gallspach kommend – am Abend zuvor wieder bei seinen Eltern angelangt war, gab Heß Karl Haushofer seinen Entschluß bekannt. »Ich halte es für das Beste«, so hieß es in dem Brief von Heß, »Du oder Albrecht schreiben der alten Eurem Haus befreundeten Dame, sie möchte doch versuchen, Albrechts Freund zu fragen, ob er allenfalls bereit wäre, nach dem neutralen Gebiet, in dem sie wohnt oder doch eine Vermittlungsadresse hat, zu kommen, um einmal mit Albrecht zu sprechen.« Es gilt also zu beachten, daß, was die Absichten von Heß anbetraf, die Würfel zugunsten einer Kontaktaufnahme mit Hamilton längst gefallen waren, als sich Albrecht Haushofer fünf Tage später in Berlin an die Niederschrift der Unterredung in Gallspach machte.

Ein zweites ist evident und legt den Gedanken an eine eventuelle persönliche Zusammenkunft zwischen Heß und Hamilton in Schottland nahe. Sollte, so fuhr Heß in dem Schreiben an Karl Haushofer nämlich fort, eine Begegnung zwischen Hamilton und Albrecht Haushofer in Portugal »augenblicklich« nicht möglich sein, so möge Hamilton doch via Mrs. Roberts mitteilen, an welchem Ort er sich gegenwärtig aufhalte. »Es würde möglicherweise ein neutraler Bekannter, der ohnehin drüben zu tun habe, ihn aufsuchen und ihm hierbei etwas ausrichten, unter Bezugnahme auf Dich oder Albrecht. [...] Das was der Neutrale zu übermitteln hätte, würde von so großer Bedeutung sein, daß demgegenüber die Bekanntgabe seines [i.e. Hamiltons, d. Verf.] Aufenthaltsortes nicht ins Gewicht fallen würde.« Weder Heß noch Haushofer wußten zu diesem Zeitpunkt also Näheres über den Aufenthaltsort Hamiltons. Stellt man demgegenüber in Rechnung, mit welcher Zuversicht und minutiöser Planung der Führerstellvertreter bald an die Ausführung seines Fluges ging, der ihn tatsächlich zu Hamilton nach Schottland führen sollte, obgleich nach offizieller britischer Lesart niemals eine Verbindung mit Hamilton zustande kam, so liegt hier ein erstes Indiz für die Vermutung vor, daß Heß dem Augenschein nach eben doch eine Antwort auf seine Kontaktaufnahmeversuche mit Hamilton erhalten haben mußte, zumindest aber – jenseits der Haushoferschen Beziehungen – über Kanäle verfügte, die ihm das notwendige Detailwissen für sein Unternehmen verschafften.

Drittens spielte bereits in diesem frühen Stadium der Aktion der Faktor Astrologie eine nicht unbeträchtliche Rolle. Denn am Schluß seines Schreibens an Karl Haushofer formulierte Heß ebenso kryptisch wie bezeichnend: »Inzwischen wollen wir beide unsere guten Geister beschwören. Sollte dem Beginnen ein Erfolg beschieden sein, so würde das Dir hinsichtlich des Monats August gegebene Orakel doch noch Recht behalten [...].«[103]

Was die Frage einer Zustellung des Briefes an das Postfach in

Lissabon anging, so regte Heß die Einschaltung Bohles beziehungsweise seines Bruders Alfred an, um das Schreiben durch einen Vertrauensmann der Auslandsorganisation nach Portugal zu befördern.[104] Diese Ausweitung des in den Vorgang eingeweihten Personenkreises löste im Kreise der Haushofers in den nächsten Tagen heftige Diskussionen aus. Insbesondere Martha Haushofer war um die Sicherheit von Mrs. Roberts, ihrer »lieben alten Freundin«, besorgt und fürchtete »Ungelegenheiten [...] sehr ernster Art«, wie sie ihrem Sohn nach Berlin schrieb.[105] Karl Haushofer wandte sich insbesondere gegen die Mitwisserschaft Bohles, der von »einer solchen Sache« nichts erfahren dürfe. Der Vorschlag von Heß erschien ihm geradezu als eine »Probe edler, aber kindlicher Harmlosigkeit und der Haltung eines unbefangenen Erzengels bei der Verschwörung der Luzifer-Leute würdig«.[106]

Die Bedenken der Eltern waren es, die Albrecht bewogen, den geplanten Brief so abzufassen, daß Mrs. Roberts in keiner Weise gefährdet wurde; die ihm nahelegten, Heß den anvisierten Weg einer Übermittlung des Schreibens unter Mithilfe von Bohle auszureden und ihm klarzumachen, daß Hamilton, so Haushofer, »genauso wenig an mich schreiben kann, ohne die Genehmigung seiner höchstverantwortlichen Stellen, wie ich das umgekehrt kann«.[107]

Entsprechend war Albrechts ausführlicher Brief abgefaßt, den er Heß am nächsten Tag zukommen ließ, und in dem er diesem die bereits in Gallspach angedeuteten Schwierigkeiten nachhaltig vor Augen führte.[108] Er habe sich, so gab Haushofer zu bedenken, inzwischen den »technischen Weg« überlegt, den eine Nachricht von ihm durchlaufen müsse, bevor sie in die Hände Hamiltons gelangen könne. Um »fremden Kontrollen« zu entgehen, dürfe der Brief auf »keinen Fall so gefaßt sein, daß er ohne weiteres angehalten und vernichtet wird oder daß er Vermittlerin oder letzten Empfänger in unmittelbare Gefahr bringt«. Deshalb dürfe das Schreiben nur »einige Zeilen« lang sein, müsse dem Brief an Mrs. Roberts beiliegen und dürfe weder Ortsangabe noch volle Namenszeichnung enthalten, so daß Hamilton »allein« erkenne, daß hinter dem Wunsch, ihn in Lissabon zu treffen, »etwas Ernsteres steckt, als eine persönliche Marotte«.

Zweitens erhob Albrecht Einspruch gegen die von Heß mit gutem Grund gewünschte Angabe von Hamiltons »Aufenthaltsort

für einen gewissen Zeitraum«. Er wisse zwar nicht, so Haushofer, welches Amt der Herzog gegenwärtig in der RAF bekleide, aber dieser könne zum einen »nicht nach Lissabon fliegen, ohne daß ihm Urlaub gegeben wird, [...] ohne daß mindestens der Luftfahrtminister Sinclair und der Außenminister Halifax davon wissen«, und zum anderen bedürfe es im Falle einer Antwort oder einer Reise Hamiltons nach Lissabon »einer Ortsangabe für England nicht«. »Ein Neutraler, der England kennt und sich in England bewegen kann« – so verwarf Haushofer die von Heß in der Hinterhand anvisierte Möglichkeit eines persönlichen Zusammentreffens mit Hamilton auf den britischen Inseln – »[...] wird den Ersten Peer von Schottland sehr rasch auffinden können, solang die Zustände auf der Insel noch halbwegs geordnet sind.«
Drittens aber bestand Haushofer darauf, daß »die Möglichkeiten eines Erfolges von Ausgleichsbemühungen zwischen dem Führer und der britischen Oberschicht [...] unendlich gering erscheinen [...]«. All diese Monita und Ausweichmanöver Haushofers entsprachen nicht nur den von seinen Eltern und von ihm selbst gehegten Bedenken gegen eine zu offensichtliche Kontaktaufnahme, die sowohl Mrs. Roberts wie auch Hamilton in große Schwierigkeiten bringen mußte. Sie sind auch ein Beleg dafür, daß Haushofer selbst die Zügel in der Hand behalten wollte und strikt darauf bedacht war, nicht als der Urheber der Sondierung zu erscheinen. Dies geht nicht zuletzt daraus hervor, daß er nochmals eindringlich auf die diplomatisch »normalen« Wege über die Botschafter Lothian und Hoare verwies, denen er im Sinne eines Erfolgs der Aktion »noch etwas mehr Chance gebe als dem über meinen Freund H[amilton]«, und daß er vor einem etwaigen Treffen mit dem Herzog in Portugal um »Instruktionen, wenn schon nicht vom Führer selbst, so doch von einer Persönlichkeit« bat, die »sie unmittelbar empfängt«.
Haushofers konkreter Vorschlag an Heß war demnach folgender: Über Mrs. Roberts sollte ein von ihm verfaßter Brief »in einer niemand belastenden, aber für den Empfänger verständlichen Form« mit der Anregung einer Begegnung in Lissabon an Hamilton abgehen. »Erfolgt daraus nichts«, so Haushofer, könne man einen zweiten Versuch über einen »nach England reisenden Neutralen machen, dem eine persönliche Botschaft mitgegeben werden könnte«. Um die Modalitäten der Beförderung dieses Briefes nach Lissabon sowie die Angabe einer »Deckadresse für

die Antwort« zu besprechen, werde er mit Heß' Bruder Alfred in Verbindung treten, die Einwilligung des Führerstellvertreters mit dem vorgeschlagenen Prozedere vorausgesetzt.
Am gleichen Tag noch übersandte Albrecht seinen Eltern den Vorschlag eines Schreibens an Hamilton und fügte, seine Distanz und Skepsis mit einem Zitat Shakespeares unterstreichend, hinzu: »Die ganze Sache ist der Botengang eines Toren – aber dafür können wir nichts.« Haushofers englischsprachiger Entwurf war kurz, unverfänglich, aber doch persönlich gehalten. Er entsprach exakt den Bedingungen für eine Kontaktaufnahme mit Hamilton, die er gegenüber Heß aufgestellt hatte. Er begann mit einer knappen Beileidsbezeigung zum Tode von Hamiltons Vater sowie zum Ableben seines Schwagers, des Herzogs von Northumberland, der bei Dünkirchen gefallen war. Dies und ein Verweis auf die letzte briefliche Korrespondenz vor dem Kriege diente der Identifizierung des Absenders. Im folgenden deutete Haushofer vorsichtig die Möglichkeit eines Treffens in Lissabon an, wo er Hamilton etwas mitzuteilen habe, das einen Abstecher in die portugiesische Hauptstadt lohne.[109]
Wie Heß auf diesen Text reagierte, läßt sich nicht präzise feststellen, denn weder liegt eine schriftliche Äußerung zu den Vorschlägen Haushofers vor noch existiert irgendein Hinweis dazu, wie das bald darauf abgeschickte Schreiben, das Haushofer am 23. September zu Papier brachte und über Alfred Heß in die Kanäle der Auslandsorganisation einschleuste,[110] tatsächlich lautete. Der Brief jedenfalls, der Anfang November in England eintraf, war ungleich konkreter gehalten als Albrechts ursprünglicher Entwurf. Nach Lage der Dinge konnte dies nur Heß veranlaßt haben. Denn Heß war natürlich strikt darauf bedacht, die Regie in der Hand zu behalten, um sich im Falle einer Rückantwort alle Optionen offenzuhalten – auch die, selbst als »Neutraler« in England in Erscheinung zu treten. Unmittelbar vor Abgang des Briefes, so läßt sich nachweisen, telefonierte er nochmals mit Albrecht Haushofer und gab ihm letzte Anweisungen durch, so daß dieser bei seiner »Vollzugsmeldung« am 23. September nicht genug betonen konnte, daß der »von Ihnen gewünschte Brief« auf den Weg gebracht worden sei.[111]
Die fein gesponnenen Fäden des Haushoferschen Spiels, um selbst in Deckung zu bleiben und keinesfalls das Risiko einzugehen, daß der Brief durch Ortsangabe, Namenszeichnung und

Konkretheit der Aussage bei den britischen Behörden Verdacht erregte, wurden somit zerrissen. Von Wahrung der Anonymität und Vorsicht bei der Abfassung des Textes konnte bei dem in England schließlich eingetroffenen Schreiben nicht die Rede sein.

Es sei ein Brief, so stellte der Beamte Nr. 1021 im Hauptquartier der britischen Zensurbehörde am 2. November fest, der über »Cook's Mail« Lissabon an die Zentrale des Postdienstes in der Berkeley Street in London gerichtet war. Diese wiederum sollte ihn an Mrs. Roberts weiterleiten, deren Adresse bei »Cook's Mail« London verzeichnet war. Mrs. Roberts war also zu diesem Zeitpunkt und entgegen ihrer Erwartung längst aus Lissabon abgereist, hatte sich vielleicht nie in der portugiesischen Metropole aufgehalten.

In einem Begleitschreiben wurde Mrs. Roberts aufgefordert, dem Herzog von Hamilton und Brandon ins House of Lords einen verschlossenen Umschlag zuzustellen. Wie der Zensurbeamte nach Öffnung dieses an Hamilton gerichteten Briefes sofort richtig schloß, stammte er von der Hand eines Deutschen, eines gewissen »Dr. A. H.«, kam möglicherweise aus Berlin, wie das »B« vor dem Datum nahelegte, regte eine Begegnung mit Hamilton in Lissabon an, wobei der Absender darauf verwies, daß er dorthin »zu jeder Zeit und ohne irgendwelche Schwierigkeiten« gelangen könne. Es folgte die Bitte um Antwort, die an »Minero Silricola Ltd., Rua do Cais de Santarem 32/I, Lisbon, Portugal« adressiert werden sollte.[112]

Diese Firma in Lissabon gehörte einem Mitglied der Auslandsorganisation der NSDAP. Das wußte der Zensor natürlich nicht. Aber er wußte um die Brisanz des vorliegenden Schriftstücks, die es verbot, das Schreiben ungehindert zu Mrs. Roberts und damit zum Herzog passieren zu lassen. Statt dessen wurde der Brief schon vier Tage nach der Öffnung an andere Stellen weitergereicht, denen ungleich mehr an Kenntnissen, Methoden und Mitteln zu Gebote standen als einem einfachen Beamten der britischen Zensurbehörde: an das Foreign Office, das eine Kopie des Schreibens erhielt, und vor allem an die Abteilung des Geheimdienstes, die für Spionageabwehr und Gegenspionage zuständig war: an MI 5.[113] Zwei vor kurzem freigegebene Schriftstücke scheinen den Befund nahezulegen, daß beide Stellen kein Interesse daran zeigten, die Sache weiter zu verfolgen. Dies entspricht der offiziellen Version, wonach man den Haushoferschen Brief an Hamilton monatelang schlichtweg vergessen oder verlegt habe. Nach Ausweis der Akten stimmten das Foreign Office und MI 5 Ende November/Anfang Dezember darin überein, den Brief an seinen Adressaten, den Herzog von Hamilton, weiterzuleiten.[114]

Tatsächlich aber erhielt Hamilton nicht vor Mitte März 1941, als er durch einen hohen Geheimdienstoffizier ins britische Luftwaffenministerium bestellt wurde, überhaupt Kenntnis von der Existenz des Schreibens.[115] Zwischen dem November 1940 und dem Frühjahr 1941 aber lag ein Spionagespiel, das Albrecht Haushofers Einschätzung »Aus L[issabon] nichts. Es wird wohl auch nichts kommen«[116] bald widerlegen sollte.

4 Desinformation und Provokation

Der britische Anteil an der Vorgeschichte des Fluges

Am Abend des 17. September 1940 wurde der Chef des Geheimdienstes der Luftwaffe, Frederick W. Winterbotham, ins Regierungsviertel nach Westminster gerufen. Dort hatten sich, tief unter der Erde in den Cabinet War Rooms, der Premierminister und die Stabschefs von Armee, Marine und Luftwaffe zu einer eilends anberaumten Konferenz versammelt. »Ich war«, so erinnerte sich Winterbotham, »überwältigt von der außerordentlichen Veränderung, die mit diesen Männern in den letzten Stunden vor sich gegangen war. Es war, als ob jemand plötzlich alle Saiten der Violinen inmitten eines düsteren Konzerts durchschnitten hätte.« Churchill verlas die von den Deutschen aufgefangenen letzten Funksprüche, sein Gesicht strahlte, und dann bat er den Stabschef der Luftwaffe, Sir Cyril Newhall, deren Relevanz zu erklären. Die Nachrichten bedeuten, so führte Newhall aus, »das Ende von ›Seelöwe‹, zumindest in diesem Jahr«. Die Abrüstungsmaßnahmen, die die Deutschen an der Kanalküste auf einen Führerbefehl vom selben Tage hin eingeleitet hatten, ließen keine andere Interpretation zu. Churchill grinste über das ganze Gesicht, als er sich eine seiner »gewaltigen Zigarren« anzündete, und schlug einen Gang nach oben vor, um frische Luft zu schnappen.

Es war eine »abenteuerliche Szene«, so beschrieb Winterbotham die sich im nächtlichen London entfaltende Bühne des Luftkrieges, zu der die britische Hauptstadt auf Geheiß Hitlers geworden war. »Wir standen, mit dem Rücken gegen die Betonmauern gelehnt, zusammen: die drei Stabschefs, dann General Ismay, Stewart und ich. Winston stand ganz alleine vor uns, sein dunkelblauer Overall war am Hals aufgeknöpft, auf dem Kopf trug er einen Stahlhelm, seine Hände ruhten auf seinem kräftigen Stock vor ihm, sein Kinn war vorgestreckt, im Mund hielt er eine lange

Zigarre, und auf der anderen Seite des St. James Park, in Carlton House Terrace, loderten die Flammen.« Bombe auf Bombe explodierte, überall vernahm man das Rattern der Luftabwehrkanonen, das Zerschellen von Granaten, und der rotweiße Schein der Feuer tauchte die dicken Baumstämme im St. James Park in ein gespenstisches Licht. »Es war ein geschichtsmächtiger Augenblick, der unvergessen bleibt«, so Winterbotham, als, »den Lärm übertönend, die zornige Stimme von Churchill erschallte: ›Bei Gott, wir werden die Deutschen dafür zur Rechenschaft ziehen.‹«[1]

Enthob die über den Codebrecher »Ultra« in Erfahrung gebrachte Verschiebung von »Seelöwe« die Briten bis auf weiteres der Gefahr einer drohenden deutschen Invasion, so bedeutete diese Atempause jedoch keineswegs, daß schon der Weg gewiesen war, wie man Hitlerdeutschland auf Dauer in die Knie zwingen konnte. Schon seit längerer Zeit hielt Churchill nach Mitteln und Möglichkeiten Ausschau, seinen nächtlichen Racheschwur in die Tat umzusetzen. Eine Voraussetzung hierfür war es, die britische Öffentlichkeit durch markige Reden auf die Parole des »Sieges um jeden Preis« einzuschwören, bei jeder sich bietenden Gelegenheit Optimismus und eiserne Entschlossenheit gegenüber dem Aggressor Hitler zu demonstrieren und dem nationalen Konsensus durch die zum V, dem Zeichen des Sieges, gespreizten Finger sinnfällig Ausdruck zu verleihen. Zugleich galt es jedoch, eine aussichtsreiche Strategie zu entwickeln, die jenseits aller großen Gesten und plakativer Formeln die begrenzten Mittel Englands bei der Niederringung Hitlerdeutschlands optimal zur Geltung brachte.

Für die Briten, die nicht hinter die Kulissen von Churchills Rhetorik sehen konnten, wie den mittlerweile 77jährigen Weltkriegspremier David Lloyd George und seinen militärischen Berater Liddell Hart, gab es diese Chance einer erfolgreichen Fortsetzung des Krieges bis zur Ausrottung des Nazismus nicht.[2] Ihnen schien es fahrlässig, wenn der neue Premierminister immer wieder auf die nach vierjährigem zähen Ringen endlich belohnten Anstrengungen des Ersten Weltkrieges verwies. Damals, so hatte Churchill in seiner berühmten »Finest-hour«-Rede vor dem Unterhaus die glorreiche Vergangenheit beschworen, habe man sich auch lange vergeblich die Frage gestellt, wie der Krieg zu gewinnen sei, und niemand sei bis zum schließlichen Sieg in der Lage gewesen, diese Frage zu beantworten.[3]

Die Kritiker Churchills verwiesen dagegen auf das Dilemma der aktuellen strategischen Position Englands, die sich ungleich prekärer darstellte als während des Ersten Weltkrieges. Seinerzeit hatte es eines vierjährigen verbissen geführten Kampfes bedurft, um Deutschland, das einen Großteil des Krieges an zwei Fronten führen mußte, niederzuwerfen. Er hatte England an den Rand des Zusammenbruchs gebracht und dem Empire einen nachhaltigen Schlag versetzt. Man hatte damals mächtige Verbündete auf dem Kontinent, die die bescheidene Schlagkraft der britischen Landstreitkräfte weitgehend wettmachten: über lange Zeit das zaristische Rußland, die intakt gebliebene französische Armee und schließlich die aktive Unterstützung durch die USA, deren Truppen und finanzielle Macht.

Nun aber war, wie Lloyd George in einem Memorandum eine knappe Woche vor dem nächtlichen Treffen in den Cabinet War Rooms ausgeführt hatte, alles anders und ungleich ungünstiger.[4] Das britische Expeditionskorps war mit Mühe und Not vom Kontinent über den Kanal evakuiert worden, der Feldzug in Frankreich war auf der ganzen Linie gescheitert, die für uneinnehmbar gehaltene Bastion der französischen Republik war binnen vier Wochen zerbrochen, die Vichy-Regierung unter Pétain und Laval war ein Regime von Hitlers Gnaden, das bolschewistische Rußland bewahrte gegenüber Nazideutschland eine Position wohlwollender Neutralität und hielt ihm den Rücken frei. Seine Erfolge auf militärischem und diplomatischem Sektor hatten Hitler auf dem Kontinent in eine »commanding position« gebracht. Er kontrollierte Skandinavien als Ausfallpforte gen Norden, hatte sich mit Italien und Japan wichtige Bundesgenossen verschafft, die das Empire an seinen Flanken bedrohten, und er hatte sich zum Herrn über ganz Westeuropa aufgeschwungen.

Wolle man unter diesen Umständen Deutschland besiegen, so argumentierte Lloyd George, müsse England zunächst wieder auf dem Kontinent Fuß fassen und dann in einem langen Abnutzungskrieg von fünf bis zehn Jahren Hitler niederringen. Dann aber seien, so der ehemalige Premierminister, die britischen Inseln verwüstet, menschenleer und bankrott, während der Hauptteil des Empire und des britischen Handels sich in den Händen der USA, Rußlands und Japans befinde. Auch die Hoffnung auf ein Eingreifen der USA veranschlagte Lloyd George als äußerst gering. »Amerika wird uns ohne Zweifel in jeder Hinsicht außer mit einem Eintritt in den Krieg beistehen«, so schrieb er. »Aber es wird nicht wieder eine riesige Armee nach Europa schicken.« Selbst wenn sich Roosevelt dazu entschlösse, so gab Lloyd George zu bedenken, hätte die amerikanische Armee »für mindestens zwei Jahre keinen effektiven Kampfwert«.

Von all diesen Bedenken zeigte sich Churchill vollkommen unberührt. Die kritische Lage Englands, die einen direkten kapitalen Schlag gegen Deutschland unmöglich machte, statt dessen ein von Peripherieaktionen unterbrochenes, vorläufiges Einigeln auf den britischen Inseln gebot, war ihm natürlich nicht verborgen geblieben. Aber anders als Lloyd George, der einem Arrangement mit dem Reich das Wort redete, kam für Churchill zunächst alles darauf an, Zeit zu gewinnen, den Defätismus zu neutralisieren und seine Stellung als Garant einer unbedingten Durchhaltepolitik zu befestigen. Eben hierfür standen die Chancen überaus gut. Nach dem Desaster der Chamberlainschen Appeasementpolitik, als man Hitlers Revisionsforderungen in den dreißiger Jahren weitestgehend entgegengekommen war, um einen neuerlichen ruinösen Krieg zu vermeiden, und der deutsche Diktator diese Goodwill-Politik nur als Schwäche Englands ausgelegt hatte und Versprechen um Versprechen, Vertrag um Vertrag gebrochen hatte, war der Kredit der sogenannten »guilty men« aufgezehrt und verbraucht. Dementsprechend unangefochten war die Stellung Churchills, des ewigen Mahners vor den Perfidien und Winkelzügen der Hitlerschen Politik. Und dementsprechend gab es keine realistische Alternative zu Churchills Programm der Unbeugsamkeit, des Festbleibens und des Ausharrens. Dahinter verbarg sich freilich eine Strategie ganz eigener Prägung, die die alten Rezepte der britischen Kriegführung gegenüber einem kontinentalen Hegemon mit neuen Mitteln und Methoden ergänzte. Zu diesen alten Rezepten, die aufgrund der Hitlerschen Erfolge ihre Durchschlagskraft weitgehend eingebüßt hatten, gehörte das Vertrauen auf die maritime Stärke Englands, auf die Macht der Seeblockade und der offenen Propaganda. Churchill war es, der diesen traditionellen Relikten jenseits aller »cigar-stump«-Strategie, wie seine Kritiker verächtlich höhnten, neue Elemente zur Seite stellte und damit andere Dimensionen der Kriegführung erschloß.

Hierzu gehörte der Rückgriff auf die Bismarcksche Methode der Bekämpfung des Feindes durch die Unterstützung, Aufwiegelung

und Ausrüstung seiner Gegner – in diesem Falle vornehmlich der zahlreichen Partisanengruppen, die im deutsch besetzten Teil Europas wie Pilze aus der Erde schossen. Es war der Urenkel Marlboroughs, der, dem weißen Revolutionär von einst nicht unähnlich, nach Wegen und Instrumenten hierfür Ausschau hielt. Im Juli 1940 rief Churchill die sog. Special Operations Executive (SOE) ins Leben und erteilte deren Leiter, dem Labour-Politiker Hugh Dalton, den bündigen Auftrag: »Setzen Sie Europa in Brand.«[5] Die Ziele dieser Organisation, die sich in drei Unterabteilungen für Schwarze Propaganda, Sabotage und Subversion gliederte, waren zahlreich, auch wenn ihre Aktionen sich bis heute im Nebel der Geheimhaltung nur umrißhaft abzeichnen: Terror, Streiks, Boykotts, Tumulte, Bestechung, Industriespionage, Mordanschläge.
Ein zweites Kriegswerkzeug, das Churchill zwar nicht erfand, aber rücksichtslos einzusetzen gewillt war, waren die strategischen Flächenbombardements aus der Luft. Die Blockade, so schrieb er im Juli 1940 seinem Minister für Flugzeugproduktion, dem gebürtigen Kanadier Lord Beaverbrook, sei inzwischen eine stumpfe Waffe geworden, und »wir verfügen über keine kontinentale Armee, die die deutsche Militärmaschinerie niederwerfen kann«. Die einzige Waffe, um Hitler in die Knie zu zwingen, sei daher »ein absolut vernichtender, auf Ausrottung zielender Angriff durch sehr schwere Bomber von England aus auf das Vaterland der Nazis«.[6] »Die Marine kann uns diesen Krieg verlieren«, so gab er im Kabinett knappe vier Wochen später zu Protokoll, »aber nur die Luftwaffe kann ihn gewinnen. Deshalb muß unser höchstes Ziel darin bestehen, die absolute Lufthoheit zu erreichen. Die Jäger sind unsere Rettung, aber die Bomber allein liefern die Mittel für den Sieg. Deswegen müssen wir die Kapazität entwickeln, eine immer größere Anzahl von Bomben nach Deutschland hinein zu tragen, um dessen gesamte Industrie und dessen gesamtes wissenschaftliches Netzwerk zu zermalmen, auf denen die Kriegsleistung wie das ökonomische Leben des Feindes basieren, während wir ihn gleichzeitig von unserer Insel fernhalten. Es gibt derzeit keinen anderen möglichen Weg, wie wir darauf hoffen können, die immense militärische Macht Deutschlands zu brechen.«[7]
Ein drittes Element bestand in dem Bestreben, nach dem Fortfall Frankreichs als britischer Kontinentaldegen einen adäquaten Er-

satzpartner zu gewinnen. Nach Lage der Dinge kam hierfür nur die Sowjetunion in Frage. Sie allein verfügte über gewaltige Landstreitkräfte, die notwendig waren, um Hitler in offener Feldschlacht niederzuringen; sie unterminierte durch ihre ökonomische Partnerschaft mit Nazideutschland die Effektivität der britischen Blockade;[8] und sie hielt durch den Nichtangriffspakt vom August 1939 Hitler den Rücken frei für seine Aggression in West- und Nordeuropa. Aus Churchills Sicht kam es daher ganz entscheidend darauf an, jenseits aller ideologischen Differenzen eine Annäherung zwischen London und Moskau zu bewerkstelligen, um Stalin sukzessive aus der Umarmung durch Hitler herauszulösen. Schon vor dem Kriegsausbruch hatte Churchill diesem Gedanken Ausdruck verliehen, als er mahnte: »Ohne eine effektive Front im Osten kann es keine zufriedenstellende Verteidigung unserer Interessen im Westen geben; und ohne Rußland kann es im Osten keine effektive Front geben.«[9]
Diese Zielsetzung führte Ende Mai 1940 zu der Wiederbesetzung des verwaisten Botschafterpostens in Moskau mit dem ehemaligen Labour-Abgeordneten und Begründer der Socialist League, Sir Stafford Cripps,[10] sowie zu einer persönlichen Botschaft Churchills an Stalin, in der der neue Premierminister für die Entwicklung »harmonischer und für beide Teile nutzbringender Beziehungen« eintrat.[11] Ungeachtet der eisern bewahrten Reserve der Sowjets gegenüber diesen Annäherungsbemühungen Londons erhielt Cripps Mitte Oktober 1940 den Auftrag, im Kreml das Angebot einer umfassenden Verständigung zu unterbreiten. Es lief im wesentlichen darauf hinaus, daß London seine sofortige Bereitschaft erklärte, die sowjetischen Gebietsgewinne von 1939/40 – die baltischen Staaten, Bessarabien, die Nordbukowina sowie den russisch besetzten Teil Polens, den Cripps ohne Autorisation in die anvisierte Übereinkunft aufnahm – de facto anzuerkennen. Zweitens gab man das Versprechen, die sowjetische Regierung mit Blick auf die nach dem Sieg über Hitler anstehende Neuordnung der Verhältnisse in Europa als gleichberechtigten Verhandlungspartner zu behandeln und entsprechend zu konsultieren. Im Gegenzug sollten sich die Sowjets verpflichten, eine Haltung wohlwollender Neutralität gegenüber England, der Türkei und dem Iran zu bewahren sowie dem Abschluß eines Nichtangriffspakts mit England nach dem Muster des Hitler-Stalin-Paktes zuzustimmen.[12] Aber die Sowjets ließen

das Angebot monatelang unbeantwortet, bis Außenminister Molotow den britischen Antrag am 1. Februar 1941 schließlich in schroffer Form zurückwies.[13]
Um so mehr richteten sich die Hoffnungen Churchills auf effektiven Beistand durch die USA. Dahinter standen nicht nur die Reminiszenzen an den Ersten Weltkrieg, die transatlantische Partner- und Weltanschauungsgemeinschaft, die Churchill als Halbamerikaner nicht gering veranschlagte, sondern auch die realistische Einsicht in die Begrenztheit der eigenen Ressourcen sowie die Beschränktheit der eigenen Schlagkraft. Keine zwei Wochen nach dem Amtsantritt des neuen Premierministers hatten die Chiefs of Staff angesichts des sich abzeichnenden Desasters in Frankreich Kassensturz gemacht und folgendes festgestellt: Ohne die Hilfe der USA, ohne deren »volle ökonomische und finanzielle Unterstützung glauben wir nicht, daß wir den Krieg mit irgendeiner Aussicht auf Erfolg weiterführen können«. Dies bedinge, so die Militärs, eine enge Kooperation der USA mit England in der westlichen Hemisphäre, um die Wirkung der Seeblockade gegen Deutschland gänzlich zu entfalten; die umgehende Lieferung von Flugzeugen und Kriegsschiffen durch die Amerikaner sowie deren maritime Unterstützung im Pazifikraum, um die japanischen Begehrlichkeiten unter Kontrolle zu halten.[14]
Churchill, dessen Kalkül folglich darauf angelegt war, die USA schrittweise auf der Seite Englands in den Krieg zu ziehen, pendelte in seinen Botschaften an Roosevelt zwischen Hoffen und Bangen, zwischen bittender Zurückhaltung und kaum verhüllter Pression. Betonte er zum einen, daß er natürlich nicht an die Entsendung eines neuerlichen amerikanischen Expeditionskorps nach Europa denke, wenn er von einem Kriegseintritt der USA spreche, sondern vielmehr die »überragende moralische Auswirkung« im Visier habe, die ein solcher Schritt auf Deutschland, Italien und England ausübe,[15] so hielt er andererseits mit etwaigen düsteren Konsequenzen bei einer Fortdauer des amerikanischen Isolationismus nicht hinter dem Berg. Am 20. Mai, als die Panzergruppe Kleist die Somme-Mündung erreicht und der Mansteinsche »Sichelschnitt« die belgischen, britischen und französischen Einheiten von allen Landverbindungen abgeschnitten hatte, zog Churchill alle Register Rooseveltscher Befürchtungen. Obschon seine eigene Regierung, so ließ er sich in

Richtung Washington vernehmen, niemals kapitulieren werde, könne sie doch eine erfolgreiche Invasion der britischen Inseln nicht überstehen. »Falls andere zum Zuge kämen, um inmitten der Scherben über einen Waffenstillstand zu verhandeln«, so deutete er gegenüber Roosevelt unverbrämt die Folgen eines solchen Ereignisses an, »dürfen Sie nicht vor der Tatsache die Augen verschließen, daß das einzig verbleibende Verhandlungsobjekt mit Deutschland die Flotte wäre; und wenn die Vereinigten Staaten dieses Land seinem Schicksal überließen, hätte niemand das Recht, die dann Verantwortlichen zu kritisieren, wenn sie für die überlebenden Einwohner Englands die bestmöglichen Konditionen herausholen würden.«[16] Ein deutlicher Hinweis auf die drohende Auslieferung der britischen Flotte an Hitler, was diesen in die Lage versetzen würde, die Kontrolle über den Atlantik zu gewinnen und die ungeschützte Ostküste der USA zu bedrohen. Er fiel um so stärker ins Gewicht, als der Hauptteil der amerikanischen Flotte auf der anderen Seite des Erdballs, im weit abgelegenen Stützpunkt von Pearl Harbor, stationiert war.[17]
Betrachtet man unter diesen Auspizien die tatsächliche Hilfestellung, die die Vereinigten Staaten ihrem moralischen Verbündeten England zuteil werden ließen, so muß man konstatieren, daß Churchills Hoffnungen bis weit in das Frühjahr 1941 hinein unerfüllt blieben. Dies hatte seinen Grund nicht nur in der für den 5. November 1940 anberaumten Präsidentenwahl, bei der es Roosevelt darauf ankam, die Wähler für seine dritte Amtszeit bei der Stange zu halten; nicht nur in dem sich verschärfenden Trommelfeuer der Isolationisten um den Atlantikflieger Charles Lindbergh und um Senator Burton Wheeler, die die Phalanx ihrer Anhänger von ca. 800000 Mitgliedern im September 1940 zum American First Committee zusammengeschlossen hatten; hinzu kam die sich verschärfende Agitation gegen eine Wiederholung von »Wilsons Fehlern«, wie sie sich zunehmend in dem bei Bündnisverträgen mit anderen Mächten zustimmungspflichtigen Kongreß Bahn brach.[18] Der Hauptfaktor der sperrigen Haltung Washingtons gegenüber London war das beschränkte Vertrauen Roosevelts in die Durchhalteparolen Churchills,[19] sein Verdikt, jede amerikanische Hilfsleistung an die Briten dem strikten Prinzip des »do ut des« zu unterwerfen, und sein feines Gespür, daß die Begrenztheit der britischen Finanzkraft die Perspektive eines Ausverkaufs des Empire eröffnete, zumindest

aber ein Aufbrechen des Sterling-Blocks. »Wir haben die britische Geldkuh gemolken«, so führte der Präsident vor seinem Kabinett in Januar 1941 mit Blick auf die britischen Vermögenswerte aus, und jetzt ist sie »fast trocken«.[20]
Entsprechend mager war es um die amerikanischen Unterstützungsmaßnahmen für die bedrohte Insel bestellt. Ab November 1940 begannen inoffizielle und getarnte Stabsgespräche durch die Entsendung amerikanischer Generale nach London. Im September war ein Tauschvertrag abgeschlossen worden, der den Briten 50 alte Zerstörer gegen die Überlassung von Stützpunkten auf den Bahamas, in Jamaika, Antigua, Santa Lucia, Trinidad, Britisch-Guayana und Neufundland einbrachte. Im März 1941 folgte als Konsequenz der britischen Zahlungsunfähigkeit der sogenannte Lend-Lease Act, der England in weitere finanzielle und materielle Abhängigkeit führte; im April 1941 kam es schließlich zur ersten nennenswerten militärischen Hilfeleistung, einer Ausweitung der amerikanischen Sicherheitszone auf dem Nordatlantik bis zum 25. Längengrad, was den am Widerstand von Außenminister Hull gescheiterten Teilabzug amerikanischer Flotteneinheiten aus dem Pazifikraum notdürftig kompensierte.[21] Ungeachtet dessen schnellte die Verlustrate an britischem Schiffsraum, die auf das Konto der deutschen U-Boote ging, immer weiter empor und erreichte im späten Frühjahr 1941 ihren höchsten Stand seit Kriegsbeginn – ein Umstand, der nunmehr auch die Lebensmittelversorgung der britischen Zivilbevölkerung ernsthaft bedrohte.[22]
Je mehr die Briten auf der Stelle traten, je stärker sich die Überzeugung manifestierte, daß Hitler aus eigener Kraft vorläufig nicht zu besiegen war, desto mehr gewannen die verdeckten Facetten von Churchills Kriegsstrategie an Bedeutung. Dazu gehörte vor allem die Technik der Kryptoanalyse, die die Experten in Bletchley Park bald zur Perfektion entwickelten.[23] Hatte es zu Beginn des Krieges noch polnischer und französischer Hilfestellung bedurft, um auf die rätselhaften Spuren des deutschen Enigma-Codes zu stoßen, um die Signale des Deutschen Oberkommandos nicht nur aufzufangen, sondern unter 160 Trillionen theoretischen Möglichkeiten die richtige Dechiffrierung exakt und schnell herauszufinden, so war die Government Code and Cypher School im Sommer 1940 schon in der Lage, den Enigma-Schlüssel der deutschen Luftwaffe voll mitzulesen, und ein gutes

halbes Jahr später denjenigen von Heer und Marine. Aber auch die militärische Abwehr von Admiral Canaris sowie das Reichssicherheitshauptamt der SS unter Heydrich operierten bei ihren Aktionen mit dem Enigmacode. Damit eröffneten sich ungeahnte Möglichkeiten für jene Art der verdeckten Kriegführung, der ab der zweiten Hälfte des Jahres 1940 ein erheblicher Anteil an der Provozierung des Fluges von Heß nach Schottland zukam.
Durch die Entzifferung der codierten Nachrichten an die deutschen Agenten in England war der britische Geheimdienst nicht nur in der Lage, die eingeschleusten Spione rasch zu enttarnen und unschädlich zu machen, sondern einen ganzen Ring von Doppelagenten aufzuziehen, die scheinbar für die Deutschen, tatsächlich aber für die Briten arbeiteten. John C. Masterman, der Leiter dieses mysteriösen XX-Committee, das unter der Aufsicht von MI 5 operierte, konnte denn auch bald stolz behaupten, daß man das gesamte deutsche Spionagesystem in England effektiv kontrolliere und für eigene Täuschungsmanöver nutze – ein Befund, der sich im Lichte der nach dem Kriege erbeuteten deutschen Akten als nicht übertrieben herausstellte.[24] Masterman, der frühere Dekan und Fellow des Christ Church College in Oxford, der sowohl als Historiker wie als Tennis-As der Wimbledon-Klasse und Mitglied der olympischen Hockeymannschaft Englands hervorgetreten war, war einer der Amateure, die man als Ideenlieferanten und Impulsgeber für den Secret Intelligence Service angeworben hatte. Sein unmittelbarer Chef, der geistige Vater des XX-Committee und die wohl brillanteste Figur in den Reihen des britischen Geheimdienstes, war der Schotte Colonel T. A. Robertson, der bei den Seaford Highlanders gedient hatte. Er führte die mit der Durchkreuzung jeglicher feindlicher Aufklärungstätigkeit befaßte Sektion B. A. 1 des MI 5 und wurde im Jargon des SIS nach seinen sinnfälligen Initialen als »TAR« bezeichnet.
Der verhältnismäßig rasche Erfolg beim Aufbau eines funktionierenden Netzes von Doppelagenten, das zeitweise 30 bis 40 in England tätige deutsche Spione umfaßte und das Masterman im Stile einer »Cricketmannschaft« aufzog, um jeweils das beste Team für das »Spiel [...] aufs Feld zu schicken«, wie er sich ausdrückte,[25] beruhte nicht nur auf der Entschlüsselung des Enigma-Code. Den Nukleus des ganzen Systems bildete die Enttarnung des deutschen Agenten SNOW kurz vor Kriegsausbruch, die zur

Entdeckung weiterer Spione führte und eine »genaue Kenntnis des deutschen Code- und Chiffrierverfahrens« ermöglichte.[26] Hinzu kam als strukturelle Rahmenbedingung die vollkommene Abgeschlossenheit der britischen Inseln vom Kontinent seit dem Frühjahr 1940, so daß die Einschleusung von deutschen Agenten praktisch nur über Schweden und Portugal möglich war. Robertsons geradezu geniale Idee war es nun, die enttarnten Spione nicht auszuforschen und dann zu liquidieren, sondern sie als erstrangige Informationsquelle über die Absichten des Feindes weiterhin in Funktion zu halten und ihnen zur Beeinflussung und gezielten Irreführung der Deutschen sogenanntes »Chicken Feed«, also wohlberechnetes Spielmaterial zu liefern.[27]
Im Sommer 1940 hatte dieses Doppelagentensystem bereits einen solchen Umfang angenommen, daß auf Veranlassung des Director of Military Intelligence, Major-General Beaumont-Nesbitt, ein besonderer Ausschuß, das sogenannte Wireless Board, ins Leben gerufen wurde, um die Bereitstellung von falschen Informationen zur Fütterung der umgedrehten Agenten zu koordinieren. Zu den Mitgliedern dieses Wireless Board gehörten die ranghöchsten Offiziellen der britischen Geheimdienstszene: Beaumont-Nesbitt, John Godfrey, der Director of Naval Intelligence, Air Commodore Boyle, Rosenbergs alter Bekannter als Chef des Geheimdienstes der Luftwaffe, Sir Stewart Menzies, der Chef des SIS, sowie der Leiter der B-Division von MI 5, Guy Liddell.[28] Gegen Jahresende ging aus dem Wireless Board dann als Unterabteilung das XX-Committee hervor, dessen symbolischer Name »doublecross« für die Irreführung der Deutschen und das Doppelspiel der Agenten stand. Vom 2. Januar 1941 bis zum 10. Mai 1945 tagte es jede Woche einmal.[29]
In der im vorliegenden Zusammenhang relevanten Periode vom Herbst 1940 bis zum Frühjahr 1941 orientierten sich die inhaltlichen Ziele des Wireless Board bei der Versorgung der deutschen Spione mit Spielmaterial im wesentlichen daran, den offenbar ohnehin zaudernden Hitler von einer Invasion der britischen Inseln abzuhalten, wobei die Falschmeldungen entweder über Funkkontakt direkt an die deutschen Auftragsstellen weitergegeben wurden oder – wie im Falle SCOUTS [später TRICYCLE, d. Verf.], des besten Doppelagenten der Briten – über Portugal in die Kanäle der Abwehr beziehungsweise des diplomatischen Dienstes des Auswärtigen Amtes eingespeist wurden.[30]

So legte eine spezialisierte Tarnabteilung während der Luftschlacht um England im Herbst 1940 fiktive Startflächen der RAF und Jagdfliegerhorste an, die komplett mit aufgereihten Flugzeuggeschwadern aus Holzgestänge und Pappmaché ausgestattet wurden. Diese Attrappen waren so perfekt konstruiert, daß sie nicht einmal auf den Luftaufnahmen, die die Briten vorsorglich machten, als solche zu erkennen waren. Die Informationen über diese Scheinziele wurden nun der deutschen Abwehr zugespielt, um die feindlichen Bombenlasten entsprechend zu dirigieren und die Maschinen der Luftwaffe gezielt vor die Kanonen der britischen Abfangjäger zu locken.[31]

Zweitens wurden die Deutschen über die tatsächlichen Fähigkeiten der Briten zur Abwehr einer Invasion irregeführt, indem man den eigenen Rüstungsstand und die Stärkeverhältnisse der eigenen Truppen gröblich verzeichnete und übertrieb. Nachdem SCOUT alias Dusko Popov als scheinbarer Agent der Abwehr am 20. Dezember in England eingetroffen war, wurde er sofort durch Colonel Robertson und Sir Stewart Menzies persönlich über seine Aufgaben instruiert. Bereits Anfang Januar reiste er wieder nach Lissabon ab, um mit seinem dortigen Kontaktmann der Abwehr Verbindung aufzunehmen. Das Material, das Popov mit sich führte, sprach von 30000 Panzerabwehrwaffen, die die Briten an der Kanalküste angeblich in Stellung gebracht hatten. Dies entsprach zwar dem Stand der Dinge, aber faktisch waren die Waffen nur von sehr beschränktem Nutzen, da die Munitionsproduktion kläglich nachhinkte und kaum ein Fünftel der Kanonen tatsächlich einsatzbereit war.[32]

Am wichtigsten im vorliegenden Zusammenhang wurde jedoch die dritte Facette der britischen Manipulationsstrategie. Man müsse, so faßte Popov die an die Doppelagenten ausgegebenen politischen Instruktionen zusammen, »Hitler das [...] sagen, was er zu hören hoffte, vor allem, daß gewisse Elemente in Großbritannien bereit seien, mit ihm zu verhandeln«. Zu diesem Zweck sei es nötig, die Deutschen glauben zu machen, »daß der ›Blitz‹ die englische Moral bis zum Rand des Zusammenbruchs untergrabe und daß viele Politiker die Ansicht verträten, es sei höchste Zeit, Churchill und dessen ›Clique‹ zu stürzen und Schritte für einen baldigen Friedensschluß zu unternehmen«.[33]

In der Tat entsprachen die seit dem Herbst 1940 im RSHA, in den Dienststellen der Abwehr und in den deutschen Botschaften in den neutralen Staaten einlaufenden Meldungen über die Lage in England exakt dieser vorgezeichneten Linie. Inwieweit diese Nachrichten auch bis zum Stellvertreter des Führers gelangten, läßt sich im einzelnen nicht schlüssig verfolgen. Aber zwei Umstände legen den Schluß nahe, daß Heß' fixe Idee einer erfolgversprechenden persönlichen Friedensinitiative durch diese Botschaften bestätigt, wenn nicht gar provoziert wurde.

Zum einen hatte man Dusko Popov im Oktober 1940 bei der letzten Besprechung mit seinem Führungsoffizier der Abwehr, dem Hamburger Reedersohn Johann Jebsen, ausdrücklich auf das Interesse von Heß an Hinweisen auf ausgleichsbereite britische Oppositionskreise hingewiesen. Jebsen, der direkt vom Tirpitzufer in Berlin kam, erklärte dem unter dem Decknamen IWAN geführten neuen Agenten, bevor dieser über Lissabon nach London weiterreiste, Heß sei orientiert, »daß einige hochgestellte Persönlichkeiten in Großbritannien Kontakte mit Deutschland suchen«. Deshalb sei der Stellvertreter des Führers bestrebt, über »seine eigene Nachrichtenorganisation« entsprechende Verbindungen mit diesen Kreisen aufzunehmen,[34] – ein Hinweis, den Popov nach seinem Eintreffen in der britischen Hauptstadt weder Colonel Robertson vom MI 5 noch Sir Stewart Menzies verheimlicht haben dürfte.

Zum anderen flog Heß im Mai 1941 in dem festen Glauben ab, daß auf den britischen Inseln tatsächlich eine schlagkräftige Fronde gegen Churchill existiere und daß die verheerenden Verwüstungen, die die deutschen Bomber inzwischen angerichtet hatten, entscheidende Zirkel der britischen Führungsschicht zur Einsicht gebracht hätten, ein deutsches Friedenssignal, wenn es in glaubwürdiger Form erfolge, auch anzunehmen. Dementsprechend ersuchte Heß den Herzog von Hamilton beim ersten Zusammentreffen am Morgen des 11. Mai sofort, wie dieser in seinem Bericht an Churchill niederschrieb, »die führenden Mitglieder seiner Partei zusammenzurufen, um Friedensvorschläge zu unterbreiten«.[35] Es war also nicht etwa Heß, der zuerst seine Karten auf den Tisch legen wollte, sondern er war offenbar in der Erwartung gekommen, die Vorschläge der britischen Oppositionskreise in Empfang nehmen zu können, um darüber Verhandlungen zu beginnen. Es entsprach diesem Befund, wenn Heß bald konsterniert feststellen mußte, daß weder eine solche aktionsbereite Gruppe existierte noch daß »wir«, wie Major Morton, Churchills Geheimdienstoffizier, süffisant feststellte – »Hunger litten und in Bunkern hockten«.[36]

Wenn die hochfliegenden Erwartungen des StdF dermaßen an der Realität vorbeigingen, wenn er offenbar im Lichte völlig falscher Hoffnungen und Vorstellungen gen Schottland geflogen war, so konnten ihm die zwischen dem Herbst 1940 und dem Frühjahr 1941 bei den deutschen Stellen eingegangenen, von MI 5 frisierten Lageberichte über die Situation in England zumindest nicht gänzlich verborgen geblieben sein. Der Beginn der britischen Desinformationspolitik läßt sich ziemlich genau datieren: Er fällt mit den gleichzeitig anlaufenden Sondierungen von Heß über Albrecht Haushofer zusammen. Am 5. August meldete ein Bericht aus Bern, der sich auf einen Vertrauensmann in England berief, »daß gewisse Kreise um den Hof, die Banken- und Geschäftswelt« eine kriegerische Auseinandersetzung mit Deutschland tunlichst vermeiden wollten. Um jedoch einer in Aussicht genommenen Verhandlungsbereitschaft die volle Durchschlagskraft zu verschaffen, müsse zunächst von deutscher Seite eine »große Luftoffensive« in Gang kommen, die die Unfähigkeit der RAF zur Verteidigung des Landes offenbare und die es den ausgleichsbereiten Kräften ermögliche, ihre Vorstellungen einer Verständigung mit Hitlerdeutschland zu verwirklichen.[37]

Zwei Tage, nachdem ein dem Geheimdienst nahestehender britischer Offizier in Lissabon eingetroffen war, wußte auch der dortige deutsche Botschafter Erfreuliches zu berichten.[38] Seit Beginn der verschärften deutschen Luftangriffe, so Huene, sei die »Opposition gegen Churchill, die seit Mitte Juli geschwiegen habe«, wieder stärker geworden; sie sei »am geschlossensten bei den Konservativen selbst und im Land bei den Industriellen in Leeds und Birmingham«.[39] Auch die bei der Abwehr und im RSHA einlaufenden Mitteilungen bestätigten die offenbar zunehmende Ausgleichsbereitschaft in London, denn England werde – so verlautete über einen Agenten in Spanien – »noch vor einer deutschen Landung um Frieden bitten«.[40] Ein vom SD nach Stockholm entsandter V-Mann, der den kursierenden Gerüchten über eventuelle Friedensabsichten der Briten nachgehen sollte, wußte von einer entsprechenden »geheimen Kabinettssitzung in London« zu berichten, bei der Churchill »stark bedrängt« worden sei, eine »Brücke der Verständigung« mit Deutschland zu errichten, wenn dieses »von einer totalen Vernichtung des englischen Prestige absehe […]«.[41]

Begleitet wurden all diese scheinbaren Unterwerfungsgesten von Horrormeldungen über die schrecklichen Wirkungen und chaotischen Zustände, die die deutschen Luftangriffe in London angeblich verursacht hatten. Fünf Flugplätze um London seien völlig zerbombt, die Victoria und Euston Station seien schwer beschädigt, die Luftschutzräume seien unzureichend eingerichtet; die Stadt durchziehe ein Latrinengeruch, die Ärzte befürchteten den Ausbruch von Typhusepidemien und die Bevölkerung mache sich in Scharen daran, die Hauptstadt zu verlassen, was auch die Polizei nicht mehr verhindern könne. Plünderungen und Sabotage seien an der Tagesordnung, und die Organisation in London sei unter dem Druck der deutschen »Großangriffe [...] völlig zusammengebrochen«.[42]

Am eindrucksvollsten schilderten die V-Mann-Berichte aus Lissabon das vermeintliche Schreckensszenario.[43] »Die englische Hauptstadt«, so hieß es da, »ist nicht mehr wiederzuerkennen. [...] Im Nordwesten des Bahnhofs Victoria ist der Stadtteil Belgravia nur noch eine Ruine. [...] In dem Parkgürtel, der das Herz Londons bildet und insbesondere in der Zone, die vom Buckingham Palace zum Marble Arch führt, haben die Bombentrichter die Rasenflächen zerrissen und die Straßen unterbrochen. [...] Der Buckingham Palace hat die Front und den südlichen Flügel verloren. In Piccadilly in der Nähe von Hydepark Corner sind die Paläste des Herzogs von Wellington (Apsley House), von Lord Rothschild und der Palast, den der jetzige König als Herzog von York bewohnte, verschwunden. Der ganze südliche Teil von Piccadilly bis Ritz und Fortnum & Mason ist zerstört. Die nördliche Seite besteht ebenfalls nur noch aus Schutthaufen. Burlington House ist vernichtet. Schwerstens beschädigt sind auch die Straßen des eleganten Einkaufsviertels, man findet keine Spur mehr von der Dover-, Albemarle- und Bond-Street. [...] Strand und die City bestehen aus Ruinen. [...] Bloomsbury gleicht einem Friedhof.«

»In diesem Schutthaufen«, so fuhr der Bericht fort, »lebt die Londoner Bevölkerung. Drei Millionen sind evakuiert, der Rest teilt sich in drei große Kategorien: zu den ersten gehören diejenigen, die Wagen besitzen, diese verlassen gegen 4 Uhr nachmittags die Stadt, um erst am folgenden Morgen zurückzukommen. [...] Die zur zweiten Kategorie gehörenden besitzen zwar keine Wagen, haben aber private Zufluchtsorte. Die dritte Kategorie besteht aus der Masse derjenigen, die weder das eine noch das andere besitzen und mit den Tunnels der Untergrundbahn vorlieb nehmen müssen.« Ca. 100000 bis 150000 Leute lebten, so der V-Mann, »ständig in der U-Bahn. Die Lebensverhältnisse dort sind schrecklich. Des Nachts verkehrt die U-Bahn nur auf einem Geleise, während in das zweite Geleise eine Art von Netzen gespannt wird, in denen die Kinder schlafen. Es herrscht ein furchtbarer Gestank dort unten. [...] Da man befürchtet, daß von dieser in der U-Bahn lebenden Bevölkerung Seuchen und Demoralisierung ausgehen werden, hat man erst jetzt damit begonnen, auch die einfachsten Erfordernisse der Hygiene (z.B. Toiletten) anzulegen.«

Den ganzen Winter hindurch hielten diese Nachrichten über die schwere Versorgungskrise der Bevölkerung, von der die »Hälfte unter der Erde lebe«, über revolutionäre Zustände in der britischen Hauptstadt sowie über die reihenweise Schließung von Fabrikanlagen und Industrieunternehmen in England, wo das Leben inzwischen zur »Hölle« geworden sei, an.[44] In Wahrheit waren die Verluste durch die deutschen Luftangriffe zwar bedeutend, aber mitnichten auch nur im entferntesten so dramatisch, wie dies auf Basis dieser Horrormeldungen in Berlin erscheinen mußte. Wie der Minister für wirtschaftliche Kriegführung, Hugh Dalton, Mitte Oktober 1940 notierte, war der leichte Rückgang der Produktion im Vormonat keineswegs den Bombenschäden zuzuschreiben, sondern vielmehr den Ausfallzeiten durch die Fliegeralarme. Trotzdem sei unter dem Strich, so bilanzierte er befriedigt, eine Steigerung zu verzeichnen, vor allem aufgrund der Importe aus den USA. Demnach bestünden gute Aussichten, so Dalton, daß das Wachstum der Produktion in den nächsten Monaten rapide zunehme.[45] Gemeint waren jene Monate, in denen Canaris' und Heydrichs Agenten von einer »völlig hoffnungslosen« Lage in England berichteten, wo die Stimmung so »verzweifelt und durch die von den deutschen Fliegern angerichteten Zerstörungen so hoffnungslos« geworden sei, »daß es nicht einmal einer Invasion bedürfe, um den Zusammenbruch Englands herbeizuführen«.[46]

Es paßte vollkommen ins Bild, wenn nun auch die in Berlin eintreffenden Meldungen über etwaige politische Konsequenzen aus dem Chaos an Verzweiflung, Mißstimmung, wirtschaftlicher Misere und offenbar gewordener Endzeitstimmung in der Zen-

trale des britischen Weltreichs immer konkretere Formen annahmen. Bereits im Spätherbst 1940 war es zu einem ominösen konspirativen Treffen in San Francisco zwischen dem ehemaligen britischen Geheimdienstchef in New York, Sir William Wiseman, und dem deutschen Generalkonsul in San Francisco, Fritz Wiedemann, gekommen. Wiedemann, im bayerischen Regiment List während des Ersten Weltkrieges einer von Hitlers Vorgesetzten, hatte in den dreißiger Jahren als Adjutant des »Führers« gedient, war dann kurzzeitig in den Verbindungsstab von Heß eingetreten, hatte im Frühsommer 1938 eine Mission zu Lord Halifax nach London unternommen und war im März 1939 zum Generalkonsul in San Francisco und zum dortigen Exponenten der Auslandsorganisation der NSDAP ernannt worden.[47] Die Begegnung zwischen Wiseman und Wiedemann fand am 27. November in der Suite Nr. 1024 im Mark Hopkins Hotel der kalifornischen Metropole statt und wurde vom Federal Bureau of Investigations (FBI) auf Anweisung J. Edgar Hoovers über versteckte Mikrophone mitgeschnitten. Nach dem Bericht Hoovers eröffnete Wiseman dem deutschen Generalkonsul, daß er der Sprecher einer »politischen Gruppe von Briten sei, die von Lord Halifax angeführt werde und die darauf hoffe, einen dauerhaften Frieden zwischen England und Deutschland zustandezubringen«. Halifax repräsentiere, so Wiseman, »eine gewisse politische Richtung im House of Lords und im House of Commons, die sehr einflußreich sei«. Das Hauptproblem für Halifax und die Durchsetzung seines Verständigungswillens im britischen Kabinett sei jedoch, inwieweit die britische Regierung diesmal etwaigen Versprechungen Hitlers wirklich vertrauen könne.[48]
Diese Signale fanden ihre Bestätigung auch aus anderen Quellen. Churchills Stellung, so hieß es, sei »geschwächt«, und man spekuliere bereits über »mögliche künftige Nachfolger», die »britische Regierung warte auf deutsche Friedensvorschläge«; und nach Überzeugung des amerikanischen Botschafters Kennedy, so wurde berichtet, könne »England bestenfalls unter jetzigen Umständen noch sechs Monate aushalten«.[49] In diesem Zusammenhang wurde es nicht unbedingt als Rückschlag gewertet, wenn Churchill nach dem plötzlichen Tod von Lord Lothian, des britischen Botschafters in Washington, die Gunst der Stunde nutzte, um seinen offenbaren Hauptgegner im Kabinett, Außenminister Lord Halifax, Ende Dezember 1940 auf den frei gewor-

denen Posten in Washington abzuschieben und mit Anthony Eden einen Mann seiner Wahl und Richtung ins Foreign Office hievte. Der Schachzug des Premierministers ließ sich ebensogut als Beleg für die gemeldeten Dissonanzen in Whitehall deuten, und er markierte präzise, daß die Marschroute Churchills, eines Sieges um jeden Preis, zunehmend auf Opposition und Ablehnung stieß,[50] zumal die Nachrichten über eine ungeschmälerte britische Ausgleichsbereitschaft nicht abrissen. »In maßgebenden britischen Kreisen«, so hieß es im März 1941 in einer der deutschen Botschaft in Madrid zugespielten geheimen Meldung, sei man sich darüber im klaren, »daß der Krieg für England nicht mehr zu gewinnen sei«.[51] »Nach Äußerung eines prominenten Engländers«, so der deutsche Militärattaché in Bern, wurde Lord Halifax vor allem deshalb nach Washington abgeschoben, weil er, wie der Herzog von Windsor, der frühere König Edward VIII., der Auffassung sei, daß eine Fortsetzung des Krieges England »dem völligen Ruin entgegenführen müsse«. Die Zahl der einflußreichen Briten, die diese Ansicht teilten, sei »ständig im Wachsen« begriffen.[52] Noch Ende April 1941, knapp zweieinhalb Wochen vor dem Start von Heß, konnte Heydrich auf Basis der aus England eingegangenen Nachrichten triumphierend darauf verweisen, daß »Vertreter englischer Wirtschaftskreise, insbesondere der Exportindustrie« sowie »konservative Kreise« die ernsthafte Absicht hegten, »mit Deutschland einen Kompromißfrieden zu schließen, um den völligen Ruin des Wirtschaftssystems zu verhindern«.[53]

Diese gezielte Desinformationspolitik der Briten, die vom SIS und seinen zahlreichen Unterabteilungen mit Hintersinn orchestriert wurde, stellte sozusagen die allgemeine Rahmenbedingung für das Bestreben des StdF dar, mit den ausgleichsbereiten Kreisen der Insel in Kontakt zu treten. Ursächlich für seinen Entschluß, selbst die Hauptrolle zu übernehmen, sich in einem Wagestück ohnegleichen an das Steuer einer Me 110 zu setzen und persönlich eine Friedensinitiative zu unternehmen, war sie nicht. Der Schlüssel zur Erklärung des Schottlandfluges vom 10. Mai 1941 liegt vielmehr in der Geschichte jenes Briefes von Albrecht Haushofer an den Herzog von Hamilton, den Heß Ende September 1940 auf den Weg gebracht hatte und der in die Hände von MI 5 gefallen war.

Während die offizielle Darstellung der britischen Regierung, die erst jüngst wieder ihre Bekräftigung durch Colonel »TAR« Robertson von MI 5 erfahren hat, stets die Aufnahme einer Korrespondenz mit dem Absender des Schreibens bestritt und auf die im Winter 1940/41 erfolgte Umsiedlung von MI 5 von London nach Oxford verwies, die die Einleitung eines Spionagespiels durch eine Beantwortung des Haushofer-Briefes, der angeblich monatelang in den Schubladen schlummerte, unmöglich gemacht habe,[54] hielten die Sowjets unverrückbar an ihrer Überzeugung fest, daß Heß vom britischen Geheimdienst in eine Falle gelockt worden sei.[55] Ob sich die Sowjets dabei – wie Sir Maurice Oldfield, der ehemalige Direktor von MI 6, in einem Interview preisgab – auf Informationen aus dem unmittelbaren Umkreis von Heß stützen konnten, weil an der Spitze von dessen Geheimdienstapparat ein Agent des KGB saß,[56] gehört ins Reich der Spekulation. Immerhin aber legten die Sowjets vor einigen Jahren zur Untermauerung ihrer Konspirationstheorie einen Bericht von Oberst Moravec vor, dem Chef des Geheimdienstes der tschechischen Exilregierung in London, der vom Oktober 1942 datiert und sich an einen Kontaktmann des KGB in der britischen Hauptstadt richtete. Darin führte Moravec folgendes aus: »Die ausgestreute Darstellung, daß Heß in England unerwartet eintraf, entspricht nicht den Tatsachen. Lange vor seinem Flug hatte Heß über seine Mission mit dem Herzog von Hamilton korrespondiert. In dieser Korrespondenz wurden en detail alle seinen Flug betreffenden organisatorischen Fragen besprochen. Aber Hamilton war persönlich darin gar nicht verwickelt. All die Briefe von Heß an Hamilton erreichten diesen nicht, sondern wurden vom Geheimdienst abgefangen, wo die Antworten an Heß im Namen Hamiltons fabriziert wurden. Auf diese Weise gelang es den Briten, Heß nach England zu locken. [...]«[57]

Dieser Vorwurf eines britischen Intrigenspiels mit Heß hat sich bis heute nicht erhärten lassen. Dies hat vor allem seinen Grund darin, daß die Akten von MI 5 und MI 6 auf unbestimmte Zeit unter Verschluß bleiben, daß die Russen sich bis dato hartnäckig weigerten, weiteres Beweismaterial für ihre These vorzulegen, vielmehr die Eröffnungen Moravecs im Spätherbst 1942 sofort nutzten, um eine großangelegte Agitationskampagne gegen London zu starten und ihrem Anliegen der Eröffnung einer Entlastungsfront im Westen des Kontinents durch ein Hochpeitschen der Affäre Heß die nötige Durchschlagskraft zu verleihen suchten.[58]

Nicht zuletzt erweist sich das Moravec-Dokument, wenn man es quellenkritisch betrachtet, als stumpfes Indiz. Erstens entstand es nicht im Gang der Ereignisse des Mai/Juni 1941, sondern stammt vom Oktober 1942, ohne daß überhaupt klar wird, welche Umstände Moravec veranlaßten, seine Eröffnungen gegenüber Moskau zu machen. Zweitens hat sich die von Moravec aufgestellte Behauptung, daß er »persönlich diese Korrespondenz zwischen Heß und Hamilton« gesehen habe,[59] bis heute nicht verifizieren lassen. Die Quellen des tschechischen Geheimdienstchefs, seine Informanten und Zuträger bleiben also im Dunkeln. Und drittens hat sich bislang keine verläßliche andere Quelle auffinden lassen, die die von Moravec erhobenen Vorwürfe stützen und bestätigen könnte.
Tatsächlich gibt es jedoch nicht nur eine Kette von Indizien im Vorfeld des Heß-Fluges, sondern erstmals auch einen über den Bereich von Mutmaßungen und Spekulationen hinausgehenden dokumentarischen Befund, der nahelegt, daß Heß eben nicht jener geflügelte Parzifal war, als der er immer wieder geschildert wird, und daß über die Schiene einer Korrespondenz zwischen dem Führerstellvertreter und dem britischen Geheimdienst, der im Namen von Hamilton auftrat, entscheidende Informationen wechselten, die den Flug provozierten.
Ein erster Anhaltspunkt ergibt sich aus der Durchführung des Fluges selbst. Heß hatte sein Unternehmen durch die Einholung von Wettermeldungen, durch das intensive Studium von Karten sowie durch zahlreiche Probeflüge minutiös durchgeplant und vorbereitet. Zwei für das Gelingen des Unternehmens elementare Faktoren blieben jedoch anscheinend vollkommen außer Betracht: der einer Landung auf dem unbeleuchteten Privatflugplatz von Hamilton bei Dungavel und derjenige einer genauen Kenntnis von Hamiltons Aufenthaltsort und dessen Tätigkeitsfeld zum fraglichen Zeitpunkt. Tatsächlich ergab sich hier nun ein gravierendes Problem, als Heß am 10. Mai 1941 gegen 23 Uhr vergeblich nach einer Landemöglichkeit Ausschau hielt, bis zum letzten Tropfen Treibstoff mit seiner Maschine über dem schottischen Hochland hin und her kreuzte und sich schließlich in einem improvisierten, nie geübten und fast tödlich endenden Fallschirmabsprung aus dem Flugzeug hinauskatapultieren mußte.[60] Hamilton aber hielt sich an jenem Tag überhaupt nicht auf seinem Landsitz auf, sondern war als diensthabender Offizier auf

dem Stützpunkt der RAF in Turnhouse an der schottischen Atlantikküste eingeteilt. Will man Heß also nicht grobe Fahrlässigkeit unterstellen, so bleibt nur der Schluß, daß er bezüglich beider Komplexe im vorhinein Informationen erhalten haben mußte, die ihn in Sicherheit wiegten.

Zweitens erwähnte Karl Haushofer, als er unmittelbar nach dem Kriege und dem Tode seines Sohnes Albrecht von amerikanischen Vernehmungsoffizieren befragt wurde, die Existenz mehrerer Briefe, die über Portugal nach England abgeschickt worden seien. »Ich vermute«, so Haushofer, »daß einige davon von den Geheimdiensten abgefangen wurden, die die Antwortbriefe geschrieben haben müssen, die Heß dazu brachten, in Erwartung einer Friedenskonferenz nach England zu fliegen.«[61] Einen ersten diesbezüglichen Hinweis in Richtung eines entsprechenden Komplotts des Secret Service gab es in der Tat schon wenige Tage nach dem Start von Heß. Am 13. Mai 1941 sprach die von der Nationalsozialistischen Parteikorrespondenz herausgegebene Meldung über die Hintermänner des Heß-Fluges davon, es sei »denkbar, daß Heß am Ende von englischer Seite bewußt in eine Falle gelockt wurde«,[62] und sie wiederholte damit den am Vortag vor ausländischen Journalisten in Berlin ausgegebenen Befund, daß Heß von britischen Agenten mittels eines »Friedensköders« zu seiner Mission veranlaßt worden sei.[63]

Diese Verlautbarungen waren beileibe kein Ablenkungsmanöver zur Schadensbegrenzung vor der deutschen und internationalen Öffentlichkeit, sondern sie fußten auf den Untersuchungen, die das RSHA und die Abwehr inzwischen zur Ausleuchtung der Hintergründe des Fluges angestellt hatten. Der SS-Standartenführer im SD, Walter Schellenberg, der im Juni 1941 zum stellvertretenden Chef des Amtes VI (SD-Auslandsgeheimdienst) im RSHA ernannt wurde und unmittelbar mit den Ermittlungen im Fall Heß befaßt war, hatte Hitler nämlich binnen kurzem einen Bericht aus Lissabon vorgelegt, der besagte: »Heß sei systematisch durch den engl[ischen] Secret Service und dessen deutsche Helfershelfer zu seinem Entschluß bestimmt worden«.[64] Von den durch Hitler hierauf angeordneten intensiven Recherchen und Nachforschungen, die die Abwehr und den SD über mehrere Wochen hinweg beschäftigten, ist freilich in den Archiven keine Spur mehr zu finden, so daß das abschließende Ergebnis der Ermittlungen im Dunkeln bleibt.

Es gab allerdings noch eine andere Seite, die sich eingehend mit den Ursprüngen der Friedensinitiative von Heß auseinandersetzte und die über ungleich bessere Möglichkeiten verfügte, sich einschlägige Kenntnisse zu beschaffen: die tschechische Exilregierung in London unter ihrem Präsidenten Benesch. Sie wurde von der Frage umgetrieben, welche Umstände Heß zu seinem Flug veranlaßten und ob die bald einsetzenden Gerüchte über ein Friedensangebot, das der Führerstellvertreter der britischen Regierung unterbreitet habe, auf Wahrheit beruhten. Denn nichts mußte Benesch und seine Leute mehr beunruhigen als die Aussicht eines deutschen Separatfriedens mit England, der leicht die Dimensionen eines zweiten Münchner Abkommens annehmen konnte. Das Tagebuch des persönlichen Sekretärs von Benesch, Eduard Taborsky, verzeichnete deshalb seit dem 12. Mai penibel jede Einzelheit, die sich in der Sache Heß in Erfahrung bringen ließ. Und tatsächlich hielten die Tschechen Ende Mai einen streng geheimen Bericht einer britischen militärischen Amtsquelle in Händen, der – wie Taborsky am 31. Mai in seinem Tagebuch verzeichnete – klarstellte, daß »der Nazist Nr. 3 in die Falle von den Engländern gelockt wurde«.[65]

Wer der Zuträger der Tschechen war, darüber gibt der anonyme Bericht keinen Aufschluß. Allerdings liegt die Vermutung nahe, daß es sich um Sir Robert Bruce Lockhart, den Chef der Abteilung SO1 (Schwarze Propaganda) im SOE von Hugh Dalton gehandelt haben dürfte, der zugleich als Verbindungsoffizier zur tschechischen provisorischen Regierung fungierte, dessen Name wiederholt in den Taborsky-Tagebüchern auftaucht und der über entsprechende Beziehungen verfügte, um hinter das Staatsgeheimnis in der Affäre Heß zu gelangen. Im übrigen deuten auch die den größten Teil des Berichts umfassenden Ergebnisse der seit dem 11. Mai mit Heß geführten Unterredungen – sowohl was ihren nach Ausweis der Gesprächsprotokolle korrekten Inhalt als auch die präzise Schilderung des von Heß unterbreiteten Angebots anbelangt – auf einen ranghohen und in die Details eingeweihten Informanten der Tschechen hin.

Nach Ausweis dieses streng geheimen Berichts von Ende Mai 1941 wurde der Haushofer-Brief dem Herzog von Hamilton »niemals zugesandt« und dessen »Name nur als Deckadresse, ohne sein Wissen, benutzt [...]«. Statt dessen antwortete der »britische Geheimdienst auf diesen Brief in seinem Namen«. »In dieser

Weise«, so der Bericht, »wurden mehrere Briefe ausgetauscht. Diese Korrespondenz führte zu Heß' Flug nach England.«[66] Was den Inhalt dieser Korrespondenz anging, so wurde, wie Taborsky in seinem Tagebuch festhielt, der Herzog von Hamilton gebeten, mit einer »Agitation in den Appeasementkreisen« zu beginnen. »Im richtigen Moment würde dann eine hochrangige politische Persönlichkeit nach England kommen, um über die Friedensbedingungen zu verhandeln.« »Es sieht also so aus«, so Taborsky, »daß die Briten die Nazis hereingelegt haben und daß sie Heß schließlich dazu gebracht haben, nach England zu kommen, in der Vermutung, daß der Boden für Friedensverhandlungen vorbereitet sei und daß er sich wirklich mit dem Herzog von Hamilton treffen könne.«[67] Wie Benesch selbst nach dem Kriege ergänzend ausführte, arrangierte der Geheimdienst »alles«. Man gab an, »wohin der Flug von Heß gehen sollte – in die Nähe des Landsitzes des Herzogs von Hamilton – und man einigte sich auf das Datum und alles andere«.[68]

In der Tat wußte die britische Seite über den Ankunftstag von Heß präzise Bescheid. Am Samstag, dem 10. Mai, dem Tage des Abflugs von Heß, erhielt Ernest Bevin, der Minister für Arbeit in Churchills Kabinett, eine codierte Mitteilung aus Deutschland, die besagte, daß Heß nach England unterwegs sei. Noch in der Nacht, nachdem Bevin in Sheffield und Leeds zwei Redeauftritte absolviert hatte und nachdem Albert James Heal, ein persönlicher Freund von Bevin, die Nachricht dechiffriert hatte, wurde Churchill telefonisch in Kenntnis gesetzt. »Ich hatte die ganze Zeit den Eindruck«, so erinnerte sich Heal an die Szene, »daß der Premierminister die ganze Sache für einen Scherz hielt, besonders als ihm Bevin sagte, daß Heß versuchen wolle, mit dem Herzog von Hamilton Kontakt aufzunehmen.«[69]

Darin aber täuschte er sich, denn Churchill machte sich umgehend daran, entsprechende Vorkehrungen zu treffen. Da sich der Premierminister aufgrund der vorhergesagten deutschen Luftangriffe auf London über das Wochenende nach Ditchley Park, dem Landsitz Sir Ronald Trees unweit von Blenheim Palace bei Oxford, zurückgezogen hatte, informierte er seine Gastgeberin Lady Tree am Sonntag morgen, »daß der Herzog von Hamilton den Sonntag abend in Ditchley verbringen werde«. Und er setzte, da sich Lady Tree offensichtlich wunderte, weshalb dieser Peer aus dem entfernten Schottland so plötzlich den Premierminister zu sehen wünsche, hinzu: »Die Wahrheit ist oft seltsamer als die Vorstellungskraft.«[70] Dieser Satz galt auch für den Nachmittag, als Hamilton, nachdem er Heß am Morgen bei einer ersten Unterredung identifiziert hatte, aufgeregt im Foreign Office in London anrief und den Ständigen Unterstaatssekretär Sir Alexander Cadogan zu sprechen wünschte.

Nach Hamiltons Aufzeichnungen sprach er gegen 17 Uhr mit dem Sekretär Cadogans, der ihm sofort bedeutete, daß »Sir Alexander ein äußerst beschäftigter Mann sei«. Vielleicht, so der Sekretär, könne ihn Cadogan am nächsten Morgen empfangen, wenn es dessen Terminplan zulasse. »Plötzlich«, so Hamilton, »inmitten eines ziemlich heftigen Wortwechsels, sagte eine fremde Stimme: ›Hier spricht der Sekretär des Premierministers. Der Premierminister hat mich ins Foreign Office geschickt, da er informiert ist, daß Sie interessante Informationen haben. Ich bin gerade hereingekommen, und ich würde gerne wissen, was Sie vorschlagen zu tun.‹«[71] Churchill hatte also auch in London bei seinem zweiten Privatsekretär Jock Colville inzwischen die Weichen gestellt, um Hamilton tatsächlich nach Ditchley zu lotsen und die Federführung bei der ganzen Aktion an sich zu reißen.

Hält man nun Colvilles Bericht über die Szene im Foreign Office gegen Hamiltons Niederschrift, so wird ersichtlich, wie sehr es Churchills Sekretär darum zu tun war, den Eindruck zu verwischen, man habe bereits vorab Kenntnis über den Flug von Heß zu Hamilton erhalten. In der publizierten Version von Colvilles Tagebüchern[72] beginnt der Eintrag vom Sonntag, dem 11. Mai, mit einer merkwürdigen Koinzidenz. »Beim Erwachen«, so Colville, »mußte ich unerklärlicherweise an Peter Flemings Buch Flying Visit[73] denken und was wohl geschähe, wenn wir Göring bei einem seiner angeblichen Flüge über London gefangennehmen würden.« Nach einem Rundgang durch das von den deutschen Bomben verwüstete Regierungsviertel von Whitehall rief Colville »nach dem Frühstück [...] den Premierminister in Ditchley an« und berichtete ihm ausführlich über die Schäden des deutschen Angriffs der vergangenen Nacht. Dann, so Colville, ging er hinüber ins Außenministerium, »um ein wenig mit Nicholas Lawford zu plaudern, dem zweiten Privatsekretär Anthony Edens, der an diesem Wochenende Dienst hatte. Er telefonierte gerade, als ich sein Büro betrat, wandte sich um und sagte ins Telefon: ›Warten Sie einen Moment. Ich glaube, hier kommt der richtige Mann für Sie.‹ Er hielt die Hand über die Muschel und erklärte mir, daß er mit dem Herzog von Hamilton spreche, der eine phantastische Geschichte zu erzählen habe, deren Einzelheiten er nicht preisgeben könne. [...] Lawford übergab mir das Telefon. [...] Der Anrufer lehnte es erneut ab, sich näher zu äußern, und sagte, er könne das, was geschehen sei, nur mit einem Roman von E. Philips Oppenheim vergleichen; es gehe um ein abgestürztes Naziflugzeug. In diesem Augenblick fielen mir meine Gedanken über das Buch von Peter Fleming beim Aufwachen wieder ein, und ich war sicher, daß entweder Hitler oder Göring angekommen war.«[74] Nach dem Bericht, den Colville noch vor der Veröffentlichung seiner Tagebücher dem Sohn des Herzogs von Hamilton gab, fragte er Hamilton sogar, sobald er den Hörer in der Hand hielt: »Ist jemand angekommen?«, worauf Hamilton nach einer Pause mit einem »Ja« antwortete.[75]

Colvilles Bericht klingt ebenso plausibel, wie er falsch ist. Denn sein angeblich am Morgen des 11. Mai zufällig mit Hamilton geführtes Gespräch fand – wie Hamilton richtig behauptete – erst am späten Nachmittag statt, nachdem Colville bereits längst mit Churchill telefoniert und entsprechende Verhaltensmaßregeln erhalten hatte. Und zweitens war der Mann, mit dem Hamilton am Telefon heftig disputierte, nicht etwa Nicholas Lawford, der sich an diesem Wochenende gar nicht in London aufhielt, sondern der Sekretär Cadogans, John Addis. Dies ergibt sich zweifelsfrei aus einem Eintrag in den Originaltagebüchern Cadogans, der bezeichnenderweise in der gedruckten Fassung seiner Tagebücher ausgespart blieb. Cadogan verzeichnete nämlich gegen 17:30 Uhr einen Anruf von Addis mit, wie er sich notierte, »dieser Geschichte: Ein deutscher Pilot landete in der Nähe von Glasgow und fragte nach dem Herzog von Hamilton. Letzterer so beeindruckt, daß er nach London fliegen will und mich heute nacht in Nr. 10 sehen will. [...] Eine halbe Stunde später hörte ich, daß der Premierminister Vorkehrungen getroffen hat, um den Herzog am Flugplatz abzuholen und nach Chequers zu bringen.«[76] Colvilles gewundene und um Erklärung bemühte Erzählung ist also nichts anderes als der Versuch, den Überraschten zu mimen.

Tatsächlich aber war es an Hamilton, überrascht zu sein, denn er hatte sich erfolgreich dem Bestreben des Geheimdienstes widersetzt, den ihm zugedachten Part in der Geschichte zu übernehmen. Ende Februar 1941 hatte er einen Brief aus dem Luftwaffenministerium erhalten, in dem ihn Group Captain Stammers zu einer Unterredung »in einer gewissen Angelegenheit« bat.[77] Mitte März erschien Hamilton im Houghton House in London, und Stammers fragte ihn sofort nach dem Brief, den Haushofer an Hamilton geschrieben habe. Gemeint war nicht etwa das Schreiben Albrecht Haushofers vom Juli 1939, das Hamilton damals entgegen dem Wunsch seines Freundes auch Churchill gezeigt hatte und das jetzt im Safe einer Bank ruhte. Stammers Frage zielte vielmehr auf den Brief Haushofers vom 23. September 1940 ab, und er reichte dem konsternierten Herzog sogleich eine Kopie über den Tisch. Wie Stammers ausführte, seien die Geheimdienstbehörden der Ansicht, daß »Haushofer eine bedeutende Persönlichkeit sei, die enge Verbindungen mit dem deutschen Außenministerium habe«. Aus diesem Grunde, so Stammers, messe der Geheimdienst einer Kontaktaufnahme mit Haushofer »beträchtliche Bedeutung« zu. Das Spionagespiel war also offenbar so weit gediehen, daß man nun an eine präzise Auslotung des deutschen Fühlens dachte, obwohl zwischen der Absendung des Briefes im September und der Inkenntnissetzung Hamiltons schon mehrere Monate lagen. Dies aber konnte bei Lichte besehen nur bedeuten, daß in diesem Zeitraum ein Briefwechsel stattgefunden haben mußte, um den Kontakt warm zu halten. Andernfalls wäre es eine widersinnige und durchsichtige Idee gewesen, nach dem Ablauf eines knappen halben Jahres das seinerzeitige Signal aus Lissabon nunmehr endlich aufzugreifen.

Laut der Privatpapiere des Herzogs geschah nun zunächst einmal gar nichts, denn Hamilton entzog sich der ihm angetragenen Aufgabe. Im April erhielt er den Befehl, sich am 25. des Monats bei Group Captain Blackford im Luftwaffenministerium einzufinden.[78] Als Hamilton dort erschien, erwarteten ihn zwei Männer: Group Captain Blackford und Colonel »TAR« Robertson, Spiritus rector des Doppelagentensystems und Chef der Sektion B.A. 1 des MI 5, die sich mit der Bekämpfung der feindlichen Spionage befaßte. Sie trugen Hamilton an, nach Portugal zu reisen und sich dort mit dem Absender des Schreibens zu treffen. Hamilton erbat sich Bedenkzeit und konferierte mit seinem Schwiegervater, Lord Eustace Percy, um einen Ausweg aus dem Dilemma zu finden.

Am 28. April nannte er in einem Brief an Blackford seine Bedingungen. Erstens sollte der britische Botschafter in Portugal über seine Mission in Kenntnis gesetzt werden, und zweitens bat Hamilton vor seiner Abreise um ein persönliches Gespräch mit Alexander Cadogan vom Foreign Office, dem zuständigen Koordinator der Geheimdienste. »Ich muß in der Lage sein«, so begründete Hamilton seine Forderungen, »X zu erklären, warum ich seinen Brief mit einer Verzögerung von sieben Monaten beantworte. Es wäre gefährlich, ihn zu der Annahme zu verleiten, daß die Behörden mir seinen Brief vom letzten Herbst vorenthalten hätten, diesen jetzt freigegeben und mich ersucht hätten, ihn zu beantworten. [...] Dürfte ich deshalb um eine Erklärung der Umstände bitten, warum der Brief im letzten Herbst mir vorenthalten wurde?«[79]

Hamilton verlangte also nicht nur eine hinreichende Absicherung seiner Person als Agent im Dienste des MI 5, sondern er bestand darauf, über den Stand der Dinge in Sachen Haushofer-Brief rückhaltlos in Kenntnis gesetzt zu werden. Denn soviel war klar: Der Geheimdienst würde ihn, nachdem seit der Absendung des Schreibens nunmehr sieben Monate vergangen waren, wohl kaum nach Portugal schicken, wenn in dem undurchsichtigen Spiel in der Zwischenzeit nicht schon hinter seinem Rücken Fäden geknüpft worden wären, die ihn zur Marionette von MI 5 machten. Die Forderungen Hamiltons stellten »TAR« Robertson also vor die Alternative, dem Herzog entweder eine plausible Erklärung dafür zu liefern, warum diesem die Existenz des Schreibens vom vergangenen September erst nach Monaten bekanntgegeben wurde, oder aber die Karten offen auf den Tisch zu legen, Hamilton in das bisher abgelaufene Spionagespiel einzuweihen und damit gegen alle Regeln der Geheimdienstpraxis zu verstoßen. Es ist bezeichnend, daß Robertson vor beiden Alternativen zurückschreckte und seinen Plan, Hamilton in Richtung Lissabon in Marsch zu setzen, auf halbem Wege abbrach.

Wie aus dem Antwortbrief Blackfords an den Herzog vom 3. Mai hervorgeht, begab sich Hamilton zwischen dem 28. April und dem 3. Mai erneut nach London,[80] um sich Rat zu holen, vielleicht um Cadogan zu sehen, den er am 11. Mai, nach der Ankunft von Heß, als ersten zu kontaktieren versuchte. Blackford, der Hamiltons Brief vom 28. April inzwischen mit Air Commodore Boyle, dem Chef der Geheimdienstsektion der RAF, erörtert hatte, nahm nun unvermittelt von dem Vorschlag einer Mission nach Portugal Abstand. Das Luftwaffenministerium, so Blackford gegenüber Hamilton, »ist in keiner Weise mit der auf dem Spiel

stehenden politischen Frage befaßt, sondern nur mit dem Problem, ob es praktikabel ist oder nicht, mit Ihrer Hilfe einen Kanal zu eröffnen«. Man habe Hamiltons Einwände und Bedenken deshalb der »zuständigen Behörde«, also MI 5, unterbreitet. Nun aber, seltsam genug, war plötzlich die Rede von »früheren Briefen« [»previous letters«], die Hamilton an Haushofer geschrieben habe. »Meiner Meinung nach«, so fuhr Blackford nämlich fort, »macht es die Verzögerung, die eingetreten ist, extrem schwierig, eine wasserdichte Erklärung für eine Aktion zum jetzigen Zeitpunkt zu finden, und obschon eine gute Erklärung dafür vorgeschlagen wurde, nämlich die, daß Sie Nachforschungen darüber angestellt haben, weshalb Ihre früheren Briefe nicht beantwortet worden sind, könnte diese vielleicht nicht überzeugend wirken und deshalb unerwünschte politische Folgen haben.«
Eine Deutung dieser verklausulierten Passage in dem Brief Blackfords an Hamilton muß so lange spekulativ bleiben, als man keinen Aufschluß darüber besitzt, mit wem Hamilton bei seinem erneuten Besuch in London zwischen dem 28. April und dem 3. Mai zusammengetroffen war und vor allem, was er dabei über die Geschichte des Haushofer-Briefes, die ihm so sehr am Herzen lag, erfahren hatte. Entweder, so muß man schließen, hatte er eine Ahnung davon, daß inzwischen doch Briefe in seinem Namen abgegangen waren, weshalb Blackford nun die Existenz »früherer Briefe« eingestehen mußte, oder er hatte – entgegen der Aussage seines Sohnes, der das letzte Schreiben von Hamilton an Haushofer auf den November 1937 (!) datiert,[81] – weiterhin und ungeachtet des Kriegsausbruchs eine Korrespondenz geführt, die von Haushofers Seite unbeantwortet geblieben war, was nun als Grund für die Zeitverzögerung seit dem September 1940 herhalten sollte. Dem Antwortbrief Hamiltons an Blackford vom 10. Mai war jedenfalls eine deutliche Erleichterung anzumerken, daß das Portugalunternehmen abgeblasen war.[82] Gleichzeitig hielt Hamilton mit seinem Unbehagen über den von Blackford geäußerten Vorschlag nicht hinter dem Berg. »Ich muß zugeben«, so schrieb er, »ich kann mich mit dem gemachten Vorschlag nicht anfreunden, den Sie erwähnen, daß ich Nachforschungen angestellt hätte, warum meine früheren Briefe nicht beantwortet wurden.« Und dabei blieb es – denn am Abend jenes 10. Mai sprang Heß mit dem Fallschirm in Schottland ab.
Auch wenn man die deutsche Seite in den Blick nimmt, ergeben

sich einige Indizien, die für einen vom britischen Geheimdienst fabrizierten Briefwechsel zwischen Heß und Hamilton in der fraglichen Periode des Winters 1940/41 sprechen. Eine Passage im Tagebuch von Goebbels erwähnt ausdrücklich die Existenz von »Heß' Briefe[n] an Hamilton«,[83] vor allem aber gibt es einen eindeutigen Hinweis darauf, daß sich Heß vom Oktober 1940 bis in den Januar 1941 mit einer Korrespondenz mit Hamilton befaßte. »Etwa am 9. Oktober 1940«, so die Erinnerung Bohles, des Chefs der Heß unterstehenden Auslandsorganisation der NSDAP, »bestellte mich der damalige Stellvertreter des Führers, Rudolf Heß, plötzlich durch einen persönlichen Anruf abends in seine Wohnung in der Wilhelmstraße 64. [...] Ich wurde sofort von Heß empfangen, der allein im Zimmer war und sich erst vergewisserte, ob die Tür zum Vorzimmer fest geschlossen sei. Dann sagte er etwa folgendes:
›Herr Bohle, ich habe Sie gerufen, um Sie zu fragen, ob Sie bereit sind, einen sehr geheimen Sonderauftrag von mir zu erfüllen. Was ich Ihnen jetzt sage, dürfen Sie keinem Menschen sagen, auch meiner nächsten Umgebung nicht, und auch nicht meinem Bruder. Ich habe Sie ausgesucht, weil Sie Englisch können, die Engländer kennen, genauso wie ich den Krieg mit England für ein großes Unglück halten, und weil ich in dieser Sache ein größeres Vertrauen in Sie als in irgendeinen anderen setze. Kurz gesagt, es handelt sich darum, einen Schritt zur Beendigung des Krieges mit England einzuleiten. Wollen Sie daran mitwirken?‹ [...]«[84]
Heß übergab Bohle dann den Entwurf für den Anfang eines Briefes an den Herzog von Hamilton und bat ihn, diesen ins Englische zu übersetzen. »Heß sagte mir alsdann«, so Bohle, »er würde mich wieder rufen, wenn er einen weiteren Teil des Briefes fertiggestellt habe.« Dies geschah, so Bohle, »etwa eine Woche später, und von dann ab in unregelmäßigen Abständen bis Anfang Januar 1941«.[85]
Nach den Aussagen Bohles, die er nach dem Kriege sowohl in Nürnberg als auch bei einer Unterredung in Hamburg im Jahre 1952 machte,[86] handelte es sich um einen Brief an Hamilton zur Vorbereitung eines persönlichen Treffens in der Schweiz. Was den Inhalt anging, so zeigte sich Bohle, gemessen an seiner intensiven Beschäftigung mit dem Schreiben durch seine Übersetzungstätigkeit, allerdings ungewöhnlich einsilbig. Es enthielt den Vorschlag, so Bohle, »den Krieg auf folgender Basis zu beenden:

status quo, Verzicht auf Kriegsentschädigung und auf Beschlagnahme der Auslandsvermögen. Der Brief erging sich in prophetischen Schilderungen der Wirkungen des Bombenkriegs für beide Länder und gab der Sehnsucht der meisten Deutschen Ausdruck, sich mit England zu arrangieren. [...]«[87]
Diese Darstellung Bohles läßt sich in mehreren Punkten erschüttern, so daß die Vermutung naheliegt, daß Bohle Hilfsdienste für mehrere Briefe leistete, die in der kritischen Periode des Winters zwischen Heß und Hamilton hin und her wechselten. Erstens insistierten Bohles amerikanische Vernehmungsoffiziere in Nürnberg darauf, daß es sich um mehrere Briefe gehandelt haben müsse.[88] Zweitens erscheint der Zeitraum von »Oktober 1940 bis Januar oder Februar 1941, diese drei oder vier Monate, in denen ich«, so Bohle, »diese Übersetzungstätigkeit ausübte«,[89] als eine wenig glaubwürdige, weil zu lange Spanne für die Arbeit an einem einzigen Brief. Drittens ergaben die Ermittlungen des RSHA in der Sache Heß den dringenden Verdacht, daß »Bohle für den Secret Service arbeite«. Heydrich, so Schellenberg, hegte ein »abgrundtiefes Mißtrauen gegen Bohle« und hätte ihn »am liebsten [...] damals eingesperrt«. Da das zusammengetragene Material aber offenbar dafür nicht ausreichte, erhielt der Chef der Gestapo, Heinrich Müller, von Heydrich den Auftrag, den »Fall Bohle« zu bearbeiten. »Sammeln Sie Material gegen ihn, Punkt für Punkt«, so lautete die Anweisung Heydrichs; und Schellenberg zeigte sich »fest davon überzeugt, daß Heydrich Bohle eines Tages [...] zu Fall gebracht hätte. Bohle wurde nur durch den Tod Heydrichs – Juni 42 gerettet«.[90] Und viertens ist der von Heß laut Bohle auf seinem Flug mitgeführte Brief an Hamilton[91] ein Phantom geblieben. Seine Spur findet sich weder im Bestandsverzeichnis der von Heß nach England gebrachten Gegenstände,[92] noch erwähnte Hamilton bei seiner Niederschrift der mit Heß am Morgen des 11. Mai geführten Unterredung ein ihm übergebenes Schriftstück. Vielmehr war es Heß, der – wie bereits erörtert – Hamilton aufforderte, ihm die Friedensvorschläge der angeblichen britischen Oppositionskreise zu unterbreiten.[93] Dem entspricht es auch, wenn Heß erst für die am 9. Juni durch Lord Simon aufgenommenen Scheinverhandlungen eigens ein handschriftliches Memorandum anfertigte, in dem er seine Vorstellungen eines Ausgleichs niederlegte.[94]
In die Zeit der Übersetzungstätigkeit Bohles fallen die ersten Vor-

bereitungen von Heß für seinen Plan, selbst nach Schottland zu fliegen und Hamilton persönlich aufzusuchen. Das von Hitler im vergangenen Herbst verhängte einjährige Flugverbot war Anfang Oktober abgelaufen, und Heß traf nun seine Vorkehrungen. »Der Flug und sein angestrebtes Ziel«, so sollte er später in Spandau niederschreiben,[95] »hatte mich wie eine fixe Idee gepackt. Anderes sah und hörte ich nur noch halb, wie durch einen Nebel [...]. Ich lebte vorher nur noch in Instrumenten, Zylinder-Ladedrucken, abwerfbaren Brennstoffbehältern, zusätzlichen Ölpumpen, Kühlwassertemperaturen, Radio-Peilschneisen [...], schottischen Gebirgshöhen und weiß ich heute was noch alles!« Die Schmerzen, Depressionen und Beschwerden, die ihn seit Ende der dreißiger Jahre ständig plagten, waren plötzlich wie weggeblasen, so sehr verbiß er sich in die selbstgewählte Aufgabe. Und in der Tat ging mit ihm nun nach dem Zeugnis seiner engsten Umgebung eine »völlige Wandlung« vor: »Heß war blendender Laune, sehr aufgeräumt und fröhlich.«[96]

Über die zentrale Wetterdienstgruppe beim Stab des Oberbefehlshabers der Luftwaffe in Wildpark bei Potsdam ließ er sich täglich einen Bericht über die Flugwetterverhältnisse über der Nordsee und Schottland durchgeben.[97] Gleichzeitig erhielten seine Sekretärinnen Ingeborg Sperr und Hildegard Fath über eine Wehrmachtdienststelle an der Kanalküste regelmäßige Meldungen über die Wetterlage am Kanal, der Nordsee und den britischen Inseln.[98] Das Hauptproblem von Heß war jedoch, an ein geeignetes Flugzeug und eine Karte der gesperrten Luftzonen über Deutschland zu gelangen. Zuerst trat er an Generalluftzeugmeister Ernst Udet heran mit der Bitte, ihm eine Messerschmitt-Maschine für Probeflüge »in der Nähe von Berlin« zur Verfügung zu stellen. Aber, so Heß in einem Brief aus England vom September 1942, »der arme Tropf bestand auf einer Genehmigung des Führers. Da hätte ich mich gleich selbst ebensogut sofort in Haft begeben können. Deshalb war es ein Glück, daß aus der Fliegerei nahe Berlin nichts wurde. Ich hätte meine Aktivitäten nicht geheimhalten können, und der Führer hätte früher oder später davon erfahren. Mein Plan wäre zunichte gemacht worden, und ich hätte mir Vorwürfe gemacht, wegen dieser Unvorsichtigkeit.«[99]

Erfolgreicher war Heß bei Willi Messerschmitt, dem Chef der Augsburger Flugzeugfabrik, den er im Spätherbst 1940 aufsuchte, um ihm den Wunsch vorzutragen, neue Jagdflugzeuge zu erproben.[100] Messerschmitt war ein persönlicher Bekannter von Heß aus der Zeit des Ersten Weltkrieges. Sein technischer Direktor Theodor Croneiss hatte in den dreißiger Jahren im Stab des StdF das »Referat für technische Sonderfragen« geleitet. Dort gelang es Heß tatsächlich, eine fabrikneue Me 110 zu erhalten, mit der er, gemeinsam mit Flugkapitän Willy Stöhr, dem Chefpiloten und Einflieger bei Messerschmitt, zahlreiche Probeflüge auf dem Werksflugplatz in Haunstetten bei Augsburg unternahm.[101] Der von Heß gewählte Typ, die Messerschmitt Bf 110, war eine mit zwei Daimler-Benz-Motoren ausgestattete zweisitzige Maschine, die im Jahre 1936 im Rahmen einer Ausschreibung des Reichsluftfahrtministeriums entwickelt worden war. Das Ministerium hatte einerseits einen schweren Jäger beziehungsweise Zerstörer gefordert, um Kampfflugzeuge bis weit ins feindliche Hinterland begleiten zu können, gleichzeitig sollte dieser jedoch auch so wendig wie eine einmotorige Maschine sein. Dementsprechend verfügte die Me 110 über einen relativ großen Kraftstoffvorrat mit einem Haupttank von 1200 Litern, den Heß bald durch die Anbringung von zwei abwerfbaren Reichweitentanks unterhalb der Tragflächen von je 900 Litern auf insgesamt 3000 Liter aufstocken ließ. Legte man einen Verbrauch von 300 Litern Treibstoff pro Flugstunde zugrunde, so ergab sich eine Reichweite von 10 Flugstunden, also knapp das Doppelte der Zeit, die Heß am 10. Mai 1941 von seinem Start in Haunstetten um 17:45 Uhr bis zu seinem Absprung in Schottland um 23:09 Uhr dann tatsächlich benötigte.[102]

In der Literatur wird – in Anlehnung an Heß' eigene in England gemachte Aussagen – immer wieder darauf verwiesen, daß Heß seit Ende Dezember mindestens drei echte Starts unternommen habe, um nach Schottland zu fliegen. Die Zeitpunkte, die hierfür angegeben werden, sind allerdings widersprüchlich,[103] und James Leasor nimmt einen dieser fehlgeschlagenen Startversuche vom Januar 1941 sogar zum Anlaß für die dokumentarisch nicht belegte, abstruse Behauptung, daß Heß seinen Adjutanten Karl Heinz Pintsch ins Vertrauen gezogen habe.[104] Wie ein Blick in die Akten des Messerschmitt-Archivs in London eindeutig ausweist, handelte es sich bei diesen vermeintlich echten Startversuchen jedoch um Testflüge, die sowohl einer Perfektionierung der technischen Ausrüstung der Maschine für das geplante Unternehmen wie der Einübung der Navigationstechnik für den Flug nach

Schottland dienen sollten. So wies Messerschmitt auf Antrag von Heß seine Mitarbeiter am 7. Januar an, in die Maschine des Führerstellvertreters »Absperrhähne [...] zwischen Kühler und Heizung« einzubauen.[105] Und noch am 1. Mai, an dem Heß als Hauptredner in den Messerschmitt-Werken zum Tag der Arbeit sprach und Prof. Willi Messerschmitt die Auszeichnung eines »Pioniers der Arbeit« verlieh,[106] wurden neuerliche Modifikationen an der Me 110 des Führerstellvertreters verabredet. »Bis Montag, den 5. Mai«, so notierte Messerschmitt, müßten in dem Flugzeug von Heß »die Sauerstoffflaschen des Begleiters [...] auf die Sauerstoffflaschen des Führers umgeschaltet werden. Außerdem soll ein Sauerstoffmundstück neben einer Sauerstoffmaske in das Flugzeug«. Heß wünsche außerdem »eine Eichung des Staudrucks und ein dazugehöriges Kurvenblatt, auf dem zu sehen ist, was eine Anzeige von 410 bzw. 450 km in 500–6000 km in Wirklichkeit ist.« Schließlich habe Heß auch angefragt, »welcher Kurvenradius geflogen wird, wenn man die Selbststeuerung vollständig umlegt, außerdem mit welcher Genauigkeit voraussichtlich der Radius stimmt und wie groß unter Umständen der Windeinfluß sein kann«.[107] Die Hinweise auf den nun unmittelbar bevorstehenden tatsächlichen Start konnten kaum deutlicher sein, und die Erkundigungen bezüglich des Verhaltens der Maschine bei der Benutzung des Autopilots unterstreichen erneut, daß Heß auf eine Landung in Schottland aus war.

Neben den zusätzlichen Brennstofftanks unterhalb der Tragflächen hatte sich Heß inzwischen auch eine Bordfunkausrüstung mit großer Reichweite einbauen und sich von Mortsiepen, dem Funkexperten Messerschmitts, in die Geheimnisse der Standort- und Eigenpeilungen einweisen lassen, da er die Maschine mit Hilfe eines Funkleitstrahls aus Paris und Kalundborg nach Schottland navigieren wollte.[108] Dem Gauleiter von Schwaben, Karl Wahl, der Heß nach dem Festakt vom 1. Mai zu einem gemeinsamen Mittagessen begleitete, fiel denn auch das »äußerst verstörte Wesen von Heß« auf. »Er war«, so Wahl, »wortkarg, zerstreut und aß ganz wenig.« Als beide am Nachmittag in Heß' Wagen saßen und sich Wahl nach den zahlreichen Flugversuchen in Haunstetten erkundigte, erwachte Heß zum ersten Mal, so Wahl, »aus seiner Nachdenklichkeit« und sagte zu Wahl: »Und ich hoffe von Ihnen als einem der ältesten Gauleiter, daß Sie mich bei Hitler nicht verraten.«[109]

Dementsprechend diskret ging Heß auch zu Werke, als er sich von Hitlers Privatpilot Hans Baur eine Karte der gesperrten Luftzonen über Deutschland besorgte. Baur holte auf Bitten von Heß nicht etwa die Erlaubnis Hitlers ein, sondern er wandte sich an Staatssekretär Milch, der Baur »gegen Quittung« die gewünschte Karte aushändigte, die dieser dann an Heß weiterreichte.[110] Hitlers Pilot agierte, zumindest indirekt, aber noch auf einem anderen Schauplatz. Hierbei handelte es sich um eine geradezu bizarr anmutende Episode, die im Umfeld der Flugvorbereitungen vielleicht ebenfalls eine gewichtige Rolle spielte.

Ende Dezember 1940 erschien in der britischen Botschaft in Sofia ein Bulgare namens Kiroff, der vorgab, daß seine Tochter mit Hitlers Privatpiloten Baur verheiratet sei.[111] Sein Schwiegersohn, so Kiroff, wolle den Krieg beenden und trage sich mit dem Gedanken, Hitler bei »nächster sich bietender Gelegenheit« im Flugzeug nach England zu entführen, wenn ihm die britische Seite hierfür Instruktionen zukommen ließe. Die benötigten Informationen betrafen vor allem exakte Anweisungen, wie der Anflug auf die britische Küste zu bewerkstelligen sei und welche Signale gegeben werden sollten, um einem Abschuß durch die britische Flugabwehr zu entgehen. Die zuständigen britischen Stellen in Sofia wandten sich daraufhin an das Luftwaffenministerium in London, das die Identität von Baur bestätigte und die Anweisung gab, die englische Küste bei Manston in Kent mit herausgefahrenem Fahrwerk und in einer Höhe von nicht mehr als 300 Fuß anzufliegen, wobei Baur auf ein Signal zuhalten sollte, das man ihm geben werde. Diese Botschaft wurde an Kiroff weitergereicht, der jedoch bei dem nächsten verabredeten Treffen nicht mehr auftauchte.

Die Sache schien damit, ihrer Absurdität entsprechend, ihr Ende gefunden zu haben. Tatsächlich aber wurde, wie erst vor kurzem freigegebene Akten belegen, der Kontakt zu Baur vom Luftwaffenministerium bis ins Frühjahr 1941 hinter den Kulissen weitergeführt.[112] Am 21. Februar unterrichtete Vize-Luftmarschall Arthur Harris den Chef des Fighter Command, Luftmarschall Sholto Douglas, über die mit Baur inzwischen getroffenen Abmachungen. Danach sollte dieser im Tiefflug mit ausgefahrenem Fahrwerk das Flugfeld von Lympne, sieben Meilen westlich von Folkestone, ansteuern und beim Zusammentreffen mit britischen Abfangjägern im Intervall von 30 Sekunden mindestens vier rote

Leuchtkugeln abschießen.[113] Nachdem in Lympne umfangreiche Vorkehrungen für die Landung der Führermaschine getroffen worden waren und Kiroff in Wien mit Baur konferiert hatte, teilte dieser Anfang März die von ihm gewünschten Erkennungssignale mit. Aufgrund der Tatsache, daß die Führermaschine ständig von drei Flugzeugen begleitet werde, so ließ Baur ausrichten, könne er keine Leuchtspurmunition abschießen. Er werde jedoch über dem avisierten Flugfeld kleine gelbe Metallplättchen mit den Initialen »A.B.« abwerfen und erbitte ein rotes Leuchtsignal aus Lympne bei seinem Anflug. Als Termin der geplanten Aktion nannte Baur »den 25. März, oder später«.[114] Von britischer Seite wurden daraufhin die »Empfangsvorbereitungen« noch intensiviert, bevor sie Ende Mai 1941 eingestellt wurden.[115]

Inwieweit Baurs Angebot einer Entführung Hitlers nach England tatsächlich mit Ernsthaftigkeit betrieben wurde oder ob es sich hier vielmehr um ganz andere Ziele handelte, die im Gewand einer geschickt eingefädelten Intrige im Namen Baurs daherkamen, läßt sich aufgrund der vorliegenden Aktenlage nicht verifizieren. Besieht man den Vorgang bei Licht, so wird man wohl der zweiten Annahme zuneigen müssen. Die Loyalität Baurs war nicht nur über jeden Zweifel erhaben, ein solch riskantes Unterfangen entsprach auch in keiner Weise der unscheinbaren Persönlichkeit des Piloten und seiner vollkommen unpolitischen Einstellung.

Hinzu kommt, daß die hohen Offiziere der RAF um Vizeluftmarschall Harris, den Oberbefehlshaber der Jagdflieger, William Sholto Douglas, und Archie Boyle, den Chef des Geheimdienstes der Luftwaffe, eine geradezu unglaubliche Nachlässigkeit bei der Überprüfung der von Kiroff angegebenen Personaldaten Baurs an den Tag legten.[116] So ist in den freigegebenen Akten durchgehend von »Bauer« statt von »Baur« die Rede. Außerdem wird Hitlers Pilot als geborener Österreicher bezeichnet, dessen Plan einer Entführung Hitlers damit zu tun habe, daß er im Krieg zwei Brüder verloren habe. Tatsächlich stammte Baur jedoch aus Ampfing in Oberbayern, und er hatte nur einen Bruder, der erst im Jahre 1954 verstarb. Schließlich war Baur, entgegen den Angaben Kiroffs, niemals mit einer Bulgarin verheiratet, so daß die über Sofia angebahnte Kontaktaufnahme mit den britischen Stellen sofort als simples Täuschungsmanöver erkennbar sein mußte. Wenn die Aktion trotzdem über Monate mit Eifer und Ernsthaftigkeit verfolgt wurde, so liegt der Verdacht nahe, daß man in London über deren wahren Urheber genau Bescheid wußte und ganz andere Beweggründe als die angegebenen im Spiel waren.

Vor allem aber fehlten Baur schlicht die Mittel und Wege, um über Monate hinweg mit britischen Stellen in konspirativer Absicht zu kommunizieren. Zwar läßt sich auch nicht schlüssig belegen, daß Heß hier seine Hände im Spiel hatte. Aber er war in jenem Zeitraum der einzige, der ein Motiv hatte, die Briten in einer solchen Angelegenheit zu kontaktieren; der daran interessiert sein mußte, konkreten Aufschluß über Anflugmöglichkeiten auf die britischen Inseln in Erfahrung zu bringen und der mittels seiner Auslandsorganisation beziehungsweise seiner geheimdienstlichen Verbindungen auch in der Lage war, einen solchen Fühler auszustrecken. Wenn es tatsächlich von Heß beauftragte Hintermänner waren, die Baurs Namen benutzten, um einen Kanal zum britischen Luftwaffenministerium zu eröffnen, erscheint es allerdings plausibel, daß die Spitzen des Luftwaffenministeriums so viel Aufwand und Energie in die Angelegenheit investierten. Es würde auch erklären, warum Heß unmittelbar vor seinem Abflug am Vormittag des 10. Mai noch mit Rosenberg, dem alten Kontaktmann zu Boyle und Winterbotham, zusammentreffen wollte – um vielleicht letzte Anweisungen aus England entgegenzunehmen.[117]

All die bislang geschilderten Aktionen des Führerstellvertreters, die sich mit der Vorbereitung seines Fluges befaßten, waren von Hitler weder autorisiert noch waren sie diesem bekannt. gAnders verhielt es sich freilich mit der in quasi-offiziellem Auftrag betriebenen Sondierung von Friedensmöglichkeiten, die Heß gleichzeitig auf diplomatischem Terrain über Albrecht Haushofer einleitete. Für Haushofer war es wichtig, gerade weil er kein vorbehaltloser Anhänger des Regimes war und den Widerständlern um Hassell, Popitz, Langbehn sowie dem Kreisauer Kreis nicht fernstand,[118] zur Absicherung seiner Person eine von ganz oben kommende Rückendeckung zu erhalten. Deshalb fragte er Heß wiederholt, »ob dieser Auftrag wirklich vom Führer komme« – und er erhielt eine zustimmende Antwort.[119] Im Zentrum dieser Fühlungnahmen standen zwei Adressaten: der britische Botschafter in Madrid, Sir Samuel Hoare, sowie der frühere Hohe

Kommissar des Völkerbundes in Danzig und nunmehrige Präsident des Internationalen Roten Kreuzes in Genf, Carl Jacob Burckhardt.

Im Spätherbst 1940 wandte sich Albrecht Haushofer an Herbert W. Stahmer, einen seiner ehemaligen Schüler, der inzwischen als Legationssekretär an der deutschen Botschaft in Madrid tätig war. Haushofer machte den Diplomaten mit dem Stand der Dinge vertraut, bedeutete ihm, so Stahmer, »was er von Heß gehört hatte und zeigte ihm [...] die Kopien seiner beiden Briefe an Heß und an den Herzog von Hamilton«.[120] Sinn der Unterredung, die sicherlich nicht ohne Wissen und Auftrag von Heß erfolgt sein dürfte, war es, über Stahmer den Kontakt zu Samuel Hoare in Madrid aufzunehmen, um »mit diesem die Frage zu erörtern, welche Verhandlungsbasis auf englischer Seite überhaupt gesehen werde.« Es sei daher ratsam, so führte Haushofer aus, »in möglichst naher Zeit eine Besprechung in Spanien oder Portugal zwischen den beiden Botschaftern und Haushofer vorzubereiten, an der auch Heß teilzunehmen Gelegenheit fände«.[121]

In der Tat gelang es Stahmer bald, auf dem Umweg über den schwedischen Legationssekretär in der spanischen Hauptstadt eine Verbindung zu Hoare zu knüpfen.

Als Grundlage für die Aufnahme von Verhandlungen schlug Haushofer vor, »die gegenseitigen Interessensphären abzutasten«; er übermittelte Stahmer »zwei Pläne«: das Angebot einer Friedenskonferenz auf Basis des Status quo von 1939 sowie ein mehrere Punkte umfassendes Projekt zur »Neuregelung der Beziehungen zwischen den europäischen Völkern«. Dies bedeute, so Haushofer, daß im Falle eines Waffenstillstands »die deutschen Truppen sofort und ohne weitere Bedingungen« von der Kanalküste abgezogen und »die übrigen besetzten Gebiete im Westen« Zug um Zug geräumt würden. Über die Beendigung des Krieges hinaus müsse man zugleich das Ziel vefolgen, einen »gemeinsamen europäischen Markt« in Form einer »Zollunion« zu schaffen – wobei Deutschland eine von England anerkannte »Interessensphäre im Donauraum und im Balkan« erhalten sollte, während England zur Wahrung seiner Position im Indischen Ozean deutsche Flottenunterstützung in Aussicht zu stellen sei.[122] Ob dies so mit Heß abgesprochen war, darf füglich bezweifelt werden. Zollunionsprojekte, wie sie Haushofer anvisierte, um einen europäischen Integrationsprozeß in Gang zu setzen, waren nicht seine Sache; und die Preisgabe der Hitlerschen Eroberungen seit 1939 kam für ihn nie in Frage. Es deutet daher alles darauf hin, daß Haushofer in riskantem Doppelspiel auf eigene Rechnung als Exponent der ihm nahestehenden Widerstandskreise sondierte, um über Hoare die britischen Bedingungen in Erfahrung zu bringen.[123] Dies wird auch deutlich, wenn Stahmer über den Fortgang der in Madrid geführten Gespräche bald berichtete, daß »beide Seiten [...] eine Änderung in der Leitung der beiden Regierungen als Grundlage an[sähen], um die Voraussetzung einer Verwirklichung des Waffenstillstandes und späteren Friedens [...] zu gestalten«. Haushofer rechnete also damit, die Verhandlungen selbst steuern zu können, vielleicht eine Basis für einen Staatsstreich im Reich zu gewinnen, zumindest aber »Hitler entscheidende liberale Konzessionen abringen zu können« – zumal Hoare keinen Zweifel daran ließ, daß in England »kein Vertrauen in eine Vertragstreue Hitlers« mehr bestünde.[124]

Den Akten zufolge ging der von Churchill gegen seinen Willen auf den Außenposten nach Madrid abgeschobene Botschafter nicht nur bereitwillig auf Haushofers Anliegen ein, sondern er empfahl sich auch durch gezielte vertrauliche Mitteilungen als adäquater Adressat. So ließ er verlauten, »daß doch noch ein Kompromißfrieden möglich sei«, daß er »früher oder später mit den Rücktritt Churchills rechne und annehme, daß er selbst dann zur Bildung einer Regierung aufgefordert werde«. Eine »solche Berufung« aber werde er nur akzeptieren, »wenn er freie Hand zur Liquidierung des Krieges erhielte«.[125] Im Klartext bedeutete dies, daß sowohl Hoare hinter dem Rücken Churchills als auch Haushofer hinter dem Rücken von Heß einen von der Führung des jeweiligen Landes nicht abgesegneten Entwurf eines Friedensplanes ausarbeiten sollten. Die über Stahmer geführten Verhandlungen waren offenbar bald so weit gediehen, daß dem britischen Botschafter der Vorschlag »einer geheimen privaten Zusammenkunft zwischen Sir Samuel, Lord Halifax einerseits und Heß und Haushofer andererseits« zugeleitet wurde, die im Laufe des Februar oder März 1941 in Lissabon »oder an einem sonst geeigneten Ort« stattfinden sollte.[126]

Haushofers Bestreben, Heß über eine in eigener Regie betriebene Kontaktaufnahme mit Hoare unter Zugzwang zu setzen, sollte gänzlich scheitern, denn die Gespräche, die Hoare über

Stahmer mit Haushofer führte und in denen er sich als entschiedener Gegner der Churchillschen Linie profilierte, waren von britischer Seite mit Hintersinn ins Werk gesetzt worden. Es waren Scheinverhandlungen, die Hoare zwar ohne Autorisation des Foreign Office, aber mit Billigung Churchills aufgenommen hatte, um die Verhandlungsbasis des Gespanns Haushofer/Heß auszukundschaften. Unterstrichen wird dieser Befund durch eine streng geheime Mitteilung Hoares vom 20. Mai 1941 an Anthony Eden, in der der Botschafter folgendes ausführte: »Ich habe Winston gerade eine kurze persönliche Notiz in Anbetracht der Tatsache zukommen lassen, daß er im letzten Jahr an der Verabredung unserer geheimen Pläne einen so großen Anteil genommen hat. Ich dachte, daß er gerne wissen würde, daß diese während der letzten zwei bis drei Wochen voll aufgegangen sind, wie wir es erhofft haben.«[127]

Dieser Schachzug, den früheren »Appeaser« Hoare zur Anlaufstelle deutscher Fühlungnahmen und Eröffnungen zu machen, war ganz wesentlich von der Besorgnis Churchills bestimmt, daß Spanien an der Seite Hitlers in den Krieg eintreten könnte, was nicht nur die britische Position in Nordafrika und im Mittelmeerraum aufs ärgste bedroht, sondern auch einen direkten Angriff der Wehrmacht auf die Bastion von Gibraltar ermöglicht hätte. Die zahlreichen Berichte Hoares über die Verschärfung des deutschen Drucks auf Franco, über die Ersetzung des probritischen Außenministers Beigbeder durch Serrano Suner, den Anführer der Falangistenbewegung und Schwiegersohn Francos, lösten denn auch in London Überlegungen aus, wie man Spaniens Neutralität durch Wirtschafts- und Militärhilfe, eventuell gar durch eine gezielte Lockerung der Blockade, weiterhin aufrechterhalten könne.[128] Um so wichtiger war es daher, den durch Haushofer gelegten Kanal nicht versanden zu lassen, Hoare als erklärten Gegner der Regierung in London gebührend in Szene zu setzen und die deutsche Seite durch eine rein taktisch motivierte Kompromißbereitschaft hinzuhalten.

Bedenkt man diese machiavellistische Ebene des auf Zeitgewinn abgestellten britischen Kalküls, so darf es nicht Wunder nehmen, daß Haushofers Draht zu Hoare keine greifbaren Ergebnisse erbrachte, die Heß zufriedenstellen konnten. Ganz ähnlich stand es mit dem zweiten Fühler, den Heß im Frühjahr 1941 über Albrecht Haushofer in die Schweiz zu Jakob Burckhardt ausstreck-

te. Auch diesmal war Haushofer und nicht Heß der treibende Teil, und auch diesmal versuchte der Gelehrte hinter dem Rükken von Heß die Vorstellungen des deutschen Widerstandes über eine Verständigung mit England bei den Briten zu lancieren. Am 30. Januar 1941 hatte Burckhardt den früheren deutschen Botschafter von Hassell in Genf aufgesucht und diesem berichtet, daß nach Aussage eines in London lebenden Kontaktmannes »immer noch ein vernünftiger Friede geschlossen werden könne«, denn im britischen Kabinett sei ungeachtet des Ausscheidens von Lord Halifax »dafür Stimmung«.[129] Burckhardt wußte auch anzugeben, welche Vorstellungen die britischen Oppositionskreise hegten: »Holland und Belgien müßten wiederhergestellt werden, Dänemark deutsches Einflußgebiet bleiben, irgendein Polen (ohne die früheren deutschen Provinzen) müsse aus Prestigegründen wieder erstehen [...]. Sonst im Osten kein besonderes Interesse (auch nicht für Tschechei). Ehemalige deutsche Kolonien an Deutschland. Das britische Empire im übrigen ungeschoren. Für Frankreich keine besondere Leidenschaft in England«, aber es »müsse natürlich ein Faktor bleiben«. Vor allem aber gewann Burckhardt den »klare[n] Eindruck [...], daß man höchst abgeneigt sei, mit Hitler Frieden zu machen. Hauptargument: man kann ihm kein Wort glauben«.[130]
Diese Eröffnungen aus London gelangten über Hassell zu Albrecht Haushofer, der, wie Hassell bemerkte, von »dem dringenden Wunsch oben zum Frieden zu kommen« berichtete[131] und Burckhardts Mitteilungen an Heß weiterleitete. Mitte April entschloß sich Heß, das neuerliche Signal aus England aufzunehmen und Haushofer zu einer Unterredung mit Burckhardt in die Schweiz zu schicken. Was hierzu den Anlaß gab, bleibt unklar. In jedem Fall verzeichnet das Tagebuch von Martha Haushofer am 15. April eine hektische Aktivität aufgrund einer »merkwürdige[n] Nachricht«, die im Hause Haushofer zu einer ausgedehnten Besprechung zwischen Albrecht, Karl und Heß führte, zu der auch der alte Kriegskamerad Max Hofweber hinzugezogen wurde.[132] Am 26. April kam es dann bei einer zweiten Unterredung während der Geburtstagsfeier von Heß in dessen Haus in Harlaching »zur Besprechung des wichtigen Auftrags« an Albrecht Haushofer,[133] der offenbar von Hitler persönlich abgesegnet und autorisiert worden war. Dies legt ein von Haushofer nach seiner Rückkehr aus der Schweiz für Hitler erstelltes Memorandum

vom 5. Mai 1941 nahe, dessen Spuren sich in den Akten der National Archives in Washington befinden, das jedoch am 14. Dezember 1945 entfernt wurde und seither nicht wieder aufgetaucht ist.[134] Tatsächlich aber trat Haushofer seine Mission nach Genf am 28. April »mit doppeltem Gesicht« an: »Nach außen für Heß, de facto aber für die Widerstandsbewegung«, wie Hassell festhielt.[135]

Die Quellen reichen nicht aus, um präzise festzustellen, welche Ergebnisse die Gespräche mit Burckhardt zeitigten und vor allem welches Echo Haushofer in wessen Namen nach England zurücksandte. Aber einige Punkte sind evident. Erstens rückte praktisch zeitgleich mit der Unterredung Haushofers in Genf der britische Geheimdienst plötzlich von dem Plan ab, Hamilton nach Lissabon zu schicken, um dort mit Haushofer in Kontakt zu treten. Zweitens erhielt das amerikanische State Department am 6. Mai, also unmittelbar nach der Rückkehr Haushofers, aus der Schweiz die Mitteilung eines unter dem Decknamen DONAU operierenden Agenten, der sich als einer der führenden Männer der deutschen Widerstandsbewegung bezeichnete. Nach seinen »neuesten und äußerst zuverlässigen« Informationen, so berichtete er, »hatten Hitler und Heß vor vier bis sechs Wochen eine Unterredung, in der ersterer den letzteren darüber informierte, daß das Beste, womit Deutschland noch rechnen könne – und was es daher anstreben müsse –, ein Remis sei. Seit dieser Unterredung ist Heß höchst pessimistisch [...].«[136] Drittens leugnete Burckhardt nach dem Kriege vehement, von britischen Oppositionskreisen jemals Hinweise empfangen zu haben, und wies jeglichen Verdacht von sich, mit Haushofer in Genf über Friedensmöglichkeiten konferiert zu haben.[137] Genau dieses aber ist von zwei Seiten belegt. Zum einen von Albrecht Haushofer selbst, der die Begegnung mit Burckhardt am 28. April in einer am 12. Mai auf dem Obersalzberg angefertigten Niederschrift ausdrücklich erwähnte und als inhaltliches Ergebnis seiner Unterredung auf ein »englisches Sachinteresse an den ost- und südosteuropäischen Gebieten (mit Ausnahme Griechenlands)«, auf eine »Wiederherstellung der westeuropäischen Staatenwelt« sowie auf die Bereitschaft zur Rückgabe der deutschen Kolonien verwies.[138] Und zum anderen durch Ulrich von Hassell, der von Haushofer wie von seiner Frau Ilse erfuhr, daß Burckhardt »bei der Auffassung geblieben ist, daß England noch immer auf ver-

nünftiger Grundlage zum Frieden bereit ist, aber 1. nicht mit unseren jetzigen Regenten, und 2. vielleicht nicht mehr lange«.[139]
So war es ein ganzes Bündel von Faktoren, die um die Monatswende vom April/Mai 1941 zusammenkamen und Heß bewogen, seine lange geplante persönliche Mission nach Schottland nicht länger aufzuschieben. Weder die Fühlungnahme über Hoare noch die über Burckhardt hatte ein Ergebnis gebracht, das Aussicht bot, der gewünschten Verständigung näher zu kommen. Statt dessen hatte die Mission Haushofers in der Schweiz erneut bekräftigt, daß man auf Umwegen über Vermittler und Makler eines Ausgleichs auf der Stelle trat, während wertvolle Zeit verstrich. Hinzu kam die beunruhigende Nachricht von beiden Kontaktstellen, daß Hitler offenbar in London jeden Kredit eingebüßt hatte, daß man also zu ganz außerordentlichen Mitteln und Methoden greifen mußte, um die Briten von der Ernsthaftigkeit der Friedensabsichten des »Führers« zu überzeugen.
Genau diese Überlegung trug Heß wenige Wochen vor seinem Flug dem Reichsminister der Finanzen, Lutz Graf von Schwerin-Krosigk, in seiner Berliner Wohnung vor. Heß sei, so erinnerte sich Schwerin-Krosigk, »verzweifelt darüber gewesen, daß die beiden ›germanischen‹ Nationen sich gegenseitig zerfleischten, statt zusammenzufinden. Der lachende Dritte sei der Bolschewismus.« Es müsse doch, so die suggestive Frage von Heß, »eine Möglichkeit geben, diesem Wahnsinn ein Ende zu bereiten. Auf des Führers Friedensvorschläge habe man in England leider nicht angesprochen. Aber wenn man einmal mit maßgebenden Engländern selbst reden, ihnen die Gefahr aufzeigen könnte, die der abendländischen Kultur drohte, und glaubhaft machen könne, daß Deutschland, daß vor allem Hitler nichts von England wolle, dann müsse man doch zu einer Einigung kommen«. Den Einwand Krosigks, der genau wie Haushofer darauf verwies, daß man von seiten Englands »schwerlich« in Verhandlungen mit Hitler eintreten werde, »nachdem er so viele Zusagen nicht gehalten habe«, wollte Heß nicht gelten lassen: »Es komme eben darauf an, so ließ er sich vernehmen, den Briten einmal Hitlers ganze Vorstellungswelt und die bolschewistische Gefahr vor Augen zu führen.«[140]
Hier fiel ein weiteres Stichwort, das Heß zur Eile antrieb. Nach Abschluß des Balkanfeldzuges der Wehrmacht, der am 17. bzw. 21. April mit der Kapitulation Jugoslawiens und Griechenlands

zu Ende gegangen war, machte sich Hitler nun daran, definitive Planungen für den Beginn von »Barbarossa« entwerfen zu lassen, und er hatte am 30. April den 22. Juni als Termin für den Angriff in Aussicht genommen.[141] Wenn also noch ein Separatfrieden im Westen geschlossen werden sollte, der Nazideutschland den Rücken für seine eigentliche Aufgabe, den Lebensraumkrieg im Osten, freihielt und das alte Trauma einer Zersplitterung der Kräfte an zwei Fronten nicht wiederbelebte, dann war keine Zeit mehr zu verlieren.[142]

Zudem stellte sich nach Heß' Dafürhalten die aktuelle Kriegslage Ende April/Anfang Mai 1941 als ungewöhnlich günstig dar, um die projektierte Friedensinitiative in die Tat umzusetzen. Die den griechischen Verbänden zu Hilfe geeilten britischen Truppen hatten erneut eine schwere Niederlage erlitten und waren, ähnlich wie seinerzeit in Dünkirchen, mit knapper Mühe vom Festland nach Kreta evakuiert worden. Der griechische Feldzug, von Churchill mit heroischen Reminiszenzen an die Verteidigung der Thermopylenstellung durch die Spartaner gegen die Perser propagandistisch groß in Szene gesetzt, hatte für den Premierminister ein weiteres Desaster gebracht. Churchill war sich mithin aus der Perspektive von Heß vor allem in seinen Mißerfolgen treu geblieben. Denn seine Amtszeit als Premierminister seit dem 10. Mai 1940 war eine einzige Kette von schmerzlichen militärischen Niederlagen und Demütigungen geblieben. Norwegen, Frankreich, Nordafrika und jetzt eben Griechenland. Ein wagemutiger und hochrangiger Emissär, der die britischen Linien unter Mißachtung der Gefahr für Leib und Leben im Alleinflug überwand und die Hand trotz der Siegesserie der Wehrmacht zum Frieden ausstreckte, mußte also beste Chancen haben, damit auch zum Erfolg zu kommen.

Heß hatte aber noch einen anderen Grund, am Gelingen seiner Aktion nicht im geringsten zu zweifeln. Seit den zwanziger Jahren hatte er sich zu kritischen Zeitpunkten immer wieder Horoskope stellen lassen, hatte er immer wieder Bestätigung im Bereich des Okkulten und der Astrologie gesucht. Vor der größten Herausforderung seines Lebens war dies nicht anders.[143] Er holte den Rat von Sterndeutern ein und lauschte auf jedes Zeichen seiner Umgebung, das ein Fingerzeig des Übersinnlichen sein konnte. »Im Zusammenhang mit einem der letzten Spaziergänge zum Aumeister hin«, so schrieb er an Karl Haushofer ein halbes

Jahr nach dem Flug, »gedenke ich Deiner, als Du auf Deinen erstaunlichen Traum zurückkamst und ich Dir leider nicht die Wahrheit sagen konnte.«[144] Haushofer, der im Januar von Pintsch und Hofweber vage Andeutungen über die Pläne seines Freundes erfahren hatte, hatte tatsächlich einen Traum erfunden, mit dessen Hilfe er Heß aushorchen wollte.[145] Er habe, so Haushofer, Heß durch die mit Wandteppichen behängten Hallen von englischen Schlössern wandeln sehen, wo dieser zwei großen Nationen den Frieden gebracht habe.[146] Für Heß war der angebliche Traum ein Wink des Schicksals, das ihn zum Werkzeug der Erfüllung einer welthistorischen Mission auserkoren hatte.

Vor allem aber ließ sich Heß bei der Wahl des Zeitpunkts seines Fluges von mehreren astrologischen Prophezeiungen beeinflussen. Von der Schweizerin Grete Sutter erhielt er zu Weihnachten 1940 eine Weissagung,[147] und Maria Nagengast aus München sowie sein persönlicher Vertrauter und Mitarbeiter Ernst Schulte-Strathaus, ein Schüler des Münchner Parapsychologen Schrenck-Notzing,[148] erstellten ihm entsprechende astrologische Gutachten und Voraussagen. So bekam die Münchner Prominentenastrologin Nagengast im März 1941 ein Schreiben aus der Kanzlei des StdF, in dem sie gebeten wurde, ein für eine Auslandsreise im Frühjahr günstiges Datum zu benennen. Ihre Prophezeiung wies den 10. Mai aus, und kurze Zeit später empfing sie dafür im Auftrag von Heß ein Honorar von 50 Reichsmark.[149] Tatsächlich war dies nur die Bestätigung eines Termins, den Schulte-Strathaus dem Stellvertreter des Führers bereits im Januar in einem Horoskop genannt hatte. Strathaus hatte nämlich ebenfalls den 10. Mai 1941 als erfolgversprechenden Tag für eine Reise im Interesse des Friedens bezeichnet und als Begründung hierfür die an diesem Tage herrschende ungewöhnliche astrologische Konstellation angegeben, da sechs Planeten im Zeichen von Taurus stünden und dies mit dem Vollmond zusammenfallen würde.[150]

Ob diese Vorhersagen wiederum der britische Geheimdienst manipuliert hatte, der laut Ian Fleming die von Heß konsultierten astrologischen Kreise mit entsprechendem Material infiltrierte,[151] bleibt Spekulation. Sicher ist nur zweierlei: Die Nationalsozialistische Parteikorrespondenz lag nicht falsch mit ihrer Meldung vom 13. Mai, in der sie bekanntgab, daß Heß »in letzter Zeit steigend seine Zuflucht zu den verschiedensten Hilfen, Magnetiseuren, Astrologen usw.« genommen hatte.[152] Und Heß beharrte

auch nach dem Scheitern seiner Mission unverrückbar auf dem Glauben, als Vollzugsagent übernatürlicher Mächte doch noch zum Erfolg zu gelangen. Er habe, so ließ er sich ein gutes Jahr nach seiner Ankunft in England sowohl gegenüber seiner Frau wie gegenüber seiner Schwester Klara vernehmen, vor dem Abflug seinem Adjutanten Karl Heinz Pintsch einen Umschlag übergeben, der drei relevante Dokumente enthielt: »1. Eine Notiz über den wichtigen Traum des Generals. 2. Das Horoskop, das Schulte-Strathaus erstellte. 3. Die Prophezeiung, die mir Grete Sutter an Weihnachten vor einem Jahr zukommen ließ.« Heß' Bitte, diese drei Schriftstücke unter notarieller Aufsicht versiegeln zu lassen und sie sicher in Verwahrung zu halten, entsprach seiner Halsstarrigkeit, sich den längst evidenten Fehlschlag seines Unternehmens einzugestehen. Der Faktor des Metaphysischen geriet somit zum Selbstschutzmechanismus, zum immunisierenden Instrument einer Verdrängung der Realität, als Heß fortfuhr: »Solche Prophezeiungen und Horoskope sind die Beweise für die Existenz von natürlichen Kräften, die wir gegenwärtig nicht verstehen, aber die mit vielen Beispielen erklärt werden können, wenn die Zeit weiter voranschreitet.«[153]
Selten nur hat es in der Geschichte ein solches Maß an tragischer Verirrung und naiver Verbohrtheit, an heroischer Absicht und spektakulärem Scheitern gegeben.

5 **Der Flug und die Folgen**
Reaktionen in Berchtesgaden und London

Als Hugh Dalton, der Minister für wirtschaftliche Kriegführung und Chef des Special Operations Executive, am Sonntag morgen des 11. Mai 1941 nach London zurückkam, hatten die deutschen Bomber gründliche Arbeit geleistet. Mehr als 350 Maschinen der Luftwaffe hatten in der Nacht knapp 711 Tonnen an Sprengbomben und über 2000 Brandschuttkästen über der britischen Hauptstadt abgeworfen.[1] Es war der bis dahin bei weitem schwerste und schlimmste Angriff, gleichsam ein letzter Abschiedsgruß Hitlers an Churchill, bevor sich die deutsche Kriegsmaschinerie gen Osten wandte. Die Verluste in diesem Inferno, die Zerstörungen und Verwüstungen in London waren schrecklich: weit mehr als 1000 Tote, an die 1800 Schwerverletzte, ganze Straßenzüge in der City und in Westminster eingeebnet, das Britische Museum sowie das Unterhaus schwer beschädigt.[2]
Über der Stadt, so schilderte Dalton in seinem Tagebuch die Einfahrt ins zerbombte Zentrum Londons, hing eine dicke Rauchwolke, die Straßen waren übersät mit Glassplittern und Papierfetzen. Überall waren die Leute damit beschäftigt, in den Ruinen nach Vermißten und Toten zu graben. Nach der Besichtigung seiner Wohnung in einem alten viktorianischen Haus, die eine ins Obergeschoß eingeschlagene Brandbombe nur knapp verfehlt hatte, führte Daltons Weg am Nachmittag ins Regierungsviertel von Westminster und zum schwer getroffenen Unterhaus. Dort, im Herzstück des britischen Parlamentarismus, hatten Görings Bomber am schlimmsten gewütet – und Daltons Gefühle waren entsprechend, als er in einer Mischung von Entsetzen, aber auch von trotzigem Siegeswillen und mit Sarkasmus gewürzter britischer Gelassenheit, seine Eindrücke festhielt.
Am Eingang der alten Members' Lobby, so schrieb er nieder, lag

»eine große Anzahl zerbrochener Ziegel, ineinandergewundener Eisenträger und verkohlter Holzbalken«. Einzig die Statue von Joseph Chamberlain, dessen Hand noch unverändert nach oben ragte, war unbeschädigt geblieben, was Dalton zu einem beißenden Kommentar veranlaßte: »Sein weniger begabter Sohn trägt den Hauptteil der Verantwortung für all dies.« Am meisten hatte der Sitzungssaal des Unterhauses gelitten. Hier war die Zerstörung durch die Explosion der Bomben und das anschließende Feuer nahezu vollständig. »Ich klettere mühsam im Schutt umher«, so Dalton, »meine Nase ist voll vom Rauch des verbrannten Holzes, und ich beobachte die Feuerwehrleute, die ihre Wasserschläuche gleichmütig auf einige noch rauchende Trümmer richten. Die Toilette in der alten Aye Lobby ist immer noch intakt. Und deshalb, als eine letzte Geste, gehe ich hinein und verschaffe mir Erleichterung. Dann fahren wir ab.«

Unwillkürlich kamen Dalton inmitten dieser Szenen der Verwüstung die letzten Worte in den Sinn, die im zerbombten Sitzungssaal des Unterhauses gesprochen worden waren. Es waren diejenigen des Premierministers, als dieser am Ende der Debatte vom 7. Mai die Vertrauensfrage gestellt hatte: »Wenn ich auf die Gefahren zurückblicke, die wir überwunden haben, auf die großen Wellenberge, durch die unser tapferes Schiff hindurchgefahren ist«, so hatte Churchill, metaphorisch und ergreifend wie gewohnt, nur vier Tage vorher geäußert, »wenn ich mich erinnere an all das, was schiefgegangen ist, und wenn ich mir zugleich all das ins Gedächtnis rufe, was wir geschafft haben, so bin ich sicher, daß wir den Sturm nicht zu fürchten brauchen. Laßt ihn heulen und laßt ihn toben. Wir werden durchkommen.« »Und dann«, so Dalton, »sprachen wir mit 447 zu drei Stimmen der Regierung unser Vertrauen aus.«[3]

Deutlicher als mit dem Ergebnis dieser Abstimmung konnte kaum zum Ausdruck gebracht werden, daß England mit dem seit dem »Adlertag« vom vergangenen August praktisch ununterbrochenen deutschen Bombenterror nicht in die Knie zu zwingen war. Und klarer als mit diesem Vertrauensvotum für Churchill war nicht zu belegen, daß die Hoffnung von Heß, mit seinem Flug eine Palastrevolution gegen die Regierung auszulösen, eine Chimäre war. Denn nicht einmal die wenigen Abgeordneten, die sich in der 23 Anhänger zählenden Peace Aims Group zusammengeschlossen hatten – wie George Lansbury, Malcolm Macmillan,

Sydney Silverman, Reginald Sorensen und Richard Stokes, die Verbindungen zum Kreis um Lloyd George und Liddell Hart pflegten – hatten angesichts der Debakel in Libyen und Griechenland geschlossen gegen Churchill gestimmt.[4]
Mit den deutschen Bombern, die gen London ausgeschwärmt waren, war auch Heß in der Nacht vom 10. auf den 11. Mai in Schottland angekommen. Vom Flugplatz Haunstetten bei Augsburg war er gegen 17.45 Uhr in seiner Me 110 gestartet, dann über Darmstadt und Bonn entlang der Rheinlinie in Richtung Zuidersee-Haldern geflogen. Das Wetter über der Nordsee, wo er sich auf einen aus dem dänischen Kalundborg kommenden Leitstrahl einpeilte, war entgegen der letzten Wettermeldung[5] von »strahlender Klarheit«, so daß er ohne Schwierigkeiten per Sicht- und Kartennavigation gen Westen halten konnte. Genau bei Sonnenuntergang, kurz nach 22 Uhr, passierte er bei Holy Island die schottische Westküste, die er, um einer Entdeckung durch die einer Perlenschnur gleich aufgereihten britischen Radarstationen zu entgehen, in zehn Meter Höhe überflog, nachdem er die Maschine von 3000 Metern Flughöhe heruntergedrückt hatte.[6] Auch landeinwärts behielt Heß, der schnell im Bodendunst verschwand, die bodennahe Flughöhe bei.
Den Landeplatz bei Dungavel, Hamiltons Landsitz, suchte er allerdings vergeblich. Zwischen der Westküste Schottlands bei West Kilbridge und der Bahnlinie bei Kilmarnock im Landesinnern, die nach Dungavel führte, kreuzte er zwischen 22.45 Uhr und 23.09 Uhr gut zwanzig Minuten hin und her.[7] Dann entschloß er sich zum Absprung mit dem Fallschirm – ein gewagtes und nie geübtes Manöver, das ihn fast das Leben kostete. Er brachte die Maschine erneut auf eine Sicherheitshöhe von 2000 Metern, stellte die Zündung der Motoren ab und die Rotorblätter auf den Anstellwinkel Null. Dann schnallte er sich los und wollte das Kabinendach öffnen, aber der ungeheure Luftdruck preßte ihn so fest gegen den Sitz, daß er wie festgeschmiedet war. In einem zweiten Manöver versuchte er, die Maschine auf den Rücken zu legen, um sich dann herausfallen zu lassen. »Beim Durchziehen im halben Looping zur Normallage«, so hat Heß wenige Stunden vor seinem ersten Selbstmordversuch diese dramatischen Sekunden beschrieben, »war die Zentrifugalkraft so groß, daß ich ohnmächtig wurde und erwachte, als die Maschine (mit Fahrt Null auf dem Staudruckmesser) steil nach oben in der Luft hing.

Ich dies sehen und herausspringen war eins! Im gleichen Augenblick kippte die Maschine ab. Ich sah sie noch im Nichts kleiner werden und verschwinden. Da zog ich meinen Ring.«[8] Beim Aussteigen aus der Me 110 prallte Heß mit dem rechten Knöchel heftig gegen den Schwanz des Flugzeugs, so daß ihm kurz nach dem Sprung erneut die Sinne schwanden und er erst wieder zu sich kam, als er auf einer Wiese der Floors Farm des schottischen Bauern David McLean aufschlug.
Bis heute muten die Umstände der praktisch reibungslosen Durchführung des Fluges seltsam an. Dies hat nicht nur die Sowjets[9], sondern auch einige Sachbuchautoren dazu veranlaßt, hierin einen Beleg zu sehen, daß die britische Seite vorab über das Kommen von Heß unterrichtet war und entsprechende Vorkehrungen traf, um den Führerstellvertreter ungehindert in den schottischen Luftraum eindringen zu lassen.[10] So identifizierten die zahlreichen britischen Radarstationen entlang der schottischen Ostküste von Bamburgh südlich von Holy Island bis hinunter nach Danby Beacon, unweit von Middlesborough, den sog. »Raid 42 J« zwar mit einer Ausnahme[11] als eine einzelne Maschine, und die Stützpunkte der RAF im Landesinnern waren auch in der Lage, den Flug von Heß zur Westküste bis zum Verschwinden des Flugzeugs von den Radarschirmen gegen 23.09 Uhr zu verfolgen; ernsthafte Versuche, den Eindringling abzufangen oder abzuschießen, wurden jedoch kaum unternommen.[12] Nach Ausweis der Akten startete eine Spitfire der 72. Squadron in Acklington an der Ostküste, als Heß in den britischen Flugraum einflog. Sie kam aber an die Me 110 des Führerstellvertreters nie bis auf Sichtweite heran.[13] Ein zweiter Jäger – eine Defiant, die sich über dem Firth of Clyde gegen 22.35 Uhr auf einem Patrouilleflug befand – wurde von der 141. Squadron der RAF Station Ayr auf Heß angesetzt, als dieser die Westküste erreicht hatte. Aber erneut kam es nicht zu einem erfolgreichen Abfangmanöver.[14]
Sicherlich wird man ins Kalkül ziehen müssen, daß Heß bei seinem Flug nicht nur das Überraschungsmoment zugute kam, sondern auch seine Taktik, die Radarpeilungen im virtuosen Tiefflug zu umgehen. Und gewiß gibt es auch ein Beispiel aus neuerer Zeit, daß – unter ungleich ungünstigeren Umständen als 1941 – ein Alleinflieger die Sowjets, deren moderne Abwehrstationen, Jäger und Warnsysteme düpierte und erfolgreich auf dem Roten Platz in Moskau landete. Aber mit Blick auf die Vorgeschichte des

Unternehmens, als die Briten die deutschen Stellen und Heß mit getürktem Material versorgten, als sie dem vermeintlichen Hans Baur Instruktionen über eine Landemöglichkeit zur Entführung der Führermaschine zukommen ließen und als Churchill Vorkehrungen für eine Ankunft von Heß in Schottland traf, liegt doch der Verdacht nahe, daß es sich bei dem ungehinderten Eindringen der Me 110 in den britischen Luftraum um ein abgekartetes Spiel handelte. Was dabei freilich nicht plangemäß verlief, ob und wie lange sich Heß strategiekonform verhielt und was ihn schließlich dazu bewog, die Absicht einer Landung zugunsten eines überstürzten Fallschirmabsprungs fallenzulassen, ist durch Quellen nicht zu belegen und führt in den Bereich der Spekulation.

Weit erfolgreicher als die Luftabwehr der RAF war jedenfalls die schottische Home Guard, der es gelang, Heß auf der Floors Farm nördlich des Dorfes Eaglesham binnen einer halben Stunde aufzustöbern und festzunehmen.[15] Captain Clark von der Home Guard, begleitet von Captain Flint von der 12th A. A. Division Signals und Constable Williamson, hatte das Zerschellen der Me 110 im Bonnyton Moor beobachtet und sofort damit begonnen, die nahegelegenen Bauernhöfe zu durchkämmen, um den Piloten zu finden. Gegen 23.45 Uhr benachrichtigte Clark das Bataillonshauptquartier in der Florence Road im etwa eine Meile entfernten Griffnoch über den Vorfall. Zu dieser Zeit war Heß, der sich als Hauptmann Alfred Horn ausgab – ein Name, den er 1933 schon einmal verwendet hatte –,[16] bereits mit in Anschlag gebrachtem Revolver auf der Floors Farm verhaftet und ins Hauptquartier der Home Guard des 3. Bataillons Renfrewshire in Busby gebracht worden.

In der Scout Hall der Home Guard Battalion Headquarters in Griffnoch, wohin Heß kurz nach Mitternacht überstellt wurde, kam es dann zu einem ersten improvisierten Verhör des Gefangenen. Die Vernehmung wurde von Group Captain Graham Donald vom Royal Observer Corps durchgeführt, der die Radarmeldung der Me 110 im Group Center in Glasgow verfolgt und inzwischen sowohl das Flugzeug als auch die Absturzstelle besichtigt hatte.[17] Als Dolmetscher agierte dabei der Pole Roman Battaglia, der zwischen 1935 und 1937 am polnischen Konsulat in Danzig gedient hatte und nunmehr am Konsulat in Glasgow tätig war. Da über dieses Verhör kein Protokoll vorliegt, ist man in der

Rekonstruktion der Aussagen von Heß auf die erst vier Wochen später gemachten Ausführungen Battaglias angewiesen sowie auf einen Brief Donalds vom 19. Mai.[18] Zu diesen Zeitpunkten war aber die Affäre Heß bereits so virulent, daß die Stellungnahmen Battaglias und Donalds davon nicht unberührt bleiben konnten. Heß habe, so berichtete Battaglia, während der ganzen Unterredung bis gegen 2 Uhr morgens einen durchaus gefaßten und ruhigen Eindruck gemacht; nur zeitweise habe er sich nach vorne gebeugt und die Hände vor das Gesicht geschlagen. Nach einer Beschreibung seines Fluges von Augsburg bis Eaglesham habe Heß darauf gedrängt, zum Herzog von Hamilton gebracht zu werden, dem er eine Botschaft übermitteln wolle. »Ich sah ihn während der Olympischen Spiele in Berlin«, so Heß, »und wir haben einen gemeinsamen Freund«, dessen Identität er jedoch nicht preisgeben könne. Auf die Frage, welcher Art die an Hamilton zu übermittelnde Nachricht sei, ließ Heß lediglich verlauten, daß »diese im höchsten Interesse der britischen Luftwaffe sei« – ein weiterer Beleg dafür, daß Heß noch am Tage seines Abflugs von Rosenberg und dessen Kontaktleuten im Luftwaffenministerium wahrscheinlich letzte wichtige Fingerzeige für die Durchführung seines Unternehmens erhalten hatte. Bereits bei dieser ersten Unterredung, so gilt es festzuhalten, blieb die wahre Identität des Gefangenen kein Geheimnis mehr. Denn Donald war sich schon nach »fünf Minuten« sicher, daß es sich bei dem Piloten der Me 110 nicht um Hauptmann Alfred Horn, sondern um Rudolf Heß handelte, um den Stellvertreter Hitlers. Dies teilte er denn auch Hamilton mit, den er gegen 2 Uhr morgens in RAF Turnhouse telefonisch von dem Vorfall in Kenntnis setzte.[19]
Auf Anweisung des wachhabenden Offiziers des Area Command in Glasgow wurde Heß noch in der Nacht in die Maryhill Barracks im Nordwesten der schottischen Metropole gebracht, wo ihn Hamilton am Sonntag morgen gegen 10 Uhr aufsuchte. Nach Durchsicht der von Heß mitgeführten Gegenstände – seiner Armbanduhr, einer Leica-Kamera, verschiedener medizinischer Präparate, einer Karte von Dungavel Estate, Fotos von Heß und seinem Sohn sowie der Visitenkarten von Karl und Albrecht Haushofer –, die Hamilton gemeinsam mit seinem Intelligence Officer Flight Lieutenant Benson inspizierte[20], kam es dort zu einer knapp einstündigen Unterredung zwischen Hamilton und Heß unter vier Augen.

Zieht man die Vorsichtsmaßregeln in Betracht, die Hamilton Ende April mit Bedacht getroffen hatte, als ihn das Angebot von MI 5 erreichte, den Absender des Haushofer-Briefes zu kontaktieren und sich auf ein Spionagespiel einzulassen, so kann man es nur als erstaunlich bezeichnen, daß der Herzog nun, da ihm Heß persönlich gegenübersaß, jede Art von Sicherheitsvorkehrungen unterließ und sich mit dem Führerstellvertreter, den er nach eigenen Angaben noch nie zuvor persönlich gesehen hatte, zu einer vertraulichen Besprechung zurückzog. Die wahre Identität des deutschen Fliegers war ihm durch den Anruf von Group Captain Donald bekannt, und Hamilton mußte damit rechnen, daß jede der Konspiration verdächtige Kontaktaufnahme mit Heß ihn in ein schiefes Licht rücken würde. Hinzu kam der Umstand, daß Hamilton, wie seine nachfolgenden Aktionen unter Beweis stellen, offenbar nicht den geringsten Zweifel hegte, daß es sich bei seinem Gesprächspartner tatsächlich um Heß handelte.

Für all dies gibt es im Grunde nur zwei denkbare Erklärungen: Entweder hatte Hamilton entgegen seinen späteren Aussagen vor der Unterredung in den Maryhill Barracks doch die Behörden in London informiert, um sich für seine Begegnung mit Heß Rückendeckung zu verschaffen. Oder er befürchtete, daß Heß kompromittierende Äußerungen machen werde, die dem Wing Commander nahelegten, Heß zunächst ohne Zeugen gegenüberzutreten. Bedenkt man dies, so wird klar, daß Hamiltons Aufzeichnungen über diese erste Zusammenkunft mit Heß in den Maryhill Barracks nur von sehr eingeschränktem Quellenwert sind, denn er hatte – sei es im offiziellen Auftrag oder im eigenen Interesse – allen Grund, die wahre Dimension der ganzen Angelegenheit zu verschleiern.

Nach den Angaben Hamiltons begann Heß die Unterredung mit der Feststellung, daß er den Herzog im Jahre 1936 bei den Olympischen Spielen in Berlin gesehen habe, als Hamilton in seinem Haus zu Gast gewesen sei.[21] Offenbar hatte also auch Heß nicht den geringsten Zweifel, daß es sich bei seinem Gegenüber tatsächlich um den gewünschten Gesprächspartner handeln müsse. Er sei, so führte Heß aus, in einer »Mission im Dienste der Menschheit« gekommen, da der »Führer« England nicht besiegen wolle und ein Ende des Kampfes wünsche. Der Umstand, daß er persönlich diese Mission unternommen habe, stelle seine Aufrichtigkeit und die deutsche Friedensbereitschaft unter Beweis. »Er bat mich dann«, so Hamilton, »die führenden Mitglieder meiner Partei zusammenzurufen, um Friedensvorschläge zu unterbreiten.« Hitlers Vorstellungen seien laut Heß die folgenden: erstens bestehe er auf einer Übereinkunft, gemäß der England und Deutschland nie wieder Krieg gegeneinander führen würden; zweitens müsse England seine traditionelle Politik aufgeben, sich immer gegen die stärkste Macht auf dem Kontinent zu wenden, und Deutschland freie Hand in Europa geben.

Gegen Ende der Unterredung kam die Rede auch auf den Geheimdienst. Wie sich Heß einige Zeit später im Maindiff Court Hospital erinnerte, habe er Hamilton gebeten, ihn davor zu bewahren, vom Secret Service »durch die Mangel gedreht zu werden«, denn er sei als Unterhändler aus freien Stücken gekommen.[22] Heß war sich also der Gefahr bewußt, vom Geheimdienst in eine Falle gelockt worden zu sein. In Hamiltons Bericht sucht man diese Bitte allerdings vergeblich. Der Herzog verzeichnete lediglich den Wunsch, für Heß beim König freies Geleit zu erwirken, da er unbewaffnet und auf eigenen Entschluß gekommen sei, sowie die Bitte, seine Familie über die Ankunft in Schottland zu unterrichten, indem Hamilton ein entsprechendes Telegramm an Frau Rothacker, die Tante von Heß, in Zürich übermitteln sollte.[23]

Auch nach Abschluß dieser Unterredung mit Heß gegen 11 Uhr machte Hamilton seinen Aussagen zufolge keine Anstalten, London über den sensationellen Vorgang zu informieren. Statt dessen ließ er sechs Stunden verstreichen, bis er gegen 17 Uhr endlich im Foreign Office anrief und Cadogan zu sprechen wünschte. Erneut erscheint sein Verhalten, gemessen an der Brisanz der Angelegenheit, nicht nur seltsam, sondern so unglaubwürdig, daß seine Angaben über die Tätigkeiten, die zwischen dem Vormittag und dem späten Nachmittag lagen, nur wenig Anspruch auf Vollständigkeit und Plausibilität beanspruchen können.[24] Angeblich setzte Hamilton sofort nach dem Ende der einstündigen Unterredung mit Heß den diensthabenden Offizier in den Maryhill Barracks davon in Kenntnis, daß es sich bei dem deutschen Piloten um eine wichtige Person handle, die unter strenge Bewachung gestellt und an einen Ort gebracht werden müsse, wo sie vor Bombenangriffen sicher sei. Tatsächlich wurde Heß umgehend nach Buchanan Castle in die Außenbezirke von Glasgow ins Military

Hospital Drymen verlegt, wo ihn eine Wachmannschaft von mehr als 100 Soldaten umgab.[25] Anschließend besichtigte Hamilton gemeinsam mit Flight Lieutenant Benson das Wrack der Me 110 und nahm »verschiedene Teile an sich, die er für wichtig hielt«.[26] Dann fuhr er nach Dungavel, um den Haushofer-Brief vom Juli 1939 mit der damaligen Warnung vor einem deutschen Angriff auf Polen an sich zu nehmen, den der Herzog seinerzeit in Verletzung des Wunsches von Haushofer eben auch Winston Churchill gezeigt hatte. Zurück in Turnhouse fertigte er einen zweiseitigen Bericht über die Unterredung mit Heß an und meldete sich endlich bei Vizeluftmarschall Andrews ab, den er um die Erlaubnis bat, nach London fliegen zu dürfen. Es handle sich, wie Hamilton ausführte, um eine dringende Angelegenheit, »über die er nicht am Telefon sprechen könne, die jedoch so bald wie möglich dem Foreign Office mitgeteilt werden müsse«.[27]

In den Anruf Hamiltons am späten Nachmittag schaltete sich – wie bereits geschildert – der zweite Privatsekretär Churchills Jock Colville ein mit der Frage: »Der Premierminister hat mich ins Foreign Office geschickt, da er informiert ist, daß Sie interessante Informationen haben. Ich bin gerade hereingekommen, und ich würde gerne wissen, was Sie vorschlagen zu tun.«[28] Und nun ging alles ganz schnell. Den Instruktionen Colvilles folgend, flog Hamilton mit einer Hurricane nach Northolt und von dort weiter in einer Miles Magister nach Kidlington in Oxfordshire, wo ihn bereits ein Wagen erwartete, der ihn direkt nach Ditchley Hall brachte, zum Aufenthaltsort Churchills.[29]

Die Szene, die den vollkommen übernächtigten Wing Commander dort erwartete, entbehrte allerdings nicht einer gewissen Komik, denn der Premierminister hatte es überhaupt nicht eilig, den Grund für Hamiltons Kommen zu erfahren. Vom Butler wurde Hamilton in den Salon gebracht, wo Churchill inmitten einer illustren Schar von Gästen – unter ihnen Sir Archibald Sinclair, der Minister für Luftfahrt, Brendan Bracken, der im Juli zum Informationsminister berufen wurde, sowie Harry Hopkins, der Intimus von Roosevelt – sich in »großartiger Form« bei bester Laune präsentierte und »einen Witz nach dem anderen riß«. »Kommen Sie und erzählen Sie uns Ihre lustige Geschichte«, so empfing Churchill den erschöpften Hamilton in fröhlicher Runde, worauf dieser trocken bemerkte, daß er dies nur unter vier Augen tun könne.[30] Erst nach einer ganzen Weile, als Hamilton mit einem

Abendessen versorgt worden war und sich nach und nach alle Gäste mit Ausnahme von Sinclair zurückgezogen hatten, konnte er schließlich »seine Geschichte« erzählen und Churchill die ihm von Heß übergebenen Fotos aushändigen, die den Piloten zeigten. Der Premierminister, so Hamilton in seinem Bericht, sei jedoch »etwas ungeduldig gewesen, da er einen Film der Marx Brothers ansehen wollte, der eben anlief«.[31] Seinem Sohn gegenüber legte sich Hamilton da weniger Zurückhaltung auf, als er den Premierminister mit der völlig desinteressierten Bemerkung zitierte: »Nun, Heß oder nicht Heß, ich werde mir jetzt die Marx Brothers ansehen.«[32] Zu einer ernsthaften Erörterung der Ereignisse kam es somit erst nach Mitternacht, als Hamilton drei Stunden lang über jede Einzelheit befragt wurde, als er Churchill den Brief Haushofers vom Juli 1939 und die Kopie des Schreibens vom September 1940 zeigte und man sich einig war, daß der Anlaß des Fluges von Heß die Unterbreitung eines Friedensangebotes sei.[33]

Wie man hierauf jedoch reagieren sollte, das löste in den nächsten Tagen in Whitehall einen heftigen Streit aus. Nicht etwa, daß man je in Erwägung gezogen hätte, die von Heß gemachten Vorschläge ernsthaft in Erwägung zu ziehen, oder daß man, nach Auslotung der Botschaften von Heß, auch nur in einen Diskussionsprozeß darüber eintrat. Strittig war vielmehr, welche Handlungsspielräume sich für die Regierung nach der Ankunft des Führerstellvertreters eröffneten, wie man die Affäre im Parlament, im diplomatischen Verkehr sowie in der Öffentlichkeit behandeln solle – kurz: wie man sie am gewinnbringendsten ausschlachten konnte.

Dies zeigte sich bereits am Montag, dem 12. Mai, als Churchill in Begleitung Hamiltons nach Downing Street 10 zurückkehrte und seine Dispositionen traf. In einer endlosen Kette von Besprechungen mit Außenminister Anthony Eden, Alexander Cadogan, den drei Stabschefs der Streitkräfte und mit Sir Stewart Menzies, dem Chef des Geheimdienstes,[34] rang man um eine Strategie in der Behandlung des Falles. Für Churchill selbst allerdings stand längst fest, wie sich am besten politisches Kapital aus der Sache schlagen ließ. Er witterte sofort die Chance, die sich mit einer Bekanntgabe der deutschen Friedensinitiative für seine Parole eines »Sieges um jeden Preis« bot. Legte man nämlich die Karten offen auf den Tisch und setzte die britische Öffentlichkeit rückhaltlos in Kenntnis über den von Heß bestätigten Friedenswillen des »Führers«, dann ließ sich das spektakuläre Unternehmen trefflich als Ausweis des deutschen Unvermögens deuten, der widerborstigen Insel den Willen Hitlers aufzuzwingen. Dann gerieten die schmerzlichen Niederlagen und Demütigungen der letzten Monate und Wochen in den Hintergrund; dann erfuhr sein Kurs eines unbedingten Hartbleibens gegenüber Nazideutschland und eines Kampfes bis zum Sieg am Ende des dunklen Tunnels eine markante Bestätigung im Bewußtsein der britischen und internationalen Öffentlichkeit.

Diesem Kalkül entsprach es, wenn die Deutschlandexperten des Informationsministeriums um Valentine Williams und Sefton Delmer, den Leiter der »black-radio-propaganda to Germany«, umgehend beauftragt wurden, sich für eine Befragung von Heß in Schottland zur Verfügung zu halten, um die propagandistische Ausschlachtung des Fluges in Angriff zu nehmen.[35] Noch am gleichen Tage bereitete der Premierminister eigenhändig ein Kommuniqué vor, das dieser Zielsetzung den Boden bereiten sollte.[36] »In der Nacht vom Samstag, dem 10.«, so hieß es in dem von Churchill entworfenen Text, »wurde eine Messerschmitt 110 von unserem Flugmeldedienst gesichtet, die die Küste bei Schottland überquerte und in Richtung Glasgow flog. Da eine Messerschmitt 110 nicht genügend Treibstoff besitzt, um nach Deutschland zurückkehren zu können, wurde diese Mitteilung zunächst in Zweifel gezogen. Später stürzte jedoch eine Messerschmitt 110 unweit von Glasgow mit ungeladenen Bordwaffen ab. Kurz darauf fand man in der Nähe von Glasgow einen mit dem Fallschirm abgesprungenen deutschen Offizier, der sich einen Knöchel gebrochen hatte. Er wurde in ein Krankenhaus nach Glasgow eingeliefert, wo er zunächst seinen Namen mit ›Horn‹ angab, später jedoch erklärte, daß er Rudolf Heß sei und daß er nach England im Namen der Menschlichkeit gekommen sei, weil er hoffte, daß zwischen Großbritannien und Deutschland ein Frieden geschlossen werden könne. Dementsprechend wurde ein Beamter des Foreign Office, der mit Heß aus der Vorkriegszeit eng bekannt war, mit dem Flugzeug losgeschickt, um diesen im Krankenhaus aufzusuchen. Er berichtet, daß der deutsche Offizier zweifellos Rudolf Heß sei. Sobald dieser von seiner Verletzung genesen ist, wird man seine Erklärung sorgfältig prüfen.« Bei dem Beamten des Foreign Office, der, wie Churchill schrieb, Rudolf Heß inzwischen identifiziert habe, handelte es sich um den vormaligen Sekretär der britischen Botschaft in Berlin, Sir Ivone Kirkpatrick, der an der Seite Hamiltons nach Schottland beordert worden war, um den Inhalt der Botschaften von Heß auszuloten.[37] Tatsächlich aber hatten Hamilton und Kirkpatrick, als Churchill den Text dieser Verlautbarung entwarf, ihr Ziel in Buchanan Castle noch längst nicht erreicht und kein Wort mit dem Gefangenen gewechselt. Wenn die bereits in den Startlöchern sitzenden Experten des Informationsministeriums überraschend zurückgepfiffen worden waren, so war dies der Initiative Edens und Cadogans zuzuschreiben gewesen, die mit der Entsendung Kirkpatricks eine erste Weiche dafür gestellt hatten, in der Affäre Heß selbst die Federführung zu übernehmen. »Keine Munition für die Propagandisten. Valentine Williams und Sefton Delmer erhielten keine Erlaubnis, nach Schottland zu fahren«, so registrierte Sir Robert Bruce-Lockhart den Schwenk mit Enttäuschung.[38]

Diesem ersten Etappensieg der Strategen im Foreign Office folgte ein zweiter wichtiger Teilerfolg praktisch auf dem Fuße: die Entschärfung und Umredigierung der von Churchill geplanten Erklärung. Denn für Edens und Cadogans Kalkül, die Ankunft des Führerstellvertreters zu nutzen, um damit auf politisch-diplomatischem Terrain einen Positionsvorteil für England herauszuspielen, konnte nichts schädlicher sein, als sich durch vorschnelle und verfängliche Verlautbarungen selbst die Hände zu binden. Dies war der Grund, weshalb Churchill mit seinem geplanten Kommuniqué auf den heftigen Widerstand des Außenministers und dessen Staatssekretär traf, die mit analytischem Scharfblick sofort einwandten, daß sich die Affäre gewinnbringend politisch instrumentalisieren lasse, und die mit ihrer Kritik am Entwurf des Premierministers nicht hinter dem Berg hielten. »Das geht nicht – es schaut wie ein Friedensangebot aus, und wir wollen vielleicht die Strategie verfolgen, daß er sich mit Hitler überworfen hat«, so verlieh Cadogan seinem Unmut offen Ausdruck.[39] Und tatsächlich gelang es den beiden, alle Stellen, die auf eine entsprechende deutsche Offerte hindeuteten, aus dem Konzept Churchills herauszustreichen. Vor allem aber wurde die Schlußpassage komplett eliminiert, in der Churchill auf die Motive von Heß »im Namen der Menschlichkeit« anspielte und mit Hintersinn eine Prüfung der Vorschläge von Heß in Aussicht gestellt hatte – wohl wissend, daß dies als Schwungrad für die Lancierung einer propagandistischen Offensive unerläßlich war.

Als Hamilton und Kirkpatrick dem Führerstellvertreter dann endlich gegenübersaßen, war es weit nach Mitternacht, und Informationsminister Duff Cooper hatte das umredigierte Kommuniqué über die Ankunft von Heß in Schottland im Konferenzraum seines Ministeriums gegen 23.20 Uhr vor in- und ausländischen Vertretern von Presse und Rundfunk längst verkündet. Es vermied, den Einwänden Edens und Cadogans Rechnung tragend, jeden Hinweis auf die Beweggründe von Heß oder die Inhalte seiner Initiative[40] und ließ damit einer politischen Nutzung der Affäre allen Raum.
Nur wenige Stunden vorher hatte auch Hitler erstmals offiziell auf den Flug von Heß reagiert, als der großdeutsche Rundfunk gegen 21 Uhr das Verschwinden des Führerstellvertreters meldete. »Parteigenosse Heß, dem es aufgrund einer seit Jahren fortschreitenden Krankheit vom Führer strengstens verboten war, sich noch weiter fliegerisch zu betätigen«, so hieß es in einer über den großdeutschen Rundfunk verbreiteten parteiamtlichen Mitteilung, »hat, entgegen diesem vorliegenden Befehl, es vermocht, sich in letzter Zeit wieder in den Besitz eines Flugzeuges zu bringen. Am Samstag, dem 10. Mai, gegen 18 Uhr, startete Parteigenosse Heß in Augsburg wieder zu einem Flug, von dem er bis zum heutigen Tage nicht mehr zurückgekehrt ist. Ein zurückgelassener Brief zeigte in seiner Verworrenheit leider die Spuren einer geistigen Zerrüttung, die befürchten läßt, daß Parteigenosse Heß das Opfer von Wahnvorstellungen wurde. Der Führer hat sofort angeordnet, daß die Adjutanten des Parteigenossen Heß, die von diesen Flügen allein Kenntnis hatten und sie, entgegen dem ihnen bekannten Verbot des Führers, nicht verhinderten bzw. sofort meldeten, verhaftet wurden. Unter diesen Umständen muß also leider die nationalsozialistische Bewegung damit rechnen, daß Parteigenosse Heß auf seinem Flug irgendwo abgestürzt bzw. verunglückt ist.«[41]
Mit dieser Verlautbarung setzte sich Hitler deutlich von der Aktion seines Stellvertreters ab, indem er nach endlosen Beratungen mit seinen Paladinen auf dem Berghof das Unternehmen von Heß nicht mehr länger geheimhielt, es als Tat eines irregeleiteten Wahnsinnigen brandmarkte und seinen alten Kampfgefährten vor den Augen der Weltöffentlichkeit offen desavouierte. Allerdings geschah dies erst mehr als 48 Stunden nach dem Start von Heß, und dieser Umstand wird nahezu in der gesamten Literatur,

die sich mit dem Fall beschäftigte, als Beleg für Hitlers Mitwisserschaft gewertet.[42] Es sind vor allem drei Argumente und Indizien, die in der Forschung zur Stützung dieser Ansicht vorgebracht werden und die scheinbar geeignet sind, die These eines geheimen Zusammenspiels zwischen Hitler und Heß im Mai 1941 zu untermauern.

Erstens wird immer wieder auf einen bei den Besprechungen auf dem Berghof anwesenden Zeugen verwiesen: den General der Flieger, Karl Bodenschatz, der den allgemeinen Eindruck von Hitlers Entourage in jenen entscheidenden Stunden bis zur Herausgabe der Meldung am Abend des 12. Mai wie folgt zusammenfaßte. »Es war allen klar«, so Bodenschatz, »daß Hitler, getreu seiner im Krieg geübten Praxis, Angelegenheiten von höchster Geheimhaltung nur mit den unmittelbar damit befaßten Leuten zu besprechen, gemeinsam mit Rudolf Heß, seinem engsten Gefolgsmann, ein Komplott ausgeheckt hatte. Demnach sollte Heß nach seiner Ankunft eine Botschaft übermitteln, und Hitler erkannte, daß etwas schiefgelaufen sein mußte, als in England nichts als Schweigen, quälendes Schweigen, herrschte.«[43]

Diesem persönlichen Eindruck von Karl Bodenschatz steht zweitens die Aussage von Hitlers Kammerdiener Heinz Linge zur Seite. Linge erinnerte sich nach dem Kriege an die Szene, als Hitler am Morgen des 11. Mai »gegen 9.30 Uhr« durch den Adjutanten von Heß, Karl Heinz Pintsch, mittels eines an ihn adressierten Briefes von Heß erstmals über den Flug seines Stellvertreters in Kenntnis gesetzt wurde.[44] »Da Hitler sehr lange wach gewesen war und mir ausdrücklich befohlen hatte, ihn nicht vor Mittag zu wecken«, so Linge, habe er zunächst gezögert, bis Pintsch mit der Nachricht herausplatzte: »Heß hat Deutschland mit dem Flugzeug verlassen.« »Sofort ging ich zu Hitlers Tür«, so Linge weiter, »und klopfte. Augenblicklich fragte Hitler: ›Was ist los, Linge?‹ Mit zitternder Stimme meldete ich, was ich von Pintsch erfahren hatte, der einen Brief von Heß für Hitler in der Hand hielt. Ehe ich mich versah, stand Hitler, bereits vollkommen angekleidet und rasiert, in der offenen Tür. ›Er hat es also vorher geahnt‹, durchfuhr es mich. Anders war nicht zu erklären, wieso er in seinem Schlafzimmer schon um 9.30 Uhr angezogen wartete, nachdem er mir doch ausdrücklich befohlen hatte, ihn erst gegen Mittag aus dem Bett zu holen.« Damit war für Linge klar, daß Hitler »nur vor anderen so tat, als sei er überrascht, konsterniert und verärgert«, und daß er Heß »wahrscheinlich sogar nach England geschickt« hatte, um dort »ein Arrangement zwischen London und Berlin zustandezubringen«.[45]

Drittens beruft sich die Annahme einer Mitwisserschaft Hitlers auf eine durch den Adjutanten von Heß bezeugte vertrauliche Unterredung unter vier Augen im Garten der Reichskanzlei, zu der sich der Führer und sein Stellvertreter angeblich Anfang Mai 1941 zusammengefunden hatten. Folgt man der Darstellung Alfred Leitgens, des zweiten Adjutanten von Heß, so dauerte das Gespräch mehrere Stunden und bezog sich, wie Leitgen aus einigen aufgeschnappten Bemerkungen schloß, inhaltlich auf die Vorbereitung und Durchführung des geplanten Fluges nach Schottland. »Das Gespräch«, so berichtete Leitgen nach dem Kriege, »wurde zeitweise von beiden Seiten sehr erregt geführt. Ich stand etwas abseits. Wenn die beiden in meine Nähe kamen, dämpften sie ihre Stimmen etwas. Deshalb hörte ich nur ein paar Fetzen des Gesprächs. Ich hörte die Namen ›Albrecht Haushofer‹ und ›Hamilton‹. Dann hörte ich einen Satz: ›... mit der Maschine überhaupt keine Schwierigkeit ...‹. Hitler sagte einmal: ›Mein Gott, kann das nicht wahnsinnig gefährlich sein!?‹ Von Herrn Heß hörte ich dann das Bruchstück eines Satzes: ›... ganz einfach für verrückt erklären lassen! ...‹. Schließlich blieben beide in meiner Nähe stehen. Hitler reichte Heß die Hand. Er hielt Heß' Hand minutenlang in der seinen. Beide schauten einander schweigend in die Augen. Dann wandte sich Hitler abrupt um und ging ins Haus. Herr Heß war sehr blaß, als wir gemeinsam die Straße zum Verbindungsstab überquerten. Er sprach kein Wort.«[46]

Will man anhand der Aussagen von Bodenschatz, Lingo und Leitgen die Frage einer Mitwisserschaft oder stillschweigenden Billigung durch Hitler klären, so fällt auf, daß alle drei Beobachter keine zeitgenössischen Belege für ihre weitreichenden Ausführungen vorlegen können, daß ihre Erinnerung auf anzweifelbaren subjektiven Eindrücken, Interpretationen und Schlußfolgerungen ruht. Hinzu kommt, daß weder Hitler noch Heß im Falle eines von beiden initiierten geheimen Coups je die Fahrlässigkeit begangen hätten, Personen in ihrer unmittelbaren Umgebung wie Linge oder Leitgen Anlaß zu Spekulationen zu liefern.

So erscheint die Aussage Leitgens wenig glaubhaft, daß er bei der geheimen Unterredung im Garten der Reichskanzlei (sic!)

die Erlaubnis erhalten habe, sich in Hörweite aufzuhalten, und somit in der Lage gewesen sei, Informationen zu erhalten, die auf den bevorstehenden Flug nach Schottland hindeuteten. Tatsächlich handelt es sich hierbei wohl um eine von Leitgen nach dem Kriege frei erfundene Szene, die allein dem Zweck diente, Heß mit dem Status eines in offiziellem Auftrag handelnden Parlamentärs auszustatten und dessen Freilassung aus Spandau zu befördern. Dies wird nicht zuletzt durch den Umstand bestätigt, daß Leitgen in allen Befragungen, die mit ihm im Auftrag des Münchner Instituts für Zeitgeschichte durchgeführt wurden, niemals auf diese Episode zurückkam und statt dessen an seiner Auffassung keinen Zweifel ließ, daß Heß »nicht im Einverständnis von Hitler nach England« geflogen sei, sondern den Flug als seine persönliche »Pflicht« angesehen habe, um jeden Hoffnungsschimmer einer Verständigung zu nutzen.[47]

Auch Linges Darstellung kann nur wenig Überzeugungskraft für sich beanspruchen. So ist es wenig glaubhaft, daß Hitler seinem Kammerdiener für jenen 11. Mai den Befehl gegeben haben soll, ihn nicht vor Mittag zu wecken, tatsächlich aber bereits wie ein Schauspieler hinter den Kulissen die Ankunft von Pintsch auf dem Berghof erwartete, um wie auf Stichwort die Rolle des Überraschten zu mimen. Ein solches Übermaß an Dilettantismus und Plumpheit wird man Hitler wohl kaum unterstellen dürfen, zumal just für diesen Tag drei wichtige Gesprächstermine mit Albert Speer, Fritz Todt und Admiral Darlan auf dem Programm des Diktators standen. Hinzu kommt, daß auch Linge wie Leitgen ein Motiv hatte, die beschriebene Szene frei zu erfinden, um Hitlers Mitwisserschaft zu belegen. Linges Schilderung entstand nach dem Kriege, als er sich gemeinsam mit Hans Baur und Otto Günsche, dem Adjutanten des »Führers«, in sowjetischer Kriegsgefangenschaft den bohrenden Fragen seiner Vernehmungsoffiziere stellen mußte. Diese brachten den Kammerdiener Hitlers in endlosen, mit Folter und psychischen Qualen erpreßten Verhören nicht nur dazu, zum Heß-Flug und einem diesbezüglichen Auftrag von seiten Hitlers Stellung zu nehmen; sie forderten ihn 1948 auch auf, eine Hitlerbiographie zu schreiben, die zur Keimzelle von Linges später veröffentlichten Erinnerungen wurde.[48]

Somit deutet alles darauf hin, daß Linge aus Gründen des Selbstschutzes seinen Peinigern genau das erzählte, was diese hören wollten. Seine Schilderung kann allein schon deshalb in Zweifel gezogen werden, weil es nicht weniger als drei andere Personen gibt, die reklamieren, als einzige Augenzeugen zugegen gewesen zu sein, als die Briefübergabe durch Pintsch an Hitler erfolgte: den Hauptschriftleiter im Deutschen Nachrichtenbüro, Hauptbannführer Lorenz, Görings Verbindungsmann zu Hitler, General Bodenschatz, sowie Hitlers Wehrmachtsadjutant Major Engel.

Während die im März 1942 in Wolfsschanze gemachten Ausführungen von Lorenz sachlich offenkundig inkorrekt sind,[49] können die Schilderungen von Engel und Bodenschatz mehr Plausibilität für sich beanspruchen. Beide datieren die Ankunft von Pintsch mit dem Schreiben von Heß an Hitler auf die Mittagszeit des 11. Mai und stimmen darin mit dem Notizkalender Bormanns überein, der am gleichen Tage festhielt: »Mittags bringt Pintsch Briefe des Stellvertreters des Führers; dieser ist am 10. 5., 17.40 Uhr nach England gestartet.«[50]

Nach einem britischen Lauschprotokoll vom Mai 1945, das die Aussagen von Bodenschatz gegenüber seinen Mithäftlingen Milch und Sperrle verzeichnet, war der General der Flieger im Empfangszimmer des Berghofs mit Hitler allein zugegen, als Pintsch den »dringenden Brief« von Heß übergab. »Der Führer«, so Bodenschatz, »machte das Kuvert auf, [...] stand vor einem Stuhl – und nach dem dritten, vierten Satz ist er auf den Stuhl zurückgesunken. Der Führer hat dann gesagt, ›Um Gottes willen. Um Gottes willen! Der ist da rübergeflogen!‹« In seinem Brief, so Bodenschatz, habe Heß mitgeteilt, »daß er herübergeflogen ist, um drüben sozusagen Friedensfühler auszustrecken. Er konnte aber vorher nicht zum Führer gehen, weil der Führer ihn sicher nicht erhört hätte usw., weil er (Heß) die Rußland-Sache für einen Wahnsinn hält«.[51]

Bodenschatz ließ also unmittelbar nach dem Kriege – wie im übrigen auch bei späterer Gelegenheit –[52] keinen Zweifel daran aufkommen, daß Hitler eben nicht vorab informiert und seine erste Reaktion von echter Überraschung, ja Entsetzen geprägt war. Dies widerlegt nicht nur die in der Forschung immer wieder kolportierte, angeblich von Bodenschatz in Umlauf gebrachte These eines Komplotts zwischen Hitler und Heß; Hitlers Verblüffung und Fassungslosigkeit werden in ihrer Authentizität auch von Albert Speer bestätigt, der im Treppenhaus des Berghofs darauf wartete, zum Führer vorgelassen zu werden, und dort einen »unartikulierten, fast tierischen Aufschrei«

Hitlers vernahm, als dieser die Nachricht vom Flug seines Stellvertreters erhielt.[53]

Diesem Befund entspricht die Darstellung der Vorgänge, wie sie sich bei Gerhard Engel findet.[54] Er verzeichnet, daß Hitler gegen 11 Uhr herunterkam und er ihm Vortrag hielt, als Pintsch den Führer in einer »dringenden Angelegenheit« zu sprechen wünschte. »Ärgerlich«, so Engel, »nimmt F. den Brief in die Hand. Ich kann auf dem Umschlag nur noch lesen: ›Dem Führer zu übergeben, wenn ...‹. Beim Lesen mahlen dem Führer die Backenknochen. Er wird kreidebleich und befiehlt mir mit erregter Stimme: ›Rufen Sie sofort den Reichsmarschall an.‹ [...] Ich bekomme Göring bei seiner Ankunft in der Nähe von Nürnberg. Er wollte dort auf seine Burg. F. spricht mit ihm nur ganz kurz und sagt: ›Göring, kommen Sie sofort hierher. Es ist etwas Furchtbares geschehen.‹« Daß es sich hierbei wohl um die einzig verläßliche Quelle hinsichtlich der Umstände der Briefübergabe und Hitlers erster Reaktion handelt, ergibt sich nicht nur aus der zeitlichen Nähe der Aufzeichnungen Engels zum Geschehen. Engels Bericht über die barsche Aufforderung Hitlers an Göring, sofort zu erscheinen, wird bestätigt durch eine Eintragung im Terminkalender des Reichsmarschalls, der sich auf Burg Veldenstein aufhielt und gegen 14.00 Uhr verzeichnete: »Telefonanruf Führer (sofort kommen!!)«.[55]

Halten somit unter quellenkritischen Aspekten die Beobachtungen von Bodenschatz, Linge und Leitgen einer genauen Überprüfung nicht stand, so sieht sich die Klärung der Frage, ob das Unternehmen von Heß auf eigene Faust oder im Auftrag Hitlers erfolgte, auch dem Problem gegenüber, daß der 14seitige Abschiedsbrief von Heß an Hitler nicht mehr greifbar ist. Soweit sich Tenor und Inhalt des Schreibens rekonstruieren lassen, das am Nachmittag des 13. Mai auf Befehl Hitlers durch Bormann vor den versammelten Gau- und Reichsleitern der Partei auf dem Berghof verlesen wurde,[56] lief der Brief jedoch darauf hinaus, daß Heß aus eigenem Antrieb handelte, ohne Wissen oder Autorisation Hitlers.

Nach dem Zeugnis der Sekretärin von Heß, Hildegard Fath, die eine Abschrift des Briefes kannte, begann dieser mit den Worten: »Mein Führer, wenn Sie diesen Brief erhalten, bin ich in England.«[57] Neben einer detaillierten Beschreibung der technischen Vorbereitungen seines Unternehmens ging Heß vor allem auf die Motive seines Vorhabens ein. Was ihn angetrieben habe, so führte er weitschweifig und durchsetzt mit okkultistischen Hinweisen und Anspielungen aus,[58] sei weder der Gedanke an Flucht noch ein Gefühl der Feigheit oder Schwäche, sondern das Geschehen des Krieges selbst, in dessen Entwicklung er keinen klaren Ausweg mehr sähe.[59] Der Krieg der germanischen Brudervölker vernichte in England wie in Deutschland die »beste Volkssubstanz«, und hieraus könne nur der »Weltbolschewismus« als Sieger hervorgehen. Da alle Versuche, mit den Mitteln der traditionellen Diplomatie eine deutsch-britische Allianz zustandezubringen, gescheitert seien, könne ein Bündnis nur durch die »außerordentliche persönliche Initiative eines Einzelnen« erreicht werden. Er selbst, so Heß, sei aufgrund seiner Herkunft und Erziehung in Ägypten, aufgrund seiner Vertrautheit mit den Kategorien britischen Denkens und dank einer »persönlichen Fühlungnahme mit ihm bekannten englischen Persönlichkeiten« zu der Erkenntnis gelangt, daß er dieser »Einzelne« sei. Daher wolle er einen »ernsthaften Versuch [...] unternehmen, auf dem Verhandlungswege den Krieg zu beenden«. Bezüglich dieser Absicht, so fuhr Heß fort, habe er Hitler gegenüber »kein Wort verlauten lassen, weil er genau wisse, daß er es ihm doch untersagt haben würde«. Aber er habe sich bei seinem letzten Zusammentreffen mit dem »Führer« in Berlin im Anschluß an Hitlers Reichstagsrede vom 4. Mai »durch ausdrückliche Fragestellung an Hitler davon überzeugt [...], daß dieser auch jetzt noch wie früher im Grunde seines Herzens einer deutsch-englischen Verständigung zuneige«. Er werde deshalb in England »besonders betonen, daß seine Aktion nicht als Zeichen deutscher Schwäche gewertet werden dürfe, sondern er werde umgekehrt mit aller Eindringlichkeit auf die ungeheure militärische Stärke seines Landes hinweisen, das es nicht nötig habe, um Frieden zu bitten«.[60]

Der Wahn, einem Wink des Schicksals zu folgen und eine selbstgewählte Friedensmission unter Mißachtung aller Risiken auf sich zu nehmen, der in diesen Zeilen zum Ausdruck kommt, läßt sich, will man die Initiative von Heß nicht gänzlich im Nebel von Unzurechnungsfähigkeit, Verbohrtheit und fanatischen Starrsinn ansiedeln, nur erklären, wenn man die geschilderten Signale aus England in den Gang der Analyse einbezieht, die für Heß ein Gelingen seines Unternehmens wenn nicht in den Bereich des Wahrscheinlichen, so doch in den des Möglichen rückten. Für diejenigen Beobachter der Ereignisse allerdings, denen die Vorgeschichte des Fluges verborgen geblieben war – wie Ernst von Weizsäcker, dem Staatssekretär im Auswärtigen Amt – blieb der Eindruck von Weltfremdheit, ja Absurdität vorherrschend. Mithin bilanzierte er mit klarer Logik die Irrationalität des ganzen Unterfangens, als er treffend festhielt: »Solange England nicht am Boden liegt, mußte dieser Versuch vergeblich und sehr schädlich sein. Liegt aber England am Boden, dann kommt es auf uns zu, und wir brauchen ihm nicht nach ›zu fliegen‹.«[61] Auch von Goebbels waren ähnliche Töne zu vernehmen, als er nach der Lektüre des Briefes von Heß an Hitler mit beißender Ironie notierte: »[…] ein wildes Durcheinander, primanerhafter Dilettantismus, er wolle nach England, ihm seine aussichtslose Lage klarmachen, durch Lord Hamilton in Schottland die Regierung Churchill stürzen und dann Frieden machen, bei dem London das Gesicht wahren könnte. Daß Churchill ihn gleich verhaften lassen würde, hat er dabei leider übersehen. Es ist zu blödsinnig. So ein Narr war der nächste Mann nach dem Führer. Es ist kaum auszudenken.«[62]

Von tiefer Enttäuschung und Wut, aber auch von dem Bestreben, schnellstens eine Schadensbegrenzung einzuleiten, war die Reaktion Hitlers gekennzeichnet, als er die auf dem Berghof versammelten Gau- und Reichsleiter der Partei am Nachmittag des 13. Mai über den Vorgang in Kenntnis setzte. »Der Führer habe auf ihn«, so notierte sich Hans Frank, »[…] einen Eindruck gemacht, wie bisher nur einmal in seinem Leben, bei dem Tod seiner Nichte im Jahre 1927«; und Goebbels fand den »Führer« »ganz erschüttert« und »maßlos erbittert«.[63] Nach der Verlesung des Briefes von Heß durch Bormann steigerte sich Hitlers Erregung über die Insubordination und Untreue von Heß in einem Akt theatralischer Dramatik und Entrüstung bis hin zur geifernden Raserei. Er betonte, daß dieser Tag für ihn einer der »schwärzesten seines politischen Lebens« sei, denn sein eigener Stellvertreter habe »in der Stunde schwerster Entscheidungen seinen Platz verlassen, um, einer romantischen Idee folgend, eigene Politik zu machen«. Dies komme einem »beispiellosen Vertrauensbruch« gleich, und es sei pure »kindliche Phantasie«, zu glauben, in England durch Gespräche das erreichen zu können, was ihm selbst, »trotz heißesten Bemühens«, bislang nicht gelungen sei. »Wie soll die Wehrmacht«, so fuhr Hitler unter Anspielung auf den bevorstehenden Rußlandfeldzug fort, »härtestem Gesetz Folge leisten, wenn die

Anthony Eden, der britische Außenminister, im Gespräch mit Ivan Maiski, dem sowjetischen Botschafter beim Kabinett von St. James (© The Hulton Getty Picture Collection Limited)

Oben: John Simon, Lordkanzler im Kabinett Churchill, der am Nachmittag des 9. Juni 1941 als »Pseudounterhändler« der britischen Regierung mit Heß im Mytchetl Place bei Aldershot, dem sog. Camp 2, zu einer mehrstündigen Unterredung zusammentraf (© The Hulton Getty Picture Collection Limited)

Unten: Ivone Kirkpatrick, der vormalige Sekretär der britischen Botschaft in Berlin, der in Buchanan Castle im schottischen Drymen mit Heß vom 12.–15. Mai 1941 drei Unterredungen führte und dem Foreign Office den Vorschlag unterbreitete, Scheinverhandlungen aufzunehmen (© The Hulton Getty Pictures Collection Limited)

Alexander Cadogan, Ständiger Unterstaatssekretär im britischen Außenministerium, der die Linie einer für England profitablen politischen Ausbeutung der Sache Heß im Mai/Juni 1941 vertrat und wesentlich bestimmte (© Ullstein)

Anthony Eden und Premierminister Winston Churchill, der sich erst nach einem harten Ringen mit den Strategen des Foreign Office bereit fand, deren Konzeption zu billigen (© Ullstein)

Oben: Am 19. Juli 1940 unterbreitete Hitler vor dem Reichstag seinen letzten »Friedensappell« an Großbritannien. Das Photo zeigt Heß neben Hitler sitzend. Zugegen sind von rechts nach links Goebbels, von Neurath, Funk, Schacht und von Ribbentrop (neben Heß) (© Ullstein)

Unten: Der letzte öffentliche Auftritt von Heß, bevor er nach Schottland startete. Unmittelbar nach der Reichstagsrede Hitlers zum Abschluß des Balkanfeldzuges am Abend des 4. Mai 1941 fragte er seinen »Führer«, ob dieser mit Blick auf England noch zu den in »Mein Kampf« niedergelegten Zielen stünde. Hitler war in großer Eile, da für 20.15 Uhr die Abfahrt des Zuges anstand, der ihn nach Gotenhafen zur Inspektion der Schlachtschiffe »Bismarck« und »Tirpitz« brachte. Sitzend von rechts nach links: Hitler, Heß und von Ribbentrop (© Ullstein)

Anläßlich von Hitlers 50. Geburtstag am 20. April 1939 überreicht ihm sein Stellvertreter das Geschenk der NSDAP: 50 Originalbriefe von der Hand Friedrichs des Großen (© Ullstein)

Zusammentreffen zwischen Heß und dem sowjetischen Außenminister Molotow bei dessen Verhandlungen in Berlin am 13. November 1940 (© Ullstein)

Prof. Dr. Franz Gerl, der Kontaktmann von Heß zu hohen britischen Regierungskreisen, und Rudolf Heß mit ihren Söhnen Ludwig und Wolf Rüdiger auf der Terrasse des Gerlschen Hauses in Hindelang im Allgäu im Frühjahr 1941 (© Michael Gerl)

politische Führung in ihrer Spitze Insubordination vorexerziert. [...] Meine Parteigenossen, es ist mehr als der wahnsinnige Flug, der hier zur Debatte steht, es ist das eherne Gesetz unserer Disziplin gegenüber uns selbst und der uns feindlichen Welt.«[64]

Was Hitler am meisten fürchtete, was ihn in nervöser Unrast hielt und seine Gedanken beherrschte, war, daß Heß den Häschern Churchills in die Hände fallen könnte und sich die Briten diese Gelegenheit nicht entgehen lassen würden, um durch einen Propagandafeldzug zwischen Deutschland und seinen Achsenpartnern Japan und Italien Zwietracht zu säen.[65] Bereits am Nachmittag und Abend des 11. Mai hatte Hitler diese Schreckensvision umgetrieben, als er – umringt von Udet, Göring, Ribbentrop, Bormann und Bodenschatz – die Erfolgsaussichten des Heßschen Unternehmens abschätzte. »Wenn Heß wirklich hinkommt«, so hatte er sich vernehmen lassen, »ganz gleich, was er dort sagt, stellen Sie sich vor, Churchill hat Heß in der Hand. Was für ein Wahnsinn ist das, was Heß hier gemacht hat, ein politischer Wahnsinn! ... Man wird Heß ein Medikament eingeben, damit er vor das Radio trete und dort dann sagt, was Churchill wünscht. Ich kann es nicht dementieren, denn es ist die Stimme ja von Heß, die jeder kennt.«[66]

Eben hierauf kam Hitler auch zwei Tage später vor den versammelten Gauleitern zu sprechen, als er diese Gefahr mit heiserer, sich überschlagender Stimme ausmalte und sie zur Begründung der »Wahnsinnsthese« seiner ersten Verlautbarung vom Vorabend effekthaschend in Szene setzte. »Meine Parteigenossen!«, so ließ er sich abschließend vernehmen, »was können wir dagegen tun, wenn eines Tages im englischen Rundfunk die Stimme von Heß ertönt? Wenn diese allen Deutschen bekannte Stimme seine Motive zum England-Flug der Mitwelt darlegt – nicht etwa sachlich, wahrheitsgetreu, sondern in der üblichen Hetze gegen Deutschland – und das dann täglich! Die Frauen in Deutschland hören dann diese Stimme, die sie in den Weihnachtsansprachen so gerne hörten, und glauben ihr. Meinen Sie nicht etwa, ich glaubte, daß Heß selbst am feindlichen Rundfunk steht. Das wird Heß nie tun. Aber können wir den englischen Secret Service daran hindern, eine geeignete Stimme auszumachen und den wirklichen Heß zu imitieren? Es war unerläßlich, dem vorzubeugen. Das haben wir, so hoffe ich, dadurch erreicht, daß wir diese Stimme von vornherein als die Stimme eines Wahnsinnigen erklärt haben.«[67]

Das von Hitler beschriebene Szenario eröffnet einen Einblick in das Dilemma, in das der Flug die Politik Nazideutschlands gebracht hatte. In der Tat ergibt sich hier, wenn man aus der Perspektive des Mai 1941 eine nüchterne Abwägung der Risiken und Chancen des Heßschen Unternehmens vornimmt, wenn man also die minimalen Erfolgsaussichten seines Fluges gegen die weit wahrscheinlicheren Folgeschäden eines Fehlschlags hält, ein Argument, mit dem sich – unabhängig von allen Vermutungen und Augenzeugenberichten – die Frage nach einer Mitwisserschaft Hitlers mit einiger Sicherheit beantworten läßt.
Erstens gilt es darauf zu verweisen, daß die Flugexperten um Göring, Bodenschatz, Jeschonnek, Rudel und Udet, die Hitler am Mittag des 12. Mai auf dem Berghof um sich versammelt hatte, einmütig die Ansicht vertraten, daß Heß sein Ziel nicht erreichen könne. Entweder, so der Tenor, werde Heß von der britischen Luftabwehr abgeschossen oder er müsse beim Landungsversuch im Dunkeln verunglücken.[68] War eine solche Bewertung des Heßschen Unternehmens zunächst ausschlaggebend gewesen für Hitlers Kurs des einstweiligen Abwartens, um die Affäre gleichsam auszusitzen, so ergibt sich aus diesem Votum der Fachleute zugleich ein Fingerzeig für die Frage einer Autorisierung des Fluges durch Hitler. Denn wenn der »Führer« persönlich die prekäre Aktion angeordnet oder auch nur toleriert hatte, wenn Heß tatsächlich als »Hitlers letzter Emissär«[69] gen Britannien entsandt worden war, dann mußten sowohl Heß wie Hitler dafür Sorge tragen, die Risiken und Unwägbarkeiten des Unternehmens so gering wie möglich zu halten. Und eben dies war, wie der Hergang belegt, nicht geschehen. Im Falle einer Rückendeckung durch seinen »Führer« hätte Heß als Ausgangspunkt für seinen Flug nämlich mit Sicherheit nicht etwa Haunstetten bei Augsburg ausgewählt, sondern einen geeigneten Ort an der Atlantikküste, der ihm nicht nur etliche Flugmeilen erspart und das leidige Problem einer Umgehung der deutschen Flugüberwachung gelöst, sondern auch die Option einer eventuellen Umkehr offengehalten hätte.
Zweitens ist die Frage des Zeitpunktes zu beachten, denn die Vorbereitungen für den Angriff auf die Sowjetunion, flankiert von zahlreichen politischen und militärischen Tarnungs- und Täuschungsmanövern, waren inzwischen voll im Gange. War dieser Umstand zum einen ausschlaggebend für die Eile, die Heß

bei seinen letzten Vorbereitungen an den Tag legte, so barg er andererseits auch die unkalkulierbare Gefahr, daß dem Gegner bei einem zu befürchtenden Mißlingen der Aktion im unmittelbaren Vorfeld von »Barbarossa« kriegswichtige Informationen in die Hände fielen, deren negative Rückwirkungen für den geplanten Überraschungsangriff nicht absehbar waren. Mit anderen Worten: An die Seite des Risikos, den Briten knapp sechs Wochen vor dem Beginn von »Barbarossa« mit der Person des Stellvertreters des »Führers« ein erstrangiges »Propagandaobjekt« zu überstellen, trat das Risiko, Churchill das bestgehütete militärische Geheimnis Hitlers auszuliefern, das dieser als Basis zum Aufbau einer Verbindung zwischen England und Rußland nutzen konnte. Wie stark Hitler und seine Paladine von der Befürchtung umgetrieben wurden, Heß könne tatsächlich – freiwillig oder unter Pression – zum Verräter der strategischen und operativen Kriegsplanung im Osten werden, das belegen die Recherchen des RSHA, die auf Befehl Hitlers hin angeordnet wurden, um den diesbezüglichen Kenntnisstand von Heß in Erfahrung zu bringen, und die dazu dienten, sich gegen diese Gefahr zu wappnen.[70]

Diesem Dilemma auf dem militärischen Sektor entsprach drittens die schiefe Situation, in die der Flug die Außenpolitik des Regimes brachte. In jenen dramatischen Stunden auf dem Berghof, als eine Expertensitzung die andere jagte und die marginalen Chancen eines Erfolges von Heß gegen den möglichen außenpolitischen Flurschaden abgewogen wurden, der bei einem Bekanntwerden der Friedensinitiative unter den Achsenpartnern des Reiches, Italien und Japan, entstehen mußte, war es vor allem Ribbentrop, der auf eine umgehende Distanzierung von Heß und seinem abstrusen Unterfangen drängte. Man dürfe, so beschwor er Hitler, bei der ohnehin schwankenden Regierung in Rom keinesfalls den Eindruck erzeugen, daß man hinter ihrem Rücken einen Separatfrieden mit England anstrebe; und man gerate gegenüber Tokio, dem man eben erst einen Angriff auf das britische Singapur nahegelegt habe, in eine unhaltbare Position. Deshalb, so Ribbentrop, sei es »höchste Zeit, etwas zu machen« und die Initiative zurückzugewinnen.[71] Namentlich dem Insistieren des Außenministers war es zuzuschreiben, daß Hitler sich entschloß, mit seiner Verlautbarung vom 12. Mai die Flucht nach vorn anzutreten, um der Blamage zu entgehen, daß seine Verbündeten durch London über den Flug von Heß Kenntnis erhiel-

ten. Er setzte Ribbentrop sofort zu einer Goodwill-Tour Richtung Rom in Marsch, um Mussolini und Ciano auf die These vom unzurechnungsfähigen Stellvertreter einzuschwören.[72]
Der italienische Diktator und dessen Außenminister schenkten allerdings der von Ribbentrop übermittelten Version keinen Glauben und hielten statt dessen intern an ihrer Auffassung fest, daß die Affäre der »erste wirkliche Sieg der Briten« sei.[73] Auch die deutsche Öffentlichkeit ließ sich nur schwer davon überzeugen, daß Rudolf Heß plötzlich geisteskrank geworden sei. Dies führt viertens auf das Problem für Partei und Regime, gegenüber der eigenen Bevölkerung das Gesicht zu wahren. »Welch ein Anblick für die Welt: ein geistig Zerrütteter zweiter Mann nach dem Führer. Grauenhaft und unausdenkbar. Jetzt heißt es, Zähne zusammenbeißen«, so kommentierte Goebbels mit Entsetzen die parteiamtliche Verlautbarung über das Verschwinden von Heß.[74] Er traf damit exakt die Stimmung, wie sie sich in den folgenden Tagen in Deutschland entwickelte. »Nach übereinstimmenden Meldungen aus allen Teilen des Reiches«, so hieß es bald in den Berichten des SD, rief die parteiamtliche Verlautbarung zum Fall Heß nicht nur »große Bestürzung« und »tiefe Niedergeschlagenheit« hervor, sondern sie wurde, wie »fast alle Meldungen« feststellten, »von Parteigenossen wie von anderen Volksgenossen wegen des großen Vertrauens zu Heß nicht geglaubt«.[75]
Damit nicht genug. Denn der Fall Heß rief einen flächendeckenden Stimmungseinbruch hervor und verursachte eine regelrechte Vertrauenskrise des Regimes, die das seit Jahresbeginn durch Korruptionsaffären, Bonzenwirtschaft und Mutmaßungen über Illoyalitäten führender Nationalsozialisten ohnehin arg lädierte Erscheinungsbild der Partei nachhaltig erschütterte.[76] So war vielerorts vom Anfang des Verfalls der Partei und des Dritten Reiches die Rede, von »lähmendem Entsetzen«, das die Erinnerung an die Fälle Strasser und Röhm wachrief, von einer »Erschütterung der Grundfesten des Nationalsozialismus«[77] und davon, daß Heß »in Opposition zum Führer gestanden habe«.[78] Gleichzeitig setzten in der Bevölkerung sowie in diplomatischen Kreisen wilde Gerüchte und Spekulationen über die wahren Hintergründe des Verschwindens von Heß und dessen Motive ein. Sie reichten von der Annahme eines Selbstmordes des Stellvertreters, der durch die Veröffentlichung des Kommuniqués nur vertuscht werden sollte, bis zum Verdacht einer raffiniert inszenierten

»deutschen Falle«, »in die der Führer die Engländer bringen wolle«, wobei sich Heß für diesen »größten Bluff« geopfert habe. Die Spekulationen gipfelten in der Theorie, daß sich Heß »gegen die militärischen Pläne des Führers gegenüber der Sowjetunion ausgesprochen« und die »Belastung der Partei durch einen Feldzug mit der Sowjetunion für untragbar gehalten« habe.[79]
All dies untergrub nicht nur das Prestige der Partei und ihrer führenden Repräsentanten, die Hitler mit seiner Wahnsinnsthese allenthalben der Lächerlichkeit preisgab. Es warf auch das Problem auf, den Gerüchten über einen geplanten Feldzug im Osten, mit dem der Flug von Heß anscheinend in Zusammenhang stand, entgegenzutreten. An einer solchen Diskussion aber konnte Hitler keinesfalls gelegen sein, denn dies verschärfte die ohnehin prekäre Situation, der deutschen Öffentlichkeit eine plausible Erklärung für den Bruch des Nichtangriffspakts von 1939 zu unterbreiten und sie propagandistisch auf den geplanten Angriff gegen die Sowjetunion einzustimmen.
Die bislang aufgeworfenen Schwierigkeiten, Zwangslagen und unkalkulierbaren Risiken, die sich für Hitler mit dem Flug von Heß auf innen- wie auf außenpolitischem Terrain verbanden, wären vielleicht gerechtfertigt gewesen, hätte Heß in England mit einem verlockenden und substantiellen Angebot aufwarten können, das geeignet gewesen wäre, Churchill unter Druck zu setzen und eine ausgleichsbereite Fraktion in der britischen Führungsriege wirklich an den Verhandlungstisch zu bringen. Genau dies aber war nicht der Fall. Auch dieser Umstand belegt, daß die Mission von Hitler weder angeregt noch toleriert worden war.
Was Heß anzubieten hatte, war nicht zu vergleichen mit dem, was Albrecht Haushofer im Spätherbst 1940 an Samuel Hoare als Geschäftsgrundlage für einen möglichen Ausgleich signalisiert hatte: keine Freigabe der besetzten Gebiete im Westen des Kontinents, keine Räumung und Entmilitarisierung der Kanalküste, kein Rückzug auf die Vorkriegsgrenzen. Was Heß offerierte, war die alte Hitlersche Formel einer Schutzgarantie des britischen Empire gegen die Zusicherung einer freien Hand für Nazideutschland auf dem Kontinent, wie sie seit dem Oktober 1939 mit stereotyper Regelmäßigkeit von den Briten als unannehmbar zurückgewiesen worden war. Inhaltlich handelte es sich also bei der Friedensmission von Heß weder um einen neuen Anlauf, um England auf verbesserter Grundlage in letzter Minute doch noch

zum Einlenken zu bewegen, noch rechtfertigten all die genannten Dilemmata und die zu befürchtenden Folgeschäden der Aktion – verbunden mit dem hohen Risiko einer abermaligen Ablehnung des unattraktiven Angebots durch London – das Risiko, einen hochrangigen Emissär in die Hände des Gegners zu geben. All dies belegt mit an Sicherheit grenzender Wahrscheinlichkeit, daß Heß auf eigene Faust als willfähriger, aber unautorisierter »Sendbote« seines »Führers« handelte. Er hatte die Risiken, Gefahrenmomente und Konsequenzen seines Wagnisses nicht einmal im Ansatz klar durchdacht. Hitler hätte zu diesem kritischen Zeitpunkt, als noch alle Aussicht bestand, durch den geplanten Blitzfeldzug gegen die Sowjetunion England den letzten möglichen Kontinentaldegen zu entwinden und London damit friedensreif zu machen, niemals sein Plazet für eine solche Vabanqueaktion gegeben, die den eigenen Zielen diametral zuwiderlief. Dieser Sicht der Dinge entspricht auch der Umstand, daß Heß in all seinen Gesprächen mit britischen Offiziellen lediglich auf die alte, in ihrer Wirkung längst ausgereizte Idee Hitlers einer Abgrenzung der beiderseitigen Interessensphären zurückgreifen konnte sowie daß er – auch um den Preis eines gänzlichen Scheiterns seiner Initiative – nicht in der Lage war, sich auf einen Befehl oder Auftrag Hitlers zu berufen. Noch mehr als 20 Jahre später, im Spandauer Gefängnis, hielt Heß denn auch eisern daran fest, daß ihm die Idee des Fluges von »überirdischen Kräften durch einen Traum eingegeben worden sei« und daß er – obschon ohne Wissen und Kenntnis des »Führers« – »von einem höheren Standpunkt aus gesehen [...] völlig nationalsozialistisch« gehandelt habe.[80]
Hitlers Wut über den »Treuebruch« (Speer) seines Stellvertreters war also echt. Sie entsprach in ihrem Ausmaß dem Dilemma, in das ihn Heß durch seinen abstrusen Flug gebracht hatte. »Dieser Mann ist für mich tot, und wo wir ihn erwischen, hängt er«, so ließ sich der Diktator im vertrauten Kreis über seinen alten Weggefährten vernehmen.[81] Und noch Jahre später bezeichnete er die »Auslieferung des Verräters«, der »aufgehängt« werden müsse, als eine seiner wichtigsten Friedensbedingungen.[82]
In Deutschland wurde Heß zur Unperson erklärt. Eine zweite Presseverlautbarung vom 13. Mai, die nach Hitlers Direktiven im Anschluß an die Gauleitertagung auf dem Berghof herausgegeben wurde, bekräftigte und untermauerte das Bild vollkommener Unzurechnungsfähigkeit. Sie verwies darauf, daß Heß seit länge-

rer Zeit »körperlich schwer litt«, daß er »steigend seine Zuflucht zu den verschiedensten Hilfen, Magnetiseuren, Astrologen usw.« genommen habe und die »ganze Art seines Vorgehens« nur mit dem Vorhandensein von »Wahnvorstellungen« erklärt werden könne.[83] In allen deutschen Städten wurden nun Schilder, die den Namen von Heß trugen, von Straßen und Plätzen entfernt. Die Rudolf-Heß-Krankenhäuser für Ganzheitsmedizin wurden umbenannt, und die anthroposophischen Rudolf-Steiner-Schulen, die von jeher unter dem besonderen Schutz von Heß gestanden hatten, geschlossen und geächtet. Mit einem Aufwand ohnegleichen wurde auch die gesamte nationalsozialistische Literatur durchforstet, um den Namen von Heß wo immer möglich zu tilgen. Selbst im Text der Neuauflagen von »Mein Kampf« verschwand die Figur des Parteigenossen der ersten Stunde und ehemaligen Stellvertreters, als ob es ihn nie gegeben hätte.[84] »Eine allgemeine Berichterstattung und Wertung seines Werdegangs und seines Einflusses auf die geschichtliche Entwicklung«, so hieß es lapidar in einer entsprechenden Anordnung Bormanns, sei »bis auf weiteres in der Öffentlichkeit [...] unerwünscht«.[85]

Hatte sich Hitler zu Beginn, ganz entgegen seiner sonstigen Gewohnheit, noch um die Details der Schadensbegrenzung und des Strafgerichts gegen Heß sowie gegen alle Helfershelfer und Mitwisser des Fluges gekümmert, hatte er Albrecht Haushofer am 12. Mai zum Rapport auf den Berghof bestellt, wo dieser in quälender Klausur ein Memorandum über seine Verbindungen zu den vermeintlichen britischen Oppositionskreisen zu Papier bringen mußte,[86] so überließ er das Feld bald den Schergen des RSHA und dem de facto zum Nachfolger von Heß aufgestiegenen Martin Bormann. Gemäß einer Verfügung Hitlers wurde die Dienststelle des Stellvertreters des Führers in die sogenannte Parteikanzlei umbenannt, die dem »Führer« fortan persönlich unterstand, deren Leitung jedoch bei dem bald mit den Befugnissen eines Reichsministers ausgestatteten und als Hitlers Sekretär agierenden Bormann verblieb.[87] Dieser sorgte im Zusammenspiel mit Heydrich und Himmler dafür, daß das Andenken von Heß bewußt verunglimpft, die ihm nahestehenden Mitarbeiter systematisch verfolgt und eingekerkert wurden und die Familie vielfältigen Schikanen ausgesetzt wurde.

So wurde Pfeffer von Salomon, der Sachbearbeiter für geheimdienstliche Fragen im Stab des StdF, dem Hitler eine persönliche

Verwicklung in die Aktion von Heß anlastete, von der SS verhaftet, im Berliner Prinz-Albrecht-Palais interniert und schließlich aus der Partei ausgeschlossen.[88] Ebenso erging es Karl Haushofer, dem Mentor von Heß, der sich in Berlin tagelangen scharfen Verhören der Gestapo unterziehen mußte, als Leiter des VDA abgesetzt und unter Hausarrest gestellt wurde. Ein Verbot seiner Bücher, der Teilnahme an Kongressen und jeglicher Vortragstätigkeit bedeutete praktisch das Ende seiner wissenschaftlichen Karriere.[89] Vor allem aber richtete sich der Bannstrahl Bormanns gegen Albrecht Haushofer, der sofort nach seiner Rückkehr vom Berghof nach Berlin für mehr als zwei Monate im Gefängnis der Gestapo verschwand, dessen Wohnung und Büroräume durchwühlt wurden, der auf Dauer einer Post- und Telefonüberwachung unterlag und wie sein Vater mit einem Publikationsverbot belegt wurde. Sein zur Aufführung am Residenztheater in München angenommenes Drama »Augustus« mußte auf Anweisung Bormanns eilends abgesetzt werden.[90]
Noch ungleich schlimmer erging es den persönlichen Mitarbeitern, Freunden und Adjutanten von Heß, die – wie seine Sekretärinnen, sein Fahrer Rudolf Lippert, Professor Gerl aus Hindelang sowie Dr. Ludwig Schmitt und Ernst Schulte-Strathaus, die beide für Heß astrologische Vorhersagen gemacht hatten – verhaftet und durch die Mangel der Gestapo gedreht wurden beziehungsweise im KZ verschwanden.[91] Heß' Bruder Alfred, der Stellvertreter Bohles als Chef der Auslandsorganisation, wurde seines Amtes enthoben und aus der Partei ausgestoßen. Karl Heinz Pintsch und Alfred Leitgen, die beiden Adjutanten, verloren ebenfalls ihren Dienstrang sowie ihre Parteimitgliedschaft und wurden ins KZ verschleppt, wo sie bis zu ihrer Abordnung an die Front auf Bewährung wenige Tage vor der Kapitulation des Kessels von Stalingrad verblieben.[92]
In einer großangelegten, zwischen Bormann und dem Chef der Gestapo, Heinrich Müller, konzertierten Aktion ging man schließlich auch gegen die okkultistischen Zirkel im Reich vor, nach deren Ratschlägen Heß offensichtlich das Datum seines Fluges ausgewählt hatte. Mit einem kapitalen Schlag wurden in der Nacht vom 9. auf den 10. Juni nicht nur alle Astrologen, Hellseher, Magnetopathen und Pendler, soweit man ihrer habhaft werden konnte, verhaftet, sondern zugleich auch alle weiteren Betätigungen dieser Art strikt untersagt und die Publikationsorgane dieser

Alternativwissenschaften verboten.[93] »Alle Astrologen, Magnetopathen, Anthroposophen etc. verhaftet und ihre gesamte Tätigkeit lahmgelegt. Damit ist diesem Schwindel endgültig ein Ende gemacht«, so bilanzierte Goebbels befriedigt das Ergebnis der »Aktion Heß«. Er konnte sich einen höhnischen Seitenhieb auf die Gilde der Zukunftsexperten und Wahrsager nicht verkneifen, wenn er feststellte: »Sonderbarerweise hatte nicht ein einziger Hellseher vorausgesehen, daß er verhaftet wurde. Ein schlechtes Berufszeichen.«[94]

In seinem Bestreben, die Erinnerung an Heß so weit wie möglich auszulöschen und seinen ehemaligen Vorgesetzten zu demütigen und zu diskreditieren, schreckte Bormann weder vor Geschmacklosigkeiten zurück noch davor, sich von Heß demonstrativ zu distanzieren. »Typisch ist«, so hatte Engel inmitten der aufgeregten Beratungen zur Lage auf dem Berghof bereits am 12. Mai richtig beobachtet, »daß der einzige, der in diesem Bienenschwarm gelassen und frohlockend herumgeht, der Reichsleiter Bormann ist; wir sind uns alle einig, daß dieser seine Stunde für gekommen hält.«[95] Und in der Tat war es Bormann, der nicht müde wurde, die Familie, wo immer es ging, zu schikanieren, der das Heßsche Haus in München-Harlaching beschlagnahmen lassen wollte,[96] der seine Kinder Rudolf und Ilse umtaufen ließ und neue Paten wählte[97] und der immer neue Motive und Erklärungsvarianten für den Flug von Heß auftischte, um dessen Ansehen in der Partei vollends zu untergraben.

»Nachdem Frau Heß das Unternehmen vom 10. Mai [...] als die bewunderungswürdige Tat eines sich für die Idee des Führers bewußt aufopfernden nordischen Menschen darstellt«, so forderte er in einem Schreiben an Himmler, sei es an der Zeit, die wahren Ursachen und »die Auffassung des Führers in dieser Angelegenheit« zu erläutern. Die eigentlichen Antriebskräfte lägen nämlich, so Bormann, in der Person von Heß selbst und in dessen Versuch, seine familiären und physischen Defizite durch eine spektakuläre Tat zu kompensieren. So habe sich Heß »auszeichnen wollen, weil er unter Minderwertigkeitsgefühlen gelitten habe«. Vor allem aber, so breitete Bormann genüßlich und mit der Häme des Voyeurs intime Einzelheiten aus dem Privatleben seines ehemaligen Gönners aus, »ließ sich Heß seit Jahren immer wieder wegen Impotenz behandeln, auch während der Zeit, in welcher der ›Buz‹ genannte Sohn gezeugt wurde, war dies der Fall. Frau Heß befand sich während dieser Zeit in Hindelang, wo sie ein sehr intimes Verhältnis mit einem der Assistenz-Ärzte des Dr. Gerl unterhielt; dieser Assistenzarzt ist als Vater des Kindes anzusehen. [...] Im übrigen wird angenommen, daß Frau Heß schon früher anderweitige Verhältnisse unterhielt [...]. Was für andere Familienglück bedeutet – Frau und Kind – mußte für R. H. eine Quelle steter Besorgnis und Depression sein. R. H. mußte die Befürchtung hegen, es könne bekannt werden, der Sohn stamme nicht von ihm, sondern von einem anderen; es könne bekannt werden, daß die Frau des Mannes, der als Hort der Sauberkeit gelten wollte und auch weiterhin galt, zwangsläufig anderweitig natürliche Befriedigung suchte.« Durch diese Umstände, so Bormann, sei Heß innerlich so stark aufgewühlt, ja in seiner männlichen Ehre so fundamental verletzt worden, daß der Flug nach Schottland als letzter Ausweg geblieben sei, denn »er wollte zeigen, daß er, trotz dieser physischen Impotenz, ein Kerl, ein Mannsbild war«![98]

Hält man sich diese schlüpfrigen, ja ehrabschneidenden Intimitäten vor Augen, die Bormann im Stile eines Großinquisitors und mit instinktsicherem Blick für die Schwächen des Gegners vor den Parteigrößen zum besten gab, so kann man ermessen, was all das für die Familienangehörigen bedeutete. »Wir alle«, so hat Ilse Heß diese Stimmung aus Ohnmacht, gedemütigtem Stolz und Verzweiflung zum Ausdruck gebracht, »waren aus Subjekten einer Organisation zu willkürlich behandelten Objekten geworden – es war ein bitterer Trank, den wir Tag um Tag, Woche um Woche, Jahr um Jahr leeren mußten ...«.[99]

6 »Wir müssen uns entscheiden, wie wir aus der Sache H. durch Lügen das Beste herausholen ...«

Die politische Instrumentalisierung der Affäre Heß durch das britische Foreign Office

»London kommt anscheinend nicht auf den doch naheliegenden Dreh, einfach ohne Rücksicht auf Heß Erklärungen in seinem Namen abzugeben: Das wäre für uns die einzige, aber auch furchtbare Gefahr. Ich zittere bei dem Gedanken, daß das passieren könnte. Aber es scheint, als stände wieder einmal ein Schutzengel neben uns. Wir haben drüben mit doofen Dilettanten zu tuen. Was sollten wir machen, wenn es anders wäre.«[1] – So lautete das von Erleichterung, aber auch banger Erwartung gekennzeichnete vorläufige Fazit, das Joseph Goebbels eine knappe Woche nach dem Abflug von Heß zog. Am nächsten Tag hielt der Propagandaminister seine Befürchtungen schon für nicht mehr akut, als er mit scharfzüngiger Arroganz und ganz im Bewußtsein der eigenen Qualitäten notierte: »Fall Heß flaut ab. London und Washington haben andere Sorgen. Noch einige Nachhutgefechte. Aber die ernsten Kreise drüben warnen, den Fall zu überschätzen. [...] In London ist man tief enttäuscht um das Mißlingen dieser Sensation. [...] Zunehmende Ratlosigkeit in London über den Fall. Duff Cooper verdient von uns eine Extrabelohnung. Er ist wirklich selten doof. Was hätte ich aus diesem Fall gemacht!«[2] Goebbels Einschätzung der Lage deckte sich präzise mit dem enttäuschten Fazit, wie es die britischen Propagandaexperten bald zogen. »Was mich bei der ganzen Heß-Episode am meisten wunderte«, schrieb Sefton Delmer, der Leiter der »black radio propaganda to Germany«, in dem mit »Rudolf Heß – eine verpfuschte Angelegenheit« überschriebenen Kapitel seiner Memoiren, »war die Tatsache, daß unsere höchsten Behörden so offensichtlich zögerten, den Fall mit jenem Realismus und jenem Sinn für praktischen Nutzen anzupacken, den Engländer normalerweise zeigen, wenn sich ihnen eine derartige Gelegenheit bietet. Man tat, als sei Heß ein gefährliches Trojanisches Pferd, das man in unsere Mitte gesetzt habe – eine tückische Sprengladung, die uns jeden Augenblick ins Gesicht gehen konnte.«[3] Zur allgemeinen Bestürzung, so Delmer, bot Churchill nämlich weder der BBC noch den Redaktionen der Nachrichtenblätter, die die RAF über Deutschland abwarf, die Gelegenheit, das Ereignis propagandistisch auszuschlachten. Und auch die Experten der psychologisch-politischen Kriegsführung, die im OKW und bei Hitlers Verbündeten in der Sache Heß Verwirrung hätten stiften können, erhielten ungeachtet ihres Drängens keine Munition für eine entsprechende Initiative. »Die Behandlung des Falles Heß«, so bilanzierte Delmer mit Bitternis und Schärfe, »war von Anfang an dilettantisch.«[4]

Bis heute gehört es zu den ungelösten Rätseln der Affäre Heß, weshalb sich die Regierung in Whitehall diese einzigartige Gelegenheit zur Lancierung einer zielgerichteten Agitation entgehen ließ; warum man darauf verzichtete, mit einer publizistisch-propagandistischen Großoffensive Hitlerdeutschland dort zu treffen, wo es im Mai/Juni 1941 unzweifelhaft am empfindlichsten war, und wo es Hitler und seine Paladine selbst, fast ohnmächtig, erwarteten. Die Erklärung liegt weder in einem stümperhaften Verhalten der Regierung in Whitehall noch in der Furcht, man könne mit einer Bekanntgabe der Mission des Hitlerstellvertreters eine Lawine von Friedenssehnsucht, ja Defätismus lostreten. Tatsächlich verbarg sich hinter dem Verzicht auf die naheliegende propagandistische Ausschlachtung der Affäre ein verbissen geführtes Ringen, das hinter den Kulissen von Whitehall zwischen dem Premierminister, dem Informationsministerium Duff Coopers und den Experten des Foreign Office ausgetragen wurde. Den von Goebbels beschworenen vermeintlichen Schutzengel gab es also ebensowenig wie den von Delmer konstatierten Dilettantismus. Das vorläufige Schweigen Londons war vielmehr das Resultat eines tagelangen, nach allen Regeln der Kunst ausgefochtenen Kampfes um die aussichtsreichste Strategie in der Behandlung des Falles, bei dem Eden und Cadogan – tatkräftig unterstützt von Lord Beaverbrook, dem vor knapp 14 Tagen als Minister für Flugzeugproduktion abgelösten kanadischen Pressezaren – schließlich den Sieg über Churchill und die Propagandisten davontrugen.

Den strukturellen Hintergrund der hitzigen Auseinandersetzung bildeten drei Unterredungen, die Ivone Kirkpatrick zwischen dem 13. und dem 15. Mai mit Heß in Buchanan Castle führte[5] und die schnell klarmachten, daß die aufsehenerregende Aktion des Führerstellvertreters in umgekehrtem Verhältnis zur Bedeutung seines Ranges und zum Inhalt seiner Botschaften stand. Heß war in einem Dienstbotenzimmer in einem der Türme des alten Militärhospitals untergebracht worden. Dort lag er eingehüllt in einen grauen Pyjama und eine braune Militärdecke auf einem eisernen Armeebett, als ihn Kirkpatrick und Hamilton kurz nach Mitternacht weckten.[6] Nach einer flüchtigen Begrüßung kramte er ein eilends angefertigtes Paket von Notizen hervor und begann eine mehr als zwei Stunden in Anspruch nehmende Erklärung in deutscher Sprache zu verlesen, die den Hauptgegenstand der ersten Vernehmung vom 13. Mai bildete.[7]

Ihr erster Teil bestand in einer weitschweifigen historischen Rückschau auf die britisch-deutschen Beziehungen vom Beginn des Jahrhunderts bis zur Kapitulation Frankreichs vom Frühsommer 1940 und gipfelte in dem Vorwurf, »daß es seit 1904 [dem Jahr der Entente Cordiale zwischen England und Frankreich, d. Verf.] Englands Politik gewesen sei, sich Deutschland entgegenzustellen«. Hitler sei daher, so Heß, »nachdem er alle friedlichen Mittel ausgeschöpft« habe, gezwungen gewesen, die legitimen deutschen Lebensinteressen im Alleingang zu sichern, zumal England wie auch Frankreich alle großmütigen Ausgleichs- und Friedensangebote des »Führers« »mit Verachtung« zurückgewiesen hätten.

In einem zweiten Teil seiner Erklärung führte Heß dann, ohne sich in seinem Monolog von Kirkpatrick unterbrechen zu lassen, eine ganze Reihe von Faktoren auf, die die deutsche Überlegenheit in der Auseinandersetzung mit England unter Beweis stellen sollten. So verwies er auf die deutsche Flugzeugproduktion, die so gewaltig sei, daß sie diejenige Englands und der USA zusammengenommen übertreffe; er sprach von einer ungeheuren Anzahl deutscher U-Boote, die binnen kurzem vom Stapel laufen würden, sowie von enormen Mengen an Rohstoffen, die Deutschland in den besetzten Ländern in die Hände gefallen seien. Deshalb, so Heß, gebe es weder die geringste Aussicht auf eine ökonomische Erschöpfung Deutschlands wie im Ersten Weltkrieg, noch könne England auf einen Staatsstreich rechnen, denn Hitler besäße das blinde Vertrauen des deutschen Volkes.

Mittlerweile waren mehr als zwei Stunden verstrichen. Hamil-

ton, des Deutschen unkundig, kämpfte beständig gegen die Müdigkeit an, und Kirkpatricks Geduld war schließlich so erschöpft, daß er den Monolog kurzerhand unterbrach und kategorisch den Grund für das Kommen des Führerstellvertreters zu erfahren verlangte. Im letzten Teil seiner Ausführungen kam Heß dann endlich auf den Anlaß seines Fluges zu sprechen und auf die Vorschläge, die er zur Aufnahme von Friedensverhandlungen zu unterbreiten gedenke. »Er sei ohne Wissen von Hitler hierher gekommen«, so faßte Kirkpatrick die Aussagen von Heß in seiner Niederschrift der Unterredung zusammen, »um, in Anbetracht der Tatsache, daß England den Krieg nicht gewinnen könne, verantwortliche Persönlichkeiten davon zu überzeugen, daß es das klügste sei, jetzt Frieden zu schließen. Aufgrund einer langen und intimen Kenntnis des Führers, die vor 18 Jahren in der Festung von Landsberg begonnen habe, könne er sein Ehrenwort geben, daß der Führer niemals Ansprüche gegen das britische Empire erhoben habe. Desgleichen habe er niemals die Weltherrschaft angestrebt. Er [i.e. Hitler, d. Verf.] glaube, daß Deutschlands Interessensphäre in Europa liege, und daß jede Ausdehnung der deutschen Macht über die Grenzen Europas hinaus die deutsche Position nur schwächen werde und den Anfang von Deutschlands Zerstörung bedeute.« Am 3. Mai, nach einer Rede vor dem Reichstag, so Heß, habe ihm Hitler dies persönlich versichert.[8] Der Vorschlag zur Aufnahme von sofortigen Friedensverhandlungen, den Heß im folgenden skizzierte, deckte sich denn auch exakt mit den Vorstellungen, wie sie Hitler im vertrauten Kreis, zum Beispiel beim Führergeburtstag am 20. April 1940 auf dem Berghof in Anwesenheit von Heß, wiederholt geäußert hatte.[9] Wie Kirkpatrick nüchtern bilanzierte, lief das Angebot darauf hinaus, »daß England in Europa Deutschland freie Hand geben sollte, und daß Deutschland England eine vollkommen freie Hand im Empire gewähre, mit der einzigen Einschränkung«, so Kirkpatrick, »daß wir Deutschlands ehemalige Kolonien zurückgeben müßten, die es als Rohstoffquelle benötige«.
Widersprach diese letzte Forderung in nuce bereits der von Heß betonten deutschen Autarkie, so nahm Kirkpatrick nun seinerseits die Offerte zum Anlaß, um die Initiative an sich zu reißen und die Argumente auf weitere Schwachstellen abzutasten. Die von Heß geforderte freie Hand in Europa machte er zum Gegenstand der gezielten Nachfrage, »ob er Rußland Europa oder Asien zuordne?«

Dieser Versuch, die deutschen Absichten mit Blick auf die Sowjetunion in Erfahrung zu bringen, brachte Heß vollkommen aus dem Konzept. Seine vorschnelle Antwort »zu Asien« bot Kirkpatrick die Gelegenheit, darauf zu verweisen, daß der deutsche Anspruch einer freien Hand nur für Europa gelte, weshalb ein Angriff auf die Sowjetunion nach Lage der Dinge ausgeschlossen werden müsse. Solchermaßen in die Ecke gedrängt, sah sich Heß nun doch gezwungen, die deutsche Position schärfer als ursprünglich beabsichtigt zu umreißen. Er gab zu verstehen, »daß Deutschland gegenüber Rußland gewisse Forderungen habe, die entweder durch Verhandlungen oder durch einen Krieg erfüllt werden müßten«. Die gegenwärtigen Gerüchte, wonach Hitler einen baldigen Angriff auf Rußland plane, entbehrten jedoch jeder Grundlage.[10]

»Als wir den Raum endlich verließen«, so Kirkpatrick, »hatte Herr Heß noch eine letzte boshafte Bemerkung auf Lager. Er habe vergessen, so erklärte er, darauf hinzuweisen, daß sein Vorschlag nur unter der Bedingung gelte, daß Deutschland hierüber mit einer anderen als der gegenwärtigen britischen Regierung verhandle. Herr Churchill, der den Krieg seit 1936 geplant habe, und seine Kollegen, die sich dessen Kriegspolitik angeschlossen hätten, seien für den Führer keine akzeptablen Verhandlungspartner.«[11]

Fühlte sich Heß also, wie Verlauf und Ton dieser ersten Unterredung nahelegen, nicht nur in einer Position der Stärke, aus der heraus er sich imstande sah, die Bedingungen eines Ausgleichs mit England diktieren zu können, so ergab sich ein ähnlicher Befund, als ihn Kirkpatrick am nächsten Tag erneut aufsuchte. Wiederum erging sich Heß ungeachtet jeglichen Verhandlungsgeschicks in düsteren Drohungen. Hitler, »der alle Sachen in großem Maßstab mache«, so ließ er sich vernehmen, werde keinen Augenblick zögern, die britische Bevölkerung durch eine lückenlose Blockade von jeder Nahrungsmittelzufuhr abzuschneiden, so daß sie dem Hungertode geweiht sei. Fast beiläufig erweiterte Heß seine Verhandlungsgrundlagen in dieser zweiten Zusammenkunft mit Kirkpatrick noch um zwei weitere Punkte – ein erneuter Beleg dafür, daß er zur Improvisation gezwungen war, nachdem sich seine ursprünglichen Absichten, mit den angeblichen schottischen Oppositionszirkeln in Kontakt treten zu können, zerschlagen hatten. »Beim Nachdenken«, so sagte er Kirkpatricks zweitem Bericht zufolge, »habe er vergessen, zu erklären, daß es noch zwei weitere Bedingungen für seine Friedensvor-

schläge gebe. Erstens könne Deutschland den Irak nicht im Stich lassen. Die Irakis hätten für Deutschland gekämpft, und Deutschland müsse deshalb von uns verlangen, den Irak zu räumen. [...] Die zweite Bedingung sei, daß die Friedensübereinkunft eine Vorkehrung für die wechselseitige Entschädigung für diejenigen britischen und deutschen Staatsbürger enthalten müsse, deren Besitz als Ergebnis des Krieges enteignet worden sei.«[12]
Das Angebot von Heß umfaßte also, dies gilt es festzuhalten, substantiell weder Neues oder gar Spektakuläres, noch ließ die plumpe Einschüchterungstaktik, mit der Heß seine Forderungen garnierte, darauf schließen, daß Hitler tatsächlich in der Lage war, die Briten von sich aus zum Frieden zu zwingen. Churchill kanzelte die vorgelegte Offerte denn auch in einer Kurzinformation für Roosevelt entsprechend ab, als er sie als »die alte Einladung, [...] alle unsere Freunde im Stich zu lassen, um vorübergehend den größeren Teil unserer Haut zu retten« einstufte.[13]
Gegenüber Kirkpatrick brachte der Premierminister die Sache ebenso bündig wie treffend auf den Punkt, als er feststellte: »Wäre Heß vor einem Jahr gekommen und hätte er uns damals erzählt, was die Deutschen mit uns vorhaben, so hätte er uns einen gehörigen Schrecken eingejagt – und dies zu Recht. Also warum sollten wir uns jetzt erschrecken lassen?«[14]
Trotzdem wurde Kirkpatrick am 15. Mai nochmals zu Heß geschickt. Diesmal kam er auf Bitten des amerikanischen Präsidenten, der die Chance witterte, Informationen über Hitlers Ziele mit Blick auf die USA in Erfahrung bringen zu können. Das Unternehmen, so hatte ein für Roosevelt erstelltes Memorandum die Relevanz der Affäre eingestuft, habe die Aufmerksamkeit der amerikanischen Öffentlichkeit so auf sich gezogen wie seinerzeit der Atlantikflug von Charles Lindbergh. »Keine noch so deutlichen Hinweise«, so der Vorschlag der Denkschrift, »über die ökonomische Penetration Südamerikas durch die Deutschen oder den Handelskrieg der Nazis [...] haben das amerikanische Volk, vor allem im Mittleren Westen und an der Westküste, bislang davon überzeugen können, daß unserem Land Gefahr von den Nazis droht. Aber wenn Heß der Welt berichten könne, was Hitler gegenüber den Vereinigten Staaten im Schild führt, so wäre dies eine kapitale Sensation.«[15] Roosevelt stellte also mit seiner umgehend an Churchill übermittelten Bitte, Heß über Hitlers Pläne in der westlichen Hemisphäre zu befragen und dessen Absich-

ten mit Blick auf »Handel, subversive Unterwanderung, militärische Dominanz, Einkreisung etc.« auszuloten, darauf ab, Munition zu Propagandazwecken zu gewinnen, um die amerikanische Öffentlichkeit einem Kriegseintritt näher zu bringen.[16]

In diesem Bestreben wurden Roosevelt und Churchill jedoch herb enttäuscht, als Kirkpatrick Heß zum dritten Mal gegenübersaß.[17] Zwei Sachfragen standen im Mittelpunkt dieser Zusammenkunft: Zum einen ging es um die Bedeutung des Faktors Irland und die Befürchtungen Londons vor einer möglichen Allianz zwischen Berlin und Dublin. Zum anderen galt es, dem Anliegen Roosevelts entsprechend, verwertbare Informationen für die amerikanische Öffentlichkeit zu gewinnen. Hatten schon die ersten beiden Unterredungen nur ein mageres Ergebnis erbracht, so zeigte sich nun erneut, daß Heß weder willens noch in der Lage war, von seinem vorgefertigten Konzept abzuweichen, und daß seine selbstgewählte Rolle als Friedensbote dort an ihre Grenzen stieß, wo über die bloße Wiederholung von Äußerungen Hitlers hinaus eine eigenständige Akzentsetzung verlangt war. So versäumte es Heß auf der ganzen Linie, die Chance der Frage nach Irland zu nutzen, um auf einen eventuellen Zweifrontendruck für England zu verweisen. Er räumte vielmehr unumwunden ein, daß sich Hitler ihm gegenüber »außer in zufälliger Art und Weise nie über den Faktor Irland geäußert habe«, weshalb zu vermuten stehe, »daß sich Hitler in die britisch-irischen Beziehungen nicht einmischen werde«.

Was die Vereinigten Staaten anging, so war es um Heß als strategischer Denker nicht besser bestellt. Er verlor keine Silbe darüber, daß ein möglicher amerikanischer Kriegseintritt den Achsenpartner Japan auf den Plan rufen werde. Seine Aussagen waren gleichermaßen nichtssagend wie von erschreckender Banalität. Kirkpatrick faßte sie in drei Punkten zusammen:

»1. Die Deutschen rechneten mit einer amerikanischen Intervention, fürchteten sie jedoch nicht. Sie wüßten alles über die amerikanische Flugzeugproduktion und den technischen Standard der amerikanischen Flugzeuge. Deutschland könne die englischen und amerikanischen Produktionsziffern zusammengenommen übertreffen.

2. Deutschland habe keine Ansprüche mit Blick auf die USA. Die sog. deutsche Gefahr sei eine lächerliche Ausgeburt der Phantasie. Hitlers Interessen lägen in Europa.

3. Wenn wir jetzt Frieden schließen würden, wäre Amerika wütend. Was Amerika in Wahrheit wolle, sei, die Erbschaft des britischen Empire anzutreten.«

Das alles klang so, als ob Goebbels persönlich im Radio spräche und seine Propagandaformeln zum besten gab. Die Dürftigkeit aller Informationen, die drei ausführliche Unterredungen mit Heß erbracht hatten, war also unverkennbar, und Kirkpatrick bilanzierte in seinem Abschlußbericht für Cadogan nüchtern und treffend den Sachverhalt, wenn er feststellte:

»1. Was operative Fragen angeht, so scheint er mir nicht in die intimen Beratungen der deutschen Regierung eingeweiht zu sein; und er besitzt wahrscheinlich nicht mehr an geheimen Informationen, als er bei Unterredungen mit Hitler und anderen aufzuschnappen in der Lage war.

2. Er denkt offenbar nicht in Begriffen einer unmittelbar bevorstehenden Invasion. Sein Rezept für einen Sieg ist vielmehr eine Blockade Englands in Form einer kombinierten Aktion von U-Booten und Luftangriffen. [...]«[18]

Ungeachtet dessen schlug Kirkpatrick Cadogan vor, durch die Entsendung eines Mitglieds der zum Ausgleich mit Deutschland neigenden alten Appeasementriege zu Heß scheinbar auf dessen Angebot einzugehen und entsprechende Verhandlungen aufzunehmen. »Es sei dann vielleicht möglich«, so Kirkpatrick, »Heß in dem Glauben zu wiegen, daß es tatsächlich eine Möglichkeit gäbe, die gegenwärtige Regierung zu stürzen.« Denn wenn sich der Führerstellvertreter tatsächlich einem Mitglied der konservativen Partei gegenübersähe, »das anscheinend wirklich geneigt sei, das amtierende Kabinett zu entmachten, könne es gut sein, daß sich Heß gesprächsbereiter zeige«, zumal er jeglichen Kontakt mit der Regierung Churchill strikt abgelehnt habe.[19]

Im Foreign Office war man nur allzu geneigt, dieser Anregung folgend, einen »Pseudo-Unterhändler«[20] zu Heß zu beordern und auf Basis einer möglichen Palastrevolution gegen Churchill in deutsch-britische Gespräche über einen Separatfrieden einzusteigen. Und in der Tat sollte dieses mit Hintersinn betriebene taktische Manöver bald zum Kernstück einer diplomatischen Offensive mit kalkuliertem Risiko werden. Zunächst aber war es notwendig, sich hierfür den Spielraum zu verschaffen und die in Whitehall erwogenen Alternativstrategien in der Sache Heß auszuschalten.

Ungeachtet des Widerstandes, den Eden und Cadogan bereits der beabsichtigten Presseerklärung des Premierministers am Abend des 12. Mai entgegengesetzt hatten, hatte Churchill nämlich sein Vorhaben, mit der Affäre an die Öffentlichkeit zu gehen, längst nicht fallengelassen. So beschied er am Morgen des folgenden Tages die neugierigen Abgeordneten des Unterhauses zwar dahingehend, daß er gegenwärtig dem Kommuniqué der Regierung Seiner Majestät nichts hinzuzufügen habe, kündigte jedoch im gleichen Atemzuge »für die nahe Zukunft« eine ausführliche persönliche Stellungnahme zum Flug dieses »sehr hohen und wichtigen Naziführers« an, wobei er kryptisch hinzusetzte: »Ich glaube, dies ist einer der Fälle, in dem die Vorstellungskraft von den tatsächlichen Fakten noch in den Schatten gestellt wird.«[21] An seiner Marschroute, im Windschatten des Heßschen Unternehmens die Nation auf Durchhalten zu trimmen und die offenbare deutsche Friedensbereitschaft mit der ihm eigenen rhetorischen Brillanz in einen propagandistischen Sieg für die Formel vom »victory at any cost« umzumünzen, hatte sich also nichts geändert. Dementsprechend setzte der Premierminister in einer als persönliche Information für Roosevelt deklarierten Depesche die amerikanische Administration inhaltlich korrekt und erschöpfend über die Kirkpatrick-Gespräche mit Heß in Kenntnis[22] und war somit drauf und dran, den mühsam austarierten Kompromiß mit dem Foreign Office, wie er sich in der entschärften Verlautbarung vom 12. Mai dokumentierte, in Frage zu stellen, ja über Bord zu werfen.
Für die Linie Edens und Cadogans konnte allerdings nichts schädlicher sein. Denn eine solchermaßen freizügige Informationspolitik in der Sache Heß, ja eine Erklärung des Premierministers zur Behandlung des Falles vor dem Unterhaus, mußte den gewünschten Manövrierraum praktisch auf Null reduzieren und alle Chancen, auf dem Felde der internationalen Politik einen Positionsvorteil für England herauszuspielen, zunichte machen. Dies war der Grund, weshalb der Außenminister umgehend Einspruch gegen Churchills Kurs erhob und diesen beschwor, durch vorschnelle Erklärungen im Parlament und Mitteilungen an Washington nichts zu verderben.
Wollte Churchill mit Blick auf Roosevelt namentlich das Hartbleiben Englands gegen alle Verlockungen eines von Heß unterbreiteten Separatfriedens betonen und gegenüber Washington

von Anfang an mit offenen Karten spielen, um den interventionistischen Kurs des amerikanischen Präsidenten nicht ins Wanken zu bringen, so setzte das Kalkül Edens vom anderen Ende der Skala her an. Die Tatsache, so gab der Außenminister seine Deutung der Lage zu Protokoll, »daß das britische Empire zu diesem Zeitpunkt noch intakt aus dem Krieg herauskommen könne und man somit die Möglichkeit habe, den zukünftigen Kampf mit einem germanisierten Europa den Vereinigten Staaten zu überlassen«, sei, so Eden, geradezu ein »master key«, um eine stärkere Einschaltung der USA in den Krieg zu erreichen.[23] Dies lief auf die Absicht hinaus, die Ängste Washingtons vor einem Ausscheiden Englands aus dem Krieg zur Geltung zu bringen, striktes Stillschweigen über die durch Heß unterbreiteten Angebote zu bewahren und in Form einer wohldosierten Pressionstaktik die Situation so zu nutzen, daß sich für England ein maximaler Erfolg ergab.

Hatte Eden somit eine erste politische Richtmarke zur möglichen Instrumentalisierung der Affäre Heß vorgegeben, so setzte Cadogan bald zum Frontalangriff auf die von Churchill in Aussicht genommene Parlamentserklärung an, um dem Premierminister sein »stupid statement«, wie der Staatssekretär bissig anmerkte, auszureden.[24] Am Abend des 14. Mai war er Churchills Ruf gefolgt und gemeinsam mit dem Chef des Geheimdienstes, Sir Stewart Menzies, sowie Informationsminister Duff Cooper in No. 10 Downing Street erschienen, wo der Premierminister seine für den folgenden Morgen geplante Verlautbarung für die Abgeordneten des Unterhauses diktierte. »Wie langsam er ist. Was er diktierte, ist alles falsch, denn er erklärt, was Heß gesagt hat« und gibt die Friedensvorschläge preis – so schrieb sich Cadogan in seinem Tagebuch den Zorn vom Leib, denn seine Bedenken waren in der sich anschließenden hitzigen Diskussion von Churchill und »diesem Arschloch Duff« einfach zur Seite gewischt worden.[25] Aber so schnell gab sich Cadogan nicht geschlagen. Kaum nach Hause zurückgekehrt, zerpflückte er den siebenseitigen Text Churchills und brachte seine Einwände zu Papier, die in dem Vorwurf gipfelten: »Hitler – und das deutsche Volk – werden einen Seufzer der Erleichterung ausstoßen und sagen: ›Das also ist der Grund, warum uns unser geliebter Rudolf verlassen hat. Es ist zwar töricht von ihm, aber er ist kein Verräter, und wir müssen nicht befürchten, daß er unsere Geheimnisse preisgibt.‹«[26]

Wie Churchills Elan allerdings abzubremsen war, wußte auch Cadogan nicht zu sagen, als er Eden gegen Mitternacht telefonisch aus dem Bett holte und diesen über den Stand der Dinge in Kenntnis setzte. Er war deshalb über alle Maßen erstaunt, als er gegen 1:30 Uhr von Eden zurückgerufen wurde, der ihm über eine erregte Debatte mit Churchill berichtete, in der er dem Premierminister tatsächlich den Verzicht auf die Unterhauserklärung abgerungen hatte. Wenn der Entwurf des Premierministers abermals zu Fall gebracht werden konnte, so war dies nicht zuletzt der Intervention Lord Beaverbrooks zuzuschreiben gewesen, der gegenüber Churchill und Duff Cooper die Position des Foreign Office gestützt hatte. In seinen Memoiren hat Eden die leidenschaftliche Auseinandersetzung wie folgt geschildert: »Winston rief mich spät in der Nacht mit dem Text seiner Verlautbarung an, die er morgen im Unterhaus über Heß machen wolle [...]. Ich protestierte und drängte darauf, daß die Deutschen im dunkeln tappen müßten bezüglich dessen, was Heß geäußert habe. Winston forderte mich dann auf, mir etwas Besseres einfallen zu lassen. Also mußte ich widerwillig aus dem Bett kriechen, einen neuen Entwurf erstellen und diesen telefonisch durchgeben. Wenige Minuten später rief mich Winston abermals an, denn dieser gefiel ihm nicht, und Duff war sehr erbost. Aber Max [i.e. Beaverbrook, d. Verf.] stimmte mir zu. ›Was nun‹, knurrte Winston, ›entweder meine ursprüngliche Erklärung oder keine Erklärung.‹ Ich erwiderte: ›Keine Erklärung.‹ ›Also gut, dann eben keine Erklärung‹, so schnauzte er ärgerlich und knallte den Hörer auf die Gabel.«[27]

Tatsächlich dauerte es noch Tage, bis Churchill die Waffen endlich streckte. Denn am darauffolgenden Morgen gab er im Unterhaus zwar keine Stellungnahme zum Fall Heß ab, aber er sicherte den enttäuschten Abgeordneten erneut die baldige Veröffentlichung von »authentischen Nachrichten« zu.[28] Hinter den Kulissen von Whitehall unternahm Churchill noch zwei weitere Anläufe zur Bekanntgabe seiner Erklärung, bis sich das Kabinett schließlich einstimmig gegen seinen Kurs aussprach.[29] Als Beaverbrook und Eden die entscheidende Sitzung am 19. Mai verließen, die ihrer Strategie nun freie Bahn gab, und sie sich einig waren, Churchills »Baby, falls notwendig, ein drittes Mal erdrosseln zu wollen«,[30] da hatten auch die Propagandaexperten ihr Spiel um Heß längst verloren.

Bereits Stunden nach der Bekanntgabe der Ankunft von Heß war das Foreign Office darauf hingewiesen worden, daß die Experten der BBC sowie des S.O.1, der für schwarze Propaganda zuständigen Unterabteilung des Special Operations Executive, dringend Direktiven in der Sache Heß erwarteten.[31] In einer internen Mitteilung des Informationsministeriums vom selben Tage wurde die überragende Bedeutung des Führerstellvertreters als Objekt einer psychologischen Kriegführung herausgestrichen, der zwar »als Kriegsgefangener wichtig, jedoch als Propagandaträger 50mal mehr wert sei«. Deshalb, so hieß es, »he ought to be our bird, before he is anyone else's bird«.[32]

Die in den nächsten Tagen in den zuständigen Abteilungen zuhauf produzierten Vorschläge einer Ausschlachtung des Falles entsprachen mithin genau dem, was Goebbels in Berlin als »naheliegenden Dreh« und als »einzige, aber auch furchtbare Gefahr« eingestuft hatte.[33] Es sei augenscheinlich, so hieß es in einem Memorandum vom 13. Mai, daß der Fall Heß, wenn man ihn agitatorisch richtig nutze, in seiner zersetzenden Wirkung auf die deutsche Kampfkraft einem Erfolg auf dem Schlachtfeld in nichts nachstehe. Man dürfe Heß jedoch weder als Verräter militärischer Geheimnisse noch als Deserteur darstellen, denn dies zerstöre und untergrabe nur das populäre Bild, das von ihm unter der deutschen Bevölkerung herrsche. »Wir müssen von ihm ein Charakterbild zeichnen«, so hieß es, »das dem entspricht, was die Deutschen an Heß stets bewundert haben: das eines loyalen Patrioten, das eines ganz normalen, anständigen, maßvollen, liebenswerten Familienvaters inmitten der Naziführer, mit einer unverbrüchlichen, schlichten Aufrichtigkeit. Auf diese Weise können wir einen Gegensatz in der Art von Dr. Jekyll und Mr. Hyde entwickeln, in dem Sinne, daß Heß zum Dr. Jekyll und Hitler zum Mr. Hyde wird.« Die aussichtsreichste Linie für eine schlagkräftige Propaganda sei daher, zu suggerieren, daß der Stellvertreter und intimste Vertraute des Führers, der dessen geheimste Gedanken kenne und Zugang zu allen militärischen Geheimnissen habe, zu dem Schluß gekommen sei, daß der Krieg für Deutschland nicht zu gewinnen sei. Zu diesem Zweck sei es allerdings notwendig, schnellstens mit Heß in persönlichen Kontakt zu treten, ihn ins Kreuzverhör zu nehmen, und, »solange die deutsche Öffentlichkeit noch danach lechze, die wahren Hintergründe des Fluges zu erfahren«, baldmöglichst mit der anvisierten Offensive zu beginnen.[34]

Drängten die Fachleute des Informationsministeriums also mit aller Macht darauf, selbst die Federführung in der Angelegenheit zu übernehmen und das kurzfristig anberaumte Verbot für Valentine Williams und Sefton Delmer, Heß in Schottland aufzusuchen, außer Kraft zu setzen,[35] so zogen sie bald gegen die sich abzeichnende Linie des Foreign Office zu Felde, »keine Informationen in der Sache Heß preiszugeben, um die Deutschen darüber im unklaren zu belassen, was Heß vorhat und was er sagt«.[36] Sie produzierten Vorschlag auf Vorschlag, um das Rätselraten der deutschen Bevölkerung über die Motive von Heß in einen propagandistischen Sieg für die Sache Englands umzumünzen.

Gemäß dieser Maxime regten sie an, Heß entweder dazu zu bringen, persönliche Stellungnahmen im Rundfunk abzugeben, oder durch zusammengeschnittene Tonbandprotokolle aufgezeichneter Unterredungen fiktive, sich aber echt anhörende Verlautbarungen herzustellen und auszustrahlen. »Die moralische Wirkung seiner Stimme«, so die Erwartung, »werde einen wundersamen Effekt haben«, untergrabe die Moral der Deutschen, erschüttere das Vertrauen von Generalstab und Wehrmacht in Hitlers angebliche Siegeszuversicht und etabliere in der deutsch-italienischen Achse einen Spaltpilz. Zweitens könne man im Namen von Heß ein vernichtendes Bild der inneren Zustände in Deutschland zeichnen, mit seiner Unterschrift und seinem Photo ein entsprechendes Flugblatt erstellen und dieses in großem Stil zur Zersetzung von Wehrkraft und Durchhaltewillen hinter den deutschen Linien abwerfen. Eine dritte Empfehlung ging dahin, den Anschein zu erwecken, daß Heß nicht der einzige Deutsche sei, der sich nach England abgesetzt habe. Erzeuge man nämlich durch »kluge und raffinierte Andeutungen« den Eindruck, daß sich bereits eine ganze Reihe deutscher Maschinen und Piloten in britischer Hand befänden und sich ergeben hätten, so schädige man nachhaltig das Ansehen der Luftwaffe, löse damit vielleicht tatsächlich eine Welle von Überläufern aus und erbeute auf diese Weise eine ganze Anzahl deutscher Maschinen durch einen simplen Propagandatrick.[37]

War dies wohl zuviel an spekulativem Optimismus, so sind die Vorschläge der Propagandisten doch ein deutlicher Beleg dafür, daß die britischen Experten einem Goebbels an Schläue und Skrupellosigkeit in nichts nachstanden, daß sie das Repertoire der Agitation und die Technik massenpsychologischer Finessen beherrschten und die Möglichkeiten einer Ausbeutung des Falles erkannten. Dies kam auch in dem Plan zum Ausdruck, Lord David Douglas Hamilton, den jüngeren Bruder des Herzogs, im deutschen Programm der BBC Heß als reumütigen Sünder darstellen zu lassen und bei dieser Gelegenheit alle Verbrechen der Nationalsozialisten aufzulisten.[38]

Wenn die Propagandafachleute mit keinem einzigen ihrer Konzepte Gehör fanden, wenn sie mit der Absicht scheiterten, Heß als Buchautor zu präsentieren, der seine Abkehr von Hitler vollzogen hatte und zum Sturz des deutschen Diktators aufrief,[39] dann hatte das nicht nur mit der Richtlinienentscheidung Churchills zu tun, die Ausschlachtung der Affäre den Diplomaten im Foreign Office zu überlassen und darauf zu verzichten, selbst die Hauptrolle zu übernehmen. Mindestens ebenso wichtig waren die sich inzwischen häufenden Nachrichten, daß der britische Geheimdienst in den spektakulären Flug von Heß verwickelt war, ja daß Hitlers Stellvertreter einer geschickt eingefädelten Intrige des SIS zum Opfer gefallen war.

Neben den rasch um sich greifenden Vermutungen in der britischen Öffentlichkeit, daß Heß nach England gekommen sei, um Churchill bei einer persönlichen Begegnung eigenhändig umzubringen, und daß sein Flug einem perfiden Trick entsprungen sei, um als »Superspion in England die Landung deutscher Fallschirmjäger« vorzubereiten,[40] verdichteten sich die Gerüchte, daß das eigentliche Ziel des Heßschen Unternehmens die Aufnahme von Friedensverhandlungen in Schottland gewesen sei,[41] und der britische Geheimdienst »dabei seine Hände im Spiel gehabt habe«. »Bei seinem Flug nach England«, so beschrieb ein Überblick über die ausländischen Pressestimmen zum Fall Heß den sich entwickelnden Tenor, »sei Heß in eine Falle getappt, die der britische Geheimdienst ohne Wissen des Premierministers aufgebaut habe, um die Gefangennahme von Major Best und Captain Stevens an der holländischen Grenze im Jahre 1939 zu rächen.«[42] Mit der Behauptung einer möglichen »schottischen Revolte« gegen Churchill habe der Secret Service, wie es hieß, Heß im Namen von Hamilton nach England gelockt. Die angeblichen »schottischen Quislinge« hätten Heß dabei in Aussicht gestellt, Churchill zu beseitigen, Schottlands Unabhängigkeit zu erklären, sofort in einen Frieden zwischen Schottland und Deutschland einzuwilligen und auf Hitlers Seite in den Krieg einzutreten. Die an Heß durch den Geheimdienst signalisierte Bedingung hierfür sei die Entsendung eines hochrangigen deutschen Emissärs gewesen, um die letzten Einzelheiten des geplanten Umsturzes zu erörtern, sowie die Forderung, daß die geplante »schottische Revolte« gleichzeitig mit einem deutschen Angriff auf Rußland vonstatten gehen müsse.[43]

An einem solchen Echo des Falles, das den wahren Hintergründen des Fluges bedenklich nahe kam und unter den schottischen Abgeordneten im Unterhaus sowie in der Öffentlichkeit einen Sturm der Entrüstung auslösen mußte, der die Regierung selbst in Mißkredit bringen konnte, war weder Churchill noch dem Foreign Office gelegen. Die ständigen Anfragen der Propagandaexperten trafen deshalb sowohl beim Premierminister wie bei den Strategen im Außenministerium auf eine festgefügte Ablehnungsfront,[44] so daß die Beamten im Informationsministerium bald resignierend bilanzieren mußten, daß sie in der Heß-Affäre »vollkommen im dunkeln tappten«.[45] Aber auch die Minister wurden vergattert, in der Sache Heß absolutes Stillschweigen zu bewahren, bei ihren Reden, Interviews und Auftritten das Thema weitgehend auszusparen, zumindest aber die Passagen, die sich auf Heß bezogen, dem Foreign Office zur vorherigen Durchsicht und Genehmigung vorzulegen.[46] Schließlich verweigerte Churchill am 20. Mai vor dem Unterhaus abermals die in Aussicht gestellten »authentischen Mitteilungen«, als er unumwunden einräumte: »Ich bin noch nicht in der Lage, eine Erklärung über den Fall abzugeben, und ich bin mir überhaupt nicht im klaren, wann ich dies jemals sein werde.«[47]

Entsprach dieses Abrücken von einer großangelegten propagandistischen Kampagne in der Sache Heß also dem Bestreben, die tatsächlichen Zusammenhänge tunlichst zu verschleiern, sich keinesfalls durch die Preisgabe brisanter Einzelheiten in den Schlingen zu verfangen, die Heß zum Verhängnis geworden waren, und durch eine strikte, regierungsamtliche Informationssperre dafür zu sorgen, daß die im Ausland angestellten Mutmaßungen über ein britisches Intrigenspiel mit Heß nicht nach England überschwappen und dort für Aufregung und Unruhe sorgen konnten, so bedeutete dies keineswegs, daß man gewillt war, auch die Vorteile zu begraben, die sich auf diplomatischem Terrain für England aus der Heß-Affäre ergeben konnten. Aber die Ausbeutung des Falles verlagerte sich nun auf eine ganz andere Ebene; hinter der Mauer des Schweigens verbarg sich jene

Konzeption, die Cadogan, Beaverbrook und Eden von Beginn an favorisiert hatten und für die sie nun endlich freie Hand hatten. Ihre Variante einer Instrumentalisierung des Heß-Fluges beruhte darauf, in Form eines geschickt inszenierten Kulissenspiels auf den diplomatischen Kanälen die Szenerie eines drohenden Ausstiegs Englands aus dem Krieg zu entwerfen, die britische, aber auch die internationale Öffentlichkeit darüber im unklaren zu belassen, welche Informationen Heß tatsächlich preisgegeben hatte,[48] und den von Eden als »master key« bezeichneten Umstand, daß England und sein Empire noch vollkommen intakt aus dem Krieg ausscheiden konnten, optimal auszureizen.[49] Verfolgte man diese Strategie einer demonstrativ ins Werk gesetzten und taktisch forcierten möglichen Einigung mit Heß, so ließ sich nicht nur der Druck auf Roosevelt nachhaltig verschärfen, England durch substantielle Zugeständnisse im Krieg gegen Hitler zu halten, sondern man hatte endlich auch jene Basis gefunden, auf der es gelingen konnte, Stalin an die Seite Englands zu führen, die deutsch-russische Achse zu torpedieren und die fatale Isolierung Englands zu durchbrechen.

Um die Logik dieses Kalküls zu verstehen, gilt es zu bedenken, daß in den Wochen des Frühjahrs 1941 alle Bemühungen der Regierung, den Kampf gegen Hitlerdeutschland durch die Gewinnung strategisch und militärisch potenter Bündnispartner in eine neue Runde zu führen, auf ganzer Linie gescheitert waren. Dies fiel um so stärker ins Gewicht, als die unheilvolle Serie von Mißerfolgen und Demütigungen, die Churchill seit seinem Amtsantritt im Mai 1940 verfolgte, längst nicht abgerissen war. Auf dem Atlantik, der vitalen Versorgungsroute für den Nachschub an Kriegsgütern aus den USA und an Lebensmitteln aus den Dominions, waren die auf das Konto der deutschen U-Boote gehenden Verluste an Tonnage und Schiffen gewaltig wie nie zuvor, und die Versenkungsziffern hatten im April den höchsten Stand seit Kriegsbeginn erreicht.[50] In Nordafrika hatte General Wavell unter dem Druck der Gegenoffensive Rommels den Rückzug antreten müssen; Jugoslawien und Griechenland hatten vor den deutschen Truppen auf dem Balkan kapituliert, und nur mit knapper Not war es gelungen, das britische Expeditionskorps vom griechischen Festland nach Kreta und Ägypten zu evakuieren. Diese dramatische Zuspitzung der militärischen Lage barg die Gefahr, daß sich auch die bislang neutralen Staaten – Spanien, Portugal,

die Türkei sowie Vichy-Frankreich – auf die deutsche Seite schlagen würden, und damit waren die Stützpunkte des Empire im Mittelmeerraum fundamental bedroht.
Im Lichte dieser prekären Situation hatte Churchill den amerikanischen Präsidenten elf Tage vor der Ankunft von Heß aufgefordert, »den denkbar größten Druck auf Vichy auszuüben«, um die dortige französische Regierung dazu zu veranlassen, mit Deutschland zu brechen, »falls dieses in Syrien, Marokko, Algerien oder Tunesien einmarschiere«. Er hatte Roosevelt außerdem ersucht, die Türkei von einem Arrangement mit Hitler abzuhalten, um die bedrohte Flanke des Empire in Ägypten abzusichern.[51] Die Antwort, die der Premierminister zwei Tage später in Händen hielt, kam einer Katastrophe gleich. Roosevelt lehnte das Ansinnen nicht nur rundweg ab, er gab den Mittelmeerraum vielmehr schon verloren und qualifizierte die Kämpfe der Briten dort als »Verzögerungsgefechte« auf einem Nebenkriegsschauplatz ab.[52] An dieser reservierten Position Washingtons hatte auch ein von düsteren Vorhersagen über das weitere Schicksal Englands begleitetes, offen den amerikanischen Kriegseintritt reklamierendes Telegramm vom 3. Mai nichts zu ändern vermocht, so daß Churchill die Lage gegenüber Eden ebenso pessimistisch wie treffend auf den Punkt brachte, als er feststellte: »Es scheint, als ob jenseits des Atlantiks ein erheblicher Rückzug stattfindet und daß man uns [...] ganz unserem Schicksal überläßt.«[53]
Nicht weniger ungünstig stand es Anfang Mai 1941 um alle Versuche, mit der Sowjetunion eine Verständigungsbasis zu finden und die seit Kriegsbeginn bestehende ökonomisch-politische Partnerschaft zwischen Hitler und Stalin zu torpedieren. Durch umfangreiche Rohstofflieferungen lähmte Moskau die Effektivität der britischen Seeblockade, und der Nichtangriffspakt vom August 1939 hatte Hitler die notwendige Rückendeckung für seinen Krieg auf dem Kontinent verschafft. Aus Churchills Perspektive war es daher ganz zentral, jenseits aller ideologischen Differenzen eine Annäherung zwischen London und Moskau zu erreichen, um Stalin sukzessive aus der Umarmung durch Hitler herauszulösen.[54] Diese Zielprojektion hatte unmittelbar nach dem Amtsantritt des neuen Premierministers in der Wiederbesetzung des verwaisten Botschafterpostens in Moskau durch den ehemaligen Labourabgeordneten und Begründer der Socialist League, Sir Stafford Cripps, ihren Ausdruck gefunden[55] sowie in einer

persönlichen Botschaft Churchills an Stalin, in der er für die Entwicklung »harmonischer und für beide Teile nutzbringende Beziehungen« eingetreten war.[56] Doch die Sowjets hatten das durch Cripps am 22. Oktober 1940 übermittelte Angebot einer umfassenden Verständigung monatelang unbeantwortet gelassen, bis es Außenminister Molotow schließlich am 1. Februar 1941 schroff zurückwies.[57] Cripps hatte daraufhin, wie es scheint auf eigene Rechnung, gegenüber dem stellvertretenden sowjetischen Außenminister Wyschinski erstmals mit der Möglichkeit eines britischen Separatfriedens gedroht und die Warnung ausgesprochen, daß die starre Haltung Moskaus gegenüber allen Offerten Londons unter Umständen nicht ohne Einfluß auf die Haltung des Kabinetts im Falle annehmbarer deutscher Friedensvorschläge bleiben werde.[58]
Ende März/Anfang April 1941 war nun insofern eine neue Lage entstanden, als die Berichte von Cripps aus Moskau[59] sowie die Expertisen des Joint Intelligence Committee auf umfangreiche, gegen die Sowjetunion gerichtete deutsche Truppenverschiebungen hinwiesen,[60] wobei jedoch in London umstritten blieb, ob sich hier ein neuer Blitzkrieg abzeichnete, um Rußland bis zum Ural zu erobern, oder ob Hitler bestrebt war, einen durch eine glaubhafte Angriffsdrohung gestützten Nervenkrieg zu entfesseln, um Stalin weitere Konzessionen materieller oder territorialer Art abzupressen.[61] Im Windschatten dieses Krisenszenarios und im Zuge des anlaufenden Balkanfeldzuges der Wehrmacht hatte man sich im Foreign Office entschlossen, einen erneuten Anlauf in Richtung Moskau zu wagen. Mit der Warnung, daß das eigentliche Ziel Hitlers die Eroberung der Sowjetunion sei, wurde Stalin aufgefordert, Griechenland und Jugoslawien materielle Unterstützung zu gewähren, sich von Deutschland abzuwenden und an der Seite Englands eine Einheitsfront zur Eindämmung Hitlers auf dem Balkan zu bilden.[62] Nahezu gleichzeitig hatte Churchill am 3. April ein als Goodwill-Geste gegenüber Stalin deklariertes Telegramm vor einem drohenden deutschen Angriff nach Moskau übermittelt,[63] das durch Cripps allerdings erst am 19. des Monats Wyschinski, dem Stellvertreter Molotows, übergeben worden war.[64] Der entscheidende Grund für diese Zeitverzögerung war die Erwartung des Botschafters, daß sein deutscher Kollege Graf Schulenburg, der sich zu Konsultationen in Berlin aufhielt, in Kürze mit einem Paket deutscher Forderungen an Stalin zu-

rückkehren werde und daß man in dieser Situation den britischen Druck auf Moskau erheblich verschärfen müsse, um die vermeintliche Erpressungsstrategie Berlins zu konterkarieren.[65]
Deshalb hatte Cripps, einen Tag bevor er Churchills Telegramm aushändigte, auf seine Drohung vom 1. Februar zurückgegriffen und Wyschinski ein Memorandum übergeben, das zwei Warnungen miteinander verband: den Hinweis auf einen bevorstehenden deutschen Angriff im Verlaufe des Frühjahrs und die ominöse Andeutung eines eventuellen britischen Separatfriedens mit Hitler. »Wenn der Krieg sich in die Länge ziehe, liege es«, so Cripps, »nicht außerhalb des Bereichs des Möglichen, daß für Großbritannien – und insbesondere für gewisse Kreise dort – die Versuchung eintreten könne, zu einem Arrangement zu gelangen, das den Krieg für England beende und auf jener Grundlage beruhe, wie sie in bestimmten deutschen Zirkeln erst kürzlich wieder vorgeschlagen worden sei. Demnach solle in Westeuropa der Vorkriegsstatus wiederhergestellt werden, während Deutschland gleichzeitig freie Hand im Osten erhalte, um dort seinen ›Lebensraum‹ zu erobern.«[66] Dies war eine deutliche Drohung mit einem Ausstieg Englands aus dem Krieg und einer Ablenkung Hitlers nach Osten, worin nach sowjetischer Lesart der Sinn der Appeasementpolitik der dreißiger Jahre gelegen hatte. Um den sowjetischen Widerstand gegen Hitler zu versteifen und Stalin an die Seite Englands zu zwingen, schien dies nach dem Kalkül von Cripps nun angezeigt.[67] Im Foreign Office jedoch wollte man von solch verschlungenen Wegen nichts hören,[68] zumal sich die Sowjets solchen Pressionsmanövern gegenüber vollkommen unzugänglich zeigten und Moskau auch angesichts der deutschen Erfolge auf dem Balkan alle weiteren Angebote Edens zur Aufnahme von Konsultationen ausschlug.[69]
Bis zur Ankunft von Heß in England galt also, wie der Stellvertretende Unterstaatssekretär im Foreign Office, Sir Omre Sargent, anmerkte, daß eine Politik im Stile eines »Quasi-Ultimatums« eine »zweischneidige Waffe« sei, denn derartige leere Drohgebärden an die Adresse des Kreml könnten Stalin, solange hierfür ein aktueller Resonanzboden fehlte, nur darin bestärken, Hitler neuerliche Konzessionen anzubieten und in seiner Beschwichtigungspolitik gen Westen zum Nachteil Englands fortzufahren.[70]
Eben diese Rahmenbedingung aber war mit dem Flug von Heß nach England, der allenthalben die Aufmerksamkeit auf sich zog,

entfallen, denn nun verfügte man tatsächlich über jene diplomatische Waffe, die Cripps bislang so schmerzlich vermißt hatte, als er selbstkritisch einräumen mußte: »Ich bin ohne jedes Druckmittel, und unter diesen Bedingungen können wir nicht einmal bluffen, selbst wenn wir dies wollten.«[71]

Der Botschafter erkannte sofort die Gunst der veränderten Lage, die sich aus den mysteriösen und spekulativen Umständen des Heßschen Unternehmens für die weitere Politik Londons gegenüber Moskau ergab, und die exakt dort ansetzen mußte, wo er mit seinen wiederholten Warnungen vor einem britischen Separatfrieden mit Hitler das Feld schon bestellt hatte. Unmittelbar nach der offiziellen Bekanntgabe der Ankunft von Heß in Schottland wies Cripps deshalb nicht ohne triumphierenden Unterton darauf hin, daß die Furcht der Sowjets »vor einem Friedenshandel auf ihre Kosten« wieder aufgeflammt sei. Diesen Umstand, so seine Anregung, könne man sich jetzt zunutze machen, um den Widerstand der Russen gegen etwaige erpresserische Forderungen Hitlers zu forcieren. Dem Botschafter schienen zwei mögliche Vorgehensweisen angezeigt: die Politik einer gezielten Drohung mit dem tatsächlichen Abschluß eines Kompromißfriedens, um die Ängste Moskaus vor einer Isolierung nachhaltig zu verschärfen, oder die Zuspielung von präzisen Informationen über deutsche Angriffspläne, um Stalin endlich zu der erwünschten Kontaktaufnahme mit London zu veranlassen.[72]

Diese Vorschläge von Cripps waren verführerisch, aber auch gefährlich, denn Stalins Reaktionen auf eine offene Pression waren kaum berechenbar, und ein Unterwerfungsangebot des sowjetischen Diktators gegenüber Hitler, um diesen erneut nach Westen abzulenken, lag im Bereich des Möglichen.[73] Andererseits aber galt es zu bedenken, daß inmitten einer offenbaren Umbruchsituation des Krieges und auf dem Höhepunkt der Hitlerschen Erfolge eine Politik der Passivität und des Abwartens kaum erfolgversprechend schien und unübersehbare Risiken barg. Sollte man tatenlos zusehen, bis die durch Darlans Besuch auf dem Berghof eingeleiteten deutsch-französischen Verhandlungen die Vichy-Regierung in noch stärkere Abhängigkeit von Hitler brachten?[74] Sollte man angesichts der krisenhaft zugespitzten militärischen und wirtschaftlichen Lage Englands – ohne jede Hoffnung, Hitler aus eigener Kraft in die Knie zwingen zu können, und bar jeder effektiven Unterstützung von jenseits des Atlantiks – einfach hinnehmen, daß sich die Diktatoren, ähnlich wie im August 1939, über den Kopf Englands hinweg erneut verständigten? Und sollte man tatsächlich ohne jede Gegenaktion riskieren, daß sich Hitler eventuell abermals den Rücken freipreßte, sich einen Ergänzungsraum im Osten verschaffte und Stalin zum Juniorpartner degradierte, um von einer solcherart verbesserten wehrwirtschaftlichen und strategischen Basis aus einen neuerlichen Anlauf zur Invasion der Insel zu starten und das Empire im Mark zu treffen? Das war der Hintergrund der Überlegungen, wenn Cadogan mit schonungsloser Offenheit die Begrenztheit der Einwirkungsmöglichkeiten auf Moskau nüchtern bilanzierend feststellte: »Rußland hat (a) keine wie auch immer geartete Furcht vor uns, und (b) haben wir nichts, was wir ihm anbieten können. Also können wir mit Worten jonglieren und mit Entwürfen hantieren, soviel wir wollen, aber wir kommen keinen Schritt weiter.«[75]

Es sollte der bislang stets skeptische Omre Sargent sein, der die Crippsschen Anregungen als erster aufgriff und für eine Politik der wohldosierten Pression gegenüber Stalin eintrat, um diesen von einem erneuten Deal mit Hitler abzuhalten. Heß, so gab der Rußlandexperte des Foreign Office zu bedenken, gelte als »der Wächter der reinen Doktrin des Nationalsozialismus« und als der ausgesprochenste Vertreter ihrer »antibolschewistischen Glaubenssätze«. Es sei daher gut vorstellbar, daß sich Heß gegen eine Fortsetzung der Verständigungspolitik mit Stalin ausgesprochen habe, daß er darüber mit Hitler in Streit geraten sei und daß er nun versuche, »einen Friedensappell an das britische Volk zu richten, um an der Seite Deutschlands Europa vor der Schreckensherrschaft des Bolschewismus zu retten«.[76] »Diese Version«, so wies Sargent zwei Tage später den Weg zu einer Instrumentalisierung der Affäre gegenüber Moskau, »könnte uns auch in unseren Beziehungen mit der sowjetischen Regierung weiterhelfen. Wenn sie glaubwürdig vertreten wird, könnte sie dazu beitragen, Stalin davon zu überzeugen, daß er sich schließlich nicht für eine irreversible und gänzliche Kooperation mit Hitler entscheidet, wie er es anscheinend vorhat. Denn Hitler hat nicht das ganze Deutschland, ja nicht einmal die gesamte Nazipartei hinter sich in seiner Kollaborationspolitik gegenüber der Sowjetunion. Aus diesem Grunde ist es doppelt gefährlich für Stalin, anzunehmen, daß es Hitler tatsächlich damit ernst ist, ihn auf die Seite Deutschlands zu ziehen. Weit wahrscheinlicher ist es, daß es Hitler nur

darauf anlegt, [...] eine Bastion in Rußland zu gewinnen, um die Sowjetunion zu erobern und auf diese Weise die Unterstützung jener Elemente in der Partei und im Volk wiederzuerlangen, die die Sowjetunion als den Erzfeind Deutschlands ansehen, der früher oder später vernichtet werden muß.«[77]
In der Befolgung dieses Fingerzeigs galt es allerdings, mit Vorsicht zu verfahren und den Druck auf Stalin nicht endlos zu verschärfen, wie sowohl Cadogan als auch Eden, die Vorschläge Sargents mit Zustimmung aufgreifend, in ihren Marginalien anmerkten.[78] Solange die eigenen Geheimdienstexperten noch im Zweifel über die wahren Motive des deutschen Truppenaufmarsches im Osten waren,[79] bot sich demnach nur die Strategie an, wohldosiert durch vorsichtige Signale eine Drohkulisse aufzubauen, die ein Eingehen auf das durch Heß übermittelte Friedensangebot nicht ausschloß, ja den Eindruck eines diesbezüglichen Machtkampfes in Whitehall hervorrief, zugleich aber die Türe nach Moskau nicht zuzuschlagen, den Russen augenfällig und eindringlich die Gefahr eines drohenden deutschen Angriffes darzulegen und sie der britischen Unterstützung zu versichern. Verfolgte man diese doppelgleisige Strategie von Lockung und Drohung, deren Voraussetzung eine strikte Verdunkelungsstrategie in der Behandlung der Heß-Affäre war, so waren eigentlich nur drei Alternativen eines russischen Verhaltens denkbar: Entweder ergriff Stalin die ausgestreckte Hand Londons zum Aufbau einer gemeinsamen Abwehrfront gegen Hitler, dann hatte man ein Ziel erreicht, das man bisher vergeblich angestrebt hatte. Oder aber Stalin verlor angesichts der fortlaufenden Warnungen, des taktisch motivierten Kokettierens mit Heß in London und der militärischen Drohgebärden Hitlers im Osten die Nerven und holte seinerseits zum Präventivschlag gegen die im Aufmarsch begriffene Wehrmacht aus. Dann hatte man endlich die eigene Isolierung durchbrochen, Hitler in einen Krieg mit Stalin verwickelt und den Kampf gegen Deutschland durch die Schaffung einer Zweifrontensituation auf eine neue, erfolgsträchtigere Basis gestellt. Am wahrscheinlichsten war es freilich, daß Stalin, fundamental in Verwirrung gestürzt durch die einander widersprechenden Signale und die Undurchsichtigkeit der Krisenkonstellation, zu dem Schluß kam, daß eine Politik des Abwartens und der Vermeidung jeglicher Provokation zum Kriege der einzig gangbare Ausweg sei, bis sich der Nebel in London und Berlin

gelichtet hatte. Bei all dem blieb gleichwohl ein Rest an Unkalkulierbarkeit bestehen, der die britische Strategie einer Funktionalisierung des Heßschen Fluges zu einem Spiel mit beträchtlichem Risiko machte.

Als die Entscheidung gegen Churchills Parlamentserklärung und eine vorschnelle propagandistische Ausschlachtung des Heß-Fluges gefallen war, verschärfte man deshalb den Druck auf Moskau nur ganz behutsam und bewahrte auf offizieller Ebene sowohl gegenüber der amerikanischen Regierung[80] wie auch gegenüber dem ins Foreign Office geeilten sowjetischen Botschafter Ivan Maiski absolutes Schweigen über das weitere Verfahren mit Heß. Maiski hatte besorgt darauf verwiesen, daß Heß als »der rußlandfeindlichste unter den Naziführern« gelte und als Exponent einer Allianz mit England angesehen werden müsse, war jedoch von Eden mit »belanglosen Antworten« abgespeist worden, die darauf hinausliefen, »daß Heß aus eigenem Antrieb gekommen sei«.[81] Lord Beaverbrook war es vorbehalten, zunächst die Akzente zu setzen. Bei einem Press Briefing der Parlamentskorrespondenten und Chefredakteure der führenden britischen Zeitungen im Londoner Claridge Hotel kündigte er an, daß sich der Premierminister entschlossen habe, in der Sache Heß keine Erklärung abzugeben. »Woran man im Moment interessiert sei«, so ließ Beaverbrook mit Hintersinn verlauten, »sei, so viel an Spekulation, Gerüchten und Diskussion wie möglich über Heß zu entfalten.« Dabei solle besonders herausgestellt werden, daß der Flug von Heß das Resultat eines »ernsthaften Zerwürfnisses im innersten Zirkel der Nazi-Partei« sei.[82] Konnte sich diese von den Pressevertretern begierig aufgegriffene Nachricht nach Lage der Dinge nur auf die in Gang befindlichen Kriegsvorbereitungen der Wehrmacht im Osten des Kontinents beziehen, mit denen der aufsehenerregende Flug von Heß offenbar in direktem Zusammenhang stand, so wies Beaverbrook der Presse zugleich die Rolle einer Agitationsmaschinerie zu, die selbst zu übernehmen die Regierung sich versagt hatte.

Die Schlagzeilen und Meldungen der folgenden Tage maßen der Person, der Initiative und den Botschaften des Führerstellvertreters denn auch eine Bedeutung bei, die in groteskem Gegensatz zum wahren Sachverhalt standen. So wurde die Verlegung von Heß aus Schottland in den Londoner Tower als Indiz dafür gewertet, daß Churchill bereit sei, mit Heß persönlich zusammenzutreffen;[83] und die Daily Mail repräsentierte die allgemeine Stimmung, wenn sie feststellte, daß der Flug von Heß für England »The Chance of a Lifetime« eröffne. »Hier in unseren Händen«, so schätzte ein groß aufgemachter Kommentar die Relevanz der Affäre ein, »ist der Mann, der die intimsten Geheimnisse der Kriegspläne der Nazis kennt, die Schwachstellen der deutschen Verteidigung, Hitlers geheime Pläne gegenüber Stalin, Franco und Mussolini.«[84] Offen spekulierten die Zeitungen darüber, daß die Friedensmission von Heß mit einem in Aussicht genommenen deutschen Angriff auf die Sowjetunion in Zusammenhang stehe, und sie deuteten die Aktion – getreu der von Beaverbrook ausgegebenen Parole – als das Ergebnis eines Richtungsstreits in der nationalsozialistischen Führungsspitze über das Wagnis eines erneuten Zweifrontenkriegs oder das Festhalten am Hitler-Stalin-Pakt von 1939.[85] Die New York Times schließlich wußte mit der Schlagzeile »Hess sought to buy Peace, London and Berlin agree« gar zu melden, daß das Ziel der von Hitler gedeckten Friedensmission, die Hände gegen die Sowjetunion freizubekommen, fast schon erreicht sei.[86]

Gleichzeitig mit dieser publizistischen Kampagne überschlugen sich im Unterhaus die Mutmaßungen über die Motive der abrupten Kehrtwende Churchills, von der, seltsam genug, man nicht durch den Premierminister selbst, sondern durch Beaverbrook erfahren hatte. Doch Churchill wich allen Anfragen, ob Heß mit Duldung oder im Auftrag der deutschen Regierung handle, wie der Inhalt einer etwaigen Botschaft Hitlers laute und warum man Heß nicht vor Gericht stelle und als Kriegsverbrecher aburteile, strikt aus. »Ich bin nicht in der Lage, hierüber irgendeine Auskunft zu erteilen«, so lautete seine stereotype, die Gerüchteküche zusätzlich anheizende Antwort.[87] Für das Foreign Office kam nun alles darauf an, den Premierminister ganz auf den eingeschlagenen Kurs einzuschwören. Und in der Tat gelang es Eden und Cadogan, am 19. Mai bei Churchill die Zusage für die Aufnahme von Scheinverhandlungen mit Heß zu erwirken.[88] Die Einwilligung zu dieser taktisch motivierten Forcierung des Spieles mit Heß fiel dem Premierminister um so leichter, als sich Roosevelt nach wie vor allen Bitten nach Einrichtung eines wirksamen Geleitschutzes für die britischen Schiffe auf dem Atlantik verschloß und sich durch das deutsche Luftlandeunternehmen auf Kreta ein erneuter schwerer Schlag für die britische Position im Mittelmeerraum ankündigte.

Den wohl entscheidenden Ausschlag gaben jedoch die jüngsten Berichte aus Bletchley Park. Denn die mit der Entschlüsselung des deutschen Enigma-Codes befaßten Experten hegten nun kaum mehr Zweifel daran, daß Hitler drauf und dran war, sich im Osten in einen neuen Krieg zu stürzen.[89] Damit aber war die in Aussicht genommene Pression auf Stalin berechenbar geworden.
Der Druck auf Moskau verschärfte sich nun ganz merklich. Am 22. Mai wurde völlig überraschend der Rücktritt des Exponenten der antideutschen Fraktion im Foreign Office, Sir Robert Vansittart, bekanntgegeben, der bereits fünf Wochen vorher von Eden angenommen worden war,[90] dem nun aber als Mosaikstein in einer auf den Abschluß eines Separatfriedens hindeutenden Szenerie eine wichtige Funktion zukam. Inzwischen waren auch in den diplomatischen Kreisen »systematisch Gerüchte in Umlauf gesetzt worden«, daß Heß als »Haupt einer antisowjetischen Richtung in der NSDAP« nach England geflogen sei, um dessen Unterstützung für einen Krieg gegen Rußland zu gewinnen,[91] und auf Anregung von Omre Sargent wurde diese »antibolschewistische Flüsterpropaganda« bald in großem Stil betrieben, um Stalin klarzumachen, daß jedes Arrangement mit Hitler zwecklos sei, da dieser aufgrund der innerparteilichen Opposition nicht in der Lage sei, den Kurs einer Verständigung durchzuhalten.[92]
Einen Tag nach dem Rücktritt Vansittarts wurden die britischen Missionen in Stockholm, New York und Istanbul in einem streng geheimen Zirkularerlaß angewiesen, die folgende Direktive in Kanäle einzuschleusen, die direkt nach Moskau führten: »Der Flug von Heß sei Ausdruck eines sich verschärfenden Richtungskampfes in Partei und Volk über Hitlers Kollaborationspolitik mit der Sowjetunion. Die Anhänger der reinen Lehre unter den Nazis, deren Anführer Heß sei, betrachten es als obersten Glaubenssatz, daß es die Pflicht der Partei ist, Deutschland und vor allem Europa vor dem Bolschewismus zu retten.« Die einem Ausgleich mit England zuneigende Fraktion um Heß reagiere daher »mit bitterer Verstimmung« auf jede Art von Verrat an den Grundsätzen des Nationalsozialismus, und es sei zu erwarten, so die Direktive, daß Hitler die eingeschlagene Marschroute eines Ausgleichs mit Stalin früher oder später »entweder freiwillig oder unter dem Druck der Partei« aufgeben müsse und das Signal zum Losschlagen gegen die Sowjetunion geben werde. Damit verbunden war eine offene Warnung an die Adresse Moskaus, Hitler

nicht durch »unmittelbare Zugeständnisse« wie Rohstoff- und Öllieferungen zu beschwichtigen, denn dies führe nur dazu, daß man die wahren Freunde verprelle und den Kampf gegen Deutschland schließlich alleine führen müsse.[93]
Es entsprach genau dieser Linie, wenn Eden am 27. Mai die Korrespondenten der internationalen Presse im Reception Room des Foreign Office um sich versammelte und ihnen seine Version eines Richtungskampfes unter den Paladinen des Führers in die Feder diktierte. Der Flug von Heß, so Eden, sei das Ergebnis eines verbissen geführten Streits in den Berliner Entscheidungszirkeln zwischen den Protagonisten eines rußlandfreundlichen Kurses um Außenminister Ribbentrop und einer Pro-England-Fraktion, deren von Hitler gebilligtes Ziel es sei, »den Versuch zu machen, England einen Friedensplan zu unterbreiten«. Obschon Eden darüber hinaus keine Einzelheiten mitteilte, zeigte er sich überzeugt, »daß es Heß mit seiner Mission sehr ernst sei«.[94]
Entscheidend für die Strategie wurde jedoch der folgende Tag, als Lord Beaverbrook im Umfeld des Kreta-Debakels und heftiger Angriffe auf die Regierung Churchill im Unterhaus sowie in der Öffentlichkeit[95] unverblümt die Möglichkeit eines vorzeitigen Ausstiegs Englands aus dem Krieg zur Sprache brachte. Die Stellung Churchills sei, so behauptete Beaverbrook, »trotz des letzten Vertrauensvotums nicht mehr fest, da er zu unnachgiebig sei und gar keine Erfolge habe«. Der »größte Teil« der britischen Konservativen neige deshalb dem Abschluß eines »sofortigen Kompromißfriedens« zu, der »England mehr Vorteile bringe als Deutschland«. Sollte er Premierminister werden, so Beaverbrook, »würde er für schnellste Beendigung des Krieges eintreten, bevor die Deutschen einen totalen Sieg erringen«.[96] Am gleichen Tag verließ der amerikanische Botschafter John Gilbert Winant auf Drängen Churchills die britische Hauptstadt,[97] um Roosevelt persönlich ein bis heute geheimes Paket britischer Wünsche und Vorschläge zur Kriegslage zu überbringen – ein Schachzug, der unter den gegebenen Umständen einem Spiel über die Bande gleichkam, um den Druck auf Stalin via Washington zu verschärfen, der zugleich aber ein erster Test war, um auszuloten, inwieweit Edens Erwartung berechtigt war, daß die Heß-Affäre der »master key« sei, um Englands prekäre Position zu verbessern. Tatsächlich hatte Winant vor seiner Abreise aus London noch demonstrativ betont, »daß dieser Krieg nicht Großbritanniens

Schicksal allein ist« und öffentlich erklärt, daß sich die Vereinigten Staaten gemeinsam mit England in dem »größten Kampf der Weltgeschichte« befänden, »der jemals für die Erhaltung der Freiheit ausgefochten wurde«.[98] Diese transatlantischen Treueschwüre kamen nicht von ungefähr, denn in den USA hatten sich unter dem Eindruck der inzwischen versiegten Berichterstattung aus London über die Heß-Affäre,[99] der sich immer ungünstiger gestaltenden militärischen Lage Englands sowie des seltsamen Gebarens der Regierung in Whitehall bei der Behandlung des Falles die Gerüchte verdichtet, daß ein vorzeitiger Ausstieg Englands aus dem Krieg nicht mehr ausgeschlossen sei. So wies ein Memorandum des FBI unter Berufung auf eine nicht genannte, der deutschen Botschaft nahestehende Quelle darauf hin, daß sich in London zwei oppositionelle Gruppen gegenüberstünden: eine von Churchill angeführte Fraktion, die einen Kompromiß mit Deutschland strikt ablehne, und die Anhänger des »Cliveden Set«, die einem Ausgleich mit Heß zuneigten.[100] Auch Roosevelt zeigte sich gegenüber seinen Mitarbeitern zunehmend unsicher über die Haltung der britischen Regierung, als er offen die Frage aufwarf, »was in London wirklich vorgehe?«[101]

In den Pressekonferenzen wurde der Präsident mit bohrenden Fragen bezüglich eines bevorstehenden Kompromißfriedens zwischen England und Deutschland konfrontiert.[102] Senator Burton J. Wheeler, der Führer der sogenannten »non-interventionists« im Kongreß, hatte den Heßschen Flug agitatorisch genutzt, um Roosevelt aufzufordern, »in dem europäischen Krieg einen Frieden zu vermitteln«. Es war ihm gelungen, diesem Aufruf an der Seite des Atlantikfliegers Charles Lindbergh bei einer Massenveranstaltung im Madison Square Garden entsprechenden Nachdruck zu verleihen.[103] Zum Haupt der Friedenskampagne hatte sich jedoch der vormalige Präsident Herbert Hoover aufgeschwungen, der – unter Berufung auf »verläßliche und intime Gewährsmänner« in London – zu berichten wußte, »daß Heß präzise und konkrete Friedensvorschläge nach England mitgebracht habe«, die geeignet seien, die harte Linie Churchills ins Wanken zu bringen. Die Führer der britischen Konservativen, so Hoover, hätten Churchill aufgefordert, »diese Vorschläge ernsthaft in Erwägung zu ziehen« und gedroht, der Regierung im Unterhaus die Unterstützung aufzukündigen, »wenn Mr. Churchill nicht einer Diskussion dieser Friedensvorschläge zustimme«.[104]

Einen Tag vor der Rückreise Winants nach Washington entschloß sich Roosevelt daher, ein deutliches Signal zu setzen, um London im Krieg zu halten. In seiner »Pan-American Day Address« vom 27. Mai, der ersten großen außenpolitischen Rede des Präsidenten seit fünf Monaten, bezeichnete er den Krieg in Europa als einen »Krieg um die Weltherrschaft«, bei dem die Vereinigten Staaten nicht abseits stehen könnten. Er untermauerte dies mit einschlägigen Passagen aus Hitlers »Mein Kampf« und proklamierte einen »unbegrenzten nationalen Notstand«, der es erforderlich mache, die amerikanische Verteidigungsfähigkeit »bis zur äußersten Grenze unserer nationalen Macht« aufzustokken. Mit Blick auf England als unverzichtbares Bollwerk gegen Hitlers weltumspannende Pläne stellte der Präsident kategorisch fest: »Wenn Großbritannien fällt, werden die Deutschen unbarmherzig über unsere Hemisphäre hereinbrechen.«[105] Gleichzeitig wurden hinter den Kulissen des Weißen Hauses zwei wichtige Entscheidungen zur Unterstützung Englands getroffen: die Einrichtung des sogenannten »Air Corps Ferrying Command«, das eine wirksame Entlastung der britischen Kampfpiloten bedeutete, sowie die »zum frühestmöglichen Zeitpunkt« in Aussicht genommene Besetzung Islands durch amerikanische Verbände, die die USA an die Peripherie Europas heranrücken ließ.[106]
Als Winant Anfang Juni in Washington eintraf, brachte man die plötzliche Rückkehr des Botschafters sofort mit der Affäre Heß in Zusammenhang. Winant und Roosevelt wurden förmlich bombardiert mit Anfragen der Journalisten über etwaige Friedensvorschläge aus London.[107] Trotz eines umgehenden Dementis des Präsidenten in der Pressekonferenz vom 6. Juni[108] nahmen die Gerüchte, angeheizt durch entsprechende Artikel der Vertreter amerikanischer Blätter in London,[109] bald solche Ausmaße an, daß die britischen Diplomaten vor Ort besorgt um eine Stellungnahme ihrer Regierung baten, um alle Zweifel bezüglich eines Verhandlungsfriedens mit Nazideutschland auszuräumen. »Die Unterbindung aller Nachrichten über den Verbleib von Heß«, so ein Bericht vom 18. Juni, »die Entscheidung des Premierministers, keine öffentliche Erklärung abzugeben, der geheime Charakter von Winants Besuch in Washington, die vorübergehende Einstellung von Luftangriffen auf beiden Seiten, [...] haben in der amerikanischen Öffentlichkeit den Eindruck erweckt, daß sich die Heß-Affäre zu einer ganzen Reihe von Schritten verdichtet, die auf den

Abschluß eines Verhandlungsfriedens hindeuten.« Es sei daher, so die dringende, allerdings bis zum 22. Juni vergebliche Empfehlung, »äußerst wünschenswert, alle notwendigen Maßnahmen zu ergreifen, um der falschen Auffassung entgegenzutreten, daß die Regierung Seiner Majestät auch nur die leiseste Absicht hege, mit Nazideutschland einen Verhandlungsfrieden anzustreben«.[110]

»Die ganze Welt ist voll von Friedensgerüchten«, so faßte Goebbels die Situation, die er für »Mache der beiden Demokratien« hielt, »um uns auf den Zahn zu fühlen«,[111] in seinem Tagebuch zusammen. Tatsächlich aber war Hauptadressat der Agitation Moskau, denn im Lichte der jüngsten amerikanischen Versicherungen und Zugeständnisse zeigte man sich im Foreign Office überzeugt, »daß die antibolschewistische Linie bei weitem die profitabelste bei einer Ausschlachtung des Heß-Falles« sei.[112] Dementsprechend ging man nun dazu über, mit Blick auf Stalin die Schlußsteine in die Kulisse eines drohenden englischen Ausstiegs aus dem Krieg einzufügen.

Am 2. Juni wurde, völlig überraschend, der britische Botschafter in Moskau, Sir Stafford Cripps, von seinem Posten abberufen[113] – eine spektakuläre Geste, die – begleitet von entsprechenden Äußerungen durch Cripps über das gänzliche Scheitern seiner Mission[114] sowie von der bald erfolgten Heimholung fast aller übrigen Botschaftsangestellten und deren Familien – allgemein als Bruch in den Beziehungen zwischen England und der Sowjetunion gewertet wurde.[115]

Mittlerweile war auch die Entscheidung gefallen, wer als »Pseudo-Unterhändler«[116] der angeblichen britischen Oppositionskreise gegenüber Heß auftreten sollte. Die Wahl war auf den von Cadogan ins Spiel gebrachten Sir John Simon gefallen.[117] Der Lordkanzler, der nicht dem Kriegskabinett Churchills angehörte, galt als idealer Kandidat, um einerseits Heß' Forderung auf Entsendung eines hochrangigen Gesprächspartners nachzukommen und diesem vielleicht wichtige bislang vorenthaltene Informationen zu entlocken. Andererseits war Simon als Außenminister des Kabinetts McDonald im März 1935, unmittelbar nach Verkündung der Wiedereinführung der allgemeinen Wehrpflicht, mit Hitler und Heß in Berlin persönlich zusammengetroffen, und er repräsentierte als führendes Mitglied der Kabinette Baldwin (1935–1937) und Chamberlain (1937–1940) den zu Churchills Kurs in

Opposition stehenden Flügel der alten Appeasementpolitiker. Eben aus diesem Grund hatte ihn der neue Premierminister im Mai 1940 aus seinem Kabinett entfernt und auf den einflußlosen Posten eines Lordkanzlers abgeschoben.[118]
Es war allerdings ein hartes Stück an Überzeugungsarbeit, das Eden leisten mußte, bevor sich Simon bereit erklärte, mit Heß in angeblich konspirativer Absicht zu konferieren. Am 29. Mai notierte Cadogan nach einer ersten Besprechung mit dem Lordkanzler: »Er bekommt ziemlich kalte Füße wegen der Unterredung mit Heß. Ich verabreichte ihm eine heiße Wärmflasche.«[119] Mit solchen Hausmitteln war der mißtrauische Simon jedoch nicht zufriedenzustellen. Er bestand nicht nur darauf, in alle Niederschriften der bislang mit Heß geführten Unterredungen Einblick zu erhalten, sondern er nahm vor allem Anstoß an der ihm von Eden angetragenen Rolle, als Beschwichtigungspolitiker hinter dem Rücken der Regierung aufzutreten, was ihn bei Bekanntwerden des Treffens mit Heß um jede Reputation bringen mußte.[120] Erst als er die Garantie erhielt, daß die geplante Zusammenkunft »absoluter Geheimhaltung« unterliegen werde, als der Premierminister zur Ehrenrettung des Lordkanzlers die Versicherung abgab, »daß die Regierung Seiner Majestät natürlich nicht bereit sei, mit Heß noch mit irgendeinem anderen Vertreter Hitlers Friedensverhandlungen aufzunehmen«, und als der Geheimdienst ihn über die bis dahin angefertigten Transkripte der Gespräche mit Heß informiert hatte, zeigte sich Simon willens, den ihm zugedachten Part zu übernehmen.[121]
Am 6. Juni konnte Cadogan endlich befriedigt feststellen, daß »Lord Simon dem Antrag des Premierministers entsprochen habe, zu einer Unterredung mit Heß zusammenzutreffen, und diesen am Montag, den 9. Juni, aufsuchen werde«. Gleichzeitig hielt der Staatssekretär mit seiner Ansicht nicht hinter dem Berg, daß er den inhaltlichen Wert der bevorstehenden Zusammenkunft nur sehr gering veranschlage. »Seit sich Heß an seinem ständigen Aufenthaltsort befindet«, so zog Cadogan Bilanz, »hat er mit den Offizieren, die für seine Bewachung zuständig sind, eine Reihe von Unterredungen geführt. [...] Im großen und ganzen ist Heß dabei bei der Version geblieben, die er in seinem ersten Gespräch mit dem Herzog von Hamilton und Mr. Kirkpatrick vertreten hat: nämlich dem Beharren auf der Gewißheit eines deutschen Sieges und der Sinnlosigkeit, den Kampf fortzusetzen.

Er hält unverändert daran fest, daß es seine eigene, persönliche Idee gewesen sei, nach England zu kommen, und daß er nicht vom Führer geschickt worden sei. Er bringt immer wieder seinen brennenden Wunsch zum Ausdruck, mit den Führern der Opposition in diesem Lande Kontakt aufzunehmen, die, so behauptet er, eine starke Friedenspartei repräsentieren. Als er sich an seinem neuen Aufenthaltsort, umgeben von Stacheldraht und hinter Schloß und Riegel, wiederfand, reagierte er mit großer Angst. Er beklagte, daß er in die Hände einer Clique des Secret Service gefallen sei, daß seine Mission fehlgeschlagen sei und daß nun nichts anderes übrigbleibe, als ihn, wie einen normalen Kriegsgefangenen, in ein Internierungslager zu bringen. Mehrere Tage lang hielten diese zunehmenden tiefen Depressionen an, so daß der zuständige Armeearzt an Heß' Geisteszustand zu zweifeln begann und befürchtete, daß er Selbstmord verüben könne.« Angesichts dieser Sachlage, so gab Cadogan zu bedenken, sei es »zweifelhaft, ob Heß irgendein detailliertes technisches Wissen auf militärischem Gebiet besitze [...].« Im Zentrum des Interesses stehe vielmehr die Frage, »ob Heß durch Hitler im Rahmen einer Friedensoffensive hierher geschickt worden sei«.[122]

Die anstehende Maskerade hatte also vor allem funktionalen Charakter: Man wollte das taktische Geplänkel gegen Stalin durch die Einleitung vermeintlicher Friedensverhandlungen in eine neue Runde führen. In der Tat kam die Skepsis Cadogans nicht von ungefähr, und es gab nicht den leisesten Anhaltspunkt, daß die Hoffnung Churchills, »wertvolle militärische Informationen von Heß zu bekommen«, gerechtfertigt erschien.[123] Denn die Beamten des Geheimdienstes um Major Francis Edward Foley, der von 1920 bis 1939 als Passport Control Officer am britischen Konsulat in der Berliner Tiergartenstraße gedient und dort den Geheimdienst geleitet hatte, und Lieutenant Thomas Kendrick, den früheren Chef des MI 6 in Wien,[124] die Heß mit ihren versteckten Mikrophonen an seinem Aufenthaltsort in »Camp Z« Tag und Nacht überwachten und aushorchten, hatten so gut wie keine verwertbaren Hinweise beibringen können.

So hatte der fließend deutsch sprechende Foley am 22. Mai im Auftrag der britischen Admiralität mit dem Führerstellvertreter eine Unterredung über Hitlers strategische Kriegspläne gegen England geführt, jedoch nur Platitüden und leere Bedrohungsformeln zu hören bekommen, die von einer erschreckenden Naivität zeugten.[125] Die von Heß angekündigten »Massenangriffe deutscher U-Boote« auf britische Geleitzüge, die England über kurz oder lang aushungern würden, die bevorstehende »Vernichtung von Beständen, von Lagern an Rohstoffen und Lebensmitteln usw. durch die Luftwaffe«, die Unerschöpflichkeit der deutschen personellen Ressourcen, die unterirdischen Werften, die in gigantischem Ausmaß produzieren könnten, und die »neuen Bomben«, die die »bisherigen Angriffe zu kleinen Vorspielen« machten und »fürchterliche Zerstörungen« anrichten würden – all das wurde von den britischen Marineexperten als durchsichtige Propaganda eingestuft beziehungsweise abqualifiziert: »Jonathan [i. e. Heß, d. Verf.] ist in den Fragen der Seekriegführung ohne Kenntnisse, und allem Anschein nach will er uns auch nicht mit Absicht hinters Licht führen.«[126] Zu diesem Urteil mag beigetragen haben, daß Heß sein Defizit an relevanten militärischen Planungen und strategischen Details immer wieder durch einen schrankenlosen Glauben an die Unfehlbarkeit des Führers zu überspielen suchte und daß er wiederholt »übermenschliche Kräfte des Schicksals« beschwor, die auf der Seite Deutschlands am Werk seien. »Das ist einfach schicksalsmäßig«, so ließ er sich gegenüber Foley vernehmen, »daß dieses deutsche Volk, das wirklich nichts anderes tun wollte, als in Ruhe arbeiten, seine sozialen Einrichtungen ausbauen wollte, in großem Stile an den Wohnungsbau gehen wollte, das den Arbeitern die Möglichkeit zur See zu fahren gegeben hat, den Arbeitern die Möglichkeit gegeben hat, in schönen Fabriken zu arbeiten, […] keinen anderen Gedanken [hatte], als in Ruhe dieses alles aufzubauen und auszubauen. Und der Führer ist mitten drin durch einen derartigen Krieg gestört worden. Gegen seinen Willen, und ich glaube, daß das irgendwie, vom großen Schicksal aus gesehen, sich rächt bzw. zu unseren Gunsten ausschlägt.«[127]

Gemäß der von Cadogan vorgezeichneten Linie kam Sir Ivone Kirkpatrick, der Simon bei der geplanten Zusammenkunft mit Heß begleiten sollte, die Aufgabe zu, die taktischen Vorüberlegungen zu formulieren, die als Richtschnur für die Unterredung dienen sollten.[128] »Die beste Methode, um Heß aus der Reserve zu locken«, so die von Kirkpatrick entworfene Marschroute, »ist, ihn aufzufordern, uns klar darzulegen, warum Deutschland den Krieg gewinnen wird, und ihn anschließend über diese Punkte ins Kreuzverhör zu nehmen […].« Auf politischer Ebene gelte es vor allem, Hitlers Pläne bezüglich der Sowjetunion sowie die Stellung Italiens in der von Heß vorgeschlagenen Einflußzonenteilung in Erfahrung zu bringen sowie die Frage des »zukünftigen Status von Frankreich, Belgien, Holland, Norwegen, Polen und Jugoslawien« zu klären. »Wenn diese Phase abgeschlossen ist«, so die Empfehlung Kirkpatricks, »könnte es sich als vorteilhaft erweisen, Heß nicht länger vorzuenthalten, daß sich Hitler von ihm distanziert und ihn aus seiner Position als Reichsminister entlassen hat. Heß wird daraufhin wahrscheinlich fragen, warum wir ihm diese Information erst jetzt zukommen lassen. Die beste Antwort hierauf, so scheint mir, ist, zu behaupten, daß wir Hitlers Taten zunächst nur wenig Beachtung geschenkt haben, denn wir nahmen an, sie seien dazu bestimmt, den Führer zu decken, falls die Verhandlungen nicht zum Erfolg führten. Jetzt aber erfahren wir, daß Haushofer und die Adjutanten von Heß, neben einer anderen großen Anzahl von Leuten, verhaftet worden sind. Daraus schließen wir, daß Hitler jeden Gedanken an Verhandlungen oder einen Verständigungsfrieden ablehnt. Unter diesen Umständen sei es zwecklos, mit Heß weitere Gespräche zu führen.«

Die Nachricht vom bevorstehenden Besuch Lord Simons holte Heß nur ganz allmählich aus jener neurotisch-depressiven Lethargie, die ihn befallen hatte, seitdem feststand, daß seiner Initiative kein schneller Erfolg beschieden war. Bereits bei seiner Ankunft in Schottland vor knapp vier Wochen war er den Ärzten als »Hypochonder« und »Spinner« erschienen, dessen Taschen bis oben hin mit diversen Ampullen, Tabletten, homöopathischen Medikamenten und verkorkten Fläschchen gefüllt waren[129] und dessen pathologische Besorgnis um seine Gesundheit in auffallendem Kontrast zur Ergebnislosigkeit aller durchgeführten Untersuchungen stand.[130] Diese überspannte Gefühlswelt, der plötzliche Absturz aller hochfliegenden Erwartungen in die frustrierend-ernüchternde Realität der Gefangenschaft und die Gewißheit, sich hilflos in den Fängen des Geheimdienstes zu befinden, der ihn daran hinderte, mit der »Friedensbewegung« in Kontakt zu treten und die »gegenwärtige Regierung zu stürzen«,[131] führten Heß mitten hinein in eine schwere persönliche Krise. Nun trat seine paranoide Charakterdisposition ungehemmt hervor, seine Verschrobenheit wuchs sich zur Angstpsychose aus. Verzweiflung und Enttäuschung brachen sich Bahn in einer eigentümlichen Mischung aus Trotz und Ohnmacht, aus Immunisierung gegen das

Versagen und aus Depression. All dies resultierte in einem bizarren Vergiftungs- und Verfolgungswahn, der bald am Abgrund der Selbstzerstörung angelangt war.
Der Weg in den Nervenzusammenbruch wurde beschleunigt durch das ständige Schwanken zwischen Hoffnung und Bangen, zwischen Erwartung und Enttäuschung, ausgelöst durch die Odyssee durch halb Britannien, die Heß seit seinem Absprung in Schottland über sich hatte ergehen lassen müssen. Gemäß einer Anordnung des Premierministers vom 14. Mai war das Foreign Office für alle Kontakte von Heß zur Außenwelt zuständig, dem Prisoner of War Department (POWD) oblagen jedoch die Modalitäten der Internierung des Gefangenen.[132] So wurde Heß am Abend des 16. Mai von Glasgow aus in den Londoner Tower verbracht, und er quittierte diese Verlegung in die Hauptstadt mit einer »demonstrativ zur Schau getragenen Miene großer Wichtigtuerei« und spürbarer Erleichterung.[133] Zwei Tage später, als offenbar wurde, daß der Aufenthalt im Tower mitnichten politisch motiviert war, sondern nur eine Zwischenstation auf dem weiteren Weg nach Wales darstellte, war aller Optimismus verflogen. Heß machte sich sogleich daran, ein von Todessehnsucht und Selbstmordgedanken geprägtes Schreiben an den Herzog von Hamilton zu verfassen, in dem er es als seinen »letzten Willen« bezeichnete, in den Friedensbemühungen zwischen England und Deutschland nicht nachzulassen.[134]
Am Nachmittag des 20. Mai wurde er dann, begleitet von Dr. Gibson Graham und dem Vertreter des POWD, Major Sheppard, in einem Krankenwagen in die Nähe des walisischen Aldershot verfrachtet, nach Mytchett Place, dem sogenannten »Camp Z«.[135] Diese alte abgelegene viktorianische Villa von 1779 inmitten eines von Heidemoor umsäumten, weitläufigen Grundstücks hatte das Kriegsministerium im Jahre 1912 erworben. Als Heß dort eintraf, war allerdings von der Idylle nichts mehr übriggeblieben. In aller Eile hatte man Mytchett Place zur Festung ausgebaut, hatte ein raffiniertes System von Straßenumleitungen angelegt, Splittergräben ausgehoben, MG-Stellungen eingerichtet, einen schwerbewachten Stacheldrahtzaun angebracht und umfangreiche Abhörvorrichtungen installiert, um den prominenten Gefangenen rund um die Uhr überwachen und bespitzeln zu können.[136] Dort bezog Heß im Obergeschoß einen knapp 15 Quadratmeter großen, spartanisch möblierten Raum, der durch ein Eisengitter vom

Treppenhaus und von den Zimmern der Wachen, des Arztes und des Lagerkommandanten abgetrennt war. Es sollte sein Aufenthaltsort für die nächsten 13 Monate bleiben.
Entsprechend der von Churchill am 13. Mai erlassenen Order, wonach Heß »mit Würde« zu behandeln sei, »als ob er ein bedeutender General wäre, der uns in die Hände gefallen ist«,[137] sahen die Anweisungen für die Internierung vor, daß »für die Gesundheit und das Wohlbefinden des Gefangenen« zu sorgen sei. »Verpflegung, Bücher, Schreibmaterial, Unterhaltungsmöglichkeiten sind ihm zur Verfügung zu stellen. Er darf aber keine Zeitungen und kein Radio haben.«[138] All diese Annehmlichkeiten standen in umgekehrtem Verhältnis zur Gemütslage von Heß, wie sie sich unmittelbar nach seinem Eintreffen in »Camp Z« entwickelte. Schon am ersten Tag sah er sich von Mördern umgeben, die ihm nach dem Leben trachteten und versuchten, ihn zu vergiften. Er war »bedrückt und mürrisch, sprach kaum mit jemandem« und ließ sich durch nichts von seiner Überzeugung abbringen, »daß der Secret Service ihn zum Wahnsinn oder in den Selbstmord treiben wolle und ihn, auf Geheiß einer Clique von Kriegstreibern, hier versteckt halte, so daß ihn der Herzog von Hamilton nicht finden könne«.[139]
Heß hat, so notierte Lieutenant Malone seine Eindrücke, »schreckliche Angst davor, daß sich ein Mitglied des Geheimdienstes nachts in sein Schlafzimmer schleicht und ihm eine Arterie aufschneidet, um einen Selbstmord vorzutäuschen. [...] Heute beim Abendessen bestand er darauf, daß Colonel Wallace sich als erster eine Portion von dem Fisch nahm, und dann nahm er selbst nicht etwa das nächste Stück, sondern das übernächste. Der Kommandant fand es sehr lustig, daß Heß ein Haarnetz bestellte, um es nachts über seinen Kopf zu ziehen. Für mich ist es schwer zu glauben, daß dieser gebrochene Mann, der sich in seinen Sessel lümmelt und dabei nicht auf seine Kleidung achtet, dessen Ausdrucksweise gewöhnlich ist, der imstande ist, seine Gefühle zu verbergen, dessen Stimmung sich innerhalb weniger Stunden von Fröhlichkeit in Depression verwandelt, dessen Körper seinen mentalen Schmerz widerspiegelt und dessen Geist von Wahnideen verdunkelt wird (er sieht Hitlers Gesicht in seiner Suppe, wie Kendrick berichtet), der an Hellseherei und an Träume glaubt – daß dieser Mann der Stellvertreter des Führers im Reich war. Er ist eine so zweitklassige Erschei-

nung und hat nichts von der Würde und der Haltung eines großen Mannes.«[140]
Binnen zehn Tagen hatte die Psychose von Heß ein so kritisches Stadium erreicht, daß der Lagerarzt Dr. Gibson Graham von akuter Suizidgefahr und »definitiven abnormen Verhaltensweisen« sprach, die eine psychiatrische Behandlung dringend erforderlich machten. Er konstatierte: »Es gibt keinen Zweifel, daß Heß jenseits der Grenze ist, die zwischen mentaler Instabilität und Wahnsinn verläuft.«[141]
Dies war die Situation, in der Heß die Nachricht vom Kommen Lord Simons erreichte. Er verhielt sich nun noch vorsichtiger, »weigerte sich, mit irgend jemandem zu sprechen, lehnte Tee und Dinner ab«[142] und vergrub sich in seinem Zimmer. Dort bereitete er sich gewissenhaft auf die aus seiner Sicht nun endlich beginnenden Friedensverhandlungen vor. Als Zeugen für die anstehende Unterredung benannte er den in Liverpool internierten deutschen Kriegsgefangenen Kurt Maass, ein Mitglied der Auslandsorganisation der NSDAP in Liberia;[143] auf einem ganzen Bündel handschriftlicher Notizen brachte er seine Vorstellungen von einem Verständigungsfrieden sowie die ihm wichtig erscheinenden Punkte der Verhandlungsführung zu Papier.[144]
Unter der Überschrift »Gründe f[ür] Kommen« faßte er die Motive seiner Friedensinitiative in fünf Punkten wie folgt zusammen:
»1. Verständ[licher] Wunsch d[es] F[ührers] (Haupt-Quartier)[145]
2. Überzeug[ung], daß in E[ngland] man nicht dran glaube. Schonung d[er] Ehre E[ngland]'s. Lage anders, wenn E[ngländer] authentisch Bedingungen erfahren.
3. Prestigemäßig kein Nachgeben mehr möglich, wenn kein sichtbarer Anlaß.
4. Notwendigkeit, Mißtrauen i[n] E[ngland] zu überwinden u[nd] Vorgänge d[er] letzten Jahre richtig darzustellen.
5. Meine Anschauung der Lage.«

Der restliche Teil der bruchstückhaften und stichpunktartigen Notizen für die Zusammenkunft mit Simon entsprach exakt der bereits gegenüber Kirkpatrick vertretenen Linie und war derart mit nationalsozialistischen Propagandaparolen aufgeladen und mit Vorwürfen gegen die Regierung in Whitehall gespickt, daß eine gedeihliche, dem Ziel eines Ausgleichs mit England förderliche Verhandlungsatmosphäre von vornherein als ausgeschlossen gelten mußte. Ungeachtet jedweder kritischen Reflexion über die taktische Opportunität solcher Äußerungen bezeichnete Heß das britische Empire als »Produkt einer Raubpolitik« seit dem frühen 18. Jahrhundert, das ganz wesentlich auf der »Unterdrükkung kleiner Nationen« basiere und nach dem Motto »Right or wrong – my country« zusammengehalten werde. Unter dem Stichwort »Lage heute: Auf was hofft England noch?« verwies er auf die militärische und wehrwirtschaftliche Überlegenheit des Deutschen Reiches (»Ich habe Vorstellung von dem, was über England kommen würde«), auf den unbedingten Durchhaltewillen der deutschen Bevölkerung, auf die Unmöglichkeit eines »Empire-Kriegs ohne Mutterland« sowie darauf, daß der »Nutznießer« eines britischen Zusammenbruchs vor allem die USA seien. Der »Führer« habe ihm, so schrieb er, »zuletzt am 3. Mai« versichert, daß er »keine Weltherrschaft« anstrebe und sich »auf Europa konzentrieren« wolle. Die Verständigung mit England, die Heß am Ende seiner Notizen mit

»1. Interessensphären,
2. Kolonien,
3. Italien – Irak,
4. Gegenseitige Entschädigung«

umriß, bedeute deshalb »zum ersten Male in der Geschichte, daß [ein] Staat, d[er] sich so stark fühlt, wie Dtld., so seines Endsieges gewiß ist, auf jede Ausnützung seiner Lage verzichtet«.

Heß hatte also weder seine in den Gesprächen mit Kirkpatrick bezogene Position verändert oder gar seinen Friedensvorschlag modifiziert, noch deuten seine bereitgestellten Unterlagen darauf hin, daß er noch einen Trumpf im Ärmel hielt, um seiner Offerte die nötige Durchschlagskraft zu verschaffen. Statt dessen sah er offenbar die Tatsache, daß er als Stellvertreter des »Führers« unter Mißachtung der Gefahr für Leib und Leben sich persönlich in die Hand des Gegners begeben hatte, schon als ausreichend an, um die Briten in der Pose des großmütigen Siegers von der Aufrichtigkeit seiner Vorschläge zu überzeugen.

Entsprechend gereizt und unterkühlt war auch das Klima der zweistündigen Unterredung, zu der Lordkanzler Simon und Kirkpatrick, für die Wachen als Psychiater Dr. Guthrie und Dr. Mackenzie getarnt, am Nachmittag des 9. Juni mit Heß in Mytchett Place zusammentrafen. Heß hatte – wie der Lagerkommandant in seinem Tagebuch festhielt – sein »altes Selbstvertrauen« zurückgewonnen, mit »unendlicher Sorgfalt« seine Luftwaffenuniform angelegt und zum Mittagessen nur einige Glukosetabletten zu sich genommen.[146] Er bestand darauf, die Sitzordnung des Treffens zu bestimmen, was den mit der Abhörung der Gespräche beauftragten Geheimdienstoffizier Foley in nicht geringe Schwierigkeiten brachte.[147] Von echten Verhandlungen, das wurde schnell klar, konnte allerdings keine Rede sein, denn Heß spulte sein Friedensdiktat auf der Basis seiner Notizen als langatmigen Monolog herunter, nur unterbrochen von dem immer wieder dazwischengehenden Dolmetscher.[148] Erst gegen Ende der Zusammenkunft kam so etwas wie eine Diskussion zustande, die Simon und Kirkpatrick auf drei Punkte lenkten.

Erstens betraf dies die Frage, ob Heß mit Wissen Hitlers handle und ob »andere Persönlichkeiten im Bilde« seien. Erneut versicherte Heß entschieden, ohne Auftrag oder Kenntnis Hitlers zu sprechen, gab jedoch sein »Ehrenwort, daß dieses, was ich hier niedergeschrieben habe, das ist, was mir der Führer in mehreren Gesprächen gesagt hat«. Es sei »wahrscheinlich«, wenn nicht »sogar sicher«, daß Hitler seine Englandpläne auch »z.B. mit Göring« erörtert habe. »Aber«, so Heß, »das ist ja bei uns völlig bedeutungslos. Es kommt nur auf den Führer an.«

Zweitens wünschte Simon – mit Blick auf die Sowjetunion sowie auf die bereits unter deutscher Kontrolle stehenden europäischen Länder – eine genaue Erläuterung der von Heß vorgebrachten Formel einer freien Hand für Deutschland auf dem Kontinent. »Schließt dies irgendeinen Teil von Rußland ein?«, so lautete die direkte Frage des Lordkanzlers. Die Antwort von Heß ließ erkennen, wo Hitlers tatsächliche Ambitionen lagen. »Das europäische Rußland«, so Heß, »interessiert uns selbstverständlich, wenn wir z.B. mit Rußland einen Vertrag abschließen, so dürfte da England sich nicht irgendwie einmischen.« Es müsse jedoch betont werden, so führte Heß unter Verweis auf den asiatischen Teil der Sowjetunion aus, »daß der Führer dazu, ob das übrige Rußland mit einbegriffen ist, sich nicht geäußert hat, aber ich halte es für ausgeschlossen, von vornherein, interessiert uns gar nicht da drüben.«

Die von Deutschland bereits besetzten Territorien auf dem Kontinent betreffend gab Heß mit entwaffnender Offenheit zu Protokoll: »Das sind Fragen, über die der Führer nie gesprochen hat [...]. Der Führer hat hinsichtlich der besetzten Gebiete bloß einmal gesagt, ›Es gibt Leute, die glauben, daß ich etwa alles das, was wir besetzt haben, behalten will, – ich werde ja nicht wahnsinnig sein.‹« Auch ein abermaliges Insistieren Simons half da nicht weiter: »Ich habe einmal versucht, aus dem Führer in dieser Beziehung etwas herauszubringen [...]. Und da hat er mir gesagt: ›Darüber habe ich mir den Kopf noch gar nicht zerbrochen‹ [...].« Dieser »Begriff der Interessensphäre«, so Heß, »betrifft in erster Linie England, nämlich, daß England nicht künftighin in der Lage sein darf, Koalitionen gegen Deutschland auf dem Kontinent zu bilden, sei auch gesagt [...]. So wenig, wie wir uns in die Angelegenheiten des britischen Empires irgendwie einmengen, so wenig darf künftig England sich in die Angelegenheiten Europas einmengen.«

Wie unkritisch und bar jeder intellektuellen Reflexion Heß die plakative Formel von der »freien Hand auf dem Kontinent« von Hitler übernommen hatte, wie dürftig es um seinen historischen Kenntnisstand bestellt war und wie gering sein Verständnis für die Traditionslinien britischer Festlandspolitik war, zeigte sich abschließend, als Simon die Frage nach der Stellung Italiens in einem deutsch geführten Europa anschnitt. »Das ist eine Angelegenheit«, so Heß, »die zwischen Deutschland und Italien geklärt werden muß. Aber jedenfalls kann auf dem Balkan nicht England sich einmischen [...]. Darf ich darauf hinweisen, daß es mal Zeiten in der englischen Geschichte gab, wo das eigentlich selbstverständlich war. Das war die Zeit Gladstones und Lord Salisburys, die sich doch ganz herausgehalten hatten – und das waren doch sehr glückliche Zeiten [...].« Dem bis dahin geduldig zuhörenden Simon platzte ob solcher Ignoranz denn doch der Kragen, und er bemerkte trocken: »Ich empfehle Ihnen ein Geschichtsbuch über das Jahr 1878, und dort werden Sie alles über die bulgarische Frage finden.«

Das Ergebnis der Unterredung war also mehr als enttäuschend, zumal die am folgenden Tag durch Heß nachgereichten »Grundlagen für eine Verständigung« nur die Essentials enthielten, die er bereits vor dem Treffen mit Simon in Klausur zu Papier gebracht hatte:

»1. Um zukünftige Kriege zwischen den Achsenmächten und England zu verhindern, [sind] Interessensphären zu bestimmen. Die Interessensphäre der Achsenmächte ist Europa – Englands Interessensphäre ist sein Empire.

2. Rückgabe der deutschen Kolonien.
3. Entschädigung der deutschen Staatsangehörigen, die vor oder während des Krieges ihren Wohnsitz innerhalb des britischen Empires hatten und die, als Ergebnis von Maßnahmen einer Empireregierung oder durch irgendwelche anderen Umstände, wie öffentlichen Aufruhr, Plünderung oder dergleichen, entweder an ihrer Person oder an ihrem Eigentum einen Schaden erlitten haben.
4. Waffenstillstand und Frieden, nur wenn diese gleichzeitig mit Italien abgeschlossen werden.

   Die oben genannten Punkte sind ihrem Kern nach *wiederholt* vom Führer in Gesprächen mit mir genannt worden als die Grundlage für eine Verständigung mit England. Keine weiteren Punkte wurden dabei erwähnt.

   Mit Blick auf den Irak, der kurz vor meinem Flug nach Schottland zum Kriegsschauplatz wurde, hat der Führer lediglich erklärt, daß man den Irak nicht im Stich lassen dürfe. Er hat sich mir gegenüber nicht näher geäußert.«[149]

In seinem Bericht für Churchill zeigte sich Simon denn auch vollkommen überzeugt davon, daß Heß sein Unternehmen ohne Kenntnis Hitlers auf eigene Faust geplant und ausgeführt habe. Motiv des Fluges sei vielmehr, so der Lordkanzler, »daß die Stellung und das Ansehen von Heß in Deutschland im Niedergang begriffen gewesen seien und daß er hoffte, wenn es ihm gelänge, entlang den von Hitler bezeichneten Linien den Coup eines Friedens zu landen, seine Position neu befestigen [...] und Deutschland wie seinem geliebten Herrn einen unschätzbaren Dienst erweisen zu können«.[150] Der Premierminister selbst kommentierte das Gespräch, nach Lektüre des Protokolls, weit weniger zurückhaltend. Ihn mutete es »wie eine Unterhaltung mit einem geistig zurückgebliebenen Kind an, das des Mordes oder der Brandstiftung beschuldigt wird«. Zugleich sah er anders als Simon keinen Grund zur Annahme, daß diese »Ergüsse eines Geistesgestörten«, wie er sich ausdrückte, »tatsächlich Hitlers innerste Gedanken« widerspiegelten, »obgleich uns [Heß] ohne Zweifel einiges von der Atmosphäre in Berchtesgaden vermittelt, die gleichermaßen künstlich und verpestet ist«.[151]
Auch Heß selbst war – trotz der Hochstimmung, die er am Abend des 9. Juni noch demonstrativ zur Schau getragen hatte, als er

nach dem Dinner »in überheblicher und trotziger Manier über den Rasen stolziert war« –[152] bald zu dem Schluß gelangt, daß seine Friedensinitiative endgültig fehlgeschlagen war. Am 15. Juni versah er seine Notizblätter mit dem Zusatz »Schweigen – keine Zustimmung«, erging sich in wüsten Ausfällen gegen Churchill als das Haupt einer Clique, »die ihn davon abhalten wolle, den Frieden zustandezubringen«,[153] und machte sich in einer Mischung aus destruktivem Trotz und selbstverachtender Dienstmanngesinnung daran, von der Welt Abschied zu nehmen. Die drei Briefe, die Heß wenige Stunden vor seinem ersten Selbstmordversuch am frühen Morgen des 16. Juni an seine Frau, seinen kleinen Sohn und an Adolf Hitler schrieb, sind erschütternde Zeugnisse dafür, daß sich hinter der Fassade des verstockten Nationalsozialisten, hinter dem Gestus des tollkühnen Fliegers und hinter allen siegestrunkenen Floskeln von der Aufteilung der Welt eine menschliche Tragödie verbarg, die als Konsequenz aus dem gescheiterten Opfergang für Führer und Volk nur die Selbstzerstörung offenließ.[154]

Das Kulissenspiel, das man im Foreign Office mit Heß als Hauptfigur inszeniert hatte, blieb davon vollkommen unberührt. Auf die vom Chef des Geheimdienstes überbrachten Nachrichten aus »Camp Z«, daß Heß abermals »durchzudrehen« drohe, reagierte der hartgesottene Cadogan kalt und berechnend: »Mir ist es ziemlich egal, was mit *ihm* passiert. *Wir* können ihn benutzen.« Es komme vielmehr darauf an, wie man die Sache »ausbeutet, gleichviel, ob er lebt, unzurechnungsfähig oder tot ist«. Und den nächtlichen Selbstmordversuch des Gefangenen, den der Premierminister in einem Kommuniqué bekanntgeben wollte, das ihm Cadogan schleunigst ausredete, kommentierte er nicht weniger emotionslos: »Mit Blick auf H. [ist] ›Mummenschanz die Parole‹ [...]. Das ist es, was ich wollte, und jetzt werde ich mit meiner Propaganda fortfahren.«[155]

Tatsächlich hatten sich im Umfeld der Scheinverhandlungen in Mytchett Place die Spekulationen über einen bevorstehenden Ausstieg Englands aus dem Krieg und einen in Whitehall ausgefochtenen Machtkampf als Reaktion auf die Heßsche Initiative weiter verdichtet. In Liverpool hatten Friedensdemonstrationen stattgefunden, der Daily Herald schrieb zum ersten Male offen, daß England den Krieg verlieren könne, und in Washington trafen Geheimdienstberichte ein, daß die »Regierung Churchill bald stürzen könne und man diesbezüglich auf die Opposition um Astor und Beaverbrook hoffe«.[156] Hand in Hand damit gingen Pressemeldungen, daß die »Appeasementkreise der Vorkriegszeit in England wieder aktiv geworden seien«. So habe Lady Astor öffentlich verkündet, daß England den Krieg an der Heimatfront verlieren werde, und zahlreiche Hinweise seien in Umlauf gesetzt worden, daß im britischen Kabinett Uneinigkeit und Schwäche herrschen.[157]

»Es ist unbezweifelbar, daß in London die oppositionellen Strömungen wachsen. Z[um] T[eil] mögen sie von Churchill selbst zum Auffangen der Volkswut aufgezogen werden. [...] Das Friedensgerede erfüllt die ganze Welt. Irgend etwas wird doch daran sein«, so beschrieb Goebbels hellsichtig und doch rätselratend die Situation.[158] Der Premierminister und seine Regierung aber hüllten sich in Schweigen, denn der Bedingungsrahmen, um den Gerüchten einfach ihren Lauf zu lassen, stellte sich nun so günstig wie nie zuvor dar. Inzwischen waren sich die Experten in Bletchley Park nämlich sicher, daß Hitler in Kürze losschlagen werde.[159] Mit Hilfe des Codebrechers »Ultra« hatte man den Funkspruch des japanischen Botschafters in Berlin über eine Unterredung mit Hitler am 4. Juni sowie einen Bericht des italienischen Vertreters in Moskau über ein Gespräch mit Schulenburg entschlüsselt. Beide bestätigten zweifelsfrei, daß eine Verhandlungslösung für Hitler außerhalb jeder Diskussion stand und der Angriff der Wehrmacht in der zweiten Junihälfte erfolgen werde.[160]

Mit Gelassenheit sah man daher den hitzigen Debatten und abenteuerlichen Verdächtigungen zu, die im Unterhaus über den seltsamen Umgang der Regierung mit Heß kursierten. Vergeblich mahnten die Abgeordneten am 10. Juni die bislang ausgebliebene Stellungnahme des Premierministers an und verlangten zu wissen, ob Heß der Regierung ein Friedensangebot unterbreitet habe. Churchill aber wich aus, und es klang ganz so, als ob ihm die Hände gebunden seien, als er bemerkte: »Ich kann gegenwärtig über diese Person keine Erklärung abgeben.«[161] Eine gute Woche später war die Ansicht weit verbreitet, daß der Abschluß eines Separatfriedens mit Deutschland nicht mehr länger ausgeschlossen werden könne, denn, wie ein Abgeordneter den allgemeinen Tenor formulierte: »Appeasement ist nicht tot bei denjenigen, die zum ›Cliveden Set‹ gehören.«[162] Die angestellten

Mutmaßungen reichten von einem angeblichen Aufenthalt von Heß in Chequers als Gast Churchills bis zum Verweis auf die Umstände und Gefahren des Heßschen Fluges nach Schottland, die es unglaubhaft machten, daß er aus eigenem, freiem Entschluß gekommen sei, ohne die Mitwirkung britischer Hintermänner. Den Antrag an die Regierung, mittels einer unzweideutigen Erklärung den »Gerüchten entschieden entgegenzutreten und klarzustellen, daß Heß nicht auf Einladung [...] einer bestimmten Gruppe nach England geflogen sei«, bügelte »Rab« Butler, der parlamentarische Staatssekretär im Foreign Office, jedoch nieder, indem er feststellte: »Es gibt kein Geheimnis oder Versteckspiel mit Heß. Heß ist ein Kriegsgefangener und wird als solcher behandelt.«[163]
Um den Druck auf Moskau kontrollierbar zu halten und zu verhindern, daß hieraus irreparabler Schaden erwuchs, hatte Eden seine anfänglich bewahrte Zurückhaltung gegenüber Maiski längst aufgegeben und hielt mit dem sowjetischen Botschafter seit Anfang Juni ständigen Kontakt. In zahlreichen Unterredungen wies er ihn immer wieder auf die gefährliche Lage an der russischen Westgrenze hin.[164] Genau einen Tag nach dem Treffen in Mytchett Place gab Eden dann detailgenaue Auskünfte über räumliche Verteilung und Stärke der aufmarschierten deutschen Truppen weiter, so daß der Eindruck entstehen mußte, daß Heß diese Informationen preisgegeben habe. Zugleich sicherte er dem Botschafter die volle Unterstützung Englands zu, stellte für den Kriegsfall eine Allianz gegen Hitler in Aussicht und versprach Entlastungsangriffe durch die Royal Air Force im Westen des Kontinents.[165] Am 13. Juni präzisierte der Außenminister das Kooperationsangebot dahingehend, daß man bereit sei, eine Militärmission nach Moskau zu entsenden und der Sowjetunion sofortige Wirtschaftshilfe zu leisten.[166] Auch Cadogan unterbreitete in einer Unterredung mit Maiski am 16. Juni eindeutige Hinweise zur militärischen Lage und bat im Namen Churchills ausdrücklich, »alle diese Informationen dringend der Sowjetregierung mitzuteilen«.[167] Und noch am Abend vor dem deutschen Angriff eilte Cripps zu Maiski in die Botschaft, um diesem beschwörend nahezulegen, daß der »Überfall morgen, am 22. Juni, oder aber spätestens am 29. Juni« erfolgen werde. »Sie wissen doch«, so Cripps, »daß Hitler stets an Sonntagen angreift.«[168]

Um diese Zeit, als im Kreml eine Krisensitzung die andere jagte, hatten sich Churchill, Eden und der direkt aus den USA angereiste Winant in Chequers versammelt und harrten der Dinge, die da kommen mochten. »Ich wurde mit der telefonischen Nachricht geweckt«, so hat Jock Colville, der Privatsekretär des Premierministers, die Szene im Morgengrauen des 22. Juni beschrieben, »daß die Deutschen Rußland angegriffen haben. Diese Nachricht verbreitete ich in den einzelnen Schlafzimmern und erzielte damit ein Lächeln der Genugtuung auf den Mienen von Churchill, Eden und Winant.«[169] Churchills unverhohlen zur Schau gestellte Befriedigung trug nicht nur der Tatsache Rechnung, daß der Kampf gegen Hitler nun in eine neue Runde ging, daß die Aussichten, ihn an der Seite der Sowjetmacht zu bestehen, besser denn je waren. Das »Lächeln der Genugtuung« war auch eine Bilanz der vergangenen Wochen, der doppelbödigen Kulissenschieberei, des rational durchdachten Risikokalküls, der wohlabgezirkelten Lockungen und Drohungen. Die machiavellistisch anmutende Strategie, mit der man in London den Heß-Flug politisch ausgeschlachtet hatte, gab Churchills Erinnerungen ihren eigentlichen Sinn, wenn er in seinen Memoiren davon sprach, daß die Sowjets zu den »am vollständigsten überlisteten Trotteln des Zweiten Weltkrieges« geworden waren.[170]

7 Zwischen Abwarten und Angriff

Stalins Antwort auf den Heß-Flug

Gegen Mitternacht hatte sich die gesamte sowjetische Führungsspitze im Kreml versammelt, um die alarmierende Situation an der Westgrenze zu beraten. Für Verteidigungsminister Timoschenko, Generalstabschef Schukow und dessen Stellvertreter General Watutin, die vor den Mitgliedern des Politbüros die letzten Meldungen des Aufklärungsdienstes referierten, gab es keinen Zweifel mehr, daß ein Angriff der Wehrmacht unmittelbar bevorstehe. Sie berichteten, daß ein deutscher Feldwebel zu den Grenzposten der Roten Armee übergelaufen sei. Seine Vernehmung habe ergeben, daß die deutschen Truppen bereits in ihre Angriffsstellungen einrückten. Den Militärs erschien es deshalb dringend geboten, die Verbände der Grenzwehrkreise in sofortige Kampfbereitschaft zu versetzen und keine Zeit mehr zu verlieren. Mit bleichem Gesicht, krampfhaft die gestopfte Pfeife umklammernd, hatte Stalin dem Vortrag zugehört. Dann wischte er, wie so oft in den vergangenen Wochen, die Argumente seiner Militärs barsch beiseite, argwöhnte, daß der Deserteur absichtlich geschickt worden sei, um einen Konflikt zu provozieren, und beharrte auf seiner Ansicht, daß Hitler sich nicht auf einen Krieg mit der Sowjetunion einlassen werde.[1] Einige Stunden später, im Morgengrauen des 22. Juni 1941, begann unter dem Codewort »Unternehmen Barbarossa« jener Vernichtungs- und Lebensraumkrieg Hitlers, der Stalins Lagebeurteilung auf dem Fuße ad absurdum führen und die Sowjetunion binnen weniger Wochen an den Rand ihrer Existenz bringen sollte.

Das Kalkül, der Entscheidungsspielraum und die Lageeinschätzung des sowjetischen Diktators im Vorfeld des deutschen Rußlandfeldzuges sind seither immer wieder zum Gegenstand von Erörterungen und Spekulationen gemacht worden.[2] Zu einer in sich schlüssigen Antwort ist man indes bis heute nicht gelangt. Dies liegt vor allem daran, daß den zahlreichen Dokumenten und Untersuchungen, die die langfristig festliegenden weltanschaulich-rassischen und lebensraumpolitischen Ziele sowie die situationsspezifischen militärstrategischen und wehrwirtschaftlichen Motive Hitlers für den Angriff belegen,[3] kein ausreichendes Äquivalent auf sowjetischer Seite gegenübersteht. Die wenigen verfügbaren Quellenzeugnisse und Darstellungen sind entweder lückenhaft beziehungsweise propagandistisch bereinigt, um den »heldenhaften Abwehrkampf des sowjetischen Volkes gegen die faschistische Aggression« ins rechte Licht zu rücken,[4] oder sie entstammen der Periode der »Entstalinisierung« und weisen damit eine ausgesprochen politisch-funktionale Tendenz auf. Nachdem Chruschtschow in seiner Geheimrede auf dem XX. Parteitag der KPdSU am 25. Februar 1956 die Generalabrechnung mit der Stalin-Ära eingeläutet hatte,[5] meldeten sich die Marschälle und hohen Offiziere der Roten Armee zu Wort, aber auch die überlebenden Opfer jener großen Säuberungen, in denen Stalin Mitte der dreißiger Jahre die Armee gleichsam »enthauptet« hatte.[6] Sie trugen diesem radikalen Bruch mit der Vergangenheit insofern Rechnung, als sie in ihren Memoiren und Beschreibungen der Vorgeschichte des »Großen Vaterländischen Krieges« ein Bild entwarfen, das bemüht war, von etwaigen eigenen Fehlern abzulenken und die Ehre der sowjetischen Streitkräfte dadurch zu retten suchte, daß die vollkommene Überrumpelung durch die Wehrmacht vornehmlich dem Zögern, der fahrlässigen Lagebeurteilung und den Führungsfehlern des toten Diktators angelastet wurde.

Sieht sich der Versuch einer Rekonstruktion des Bewertungshorizontes Stalins im Vorfeld des Unternehmens »Barbarossa« somit einer eminenten Methoden- und Quellenproblematik gegenüber – wobei die fehlenden Glieder im Entscheidungsprozeß des Kreml durch die Hilfskonstruktion der Motivforschung nur notdürftig überbrückt werden können –, so ergibt sich eine zweite Schwierigkeit durch die von den Nationalsozialisten propagierte These eines unumgänglichen deutschen Abwehrfeldzuges gegen eine drohende bolschewistische Aggression. Sowohl der an die drei Millionen aufmarschierten Soldaten der Wehrmacht gerichtete Tagesbefehl Hitlers vom 22. Juni als auch die durch Goebbels über alle deutschen Sender verlesene Proklamation des

Führers an das deutsche Volk dienten der Untermauerung dieser Behauptung.[7] Und in der Note des Auswärtigen Amtes an die Sowjetregierung, die im Morgengrauen des 22. Juni zeitgleich in Berlin und Moskau übergeben wurde, fand diese Präventivkriegspropaganda ihren prägnantesten Ausdruck, wenn man feststellte: Die Sowjetunion ist »mit ihren gesamten Streitkräften an der deutschen Grenze sprungbereit aufmarschiert. Damit hat die Sowjetregierung die Verträge mit Deutschland verraten und gebrochen und ist im Begriff, Deutschland in seinem Existenzkampf in den Rücken zu fallen. Der Führer hat daher der deutschen Wehrmacht den Befehl erteilt, dieser Bedrohung mit allen zur Verfügung stehenden Machtmitteln entgegenzutreten.«[8]
Über das propagandistische Kalkül dieser Behauptung Hitlers und seiner Helfershelfer kann es keinen Zweifel geben.[9] Denn erstens reichen die Denkmodelle und Planungsstudien für den Schlag im Osten bis in den Sommer 1940 zurück, ganz zu schweigen von Hitlers langfristig festliegenden programmatischen Zielen. Zweitens dienten die Vorwürfe an die Adresse Stalins dem Bestreben, eine Rechtfertigung für den flagranten Bruch des Paktes von 1939 zu finden, die deutsche Öffentlichkeit durch die Parole eines »aufgezwungenen Krieges« auf den Feldzug einzustimmen sowie den Tatbestand eines lebensraumorientierten Angriffskrieges mit einem alle bis dahin gültigen Maßstäbe sprengenden Ausrottungs- und Versklavungscharakter zu verschleiern. Und drittens lassen sich, wenn man die subjektive Erfahrungs- und Bewertungsebene der deutschen Entscheidungsträger im Frühjahr 1941 in den Blick nimmt, keine aktuellen Bedrohungsängste gegenüber der Sowjetunion nachweisen, die in irgendeiner Weise einen erkennbaren Einfluß auf »Barbarossa« ausübten. Vielmehr gilt der Befund, den Hitler persönlich am 15. Juni bei einem Gespräch mit Goebbels in der Reichskanzlei formulierte: »Das Beispiel Napoleons wiederholt sich nicht. [...] Die Russen sind genau an der Grenze massiert, das beste, was uns überhaupt passieren kann. [Wären] sie weitverstreut ins Land gezogen, dann stellten sie eine größere Gefahr dar. [...] Wir stehen vor einem Siegeszug ohnegleichen. Wir müssen handeln. Moskau will sich aus dem Kriege heraushalten, bis Europa ermüdet und ausgeblutet ist. Dann möchte Stalin handeln, Europa bolschewisieren und sein Regiment antreten. Durch diese Rechnung wird ihm ein Strich gemacht.«[10]

Dies alles, so eindeutig es sich auch darbietet, darf jedoch nicht den Blick dafür verstellen, daß Stalin – wie nicht nur die deutsche Seite registrierte – seinerseits umfangreiche militärische Vorkehrungen gegen die im Aufmarsch begriffene Wehrmacht getroffen hatte. Sie konnten nach Aussage Generalleutnants von Manstein, des damaligen Befehlshabers der 11. deutschen Armee an der Ostfront, »sehr kurzfristig« in eine Offensive umgewandelt werden und entsprachen der Tendenz nach einem »Aufmarsch für alle Fälle«.[11] Stalins Absichten im Vorfeld von »Barbarossa« müssen daher – abgelöst von Hitlers verbrecherischen Intentionen, von den deutschen Greueltaten im Osten und der nationalsozialistischen Propagandalegende – als Faktor sui generis diskutiert und aus einer Position des ex-ante heraus untersucht werden.[12] Mit einer Relativierung von Hitlers Aggression und Kriegsschuld hat dies nichts zu tun. Vielmehr sollte man es hier mit Alan Bullock halten, der in seiner Doppelbiographie mit Recht darauf verwiesen hat, daß ein Vergleich zwischen Hitler und Stalin die Schwere der Untaten beider Diktatoren und ihre Verantwortung für den Zweiten Weltkrieg nicht halbiert, sondern verdoppelt.[13] Folglich ist es eine durchaus legitime Frage, ob der Begriff eines »deutschen Überfalls auf die Sowjetunion«,[14] der die Elemente der Ahnungslosigkeit und des Nichtvorbereitetseins auf sowjetischer Seite voraussetzt, im Unterschied zum treffenden Terminus eines »deutschen Angriffs« geeignet ist, Stalins Kenntnisstand und Kalkül in den Wochen des Frühsommers 1941 adäquat zu erfassen.

Überblickt man die in der Forschung vorgelegten gegensätzlichen Interpretationsvarianten und Diskussionsmodelle zur Politik des Kreml, so erweist sich, daß die seit einiger Zeit mit Vehemenz geführte Debatte um eben jene Frage sowie um die eigentlichen Ziele Stalins kreist.[15] Einerseits hat man ein ganzes Bündel von Faktoren zusammengetragen, die nahelegen, daß Stalins Strategie ganz von einer Politik des Abwartens und Ausweichens bestimmt war. Demnach wollte er Hitler keinesfalls einen Anlaß oder Vorwand zum Kriege liefern und ihn durch eine ganze Serie von Goodwill-Aktionen beschwichtigen.[16] So führt man den Umstand an, daß angesichts der »Enthauptung« der Roten Armee in den großen Säuberungen, des mangelhaften Standes der Rüstung, der Unterentwicklung von Wirtschaft und Industrie sowie nicht zuletzt aufgrund der internationalen Isolierung

der Sowjetunion die Herbeiführung eines Krieges mit Deutschland im Sommer 1941, als sich Hitler auf dem Höhepunkt seiner Erfolge befand, nicht in Stalins Interesse liegen konnte. Der Diktator betrieb daher, so die Schlußfolgerung, eine »geradezu devote Beschwichtigungspolitik gegenüber Hitler«,[17] die sich im Laufe der ersten Hälfte des Jahres 1941 in einer ganzen Reihe von Signalen an die Adresse Berlins manifestierte.
Dieser Sicht der Dinge ist in den letzten Jahren erheblich widersprochen worden. So meldete sich zunächst ein in den Westen geflüchteter Generalstabsoffizier der Breschnew-Ära zu Wort, der unter dem Pseudonym Viktor Suworow die These verfocht, daß Stalin für den Sommer 1941 einen Angriff geplant und hierfür bereits umfangreiche Weichenstellungen vorgenommen habe.[18] Suworows Hauptbeleg ist ein Befehl vom 13. Juni, mit dem Stalin die seit dem Frühjahr sukzessive mobilisierten 183 Divisionen der Roten Armee unmittelbar an die deutsche und rumänische Grenze vorrücken ließ. Damit, so Suworow, sei die unumkehrbare Entscheidung zur Führung eines Überraschungsschlages gegen die Wehrmacht gefällt worden, denn die Truppen konnten ohne ausreichende Winterquartiere nicht lange an der Front verharren, ein Rückzug hätte eine ökonomische Katastrophe nach sich gezogen und überdies das sowjetische Eisenbahnnetz für Monate blockiert.
Ernst Topitsch, der sich vorwiegend auf die Memoirenwerke hoher sowjetischer Offiziere stützte, gelangte unabhängig von den Ergebnissen Suworows zu einer ähnlichen Einschätzung. Im Gegensatz zu Suworow geht er allerdings von einer gezielten Provokationsstrategie Stalins aus. Sie begann nach Ansicht Topitschs mit den durch Molotow im November 1940 in Berlin überbrachten unannehmbaren Forderungen als Preis für den Beitritt der Sowjetunion zum Dreimächtepakt, die Hitler nur die Wahl zwischen »Unterwerfung oder Kampf« ließen. Ziel Stalins sei es gewesen, Hitler zur Wendung nach Osten zu verleiten, um damit unter der Parole eines Verteidigungskrieges gegen eine deutsche Aggression den gewünschten Anlaß zur Ausbreitung des Sowjetkommunismus zu schaffen.[19]
Die weitaus gewichtigsten Argumente, die darauf schließen lassen, daß Stalin hinter dem Schild defensiver Signale eine Taktik ganz eigener Prägung mit einer grundsätzlich offensiven Zielsetzung verfolgte, wurden von Joachim Hoffmann vom Militärge-

schichtlichen Forschungsamt vorgelegt.[20] Auf der Basis einer profunden Kenntnis der verfügbaren sowjetischen Originalquellen verwies Hoffmann auf die Militärdoktrin des Generalstabes der Roten Armee, die ganz von dem Leitgedanken bestimmt war, »die Kriegshandlungen in das Land des Gegners zu tragen und von Beginn des Feldzugs an die Initiative zu ergreifen«.[21] Er führte den Umstand einer schwerpunktmäßigen Dislozierung von mechanisierten und motorisierten sowjetischen Verbänden in den Frontvorsprüngen um Bialystok und Lemberg an, wobei die Truppen in einer solcherart exponierten operativen Konfiguration aufgestellt waren, wie sie nur bei der Absicht eines Angriffs strategisch einen Sinn ergab, da diese im Verteidigungsfall sofort die Gefahr einer Umzingelung und Vernichtung der eigenen Truppe heraufbeschwor.[22] Er gab außerdem zu bedenken, daß der Wehrmacht nach Beginn des Kampfes umfangreiche Versorgungsdepots, Betriebsstofflager und Mobilmachungsvorräte, die unmittelbar an der Grenze angelegt worden waren, in die Hände fielen, desgleichen Beutestücke wie Kartenmaterial, das weit in den deutschen Raum reichte, und Unterlagen, die der propagandistischen Umsetzung eines Angriffes auf Deutschland dienen sollten.[23] Aus all dem ergibt sich nach Auffassung Hoffmanns der klare Befund eines Angriffskalküls Stalins, wobei jedoch sowohl die Motivation hierfür wie der Zeitpunkt der geplanten Offensive im dunkeln bleiben.[24]

Der Widerspruch zwischen den beiden knapp skizzierten Interpretationsvarianten liegt auf der Hand, und er hat sich ungeachtet offensichtlicher Ungereimtheiten bislang auch nicht auflösen lassen.[25] Stalins scheinbar disparates Verhalten zwischen den auf Vermeidung des Konflikts angelegten politischen und wirtschaftlichen Kooperationsgesten in Richtung Berlin, den gleichzeitig erfolgenden Truppenverschiebungen aus dem Innern Rußlands in die vordersten Grenzbezirke und der unerschütterlichen Gewißheit, daß vorläufig mit einem Angriff der Wehrmacht nicht zu rechnen sei, läßt sich denn auch nur erklären, wenn man den Flug von Rudolf Heß nach Schottland und in dessen Gefolge das Londoner Kulissenspiel als richtungweisenden Faktor in die Krisenszenerie des Frühjahrs 1941 einführt, wie sie sich dem Kreml darstellte.

Der Nichtangriffspakt von 1939, mit dem Stalin das Signal für die bereits unter Dampf stehende Hitlersche Kriegslokomotive auf Grün stellte, hatte die Sowjetunion in eine vorteilhafte Position gebracht. Er spaltete die »kapitalistische Einheitsfront« des Münchner Abkommens von 1938, deren Ziel nach russischer Lesart die Ablenkung Hitlers nach Osten gewesen war.[26] Er verwickelte den deutschen Diktator, indem man ihm für den Polenfeldzug freie Hand bot und den Rücken freihielt, in den Krieg mit den Westmächten. Und er schuf durch den von Hitler hierfür entrichteten Preis die Basis einer rigiden Expansion der Sowjetunion in ihrem westlichen und südlichen Vorfeld. Tatsächlich handelte es sich bei dem Abkommen von 1939 also um einen stillschweigend geschlossenen »Angriffsvertrag« (Ahmann), um eine Raubgemeinschaft der beiden Diktatoren, bei der sich Stalin freilich sicher war, Hitler überlistet und das bessere Ende auf seiner Seite zu haben.[27]

Hinter den Palisaden der profitablen Neutralität ging Stalin nun, bis zum Juli 1940 im Windschatten des Krieges im Westen, zielstrebig daran, die Früchte des Paktes zu ernten. Von der Karelischen Landenge nordwestlich des Ladogasees über die baltischen Staaten und Ostpolen bis hinab zur Nordbukowina und nach Bessarabien am Ufer des Schwarzen Meeres besetzte die Rote Armee Zug um Zug einen zusammenhängenden Territorialgürtel, der einem gigantischen Grenzbefestigungsprogramm unterworfen wurde, um zugleich als Schutzwall gegen eine deutsche Aggression und als Sprungbrett für ein weiteres imperialistisches Ausgreifen zu dienen.[28]

An dieser Position einer relativen Sicherheit gegenüber dem ideologischen Hauptgegner Nazideutschland änderte auch der überraschend schnelle Erfolg der Wehrmacht über Frankreich und das britische Expeditionskorps im Grundsatz nichts. Denn die Prämissen, auf denen Stalins Lagebeurteilung ruhte, schienen stabil wie zuvor. Die Regierung Churchill hatte ihre Entschlossenheit bekundet, den Kampf gegen Hitlerdeutschland bis zum Sieg über den Nazismus fortzusetzen; sie hatte Hitlers »Friedensappell« vom 19. Juli brüsk abgewiesen, führte seit Mitte Mai einen sich radikalisierenden strategischen Luftkrieg gegen das deutsche Hinterland, und der neu bestallte Stafford Cripps antichambrierte im Kreml, um im Auftrag Churchills die Sowjetunion auf die Seite Englands zu ziehen. Im Gegenzug intensivierte sich die deutsche Luftkriegführung, und die Bedrohung der britischen Insel durch eine großangelegte Landungsoperation zeichnete sich ab. Aus der Sicht Moskaus war somit klar, daß der Krieg zwischen den faschistischen Achsenpartnern Deutschland und Italien sowie dem zunehmend von den USA unterstützten England in ein neues Stadium getreten war.[29] Man leitete hieraus, wie es Molotow im November 1940 gegenüber Hitler formulieren sollte, gar die Schlußfolgerung ab, »daß sich das Abkommen von 1939 auf eine bestimmte Etappe der Entwicklung bezogen habe [...]« und »nicht ohne Einfluß auf die großen deutschen Siege gewesen sei«.[30] Im Klartext bedeutete dies, daß nun ein neuer Preis für das weitere Stillhalten der Sowjetunion festgesetzt werden mußte.

Ein Unsicherheitsfaktor blieb allerdings bestehen, und dieser betraf Hitlers langfristige Planungen gegenüber der Sowjetunion. Noch bevor der deutsche Diktator Mitte Juli den Befehl erteilte, einen Operationsplan für den in Aussicht genommenen Ostfeldzug vorzubereiten, hatte Stalin durch die sowjetischen Militärattachés in Sofia und Berlin davon Kenntnis erhalten, daß Hitler »gemeinsam mit Italien und Japan die UdSSR überfallen« wolle und daß bereits mit der Verlegung großer Wehrmachtseinheiten vom Westen nach dem Osten begonnen worden sei.[31] Wie man diese Meldungen in Moskau einschätzte, ist unklar. Aber es ist augenfällig, daß die sowjetische Politik gegenüber Deutschland von nun an durch eine höchst eigentümliche Mischung von Kooperationswilligkeit und Kriegspräparation gekennzeichnet war, wobei sich sowohl auf diplomatischem wie auf militärischem Sektor eine unentwirrbare strukturelle Doppelung von Defensive und Offensive ergab.

Am 25. Juni kündigte Nikolai Michailowitsch Schwernik, der Organisator der sowjetischen Kriegswirtschaft, auf der Plenarsitzung des sowjetischen Gewerkschaftsverbandes eine Erhöhung der Schlagkraft der Streitkräfte an, die von der internationalen Lage diktiert werde. Einen Tag später stellte ein Erlaß des Präsidiums des Obersten Sowjet die gesamte Wirtschaft unter Kriegsrecht.[32] Gleichzeitig versuchte Stalin in Südosteuropa im Wettlauf mit Deutschland politischen Einfluß zu gewinnen und die Bastionen der Roten Armee weiter voranzuschieben. Er unterstützte die territorialen Revisionsforderungen Ungarns und Bulgariens gegenüber Rumänien, beanspruchte Restrumänien als sowjetische Einflußzone,[33] nahm diplomatische Beziehungen zu Jugoslawien auf und forderte von der Türkei die Abtretung der

1921 türkisch gewordenen Teile der ehemaligen russischen Provinzen Kars und Ardahan sowie die Einräumung militärischer Stützpunkte an den Dardanellen.[34] Es entsprach dem ineinander verschachtelten Bestreben einer sowjetischen Machterweiterung auf dem Balkan und der Linie einer Auslotung der deutschen Konzessionsbereitschaft, wenn Molotow in einem »Spiel über die Bande« dem italienischen Botschafter Rosso diesen ganzen Interessenkatalog der Sowjetunion in ihrem südosteuropäischen Vorhof offenlegte und hierüber Verhandlungen mit Deutschland anregte.[35]

Zum kardinalen Problem jedweder zukünftigen Strategie wurde nun die Frage, ob Hitler sich bereit zeigen würde, den von Moskau avisierten Preis abermals zu entrichten. Die Situation für eine offensive Politik der Forderungen gegenüber Berlin stellte sich dabei aus der Perspektive Stalins äußerst günstig dar, denn inzwischen war der Kreml, ähnlich wie im Sommer 1939, erneut in die Position eines allseits umworbenen Bundesgenossen geraten. Mitte Oktober hatte Cripps in Moskau das Angebot einer bilateralen Verständigung überreicht, mit dem England der Sowjetunion ihre gesamten Annexionen seit dem Herbst 1939 de facto garantierte.[36] Unter dem Eindruck des Ende September zwischen Deutschland, Italien und Japan abgeschlossenen Dreimächtepakts brachte auch der amerikanische Botschafter Steinhardt das Interesse der USA an einer Verbesserung der Beziehungen zu Moskau zum Ausdruck, und nach der Wiederwahl Roosevelts am 5. November lockerte die Administration in Washington gleichsam als Vorleistung die bislang restriktiv gehandhabten Ausfuhrbeschränkungen für Industrieerzeugnisse.[37] Schließlich bot Japan am 30. Oktober Verhandlungen über einen Nichtangriffspakt an, die Stalin aus der prekären Situation eines Zweifrontenkriegsdrucks heraushelfen konnten und sich als Gegenzug zur Aufweichung des Dreimächtepakts förmlich anboten.[38]

Die Unterredungen, die Außenminister Molotow am 12./13. November auf deutsche Einladung hin in Berlin führte, spiegelten die günstige internationale Rahmensituation wider. Sie verschaffte Moskau ausreichend Spielraum, um Hitlers tatsächliche Absichten im Osten auszuloten. In seinen beiden Besprechungen mit dem deutschen Diktator beharrte Molotow eisern darauf, daß die »Neuordnung in Europa und in Asien« nicht ohne Mitspracherecht der Sowjetunion vor sich gehen dürfe. Er nannte

als Bedingung für die Fortdauer der russischen Neutralität und den Beitritt zum Dreimächtepakt vier Punkte: die vollkommene Einverleibung Finnlands nach dem Muster Bessarabiens und der Randstaaten; die Aufhebung der deutschen Garantie für Rumänien und damit dessen Einbindung in die sowjetische Interessensphäre; die Errichtung eines sowjetischen Patronats über Bulgarien sowie die Überlassung von Luft- und Marinestützpunkten im Bereich der Dardanellen.[39]
Ging es bei diesen Forderungen darum, ein umfassendes Sicherheitsglacis gegen einen etwaigen deutschen Angriff zu schaffen und die sich abzeichnende deutsche Dynamik auf dem Balkan abzubremsen, so waren die in der abschließenden Unterredung mit Ribbentrop nachgeschobenen Ansprüche bewußt so umfassend und provokativ angelegt, daß sich hieraus Aufschluß über das eigentliche Ausmaß der langfristigen deutschen Planungen ergeben mußte. Nach dem ausdrücklichen Hinweis auf den japanischen Vorschlag eines Nichtangriffspaktes reklamierte Molotow nun ein Mitspracherecht über den gesamten osteuropäischen Raum unter ausdrücklicher Nennung Ungarns, Jugoslawiens, Griechenlands und Gesamtpolens; er forderte die »Aufrechterhaltung der schwedischen Neutralität« und eine einvernehmliche Regelung der »Durchfahrten aus der Ostsee (Großer Belt, Kleiner Belt, Sund, Kattegat, Skagerrak)«.[40] Bei der wegen eines britischen Bombenangriffs kurzfristig in den Bunker des Auswärtigen Amtes verlegten Besprechung konnte sich der Russe denn auch einen beißenden Kommentar über die deutsche Siegeszuversicht nicht verkneifen. Als Ribbentrop erneut in den Visionen einer Aufteilung des britischen Empire schwelgte, an der die Sowjetunion ihren Anteil haben könne, bemerkte Molotow trocken: »Wenn Sie so sicher sind, daß Großbritannien am Ende ist – warum sitzen wir dann in diesem Luftschutzkeller?«[41]
Für die sowjetische Seite war mit den Berliner Konsultationen eine klare Wegmarke erreicht. Jede auch nur ansatzweise Anerkennung des vorgelegten exorbitanten Interessenkatalogs durch Hitler mußte einen Angriff auf die Sowjetunion ausschließen. Denn eine Einigung entlang den von Molotow bezeichneten Linien beraubte die Wehrmacht jedweder strategisch notwendiger Aufmarschbasen und machte alle Bestrebungen zunichte, hierfür Partnermächte zu gewinnen. Ein ausbleibendes oder gar ein negatives Echo aus Berlin aber deutete darauf hin, daß Hitler im

Begriff stand, sich vom Kurs einer Kooperation mit Moskau abzuwenden, daß er entweder eine Politik der Pression im Stile ultimativer Forderungen verfolgte oder gar mit dem Gedanken einer offenen militärischen Aggression spielte. Die deutsche Reaktion auf den Berliner Ballon d'essai Molotows war also ein Fingerzeig, dem entscheidende Bedeutung für die weitere Strategie Moskaus zukam.

Verfolgte Stalin mit den Novembersondierungen somit vor allem das Kalkül, Hitler aus der Reserve zu locken und Gewißheit über die Möglichkeit einer abermaligen Verständigung zu gewinnen, der ohne Zweifel erste Priorität zukam, so kann man einen analogen Befund für Hitler nicht erheben. Für den deutschen Diktator standen die laufenden Angriffsvorbereitungen gegen die Sowjetunion keineswegs zur Disposition. Dementsprechend geht es fehl, wenn man geschlossen hat, daß seit dem November 1940 für Hitler die einzig verbleibende Alternative »Unterwerfung oder Kampf« gewesen sei.[42] Diese Option gab es nicht, und Hitler hatte seine Antwort längst gegeben. Vor den Spitzen von OKH und OKW hatte er wenige Tage vor dem Eintreffen des sowjetischen Außenministers noch entschieden betont, daß alles »getan werden [müsse], um bereit zu sein zur großen Abrechnung«, und er hatte die Weisung Nr. 18 unterschrieben, in der es hieß, daß »gleichgültig, welches Ergebnis diese Besprechungen haben werden, [...] alle schon mündlich befohlenen Vorbereitungen für den Osten fortzuführen« seien.[43]

Wenn sich Hitler trotzdem auf den mit großem propagandistischen Aufwand inszenierten Besuch einließ, dann hatte dies rein taktisch motivierte Gründe. Zum einen kam es darauf an, falsche Fährten zu legen, die eigenen Absichten zu verschleiern und Zeit zu gewinnen. Zum anderen sollte die Undurchführbarkeit von Ribbentrops Alternativkonzeption, einer Fortschreibung des Dialogs mit Moskau zu deutschen Bedingungen, bloßgelegt und den Militärs die Unhaltbarkeit ihrer Vorstellung demonstriert werden, daß es möglich sei, »Rußland auf den Persischen Golf [zu] hetzen«.[44] Mithin zeigte sich Hitler über das Ergebnis der Sondierungen auch ganz zufrieden. Wie sein Heeresadjutant Major Engel notierte, habe er sich »sowieso davon nichts versprochen. [...] M[olotow] habe Katze aus dem Sack gelassen. Er (F.) sei richtig erleichtert, dies würde nicht einmal eine Vernunftehe bleiben. Russen nach Europa hineinlassen, sei das Ende Mitteleuropas [...].«[45]

Tatsächlich dauerte es nur wenige Wochen, bis sich in Moskau die Überzeugung Bahn brach, daß Hitler sich für eine Politik der Konfrontation entschieden hatte. Noch im Dezember war man von einer im Grundsatz offenen Situation ausgegangen. Wie Filipp Iwanowitsch Golikow, der Chef des militärischen Geheimdienstes, seinen leitenden Mitarbeitern nach einer Unterredung mit Stalin berichtete, rechne man im Kreml mit zwei denkbaren Szenarien: »dem wahrscheinlichsten Fall, daß die USA gegen Deutschland und Japan kämpfen würden, während sich die Sowjetunion, zumindest vorläufig, mit Deutschland und Japan gegen die USA verbünde.« Die Alternative war laut Golikow, »daß wir gegen Deutschland kämpfen und die USA unser zeitweiliger Verbündeter seien«.[46] Bereits gegen Jahresende glaubten jedoch »alle« – so Marschall Wassilewski, der Molotow im November nach Berlin begleitet hatte – an einen Angriff der Wehrmacht.[47] Für diese Überzeugung war eine Reihe von Gründen maßgebend. Erstens war die sowjetische Note vom 26. November, mit der Moskau auf den von Ribbentrop noch in Berlin übergebenen Entwurf eines Viermächtepakts reagierte, ohne Antwort geblieben. Dies war um so bezeichnender, als Molotow nun – taktisch geschickt – von seinem umfassenden Forderungskatalog abgerückt war. Als Einflußzonen der Sowjetunion reklamierte er neben Finnland und den Meerengen nur noch Bulgarien, woran sich ablesen ließ, daß man sich in Moskau mit dem wenige Tage vorher erfolgten Anschluß Ungarns, Rumäniens und der Slowakei an den Dreimächtepakt, wenn auch zähneknirschend, abgefunden hatte. Vor allem aber schwenkte Molotow auf die in Berlin noch strikt abgelehnte Idee einer Ablenkung der Russen vom Balkanraum und von Mitteleuropa ein, indem er »als Schwerpunkt der Aspirationen der Sowjetunion« ausdrücklich die Region »südlich Batum und Baku in der allgemeinen Richtung auf den Persischen Golf hin« bezeichnete.[48] Hitler aber reagierte mit eisernem Schweigen, obschon Molotow zweimal, zuletzt am 28. Februar 1941, die ausgebliebene deutsche Stellungnahme anmahnte.[49]

Zweitens hatten die seit dem Oktober verstärkt in Moskau einlaufenden Meldungen und Warnungen vor deutschen Truppenverschiebungen in den Osten[50] inzwischen den Rahmen des »gossip among diplomats« längst hinter sich gelassen und konkrete Formen angenommen. So war am 5. Dezember ein an Wladimir Dekanosow, den sowjetischen Botschafter in Berlin, adressierter anonymer Brief eingegangen, der von Hitlers Absicht sprach, »im kommenden Frühjahr die UdSSR zu überfallen«, und ausführlich aus den Plänen des OKW zitierte, die Rote Armee »durch zahlreiche gewaltige Umzingelungen« einzukesseln und zu vernichten.[51] Gut zehn Tage, nachdem Hitler die sogenannte Weisung Nr. 21 für den »Fall Barbarossa« ausgefertigt hatte,[52] berichtete der sowjetische Militärattaché in Berlin am 29. Dezember: »Hitler hat Befehl gegeben, den Krieg gegen die UdSSR vorzubereiten.« Fünf Tage später teilte er mit, daß seine Angaben »kein Gerücht, sondern dokumentarisch belegt« seien.[53]

Drittens aber stellten die deutschen Aktionen im strategischen Vorfeld der sowjetischen Westgrenzen unter Beweis, daß der deutsche Diktator die Bahn einer Verständigung längst verlassen hatte. Unter klarer Desavouierung der in Berlin angemeldeten sowjetischen Interessen und ungeachtet aller sich verschärfenden Proteste aus Moskau waren inzwischen Finnland, Ungarn, Rumänien und die Slowakei in den deutschen Aufmarschrayon einbezogen worden. Seit Januar 1941 registrierten die Sowjets das Auftauchen deutscher Soldaten in Bulgarien.[54] Unbeeindruckt von der durch Dekanosow in Berlin ausgesprochenen offenen Warnung, daß die Sowjetunion »eine Verletzung ihrer Sicherheitsinteressen nicht hinnehmen werde«,[55] wurden im Laufe des März auch Bulgarien und Jugoslawien durch Anschluß an den Dreimächtepakt in den Machtbereich des Hakenkreuzes einbezogen.[56]

Die Strategie, die Stalin gegenüber diesen bedrohlichen Entwicklungen einschlug, orientierte sich an drei Pfeilern: an einem fast übergangslosen Schwenk hin zu einer Beschwichtigungspolitik gegenüber Deutschland, an dem Versuch einer politisch-strategischen Flankensicherung gegen einen deutschen Angriff und an einem vorerst defensiv ausgerichteten Programm militärischer Mobilisierungsmaßnahmen und umfangreicher Truppenverschiebungen in die westlichen Grenzwehrmilitärbezirke. Mit der Vorbereitung eines Schlages gegen die Wehrmacht hatte das alles nichts zu tun. Vielmehr kam es darauf an, Hitler keinesfalls einen Anlaß zum Kriege zu liefern, die bedrohliche Situation bis zum Sommer unbeschadet zu überstehen und den eigenen Aktionsraum gegenüber einer deutschen politischen oder militärischen Aggression zu vergrößern.

Der Kurs eines Appeasement setzte mit der Unterzeichnung des Wirtschaftsvertrages vom 10. Januar 1941 ein, in dem die Sowjetunion eine beträchtliche Aufstockung ihrer Rohstofflieferungen zusagte.[57] Er dokumentierte sich bis zum Frühsommer in zahlreichen Kooperationsgesten an die Adresse Berlins: in einer, von moderaten Protesten abgesehen, Hinnahme der ständigen Verletzungen des russischen Luftraumes durch deutsche Aufklärungsflugzeuge; in demonstrativen Freundschaftbekundungen Stalins gegenüber dem deutschen Botschafter Graf Schulenburg und dem stellvertretenden deutschen Militärattaché in Moskau, Oberst Krebs; in der Übernahme des Ministerpräsidentenpostens in der sowjetischen Regierung durch Stalin persönlich am 6. Mai sowie gegen Mitte des Monats in einem Abbruch der diplomatischen Beziehungen zu den Regierungen Belgiens, Norwegens, Jugoslawiens und Hollands – ein Schritt, der de facto einer Anerkennung von Hitlers Eroberungen in Europa gleichkam. Am 13./14. Juni schließlich ließ Stalin über die Nachrichtenagentur TASS ein Kommuniqué verbreiten, das alle Kriegsgerüchte zwischen Deutschland und Rußland dementierte, die russische Entschlossenheit bekräftigte, die Verpflichtungen aus dem Pakt von 1939 strikt einzuhalten, und die deutsche Seite zwischen den Zeilen zur Unterbreitung eines Verhandlungsvorschlages aufforderte.[58]

Gleichzeitig war Stalin bestrebt, auch unter Preisgabe bislang als unverrückbar geltender Positionen politische Arrangements mit den Nachbarmächten der Sowjetunion zu treffen. So wurde mit der nach dem Staatsstreich vom 27. März in Belgrad installierten neuen jugoslawischen Regierung ein Freundschafts- und Nichtangriffspakt geschlossen und mit der Türkei am 25. März ein Kommuniqué über den Fortbestand des Freundschafts- und Neutralitätspaktes vom Dezember 1925 unterzeichnet.[59] Das wichtigste Glied in dieser Kette diplomatischer Vorkehrungen stellte der am 13. April mit dem japanischen Außenminister Matsuoka vereinbarte Neutralitätsvertrag dar.[60] In einem plötzlichen Verzicht auf die Forderung nach Aufgabe der japanischen Erdöl- und Kohlekonzessionen in Nordsachalin hatte Stalin das letzte Hindernis für den Abschluß eilends aus dem Weg geräumt, denn die hierdurch frei werdenden sowjetischen Truppen im Fernen Osten konnten nun in das anlaufende Mobilisierungsprogramm einbezogen werden.

Bereits Anfang Dezember 1940 war die Rote Armee zu einer systematischen Beobachtung des deutsch-russischen Grenzgebiets übergegangen, und seit Anfang April registrierte das OKW beinahe täglich Aufklärungsmaßnahmen durch sowjetische Flugzeuge und Bodentruppen.[61] Die hierbei gewonnenen Erkenntnisse fanden Eingang in die Ende Januar unter der Leitung von Generalstabschef Schukow abgehaltene Tagung der Kommandeure des Kiewer Militärbezirks. In seinem Referat über die internationale Lage und die strategische Planung der kommenden Wochen forderte Schukow, daß man »sich ernsthafter auf einen Krieg vorbereiten« müsse, und er bezeichnete »das faschistische Deutschland als unseren Hauptfeind«. In Moskau, so Schukow, herrsche die Überzeugung, daß man eine »Überlegenheit der Kräfte nicht nur im Abschnitt des Hauptstoßes, sondern im ganzen Angriffsstreifen« gewährleisten müsse. Deshalb sei der Plan gebilligt worden, »eine zweifache allgemeine Überlegenheit der Kräfte und Mittel« zu schaffen.[62]
Dieser Zielvorgabe entsprach es, wenn zunächst im Kiewer Militärbezirk umfangreiche Manöver an der Grenze zwischen Deutschland und dem russisch besetzten Teil Polens abgehalten wurden, die, wie der britische Militärattaché Colonel Greer berichtete, auf der Annahme eines deutschen Angriffes in diesem Raum basierten.[63] Mitte März registrierte die Abteilung Fremde Heere Ost dann erstmals auffällige russische Maßnahmen, die seit der »erkennbaren Verstärkung« der Wehrmacht an den Ostgrenzen des Reiches vor sich gingen. Sie umfaßten die »Durchführung einer Teilmobilmachung, in deren Zuge wahrscheinlich vier Jahrgänge einberufen werden«, und »Truppenverlegungen aller Waffen aus dem Militärbezirk Moskau in Richtung Minsk-Smolensk sowie Marschbewegungen im Baltikum in Richtung auf die deutsche Grenze«.[64] Auch der britische Militärattaché meldete bald die Einberufung von Reservisten, die »in aller Stille und ohne öffentlichen Aufruf oder offiziellen Bescheid« verfügt wurde.[65] Im Windschatten des am 6. April anlaufenden Balkanfeldzuges der Wehrmacht gegen Jugoslawien und Griechenland sowie im Gefolge der Unterzeichnung des Paktes mit Japan wurden dann in großem Stil weitere Einheiten aus dem Inneren Rußlands sowie aus dem Fernen Osten herangeführt und auf die fünf westlichen Militärbezirke (Leningrad, Baltikum, Besonderer Westlicher Militärbezirk, Kiew, Odessa) verteilt.[66]

Hatten sich bei Kriegsausbruch im Herbst 1939 lediglich 77 Schützendivisionen im europäischen Teil der Sowjetunion befunden, wobei nur wenig mehr als die Hälfte im westrussischen Grenzraum disloziert waren, so sollte sich die Lage bis Anfang Mai 1941 vollkommen wandeln. »Unter rücksichtslosem Abtransport von Schützen, mot.- und Pz.-Divisionen aus dem asiatischen Raum und Kaukasien«, hatte sich nun, wie der Chef des OKW, Generalfeldmarschall Wilhelm Keitel, notierte, »die Zahl allein der festgestellten Schützendivisionen im europäischen Rußland am 1.5.1941 auf 143« erhöht. Davon befanden sich 119 Divisionen im deutsch-russischen Grenzraum. Noch ausgeprägter war das Bild bei den Panzerbrigaden und Panzerdivisionen. Denn, so Keitel, »fast sämtliche überhaupt festgestellten mot.- und Pz.-Einheiten«, weitere 20 Kavalleriedivisionen und mehrere Fallschirmbataillone seien nun nach Westrußland vorgerückt.[67]
Noch hatten die russischen Truppen aber nicht unmittelbar zur Grenze aufgeschlossen. Noch verharrten sie in vorgeschobener Defensivposition, noch waren die Frontvorsprünge bei Bialystok und Lemberg nur spärlich besetzt. Mit der Ankunft von Heß in Schottland sollte sich diese Situation schlagartig ändern. Am 20. Mai, also zehn Tage nach dem Flug, stand die Rote Armee laut einem Memorandum der Abteilung Fremde Heere Ost bereits »mit der Masse der Verbände des europäischen Teils der UdSSR, d.h. mit rund 130 Schützendivisionen, 21 Kavalleriedivisionen, 5 Panzerdivisionen und 36 Panzerdivisionen (mot. mech. Brigaden) entlang der Westgrenze von Odessa bis Murmansk«. Nun wurden auch die in die deutschen Linien hineinreichenden exponierten Frontbögen, die das Sprungbrett für einen Angriff bildeten, im Verteidigungsfall jedoch das hohe Risiko einer Umfassung und Vernichtung der eigenen Kräfte bargen, mit Truppen aufgefüllt. Denn die »Schwerpunkte des Aufmarsches«, so stellte das Memorandum fest, lagen »um Czernovitz-Lemberg, um Bialystok und in den baltischen Ländern«, während »stärkere operative (bewegliche) Reserven im Raum Schepetowka – Prosskurow – Shitomir, südwestlich Minsk und um Pskow« verharrten.[68]
Tatsächlich läßt sich in den Tagen nach dem 10. Mai ein Schwenk der Roten Armee von der Defensive hin zur bedingten Offensive ausmachen. Bislang war die Truppendislozierung von der Ende Januar durch Schukow ausgegebenen Devise bestimmt gewesen,

»eine zweifache allgemeine Überlegenheit der Kräfte und Mittel« herzustellen, wie sie dem im Laufe des Frühjahrs aktualisierten »Plan zur Verteidigung der Staatsgrenzen« entsprach, der den Aufbau einer Verteidigungslinie in den westlichen Militärbezirken vorsah.[69] Sie trug außerdem dem Kalkül Stalins Rechnung, ein etwaiges militärisch gestütztes Erpressungsmanöver Hitlers mit einer Gegenpression beantworten zu können.[70] Nach der Ankunft von Heß in Schottland aber wurden nicht nur weitere Armeen in den westlichen Grenzraum beordert,[71] sondern die Militärs unterbreiteten Stalin, nachdem die erste Verhandlungsrunde mit Heß in London abgeschlossen war, auch eilends ein Papier, das einen Präventivschlag der Roten Armee gegen die im Aufmarsch begriffene Wehrmacht anregte.[72]
Das erst seit kurzem zugängliche, streng geheime Dokument aus dem Zentralarchiv des Generalstabes der sowjetischen Streitkräfte wurde von Generalmajor Wassilewski, dem stellvertretenden Chef der operativen Verwaltung des Generalstabes, verfaßt, von Generalleutnant Watutin, dem Stellvertreter Schukows, durchkorrigiert und von Verteidigungsminister Timoschenko gemeinsam mit Schukow persönlich an Stalin weitergeleitet.[73] Die Angaben zur Gefechtsstärke und Dislozierung der Roten Armee geben den Stand vom 15. Mai 1941 wieder, und sie bestätigen im wesentlichen die bis dahin gewonnenen Erkenntnisse des OKW beziehungsweise der Abteilung Fremde Heere Ost.[74] Im vorliegenden Zusammenhang wurde jedoch entscheidend, daß sich die Spitzenmilitärs der Roten Armee nun dafür aussprachen, »dem deutschen Kommando unter keinen Umständen die Initiative zu überlassen, dem Gegner beim Aufmarsch zuvorzukommen und das deutsche Heer dann anzugreifen, wenn es sich im Aufmarschstadium befindet, noch keine Front aufbauen und das Gefecht der verbundenen Waffen noch nicht organisieren kann.«[75]
Der weitere Gang der Entwicklung wurde nun von zwei komplementären Handlungssträngen bestimmt: vom Übergang zur Offensive auf dem militärischen Sektor, die jedoch keineswegs gleichbedeutend war mit einer unbedingten Entscheidung zum Krieg, sondern sich als Ultima ratio der Politik einer strikten Konfliktvermeidung auf dem diplomatischen Feld unterzuordnen hatte.
So erhielten die Generale von Stalin weitgehend freie Hand zur

Vorbereitung ihres in Anregung gebrachten Präventivschlages, um, wie es in den »Erwägungen« hieß, als erstes strategisches Ziel »die Hauptkräfte des deutschen Heeres [...] zu vernichten und bis zum dreißigsten Tag der Operation die allgemeine Frontlinie Ostrolenka, Fluß Narev, Lodz, Kreuzberg, Oppeln und Olmütz« zu erreichen.[76] Auf der Grundlage von Stalins Rede am 5. Mai vor den Absolventen der Militärakademie[77] sowie zur Einstimmung der Soldaten der Roten Armee auf den Präventivkriegsplan des Generalstabes wurde von der Hauptverwaltung für politische Propaganda ein Memorandum erstellt, in dem es hieß: »Die neuen Bedingungen, unter denen unser Land lebt, die jetzige internationale Lage, die voller unvorhersehbarer Möglichkeiten ist, fordern eine revolutionäre Entschlußkraft und eine ständige Bereitschaft, zu einem zerschmetternden Vormarsch gegen den Feind übergehen zu können. [...] Alle Formen der Propaganda, der Agitation und Erziehung sind auf ein Ziel zu richten – auf die politische, moralische und kämpferische Vorbereitung der Mannschaften und Offiziere, auf die richtige Führung eines offensiven und alles zerschmetternden Krieges.«[78]
Gleichzeitig setzte ab der zweiten Maihälfte an den Westgrenzen der Sowjetunion eine hektische Betriebsamkeit ein, um jederzeit schlagfertig zu sein. In aller Eile wurden Frontgefechtsstände errichtet und Tarnmaßnahmen verfügt. Anfang Juni, als die Briten ihren Botschafter aus Moskau abberiefen und sich die Gerüchte über den Abschluß eines Separatfriedens mit Deutschland allenthalben verdichteten, wurden weitere 800000 Reservisten zur Auffüllung der westlichen Grenzmilitärbezirke eingezogen. Nach den Scheinverhandlungen Simons mit Heß in London erging zwischen dem 12. und dem 15. Juni der Befehl, auch die bislang in der Tiefe gestaffelten Divisionen unmittelbar an die Grenze heranzuschieben.[79] Dementsprechend registrierte das OKW Mitte Juni, daß »die militärische Haltung Sowjetrußlands in wachsendem Maße einen bedrohlichen Charakter angenommen hat« und daß »die militärischen Maßnahmen der Sowjetunion eindeutig auf die Vorbereitung eines Angriffs auf das Deutsche Reich eingestellt sind«.[80] Zwei Tage vor dem deutschen Angriff hielt Generaloberst Alfred Jodl, der Chef des Wehrmachtsführungsstabes beim OKW, fest, daß »sich jeden Augenblick eine ungeheure sowjetische Truppenmacht [...] von Osten und Südosten her gegen Ostpreußen und gegen das Mündungsgebiet von

Bug und Narev nördlich von Warschau« in Bewegung setzen könne.[81]
Bei all diesen Vorkehrungen auf dem militärischen Sektor ist jedoch augenfällig, daß sie nicht primär von rein kriegstechnischen Erwägungen her bestimmt waren, sondern von der Entwicklung diktiert wurden, wie sie sich auf der diplomatisch-politischen Ebene vollzog. Inzwischen ließen die aus Berlin einlaufenden Nachrichten nämlich keinen Zweifel mehr daran, daß der deutsche Aufmarsch so gut wie abgeschlossen sei,[82] und damit zerrann den sowjetischen Militärs die Zeit für ihren geplanten Überraschungsschlag förmlich unter den Händen. Graf Schulenburg, der deutsche Botschafter in Moskau, hatte – wie er sich ausdrückte – »das Staatsgeheimnis Nummer eins« preisgegeben, daß Hitler beschlossen habe, »am 22. Juni den Krieg gegen die UdSSR zu beginnen«,[83] und bald traf sowohl aus London über den tschechischen Geheimdienst wie aus Tokio über Richard Sorge die Bestätigung dieses Datums ein und der Hinweis, daß es »weder ein Ultimatum noch eine Kriegserklärung« geben werde.[84] Wenn Stalin all diese Alarmsignale hartnäckig ignorierte, wenn er seinen Militärs, die langsam die Nerven verloren,[85] kein grünes Licht für das Prävenire gab, wenn er die Situation an der Grenze bis in die Morgenstunden des 22. Juni hinein für kalkulierbar hielt, das Risiko einer Einkesselung der eigenen, exponierten Truppen bei einem Erstschlag der Wehrmacht ausschloß und, wie Goebbels höhnte, »wie das Kaninchen auf die Schlange« starrte,[86] dann hatte all dies seine Ursache in der Friedensinitiative des Führerstellvertreters und in dem Kulissenspiel, das die Briten im Mai/Juni 1941 inszenierten.
Wurde seit Mitte Mai der Rhythmus der militärischen Aktionen maßgeblich von dem Faktor Heß bestimmt, so galt dies für die Globalstrategie Stalins nicht minder. Stalin hatte sich, wie Mikojan in seinen Memoiren berichtet, ausführlich mit der deutschen Staatsliteratur seit Bismarck beschäftigt, die laut Mikojan »aufgrund der Analyse der Geschichte und der Kräfteverhältnisse« zu dem Schluß gelangt war, »daß Deutschland nicht an zwei Fronten kämpfen sollte, daß es in solchen Fällen nicht siegen würde«.[87] Auf Basis dieser Erkenntnis war der sowjetische Diktator überzeugt, daß Hitler diesen entscheidenden Fehler des Deutschen Reiches im Ersten Weltkrieg nicht wiederholen werde,[88] und er war allen warnenden Stimmen seiner Umgebung,

die auf den deutschen Aufmarsch verwiesen, stets mit dem Argument begegnet, daß Deutschland, »solange es seine Rechnung mit England nicht begleiche, nicht an zwei Fronten kämpfen und die im Nichtangriffspakt eingegangenen Verpflichtungen genauestens einhalten« werde. Wolle Hitler also einen Krieg im Osten führen, so müsse er zunächst Friedensfühler nach England ausstrecken.[89]

Der Flug von Heß vom 10. Mai, der sich nahtlos in eine ganze Kette Hitlerscher Verständigungsbemühungen mit England seit dem Frühjahr 1940 einfügte, bestärkte Stalin nur in dieser Ansicht. Es mußte daher ein Alarmsignal ersten Ranges sein, wenn, im Unterschied zur bisherigen Haltung Londons, sich nun die Anzeichen mehrten, daß die Ablehnungsfront in der britischen Hauptstadt abzubröckeln begann. Dies galt um so mehr, als Stalin den deutschen Verlautbarungen über die angebliche geistige Verwirrtheit von Heß keinen Glauben schenkte. Vielmehr ging er davon aus, daß Heß »einen Geheimauftrag von Hitler« ausführe und mit den Engländern verhandeln solle, »um den Krieg im Westen abzukürzen, damit Hitler freie Hand hat für den Vorstoß nach Osten«.[90]

Dieser Befund wurde durch die Berichte der sowjetischen Agenten erhärtet. Am 13. Mai kabelte Richard Sorge aus Tokio, daß Heß im Auftrage Hitlers einen letzten Versuch unternehme, um mit England einen Frieden zu vermitteln, bevor man sich auf einen Krieg im Osten einlasse.[91] Kim Philby, der sowjetische Agent im britischen Geheimdienst, übermittelte am 14. und am 18. Mai das Angebot, das Heß in London unterbreitet hatte, und er vermutete, daß der »Cliveden Set«, wie Philby die Appeasementfraktion der Tories bezeichnete, darauf aus sei, Churchill zu stürzen und den Weg zu einem Ausgleich mit Deutschland freizumachen. Die ausweichende Haltung des Premierministers gegenüber allen Anfragen im Unterhaus, die das Verfahren der Regierung mit dem deutschen Parlamentär betrafen, sowie die Tatsache, daß Churchill dabei Heß ausdrücklich als »my prisoner« bezeichnet habe, deuteten laut Philby darauf hin, daß Churchill dies als Warnung an die friedensbereiten Kräfte »gegen irgendwelche Intrigen mit Heß« verstanden wissen wolle.[92] Auch die Berichte der sowjetischen Agenten in Berlin, die sich auf eingeweihte Kreise im OKW und auf einen Zuträger aus dem Kreis um Goebbels beriefen, bestätigten, daß Heß im Auftrage der deutschen Regierung nach England geflogen sei, um dort Friedensvorschläge zu unterbreiten, und daß Hitler im Falle einer Annahme durch London sofort die Sowjetunion angreifen werde.[93] Bereits Mitte Mai hatte sich damit, wie amerikanische Geheimdienstquellen unter Berufung auf Schukow und ungenannte Informanten aus dem Umfeld Stalins in Erfahrung brachten, in Moskau das Schreckbild eines Komplotts in der Sache Heß so weit verfestigt, daß ein deutsch-britisches Zusammenspiel gegen die Sowjetunion nicht mehr ausgeschlossen werden konnte.[94]

Der Haltung Londons in der Sache Heß kam also ganz entscheidende Bedeutung zu, um die Krisenszenerie durchschaubar und die Gefahrenmomente berechenbar zu machen. Das ominöse Schweigen in Whitehall, die Vermeidung jeglicher offiziellen Positionsbeschreibung, die im Umfeld des Kreta-Debakels sich verstärkende Kritik an Churchills unbedingtem Kriegskurs sowie die Gerüchte und Spekulationen über die Möglichkeit eines Ausstiegs Londons aus dem Krieg, die allen gleichzeitigen Warnungen vor einem bevorstehenden deutschen Angriff entgegenliefen, kulminierten daher bald in der Analyse Maiskis, daß zwischen den streitenden Parteien in Whitehall ein zäher und verbissener »Kampf hinter den Kulissen« ausgefochten werde. Während Churchill, Eden, Bevin und alle übrigen Labourminister entschieden gegen die Aufnahme von Friedensverhandlungen mit Heß seien, träten, so Maiski, »Männer vom Schlage Simons«, unterstützt »von der ehemaligen ›Cliveden-Clique‹«, dafür ein, »Kontakt mit Hitler aufzunehmen oder zumindest die eventuellen Friedensbedingungen zu sondieren«.[95] Zwar blieben alle Versuche Maiskis vergeblich, vor Ort auf dem Umweg über den Freundeskreis von Stafford Cripps und den Director-General des Informationsministeriums Sir Walter Monckton in Erfahrung zu bringen, was die Abberufung von Cripps aus Moskau wirklich zu bedeuten habe und ob es in Whitehall tatsächlich, wie er sich ausdrückte, »eine mächtige Partei der Kriegsaussteiger« gebe.[96] Aber Stalin war bald davon überzeugt, »daß in London aufgrund der von Heß überbrachten Vorschläge Geheimverhandlungen im Gange seien«.[97]

Diese Fehlperzeption eines in der britischen Hauptstadt ablaufenden Ringens zwischen den Befürwortern und Gegnern eines Separatfriedens mit Hitler, die Aussicht auf einen Sturz Churchills und das Szenario einer möglichen Übereinkunft mit Heß

als Hitlers Unterhändler, der der Wehrmacht die Tür nach Osten öffnen sollte – all das bot jedoch für den Augenblick auch ein Fundament relativer Sicherheit. Denn für eine Umbildung der Regierung in London gab es noch keine konkreten Anzeichen, und ein solches Manöver würde Tage, wenn nicht Wochen in Anspruch nehmen. Im Lichte dieser Einschätzung galt es daher, äußerst vorsichtig und zurückhaltend zu taktieren, um nicht einer britischen Provokation aufzusitzen, die die Sowjetunion in den Krieg verwickeln sollte, zugleich aber die sich entwickelnde Szenerie genauestens zu verfolgen und für alle Eventualitäten gerüstet zu sein. Stalin ließ deshalb noch Mitte Juni die von London verbreiteten Kriegsgerüchte durch ein TASS-Kommuniqué als Winkelzüge feindlicher Kräfte zurückweisen;[98] er schickte Kundschafter nach Berlin mit der Anweisung, die »ganze Aufmerksamkeit auf die Aufgabe zu richten, ob zwischen Deutschland und England tatsächlich Friedensverhandlungen geführt würden«,[99] und er ließ seine Militärs die Weichen für einen möglichen Präventivschlag im Westen stellen.
Berücksichtigt man dies, so deutet alles darauf hin, daß Stalin als Antwort auf das britische Vexierspiel in der Sache Heß eine Strategie wählte, die die Optionen von Defensive und Offensive in abgestufter Folge verband und ein flexibles Reagieren ermöglichte. Erste Priorität kam dabei der Maxime einer strikten Konfliktvermeidung zu, um in Fortsetzung der Beschwichtigungspolitik gegenüber Hitler die Gunst der weit fortgeschrittenen Jahreszeit zu nutzen, zumal das deutsche Heer, wie Stalin wußte, auf einen Winterfeldzug nicht vorbereitet war.[100] Zugleich galt es jedoch, sich dagegen zu wappnen, daß die Appeasementfraktion in London die Oberhand bekam, Churchill gestürzt wurde und Hitler grünes Licht für seinen Ausfall nach Osten erhielt. In diesem Fall aber war höchste Eile geboten, und die eigenen Kräfte mußten so disloziert sein, daß sie die deutschen Truppen umfassen und in einer blitzartigen Offensivaktion niederwerfen konnten. Stalin verfolgte also eine doppelgleisige Taktik, die die scheinbar gegensätzlichen Alternativen von Abwarten und Angriff verknüpfte, die jedoch – und hier lag ihr entscheidender Fehler – völlig unberücksichtigt ließ, daß die in London erstellte Szenerie nur eine kühl kalkulierte Kulisse war, daß die Initiative von Heß nicht im vermuteten Zusammenhang mit Hitlers Angriffsplanung stand und daß dieser, unberechenbar wie immer,

alles auf eine Karte setzend, seinen Vernichtungskrieg ohne Kriegserklärung, ohne Ultimatum und ohne vorgängigen Frieden mit England begann.

Tagelang vergrub sich Stalin nach jenem ominösen 22. Juni in seiner Datscha in Kunzewo, ja er befürchtete gar seine Absetzung und Verhaftung, als die Spitzen des Politbüros am 29. Juni dort erschienen, um ihn aufzusuchen.[101] »Er hatte nicht geahnt oder vorausgesehen«, so berichtet seine Tochter Swetlana, »daß der Pakt von 1939, den er als Frucht seiner eigenen großen Hinterlist betrachtete, von einem Gegner gebrochen würde, der noch hinterlistiger war als er selbst.«[102] Churchills Rundfunkrede, in der der Premierminister noch am Tage des deutschen Angriffs den unerschütterlichen Willen der britischen Regierung zum Ausdruck brachte, »Hitler und jede Spur des Nazi-Regimes zu vernichten« und in der er von der Solidarität der Gefahr und des Kampfes sprach, die England, die Vereinigten Staaten und die Sowjetunion zusammenbinde,[103] blieb somit vorerst durch das offizielle Moskau unbeantwortet. Statt dessen reagierte die Kommunistische Partei Großbritanniens mit dem wütenden Vorwurf an die Adresse Whitehalls, daß Hitlers Überfall »die Folge der geheimen Schritte [sei], die hinter dem Schleier der Heß-Mission stattgefunden haben«.[104]

Nicht vor dem 9. Juli, als die deutschen Armeen das Gros der sowjetischen Westfront in der Doppelschlacht von Bialystok und Minsk zerschlagen hatten, als Hitler und sein Generalstabschef Generaloberst Halder den Ostfeldzug bereits für gewonnen hielten,[105] zeigte sich Stalin bereit, auf Churchills Rede zu reagieren. Dem inzwischen längst nach Moskau zurückgekehrten Stafford Cripps gegenüber regte er eine schnelle Übereinkunft mit England an und erging sich in Befürchtungen über einen britisch-deutschen Separatfrieden. Wie Cripps nach der Unterredung befriedigt und mit Süffisanz bilanzierte, habe man in den letzten Wochen versucht, den Russen Angst einzujagen, »um sie daran zu hindern, mit den Deutschen zu weit zu gehen«.[106] Das britische Kalkül einer Funktionalisierung des Heßschen Friedensfühlers, das machiavellistische Spiel mit der Drohkulisse eines möglichen Ausstiegs Englands aus dem Krieg war also voll aufgegangen. Dementsprechend enthielt das am 12. Juli zwischen Moskau und London abgeschlossene Abkommen auf Stalins ausdrücklichen Wunsch hin auch die Verpflichtung beider Mächte, außer

nach vorgängiger Vereinbarung mit Deutschland weder Verhandlungen zu führen noch einen Waffenstillstand oder Friedensvertrag abzuschließen.[107]
Die britisch-sowjetische Übereinkunft beendete nicht nur die Periode der Isolierung Englands in Europa, sie war auch der Nukleus eben jener großen Allianz der Weltmächte gegen Hitler und Nazideutschland, die Heß mit seinem spektakulären Unternehmen vom 10. Mai hatte verhindern wollen, die er jedoch durch seinen Flug – wenn auch indirekt – zusammengeführt hatte.

8 Die dialektische List der Geschichte

»Die ganze Sache ist der Botengang eines Toren – aber dafür können wir nichts.«
Mit diesen harschen Worten umschrieb Albrecht Haushofer seinem Vater den von Rudolf Heß gefaßten Plan, mit dem Herzog von Hamilton in Kontakt zu treten und die Möglichkeiten eines Friedens zwischen Deutschland und England zu sondieren.
So berechtigt diese Einschätzung vom Herbst 1940 aus dem Blickwinkel des erfahrenen Englandkenners auch erscheinen mag, so deutlich auch in der historischen Forschung der Tenor vorherrscht, der knapp sieben Monate später erfolgte spektakuläre Flug des Führerstellvertreters nach Schottland sei das Unternehmen eines »geflügelten Parzifals« gewesen, so geht das Haushofersche Diktum doch in wesentlichen Implikationen fehl. Denn Heß war nicht jener tumbe Tor, der ohne den geringsten Blick für die Realitäten des deutsch-britischen Verhältnisses im Frühjahr 1941 in seiner Me 110 gen Dungavel startete, und er handelte keineswegs mit geheimer Zustimmung oder gar in offiziellem Auftrag seines »Führers«. Er war weder – wie Goebbels höhnte – im strengen Sinne des Wortes ein »Narr« oder ein »primanerhafter Dilettant«, noch war er »Hitlers letzter Emissär« (Schlie).
Sein Flug vom 10. Mai 1941 war vielmehr das Resultat seiner seit den frühen dreißiger Jahren sich immer intensiver gestaltenden Kontakte zur britischen Oberschicht, das Ergebnis seiner Überzeugung, daß das Deutsche Reich nicht abermals das Risiko eines Zweifrontenkrieges eingehen dürfe, wie es Hitler mit der Planung des Unternehmens »Barbarossa« seit dem Sommer 1940 bedenkenlos in Kauf nahm. Das Unternehmen war zudem eine Reaktion auf Heß' zunehmende Marginalisierung in der natio-

nalsozialistischen Führungsspitze, auf einen schleichenden Kompetenz- und Autoritätsverfall, der Heß Ausschau halten ließ nach einer kühnen, aufsehenerregenden Tat, um die Gunst seines »Führers« zurückzugewinnen, und es war das Produkt seiner Entschlossenheit, durch ein fliegerisches Kabinettstück unter Mißachtung aller Gefahren für Leib und Leben eben das zu bewerkstelligen, was mit den traditionellen Mitteln der Diplomatie nicht zu erreichen war: den Sturz Churchills und den Ausgleich mit England zu deutschen Bedingungen. Vor allem aber war der Flug die Konsequenz einer Intrige des britischen Geheimdienstes, der die deutsche Seite und Heß insbesondere mit Falschinformationen über die wahre Lage in England förmlich bombardierte, der in großem Stil Gerüchte über eine mögliche Ablösung Churchills ausstreute und seit dem November 1940 im Namen Hamiltons eine Korrespondenz mit dem Führerstellvertreter führte, die Heß zu der Schlußfolgerung brachte, daß tatsächlich jene aktionsbereite Gruppe schottischer Adeliger mit besten Verbindungen zum Königshaus existiere, die den Weg zu einem Frieden frei machen werde, wenn man ihr nur ein untrügliches Zeichen ernsthaften deutschen Ausgleichswillens gebe.

Die Karriere von Rudolf Heß begann dort, wo sie enden sollte: im Gefängnis. Hinter den Mauern der Landsberger Festung wurde er Hitlers engster Vertrauter, sein Sekretär, sein »Hesserl«, sein »Rudi«. Hier formte sich jenes Urvertrauen in die messianische Sendung des »Führers«, der vom Schicksal ausersehen sei, das Deutsche Reich von den Fesseln des Versailler Vertrages zu befreien, der die Schmach des verlorenen Weltkriegs tilgen, die Nation zum Wiederaufstieg, ja zur Weltmacht führen werde. Bereits im November 1921 hatte Heß dem Führermythos in einer preisgekrönten Arbeit treffenden Ausdruck verliehen, hatte er all die Eckpfeiler der rigiden Weltanschauung und menschenverachtenden Staatspraxis des Nationalsozialismus definiert, die im Dritten Reich grausame Wirklichkeit werden sollten. Dieses »Bild des Diktators« projizierte er in Landsberg auf Hitler, und er sorgte dafür, daß dieser in der aufstrebenden Partei nicht mehr mit »Herr Hitler«, sondern nur noch mit »Chef« und bald mit »Führer« angeredet wurde.

Was beide Männer, die im »Feldherrnflügel« des Landsberger Festungsbaus Tür an Tür wohnten, verband, war nicht nur die grenzenlose Bewunderung des Jüngers für seinen Herrn, dessen stundenlangen Monologen Heß geduldig und mit Faszination lauschte; es war nicht nur die Mitarbeit von Heß an Hitlers Programmschrift, nicht nur der imperialistisch gefaßte Lebensraumgedanke, den Heß seinem »Führer« in Anlehnung an die Thesen Karl Haushofers nahebrachte; und es war nicht nur das von Heß ausgehende Stimulans des gläubigen, ja elektrisierten Gefolgsmannes, das Hitler – abgeschnitten vom grölenden Jubel der Bierkeller – hinter den Mauern von Landsberg schmerzlich vermißte. Es war vor allem die Seelenverwandtschaft der Frontkämpfer, die bittere Erfahrung des »gestohlenen Sieges« im Weltkrieg, der fanatische Haß gegen die aus den Scherben des Kaiserreiches hervorgegangene »Republik der Novemberverbrecher« und die »Hoffnung auf den Tag der Rache«, um die Schmach von Versailles zu tilgen und das Trauma des um den Lohn aller Entbehrungen betrogenen Frontsoldaten zu bewältigen.

Seit Landsberg galt Heß als Hitlers »Schatten«, dessen Macht und Ansehen sich ausschließlich aus der engen persönlichen Nähe zu seinem »Führer« speiste. Hitler vergolt diese bedingungslose Hingabe, die selbst keinen Ehrgeiz kannte, indem er Heß zunächst zu seinem Privatsekretär machte, ihn im Dezember 1932 zum Leiter der neu gegründeten »Politischen Zentralkommission« berief und ihn nach der »Machtergreifung« zu seinem Stellvertreter in der NSDAP ernannte, dem bald als »Reichsminister ohne Geschäftsbereich« auch Kabinettsrang zuteil wurde.

Im Gegensatz zur landläufig verbreiteten Ansicht, daß diese Ämterfülle nur eine leere Hülse vermeintlicher Machtausübung gewesen sei, baute Heß innerhalb weniger Jahre ein weitverzweigtes Imperium an Einfluß, Kontrollfunktionen und Kompetenzen, an Dienststellen, Stäben und Parteiorganisationen auf, das dem Totalitätsanspruch der NSDAP auf breiter Front Geltung verschaffte und Heß zu einem der Architekten der Gleichschaltung von Partei, Staat und Gesellschaft werden ließ. Die gezielte und sukzessive Durchdringung aller öffentlichen und privaten Lebensbereiche mit Geist und Idee des Nationalsozialismus nach der »Machtergreifung« war nicht zuletzt sein Werk. Im Binnenbereich der Partei, der eigentlichen Domäne der Führerstellvertreters, läßt sich, wenngleich mit weniger Erfolg, ein analoger Befund erheben. Zwar waren der Wirksamkeit und Effizienz von Heß gegenüber den Provinzfürsten und Amtsträgern der NSDAP durch den von Hitler systematisch praktizierten Führungsstil einer dilatorischen, ja ausweichenden Streitschlichtung, einer bewußt geförderten Diversifizierung und Delegierung der Kompetenzen in der Art eines »organisierten Chaos«, ungleich engere Grenzen gesetzt, aber wie auf der staatlichen und kommunalen Ebene verfocht Heß auch hier den Anspruch auf Zentralisierung der Macht unter seiner Ägide in der Münchner Parteikanzlei.

Mit dem Jahre 1936 setzte ein schleichender und unaufhaltsamer Autoritäts- und Bedeutungsverfall von Heß und seiner Dienststelle ein, der nicht ohne Rückwirkung auf sein Selbstverständnis als »einziger und wahrer Interpret der inneren Gedanken« Hitlers blieb, der ihn in eine tiefe persönliche Krise stürzte und ihn dazu bewog, nach einer Aufgabe Ausschau zu halten, die seinen heimlich brennenden Ehrgeiz befriedigte. Hier kam ein ganzes Bündel von Faktoren und Ursachen zusammen, die bald zu einer Marginalisierung von Heß' Position und Einfluß im Rahmen der Entscheidungsstrukturen des Regimes führten: die gigantische Aufblähung seiner Dienststelle in den beiden ersten Jahren nach der »Machtergreifung«, in deren amorphem Charakter zugleich ein Moment der Stärke und der Schwäche lag; die zunehmende Rivalität der anderen Paladine Hitlers, die darauf achteten, daß der unterschätzte Stellvertreter nicht zu mächtig wurde; die labile, ja latent neurotische Persönlichkeitsstruktur von Heß, der sich dem Gerangel um Macht, Gewicht und Ansehen bei Hitler immer weniger gewachsen zeigte, statt dessen allein auf blinde Treue und das intime Band alter Tage setzte. Am wichtigsten war freilich der Faktor der Kriegsvorbereitung, der Hitlers gesamtes Denken und Handeln ab 1936 bestimmte, der Heß vom Platz an der Sonne verdrängte, sein Gemüt verdunkelte und ihn vergeblich nach einer neuen Rolle suchen ließ. Nun, da die NSDAP nach der Beseitigung aller innerparteilichen Oppositionskräfte ein willfähriges Instrument in der Hand ihres »Führers« darstellte und der Prozeß einer Unterwanderung von Staatsapparat und Gesellschaft abgeschlossen war, hatte Heß seine Aufgabe praktisch erfüllt, hatte sich seine Bestimmung als Sachwalter der Anliegen der Partei und als Zuchtmeister gegenüber ihren unbotmäßigen Elementen überlebt. Während sich der Akzent nunmehr vollkommen auf die Außenpolitik, auf Aufrüstung und Mobilisierung von Wirtschaft und Industrie verschob, sah sich Heß auf belanglose Repräsentationsrituale verwiesen,

fand er sich mehr und mehr von den Entscheidungszirkeln ausgeschlossen, begann seine Entfremdung von Hitler.
Was ihm inmitten einer sich verschärfenden psychischen und physischen Krise als mögliche Ebene einer Profilierung blieb, waren seine zahlreichen Kontakte und Verbindungen nach England, die nun, da Hitler auf Expansion und Krieg lossteuerte, immer wichtiger wurden. Sie liefen über drei sich ergänzende Schienen: über Squadron Leader Frederick W. Winterbotham ins britische Luftwaffenministerium, wo eine scharf antikommunistisch eingestellte Gruppe ranghoher Offiziere vorgeblich für das Zustandekommen eines britisch-deutschen Ausgleichs wirkte, tatsächlich jedoch geheimdienstliche Fäden zur Entourage Hitlers spann; über den in Hindelang und in London praktizierenden Arzt und Freund von Heß, Prof. Franz Gerl, der – mit einem persönlichen Empfehlungsschreiben von Heß ausgestattet – bei einflußreichen, germanophilen Briten für die Idee einer deutsch-britischen Interessengemeinschaft warb, und über Albrecht Haushofer, den Sohn von Heß' altem Münchner Universitätslehrer Karl Haushofer. Im Auftrag von Heß reiste Albrecht Haushofer zwischen 1934 und 1938 nicht weniger als 14 Mal nach England. Bei seinen Gesprächen in London fand er Zugang zu jenem Zirkel von einflußreichen Politikern und Diplomaten, die der sogenannten Appeasementfraktion der Tories angehörten. Die intensivsten, ja freundschaftlichen Bande knüpfte Haushofer freilich zu Douglas Douglas-Hamilton, der aufgrund seiner verwandtschaftlichen Beziehungen über exzellente Verbindungen zum Königshaus verfügte und während der dreißiger Jahre als Abgeordneter der konservativen Partei den schottischen Wahlkreis Renfrewshire im Unterhaus vertrat, bevor er 1940 als 14. Herzog von Hamilton und 11. Herzog von Brandon einen Sitz im Oberhaus einnahm.
Die ersten Anzeichen dafür, daß sich Heß mit dem Gedanken einer Friedensinitiative zu beschäftigen begann, lassen sich ab dem Frühsommer 1940 feststellen, nachdem Hitler die mehrmals geäußerte Bitte seines Stellvertreters, als Offizier der Luftwaffe an die Front versetzt zu werden, abschlägig beschieden hatte. Während des Frankreichfeldzuges ließ sich Heß von Hitler bestätigen, daß dieser, ungeachtet des inzwischen eingetretenen Kriegszustandes mit England, unverändert an seinen alten Ausgleichs- und Verständigungsideen mit der Regierung in White-

hall festhielt, wie er sie in der Landsberger Haft zu Papier gebracht hatte. Hinzu kam, daß der Krieg nach Heß' Auffassung ein Kampf mit verkehrter Frontstellung war und blieb. Denn der eigentliche Feind des nationalsozialistischen Deutschland, das bolschewistische Rußland Stalins, verschanzte sich hinter den Palisaden des Paktes von 1939, während sich der Krieg im Westen nach dem Amtsantritt Churchills in die Länge zog – trotz des schnellen Erfolges der Wehrmacht über Frankreich und der »großmütigen Gesten« und Angebote des »Führers«, um mit den Briten ins Reine zu kommen. Wenn bei Heß angesichts dieser Lage die Überzeugung reifte, daß er seine ganze Kraft auf eine »Tat von historischer Bedeutung« konzentrieren müsse, die »Deutschland die Rettung bringen« werde, so hatte dies mit zwei Umständen zu tun.

Erstens liefen in Berlin seit dem Sommer 1940 verstärkt Nachrichten ein, daß die harte Linie Churchills ins Wanken zu geraten scheine. Dieser Tenor wurde im Laufe des Herbstes gezielt fortentwickelt, als ein eigens dafür eingerichteter Ausschuß des britischen Geheimdienstes die deutschen Stellen in großem Stil mit Falschinformationen über die Lage in England versorgte. Der Kampf gegen Hitler habe, so hieß es in den zugespielten Informationen, die »englische Moral bis zum Rand des Zusammenbruchs« untergraben; angeblich existierten trotz aller Churchillschen Kriegsrhetorik hinter den Kulissen ausgleichsbereite Kräfte und hielten einflußreiche Kreise an der Auffassung fest, daß es »höchste Zeit« sei, »Churchill und dessen ›Clique‹ zu stürzen und Schritte für einen baldigen Friedensschluß zu unternehmen«.

Der zweite Grund, der Heß in seinem Vorsatz bestärkte, eine Verständigung zu bewerkstelligen, war ein militärischer. Churchill war es gelungen, Hitler in den strategischen Luftkrieg auch gegen die Zivilbevölkerung zu zwingen, und dies mußte über kurz oder lang, dessen war sich Heß sicher, die Chancen und den Spielraum für einen Frieden auf beiden Seiten zunichte machen. Vor allem aber nahm Hitler seit Ende Juli 1940 sein eigentliches Ziel ins Visier: die Eroberung von Lebensraum im Osten des Kontinents im Vernichtungskampf gegen die Sowjetunion. Dies bedeutete aus Heß' Sicht, daß das Trauma des Ersten Weltkrieges, eines abermaligen Kampfes an zwei Fronten, bedrohlich Gestalt annahm. Ein Frieden mit England, der Deutschland für die ge-

plante Aktion im Osten den Rücken freihielt, der endlich jenen Block der »germanischen Brudervölker« schuf, wie er Heß von jeher vorschwebte, schien nun dringlicher denn je.
Einen Tag, nachdem der »Führer« seinen Stellvertreter von der anlaufenden Planung für das »Unternehmen Barbarossa« in Kenntnis gesetzt hatte, besprach Heß am 2. August mit Albrecht Haushofer die Möglichkeiten einer Verständigung mit England. Zwei Tage nach dem Beginn des »Adlertages«, als Görings Bomber in Scharen gen England ausschwärmten, beauftragte er den Gelehrten, Kontakt zu friedensbereiten Kreisen in England aufzunehmen. Es schien daher geradezu ein »Schicksalswink« (Karl Haushofer) zu sein, daß sich just um diese Zeit eine alte Bekannte der Haushofers, Mrs. Violet Roberts, brieflich aus Lissabon meldete und um eine Rückantwort an ein Postfach in der portugiesischen Hauptstadt bat. Ob hierbei der Zufall seine Hand im Spiel hatte oder ob hier die ersten Fäden jenes britischen Spionagespiels sichtbar wurden, das sieben Monate später mit dem Flug des Führerstellvertreters nach Schottland seinen krönenden Abschluß fand, kann aufgrund der Aktenlage nicht verifiziert werden. Aber es mutet doch höchst merkwürdig an, daß sich die knapp 76jährige alleinstehende Dame, deren Verbindungen zur Familie Haushofer seit den zwanziger Jahren abgerissen waren, ausgerechnet zu jenem kritischen Zeitpunkt mit der Bitte um eine Kontaktaufnahme an die Haushofers wandte.
Der eigentliche Beginn der vom britischen Geheimdienst gesteuerten Intrige, die Heß dazu bewog, selbst die Regie zu übernehmen und Hamilton direkt im schottischen Dungavel aufzusuchen, läßt sich erst mit jenem Brief ansetzen, den Haushofer im Auftrag von Heß am 23. September 1940 an das angegebene Postfach in Lissabon absandte. Er war an Mrs. Roberts gerichtet, die sich allerdings zu diesem Zeitpunkt gar nicht mehr in der portugiesischen Hauptstadt aufhielt, ja wahrscheinlich nie ihr Heim in Cambridge verlassen hatte. Der Brief enthielt ein Begleitschreiben an den Herzog von Hamilton, in dem dieser um eine Kontaktaufnahme und ein Treffen in Lissabon gebeten wurde. Während Hamilton selbst, der zu dieser Zeit als Wing Commander den Stützpunkt der RAF im schottischen Turnhouse befehligte, nicht vor Mitte März 1941 durch den Geheimdienst der Luftwaffe von der Existenz des Schreibens Kenntnis erhielt, führte die Sek-

tion V des SIS, der für Spionageabwehr und Gegenspionage zuständige MI 5, den ganzen Winter hindurch im Namen des Herzogs eine streng geheime Korrespondenz mit Heß.
Ein ganzes Bündel von Indizien legt diesen Befund nahe. Erstens begann sich Heß nun intensiv mit den Vorbereitungen eines Fluges nach Schottland zu beschäftigen. Er absolvierte mit einer Me 110 zahlreiche Probeflüge auf dem Testgelände der Messerschmittschen Flugzeugfabrik in Haunstetten bei Augsburg, verschaffte sich Kartenmaterial und Wetterberichte und ließ die Maschine für seinen Zweck bis zum Frühjahr 1941 sukzessive umrüsten. Zwei elementare Faktoren schienen ihn allerdings während dieser minutiösen, monatelangen Vorbereitungen überhaupt nicht zu interessieren, so daß der Verdacht naheliegt, daß er von anderer Seite hierfür präzisen Aufschluß erhalten haben muß: der Aufenthaltsort Hamiltons zum Zeitpunkt des Fluges sowie das Problem einer sicheren Landung in Schottland.
Zweitens war der Chef der Heß unterstehenden Auslandsorganisation der NSDAP, der im britischen Bradford geborene Gauleiter Ernst Wilhelm Bohle, in der fraglichen Periode für Heß als Übersetzer von Schriftstücken tätig, die sich an den Herzog von Hamilton richteten. Tatsächlich geriet Bohle bald in den dringenden Verdacht, als Agent für den SIS zu arbeiten, und die Ermittlungen des Reichssicherheitshauptamtes, die nach dem Abflug von Heß angestellt wurden, ergaben, daß Heß »systematisch durch den engl[ischen] Secret Service und dessen deutsche Helfershelfer zu seinem Entschluß bestimmt worden« sei. Diesen Befund bekräftigte nach dem Kriege auch Karl Haushofer, als er darauf verwies, daß mehrere Briefe über Portugal nach England gegangen seien, die der britische Geheimdienst beantwortet habe und die »Heß dazu brachten, in Erwartung einer Friedenskonferenz nach England zu fliegen«. Schließlich erfuhr auch Hamilton von der Existenz »früherer Briefe«, die offenbar in seinem Namen abgeschickt worden waren, als er im Frühjahr 1941 von den zuständigen Stellen des Geheimdienstes mit dem Auftrag konfrontiert wurde, nach Portugal zu reisen und den Kontakt persönlich weiterzuführen.
Drittens läßt sich – ungeachtet der Tatsache, daß die Akten von MI 5 und MI 6 nach wie vor strikt unter Verschluß gehalten werden – erstmals auch ein zeitgenössischer Beleg beibringen, der den von den Sowjets immer wieder geäußerten Verdacht erhär-

tet, daß Heß durch den britischen Geheimdienst nach Schottland gelockt wurde. Ende Mai 1941 erhielt die tschechische Exilregierung in London, die das Unternehmen von Heß in Befürchtung eines deutsch-britischen Arrangements zu ihren Lasten mit Argwohn verfolgt hatte, den Bericht eines ranghohen Informanten aus dem SIS. Dieser bestätigte die zwischen Heß und dem vermeintlichen Herzog von Hamilton geführte Korrespondenz und hielt als Heß' Angebot fest, daß der Herzog umgehend mit einer »Agitation in den Appeasementkreisen« beginnen solle. »Im richtigen Moment würde dann eine hochrangige politische Persönlichkeit nach England kommen, um über die Friedensbedingungen zu verhandeln.« Dementsprechend forderte der Führerstellvertreter, als er Hamilton am Morgen des 11. Mai in Schottland endlich gegenübersaß, den Herzog auf, die »führenden Mitglieder« seiner Partei zusammenzurufen, »um Friedensvorschläge zu unterbreiten«.

Und schließlich besaßen die Briten, allen voran Churchill, präzise Kenntnis über den Ankunftstag von Heß, der seinen Abflug nach Schottland auf den 10. Mai 1941 festgelegt hatte. Für die Auswahl dieses Termins waren mehrere Faktoren ausschlaggebend. Die im Auftrag von Heß durch Albrecht Haushofer geführten Sondierungsgespräche mit Samuel Hoare, dem britischen Botschafter in Madrid, sowie mit Carl Jacob Burckhardt, dem Vizepräsidenten des Internationalen Roten Kreuzes in Genf, hatten erneut unter Beweis gestellt, daß über Vermittler und Makler eines Ausgleichs mit England kein Fußbreit an Boden zu gewinnen war, sondern statt dessen nur wertvolle Zeit verstrich. Eben diese zerrann Heß förmlich unter den Händen, als Hitler nach dem überraschend schnellen Abschluß des Balkanfeldzuges den Beginn des Angriffs gegen die Sowjetunion auf den 22. Juni festgesetzt hatte. In aller Eile ließ Heß letzte Modifikationen an seiner Me 110 vornehmen, um am 10. Mai – inmitten des bis dahin schwersten Luftschlags gegen England – gen Schottland starten zu können. Für jenen strahlenden Frühlingstag hatte er Alfred Rosenberg, den Kontaktmann zu Winterbotham, zu sich in seine Privatwohnung nach Harlaching bestellt, um allem Anschein nach letzte Anweisungen für die Durchführung des Fluges aus dem britischen Luftwaffenministerium entgegenzunehmen. Der wichtigste Grund für die Auswahl des 10. Mai lag freilich auf einem anderen Feld. Von mehreren Astrologen hatte sich Heß Gutachten für eine erfolgversprechende Reise im Interesse des Friedens erstellen lassen. Alle Voraussagen, die ihn im Laufe des Frühjahrs 1941 erreichten, stimmten darin überein, daß an jenem 10. Mai eine ungewöhnlich günstige astrologische Konstellation gegeben sei – ein Umstand, der Heß zu der ebenso unverrückbaren wie naiven Überzeugung brachte, als Vollzugsagent übernatürlicher Kräfte handeln zu müssen, um zwischen Deutschland und England endlich Frieden zu stiften.

Von all diesen Dingen, die seinen Stellvertreter seit Monaten umtrieben, ahnte Hitler nichts. Er hatte zwar die über Albrecht Haushofer ausgestreckten Friedensfühler abgesegnet, zu einem Flug von Heß mitten hinein in die feindlichen Linien hätte er jedoch niemals seine Zustimmung gegeben. Folglich handelte Heß auf eigene Rechnung und auf eigenes Risiko, wenngleich er sicher sein konnte, daß ein überraschender Erfolg seiner selbstgewählten Mission Hitler nicht unwillkommen sein würde. Bei einer rationalen Abwägung der Gefahren und Chancen eines solchen Unternehmens ergibt sich – unter Einbeziehung derjenigen Überlieferungen der Reaktionen Hitlers, die unter quellenkritischen Aspekten Bestand haben – der klare Befund, daß der deutsche Diktator die Friedensinitiative seines ältesten und treuesten Gefolgsmannes weder angeregt, gebilligt und autorisiert noch gedeckt hat. Mehrere Punkte erhärten diese Sicht der Dinge.

Erstens waren sich alle Experten, die Hitler nach dem Abflug von Heß in aller Eile auf dem Berghof um sich versammelt hatte, darin einig, daß Heß entweder von der britischen Flugabwehr abgeschossen würde oder daß er beim Versuch einer Landung im Dunkeln verunglücken müsse. Wäre Heß also tatsächlich als »Hitlers letzter Emissär« (Schlie) gen Britannien entsandt worden, so hätten der »Führer« und sein Stellvertreter alles darangesetzt, die Risiken und Unwägbarkeiten des Fluges so gering wie möglich zu halten. Vor allem aber hätten sie als Startflughafen mit Sicherheit nicht etwa Haunstetten bei Augsburg, sondern einen Ort an der Atlantikküste ausgewählt, der Heß die Möglichkeit einer Umkehr offengehalten hätte.

Zweitens ging Hitler knapp sechs Wochen vor dem Beginn des »Unternehmens Barbarossa« das unkalkulierbare Risiko ein, den Briten bei einem zu befürchtenden Fehlschlag der Aktion mit der Person seines Stellvertreters nicht nur ein erstklassiges Propa-

gandaobjekt zu überstellen, sondern hätte auch riskiert, Churchill sein bestgehütetes militärisches Geheimnis auszuliefern. Eben dies aber konnte leicht zu jener Annäherung zwischen England und Rußland führen, die zu torpedieren für Hitler von jeher ein ganz wesentliches Moment seiner Kriegsplanung war. Tatsächlich hatte sich der deutsche Diktator in der konkreten Situation des Frühjahrs 1941 längst dafür entschieden, England nicht mehr mit Angeboten – und schon gar nicht mit der Entsendung hochrangiger Unterhändler – aus dem Feld zu schlagen, sondern der widerborstigen Insel mit der angepeilten Zertrümmerung der Sowjetunion den letzten möglichen Festlandsdegen zu entwinden und das Kabinett in London auf diese Weise friedensreif zu machen. Ein Friedensbote Rudolf Heß war in diesem Kalkül nicht vorgesehen, ja er mußte, gemäß der subjektiven Erwartungen Hitlers, nicht förderlich, sondern in höchstem Maße kontraproduktiv wirken.
Diesem Dilemma auf dem militärischen Sektor standen die gravierenden Probleme gegenüber, die der Flug von Heß auf außenwie auf innenpolitischem Feld für das nationalsozialistische Regime aufwarf. So lief die unvermittelte Friedensinitiative zum einen allen Beteuerungen Hitlers gegenüber Rom und Tokio zuwider, den Kampf gegen England unvermindert fortzusetzen. Sie brachte das Reich damit bei seinen Achsenpartnern Italien und Japan in eine schwierige Position. Zum anderen rief das spektakuläre Unternehmen des Führerstellvertreters bei der deutschen Bevölkerung einen ungeheuren Stimmungseinbruch hervor, eine beispiellose Vertrauenskrise des Regimes. Doch damit nicht genug. Denn die bald verbreitete »Wahnsinnsthese«, mit der sich Hitler von Heß distanzierte und sich aus der Affäre zu ziehen suchte, gab die Führungskader der Partei der Lächerlichkeit preis und ließ allenthalben wilde Gerüchte und Spekulationen ins Kraut schießen, was es mit dem Flug von Heß denn in Wahrheit auf sich habe. An all dem aber konnte Hitler zum entscheidenden Zeitpunkt, als er daran ging, sein eigentliches Ziel, die Eroberung von Lebensraum im Osten, in Angriff zu nehmen, als sich das Problem einer Einstimmung der Bevölkerung auf den Bruch des Nichtangriffspakts in aller Schärfe stellte, als Siegeszuversicht statt Friedensgerede vonnöten war, keinesfalls gelegen sein.
Ein weiteres wichtiges Indiz dafür, daß Heß seinen Flug ohne

vorgängige Abstimmung mit Hitler unternahm, ergibt sich, wenn man das konkrete Angebot einer Verständigung betrachtet, das er den Briten im Mai 1941 unterbreitete. Es enthielt weder den von London stets geforderten Rückzug des Reichs auf seine Vorkriegsgrenzen noch die Offerte einer antibolschewistischen Zweckallianz. Was Heß anzubieten hatte, war die alte, längst ausgereizte Formel Hitlers von einer deutschen Schutzgarantie für das britische Empire, wenn England im Gegenzug Nazideutschland freie Hand auf dem Kontinent einräumte.

Die Mission von Heß war also mitnichten ein neuer, erfolgversprechender Anlauf, um England auf verbesserter Grundlage in letzter Minute zum Einlenken zu bewegen. Vielmehr drohte angesichts der nach menschlichem Ermessen sicheren abermaligen Ablehnung der substanzlosen Offerte durch London ein Scheitern der Aktion auf der ganzen Linie. Dies ließ alle genannten Dilemmata und schwerwiegenden Gefahren akut werden. Es ist daher nur konsequent, wenn die Paladine Hitlers den »Führer« »ganz erschüttert« und »maßlos erbittert« über die Insubordination von Heß antrafen; wenn Hitler den Eindruck machte »wie bisher nur einmal in seinem Leben, bei dem Tod seiner Nichte im Jahre 1927«. Die Ahnungslosigkeit und Konsterniertheit Hitlers führte zu einer Entrüstung, ja zu geifernder Raserei, als er den Tag des 10. Mai als einen der »schwärzesten seines politischen Lebens« bezeichnete; als er von einem »beispiellosen Vertrauensbruch« sprach, der nur durch »Irrenhaus oder Erschießung« gesühnt werden könne, und als er das Unternehmen als Ausgeburt einer »kindlichen Phantasie« abqualifizierte, die glaube, in England durch Gespräche das erreichen zu können, was ihm selbst »trotz heißesten Bemühens« nicht gelungen sei. War die Atmosphäre auf dem Berghof von lähmendem Entsetzen gekennzeichnet, das bald in den hektischen Aktionismus der Bemühung um Schadensbegrenzung mündete, so hob in London nach der Verhaftung von Heß in Schottland ein tagelanges, zäh und verbissen geführtes Ringen um die aussichtsreichste Konzeption bei der Ausschlachtung des Falles an. Drei Richtungen kristallisierten sich bald heraus.

Die Propagandaexperten des Informationsministeriums traten dafür ein, mit einer publizistisch-propagandistischen Großoffensive Hitlerdeutschland dort zu treffen, wo es der »Führer« und seine Paladine fast ohnmächtig erwarteten. Sie produzierten Vorschlag auf Vorschlag, Memorandum auf Memorandum, um das allgemeine Rätselraten über die wahren Motive von Heß in einen propagandistischen Sieg für die Sache Englands umzumünzen, das Vertrauen der Deutschen in die Siegeszuversicht Hitlers nachhaltig zu erschüttern und mit getürkten Verlautbarungen im Namen von Heß Zwietracht zwischen Deutschland und seinen Allianzpartnern zu säen.

Der Premierminister witterte dagegen sofort die Chance, die sich bei einer Bekanntgabe der Heßschen Friedensinitiative für seine Parole eines »Sieges um jeden Preis« bot. Legte man nämlich die Karten offen auf den Tisch und setzte die britische Öffentlichkeit rückhaltlos in Kenntnis über den von Heß bestätigten Friedenswillen des »Führers«, dann ließ sich das spektakuläre Unternehmen trefflich als Ausweis deutscher Schwäche und deutschen Unvermögens deuten, der starrköpfigen Insel den Willen Hitlers aufzuzwingen. Dann gerieten die schmerzlichen Niederlagen und Demütigungen der letzten Monate und Wochen schnell in den Hintergrund; dann erfuhr sein Kurs eines Kampfes bis zum Sieg am Ende des Tunnels eine Bestätigung. Es war diese Überlegung, die Churchill veranlaßte, sofort mit Roosevelt in Kontakt zu treten und bis weit in den Mai hinein Entwürfe für geplante Kommuniqués in der Sache Heß zu verfassen, um seiner Konzeption die nötige Durchschlagskraft zu verschaffen.

Wenn sich weder die Propagandaexperten noch der Premierminister mit ihren Vorstellungen durchsetzen konnten, dann hatte dies nicht zuletzt mit den sich häufenden Nachrichten und Vermutungen zu tun, daß der Geheimdienst eine Rolle in der Affäre gespielt haben könne, daß er Heß mit dem Köder einer umsturzbereiten Gruppe »schottischer Quislinge« in die Falle gelockt habe, was zugleich Selbstbeschränkung und den Verzicht auf eine vorbehaltlose Publizität der ganzen Angelegenheit gebot. Mindestens ebenso wichtig waren die von den Spitzen des Foreign Office und dem als Minister für Flugzeugproduktion eben abgelösten Lord Beaverbrook ins Feld geführten Argumente, die auf eine Instrumentalisierung der Affäre Heß auf dem diplomatischen Sektor hinausliefen. Ihre eisern verfochtene Konzeption bot den Vorteil, den Fall Heß hinter einer Mauer des Schweigens scheinbar begraben zu können und damit den unverzichtbaren nationalen Konsensus in Großbritannien nicht zu gefährden, zugleich aber hinter den Kulissen auf dem Felde der großen Politik durch eine geschickte Inszenierung die Isolierung Englands zu durchbrechen und mittels einer gezielten Ausnutzung der Affäre einen diplomatischen Positionsvorteil herauszuspielen.

Aber es war ein langer, bisweilen dramatischer Kampf, bis sich die Architekten dieses Vorhabens – Anthony Eden und Alexander Cadogan – endlich gegen die Propagandisten und den widerspenstigen Premierminister durchgesetzt hatten. Mit dem Verweis auf die schwierige Lage Englands, das im Mai 1941 sowohl kriegswirtschaftlich wie bündnispolitisch und militärisch mit dem Rücken zur Wand stand, hatte der Außenminister bereits kurz nach der Inhaftierung von Heß gegenüber Churchill darauf hingewiesen, daß man nun über einen »master key« verfüge, um aus der bedrohlichen Situation herauszufinden. Denn der Umstand, »daß das britische Empire zu diesem Zeitpunkt noch intakt aus dem Krieg herauskommen könne«, biete den Ansatzpunkt zu einer politischen Offensive auf dem Hintergrund der Tatsache, daß man »die Möglichkeit habe, den zukünftigen Kampf mit einem germanisierten Europa« den anderen Großmächten zu überlassen.

Dieser von Eden ausgegebenen Marschroute entsprachen die Schachzüge der kommenden Wochen. Sie orientierten sich im Grunde genau an dem, was von jeher in Tradition und Horizont der britischen Abwehrpolitik gegenüber einem kontinentalen Hegemon lag: einer Niederringung Hitlerdeutschlands von der Basis der eigenen insularen Sicherheitslage aus durch die Gewinnung strategisch wichtiger und militärisch potenter Bundesgenossen, des Stalinschen Rußland als britischer Festlandsdegen und Roosevelts Amerika mit seinen unerschöpflichen Ressourcen. Entlang dieser Linie inszenierten die Strategen des Foreign Office ein raffiniertes Verwirrspiel, in dessen Zentrum ein mögliches Eingehen auf die durch Heß überbrachten Friedensvorschläge stand. So nahm die Eden vorschwebende Vision eines Ausstiegs Englands aus dem Krieg mit Blick auf Moskau und Washington langsam, aber sicher Gestalt an. Wesentlich für diese Drohkulisse, die ab Mitte Mai entworfen wurde, waren zielgerichtet ausgestreute Warnungen an die Adresse Stalins vor einem drohenden deutschen Angriff und einem Richtungsstreit in der nationalsozialistischen Führungsspitze, bei dem die Befürworter eines Krieges gegen die Sowjetunion den Sieg über die

verständigungsbereite Fraktion davontragen würden. Sie wurden ergänzt durch eine kalkuliert betriebene Verdunkelungsstrategie bei der Behandlung des »Falles Heß« durch die Regierung in Whitehall, so daß sich die Friedensgerüchte allenthalben bald überschlugen. Zum eigentlichen Kernpunkt des Vexierspiels entwickelte sich jedoch am 9. Juni die Aufnahme von Scheinverhandlungen mit Heß durch den zu Churchills Kurs in Opposition stehenden Flügel der alten Appeasementpolitiker, nachdem man kurz vorher demonstrativ den Botschafter aus Moskau abgezogen und informell hatte verlauten lassen, daß Churchills Stellung »nicht mehr fest« sei und »der größte Teil« der britischen Konservativen dem Abschluß eines »sofortigen Kompromißfriedens« mit Deutschland zuneige.
Tatsächlich zeigte man sich in Washington höchst verunsichert über die weitere Haltung Londons, und Roosevelt tat sein möglichstes, um das Kabinett Churchill durch die Gewährung effektiven Beistands zu stützen und England damit im Krieg zu halten. Vor allem aber wurde Stalins Einschätzung der Lage, ja seine gesamte Strategie in jenen Wochen vor dem Beginn des deutschen Angriffes auf die Sowjetunion maßgeblich von dem in London ablaufenden Ränkespiel um den Heß-Flug bestimmt.
Für den sowjetischen Diktator, der allen Warnungen vor dem Aufmarsch der Wehrmacht entlang der eigenen Grenzen stets mit dem Argument begegnet war, daß Deutschland, »solange es seine Rechnung mit England nicht begleiche, nicht an zwei Fronten kämpfen werde«, bedeutete das Heßsche Unternehmen ein Alarmsignal ersten Ranges. Dies galt um so mehr, als Stalin auf Basis der aus Tokio, London und Berlin einlaufenden Agentenberichte davon ausging, daß Heß »einen Geheimauftrag von Hitler« ausführe und »mit den Engländern verhandeln [solle], um den Krieg im Westen abzukürzen, damit Hitler freie Hand hat für den Vorstoß nach Osten«. Und eben dieser Fall eines möglichen Separatfriedens zwischen England und Deutschland schien nun angesichts der Signale aus London nicht mehr ausgeschlossen. Ivan Maiski, der sowjetische Botschafter, sprach gar von einem »Kampf hinter den Kulissen«, der in der Sache Heß zwischen den streitenden Parteien in Whitehall ausgefochten werde.
Diese Fehlperzeption eines möglichen Sturzes Churchills und eines nicht auszuschließenden Erfolges von Hitlers vermeintlichem Unterhändler in London, der drauf und dran schien, der Wehr-

macht durch einen Separatfrieden im Westen die Tür nach Osten zu öffnen, bestimmte die Strategie Stalins in den entscheidenden Wochen bis zum 22. Juni 1941. So läßt sich nachweisen, daß die sowjetischen Militärs, als die erste Verhandlungsrunde mit Heß in der britischen Hauptstadt gerade abgeschlossen war, für die umgehende Vorbereitung eines Präventivschlages gegen die deutschen Truppen eintraten, daß sie von Stalin hierfür grünes Licht erhielten und daß der Rhythmus der militärischen Aktionen der Roten Armee, vor allem aber der Übergang von einer defensiven zur offensiven Dislozierung ihrer Kräfte ab Mitte Mai, von der Entwicklung der Verhältnisse in London diktiert wurde. Dieser hektische Aktionismus, wie er seit der Ankunft von Heß in Großbritannien für die sowjetischen Truppenverschiebungen in die vordersten Grenzregionen charakteristisch war, kann jedoch nicht gleichgesetzt werden mit einer unbedingten Entscheidung zum Krieg gegen Hitler. Vielmehr wies Stalin seine Militärs, die langsam die Nerven verloren und denen die Zeit für einen Überraschungsschlag gegen die im Aufmarsch begriffene Wehrmacht förmlich unter den Händen zerrann, strikt an, keinesfalls einen Konflikt zu provozieren und in vorgeschobener Warteposition zu verharren. Die Auslösung eines Krieges mit Hitler blieb mithin für den sowjetischen Diktator nur eine Option, die sich der seit Wochen praktizierten Strategie einer Konfliktvermeidung in Form einer Beschwichtigungspolitik und Verschleppungstaktik gegenüber Berlin unterzuordnen hatte. Gleichwohl erschien die Fähigkeit zur militärischen Offensive jedoch notwendig, um sich gegen einen Sturz Churchills durch die Appeasementfraktion zu wappnen und die deutschen Truppen in einer blitzartigen Aktion niederwerfen zu können.
Stalin verfolgte also unter dem Eindruck der britischen Kulissenschieberei in der Affäre Heß eine doppelgleisige Taktik, die die scheinbar gegensätzlichen Alternativen von Abwarten und Angriff vereinte und das Risiko eines Erstschlags der Wehrmacht, der die Gefahr einer Einkesselung und Umzingelung der eigenen exponierten Kräfte einschloß, bis in die Morgenstunden des 22. Juni hinein für kalkulierbar hielt.
Bedenkt man diese fatale Fehlspekulation, die vollkommen außer acht ließ, daß Heß eben kein Unterhändler Hitlers war, daß er in London nicht über den Bedingungsrahmen einer deutschen Aggression gegen die Sowjetunion verhandelte, ja daß sein Flug

jeden Zusammenhang mit Hitlers Kriegsplanung entbehrte, dann erscheint Churchills höhnische Bemerkung von den Sowjets als »den am vollständigsten überlisteten Trotteln des Zweiten Weltkrieges« in einem neuen Licht. Allerdings schmückte sich der Premierminister hier mit fremden Federn. Denn wenn das Spiel mit Heß auf dem Schachbrett der Krisensituation des Frühsommers 1941 aufgegangen war, wenn London nun nicht mehr allein gegen Hitler und gegen die deutsche Kriegsmaschinerie stand und mit der britisch-sowjetischen Übereinkunft vom 12. Juli die Geburtswehen jener großen Allianz einsetzten, die Nazideutschland schließlich zur Strecke brachte, dann war dies vor allem zwei Faktoren zu verdanken: dem rational durchdachten Risikokalkül der Strategen im Foreign Office sowie den Umständen und Rahmenbedingungen, die ihren Winkelzügen erst wirkliche Durchschlagskraft verschafften.

Es war die Leistung Edens und Cadogans, den Fall Heß zum Instrument einer außenpolitischen Offensive zu machen und der naheliegenden Versuchung zu widerstehen, aus dem Flug des Führerstellvertreters nur kurzlebiges propagandistisches Kapital zu schlagen, wie es auf deutscher Seite befürchtet wurde und wie es Churchill und seine Propagandisten vehement befürwortet hatten. Statt dessen umgab man die Affäre mit dem Mantel des Geheimnisumwitterten, ja des Sensationellen, der ihr eine weitaus größere Bedeutung verlieh, als ihr tatsächlich zukam; ein Mantel, der die Dialektik von kühner Tat und banaler Botschaft geschickt verschleierte und die Mutmaßungen und Gerüchte noch beförderte, die sich allenthalben mit der Aktion von Heß verbanden. Auf dem Hintergrund der prekären militärischen, wirtschaftlichen und politischen Lage Englands entstand somit durch gezielte Indiskretionen, durch bewußte Agitation und eine Desinformationspolitik machiavellistischen Zuschnitts das Szenario eines möglichen Ausstiegs aus dem Krieg. So ließ sich das wichtigste Kapital der Briten im Frühjahr 1941 voll zur Geltung bringen: das Interesse der USA wie der Sowjetunion, England von einem Arrangement mit Hitler abzuhalten und es als kriegführende Macht im Spiel zu halten.

Ungeachtet aller raffinierten Kulissenschieberei und aller scharf berechneten Pressionen gilt es zu bedenken, daß die großangelegte Mystifikation, die man in London betrieb, wirkungslos geblieben wäre, wenn die Umstände und Rahmenbedingungen dem britischen Spiel mit Heß nicht den Weg geebnet hätten. Mit einem Generalplan allein ließ sich die Situation im Sommer 1941 ganz gewiß nicht in eine bestimmte Gußform zwängen. Zu jenen Elementen, die den britischen Schachzügen erst die Durchschlagskraft verschafften, die von London aus nur schwer oder gar nicht zu steuern waren, gehörten der unbedingte Kriegswille Hitlers, der durch keine wie auch immer gearteten Signale Stalinscher Verständigungsbereitschaft gebremst werden konnte, sowie die in paranoide Kategorien hinüberreichenden Bedrohungskomplexe der Sowjetmacht vor einem Wiederaufleben der Allianz von München, die durch den Flug von Heß neuen Auftrieb erhielten und eine rationale Bewertung der Lage ungemein erschwerten.

Von all diesen Positionsspielen, Finten und Finessen, die auf dem Schachbrett der großen Politik um ihn herum stattfanden, ahnte Heß natürlich nichts. Er sah nur das Scheitern seines grandiosen Planes, mit Hilfe des Herzogs von Hamilton, dessen Verbindungen zum Könighaus und den angeblich existierenden schottischen Oppositionskreisen die Regierung Churchill zu stürzen und durch einen selbstauferlegten Opfergang für »Führer« und Volk den Frieden mit England zu stiften. Dies, verbunden mit der Erkenntnis, sich in den Fängen des Geheimdienstes zu befinden, dessen Intrige er aufgesessen war, ließ die hypochondrisch-depressiven, die neurotisch-paranoiden Züge seiner labilen Natur um so stärker hervortreten. Zwar befreiten ihn die Nachrichten vom schier unaufhaltsamen Vormarsch der Wehrmacht in Rußland vorübergehend aus seiner Lethargie, so daß zeitweise wieder der alte Optimismus zurückkehrte, ja die Zuversicht aufkeimte, Forderungen stellen zu können, aber daß die deutsche Offensive im Laufe des Herbstes buchstäblich in Schlamm und Schnee versank, führte ihn nur um so tiefer in dumpfe Agonie. Hatte Heß, geblendet vom vergänglichen Glanz der deutschen Erfolge und von hochmütiger Siegesgewißheit, Ende Juli bereits wieder der Hoffnung Ausdruck gegeben, daß ihn die britische Regierung »eines Tages mit einem Friedensangebot nach Deutschland zurückschicken« werde;[1] hatte er in einer Niederschrift beredte Klage über die ihm angeblich verabreichten vergifteten Medikamente geführt, den König über den Herzog von Hamilton um eine entsprechende Untersuchung gebeten, ja gar einen Redeauftritt im Unterhaus verlangt;[2] hatte er in einer Erklärung zur Atlantikcharta Stellung genommen,[3] auf 42 eng beschriebenen Manuskriptseiten nochmals die bekannten Argumente für eine »wirkliche Verständigung mit Deutschland« zusammengefaßt und den Briten vor Augen geführt, »daß in der Sowjetunion – wenn ihre Macht nicht im letzten Augenblick gebrochen wird – die Weltherrschaft der Zukunft entsteht, die Großbritannien in seiner Weltreichstellung ablösen wird«,[4] so stürzten ihn die Nachrichten über die Katastrophe des deutschen Heeres vor Moskau in abgrundtiefe Niedergeschlagenheit, in eine perspektivlose Verzweiflung, die stärker denn je in Trugbildern einer morbiden Phantasie resultierte.

Nun zog sich Heß immer mehr in seine selbstgezimmerte Spukwelt zurück, konstruierte er einen ganzen Katalog teuflischer Quälereien, mit denen ihn seine Bewacher angeblich peinigten, drohte er erneut und ständig mit Selbstmord. In immer ausgedehnteren Intervallen flüchtete er in die vor bitterer Realität schützende Nacht der Erinnerungslosigkeit. Ein Auszug aus einem in Maindiff Court Hospital, wohin man ihn Ende Juni 1942 gebracht hatte, von Heß verfaßten Memorandum mag dies in seiner erschütternden Dimension und makaberen Qualität verdeutlichen:

»Acht Wochen lang bekam ich täglich eine Dosis eines auf das Gehirn wirkenden Giftes verabreicht [...]. Dann stellte man alles mögliche an, um einen Nervenzusammenbruch herbeizuführen [...]. Jeden Tag brachten sie es fertig, daß ich Harnverhaltung bekam, so daß ich innerhalb von 24 Stunden nur einmal für eine kurze Zeit Wasser lassen konnte. Außer Salz wurde Curry, der schärfste indische Pfeffer, meiner Nahrung beigefügt, um mich durstig zu machen. Ich litt unbeschreiblich während dieser Zeit. [...] Drei Jahre lang mischten sie unter mein Essen ein Medikament, das zu einem vollständigen Verschluß meines Darms führte, der nur durch ein spezielles Gegenmittel wieder in Fluß geriet. Gleichzeitig verabreichten sie mir die stärksten Abführmittel, die mehrmals am Tage fürchterliche Magen- und Unterleibskrämpfe verursachten. Nur im Abstand mehrerer Tage ermöglichten sie es mir, meinen Darm zu entleeren [...]. Die Augen meiner Ärzte zeigten den gleichen Ausdruck wie die der anderen Menschen in meiner Umgebung. Man hatte sie durch eine unbekannte Chemikalie in einen abnormen Geisteszustand gebracht und willenlos gemacht. [...] Weil ich trotz all dieser Quälereien nicht wahnsinnig wurde, versuchten sie, meine Leiden dadurch zu steigern, daß sie meine gesamte Nahrung mit Säure versetzten, was sich sofort auf meine Leber und meine Nieren schlug. Sogar Brot und Kuchen, die mir bislang immer Erleichterung verschafft hatten, wurden mit Säure versetzt. In meiner Verzweiflung kratzte ich den Kalk von den Wänden, in der Hoffnung, daß dies die Wirkung der Giftzusätze neutralisieren würde, doch ohne Erfolg. [...] Nun gingen sie dazu über, meiner Nahrung ätzende Säuren beizumengen. Meine Mundschleimhaut begann sich abzulösen und hing in Fetzen von meinem Gaumen herunter. [...] Mein Essen schmeckte abwechselnd nach Seife, Spülwasser, Dung und faulem Fisch, aber auch nach Petroleum und Karbolsäure. Das Schlimmste aber waren Drüsensekrete von Kamelen und Schweinen [...]. Die Fleischgerichte waren voller Knochensplitter, und Tausende von kleinen Steinchen waren dem Gemüse zugesetzt. Wahrscheinlich sollte ich mir so die Zähne ausbrechen. [...] Sie entzündeten Feuer, so daß ich stundenlang im Rauch stehen mußte, was meine Augen reizte. Eines heißen Sommertages war plötzlich die Luft angefüllt mit Verwesungsgeruch, der während der nächsten Tage beständig zunahm. Angeblich war es unmöglich, den Grund dafür zu finden. Als ich mich schließlich selbst auf die Suche machte, fand ich eine Autoladung von stinkenden Fischköpfen, die man unweit meiner Fenster in eine Jauchegrube gekippt hatte. [...] Als ich wegen meiner Herzbeschwerden keine längeren Spaziergänge mehr unternehmen konnte und in der mir zur Verfügung stehenden Zeit eine schattige Bank im Park aufsuchte, um zu lesen und dem Lärm zu entfliehen, lag nach einigen Tagen dort plötzlich ein toter Stier mit aufgeschnittener Kehle [...].«[5]

Heß meinte auch zu wissen, wer hinter dem von ihm vermuteten sadistischen Terror stecke. Sobald er aus der bis dahin längsten, knapp 15 Monate dauernden Amnesie erwacht war, erklärte er am 4. Februar 1945 dem herbeigerufenen Psychiater, daß sein Gedächtnis zurückgekehrt sei und er der Welt eine wichtige Mitteilung zu machen habe: Die Juden seien im Besitz einer geheimen Hirndroge, mit der sie die Menschen zu willenlosen Kreaturen umformen könnten. Von den solchermaßen Verhexten hatte Heß eine Liste angefertigt. Sie umfaßte gut zwanzig Namen: die Attentäter des 20. Juli 1944, Generalfeldmarschall Paulus, Ärzte und Offiziere seiner Umgebung, Winston Churchill, Anthony

Eden und – seinen eigenen.[6] Noch selten hat es so viel an krankhaftem Wahn, tragischer Verirrung und tiefem menschlichem Leid gegeben.

Diese offenbare Unzurechnungsfähigkeit hinderte Churchill und seine Experten nicht, sich des lästigen Gefangenen, der die Beziehungen zur Sowjetunion aufs schwerste belastete, bei Kriegsende schleunigst zu entledigen. Die psychiatrischen Gutachten, die im Sommer 1945 erstellt wurden, entsprachen dieser politischen Vorgabe. Sie ließen keinen Zweifel daran aufkommen, daß Heß »zu allen Zeiten für seine Taten voll verantwortlich gewesen sei« und sich deshalb »als einer der Hauptkriegsverbrecher« vor einem Gerichtshof zu verantworten habe.[7] Der Antrag von Robert Jackson, dem Hauptankläger der USA im Nürnberger Prozeß, der dafür plädiert hatte, Heß »für unzurechnungsfähig« zu erklären, wurde abgewiesen, denn – so verlautete aus dem Foreign Office – »es sei zu erwarten, daß die Russen mit massiver Kritik und großem Mißtrauen auf jeden Versuch reagieren würden, Heß auf Grund von Geisteskrankheit ungeschoren davonkommen zu lassen«.[8] In Nürnberg wurde Heß dann bekanntlich als Kompromißlösung zwischen dem sowjetischen Antrag auf Tod durch den Strang und der westmächtlichen Forderung nach 20 Jahren Haft zu lebenslangem Freiheitsentzug verurteilt. Damit war der sowjetisch-britische Dissens in der Sache Heß hinter den Mauern des Spandauer Kriegsverbrechergefängnisses buchstäblich begraben.

Wenn es Heß in der Folgezeit bis zu seinem Tod im Jahre 1987 ganz im Gegensatz zu seinen Mithäftlingen nicht gelang, den roten Backsteinbau lebend zu verlassen, hinter dem er als ältester, teuerster und bestbewachter Gefangener der Welt sein Dasein fristete, so hatte dies nicht nur mit seiner Unbeugsamkeit als verstockter Nationalsozialist zu tun, mit seinem ungebrochenen, fanatischen Glauben an die längst gescheiterte Mission seines »Führers« oder mit dem Veto der Russen, die den Briten und ihrer Spielfigur vom Frühsommer 1941 den Mummenschanz nie vergaßen. Mindestens ebenso von Belang war in dieser Hinsicht die Haltung der Bundesregierung in Bonn und ihres Kanzlers, Konrad Adenauer.

Seit Ende 1956 hatte man unter den drei Westmächten Konsultationen geführt, um die letzten vier Gefangenen von Spandau – Albert Speer, Baldur von Schirach sowie die beiden zu lebenslänglicher Haft Verurteilten, Heß und Funk – vorzeitig zu begnadigen. Es hatte sich ein Konsens dahingehend gebildet, daß jede Initiative hierzu von Bonn ausgehen müsse.[9] Eben dies wurde zum Thema, als Premierminister Macmillan bei einem Staatsbesuch in Bonn im Oktober 1958 Bundeskanzler Adenauer den Vorschlag unterbreitete, »die öffentliche Meinung durch ein entsprechendes Gesuch seitens der Bundesregierung zu mobilisieren«. Adenauers Antwort war knapp, ließ aber an Deutlichkeit nichts zu wünschen übrig. Ein Appell an die Öffentlichkeit komme für ihn nicht in Frage, denn, so gab er unumwunden zu verstehen, »die Meinung in der Bundesrepublik sei geteilt, was die Wünschenswertigkeit angehe, irgend etwas zu unternehmen, um die Freilassung dieser Gefangenen zu gewährleisten«.[10] Und an dieser Haltung sollte sich nichts ändern. Wie ein Bericht des Foreign Office vom Dezember 1959 feststellte, reagiere der Kanzler nach wie vor mit Zurückhaltung auf Macmillans Vorstoß. Er stehe einer Freilassung der Gefangenen grundsätzlich ablehnend gegenüber, weshalb bislang nichts geschehen sei.[11]

Zu dieser Zeit hatte Heß allerdings bereits eine Absolution von anderer Seite erhalten, die ihm ungleich wertvoller war als die Revision des Verdikts der Siegermächte, als die Begnadigung und Entlassung aus der Haft. Im Oktober 1954 war Hitlers Fahrer Erich Kempka bei Ilse Heß in Gailenberg im Hindelanger Tal erschienen und hatte ihr von einer Szene berichtet, die sich im Frühjahr 1945 zugetragen habe.

Bei »einer der allerletzten Fahrten«, so Kempka, habe Hitler geäußert, »ein wenig wehmütig, ein wenig resigniert, ein wenig ironisch, aber mit unendlicher Zuneigung –, daß es wenigstens in all den Jahren gelungen sei, *einen* Idealisten reinsten Wassers unauslöschbar in die Geschichte zu stellen [...].« – Gemeint war Rudolf Heß.

Er habe »seine ganze Männlichkeit zusammenraffen müssen«, um nicht in Tränen auszubrechen, so kommentierte Heß die Tatsache, daß der »Führer« seinen verlorenen Sohn kurz vor dem eigenen Ende doch noch in Gnaden wieder aufgenommen hatte. Freilich, so merkte Heß in bezeichnendem Tone an, habe es nicht nur einen Idealisten »dieser Art, sondern zumindest zwei« gegeben, wenn es der »Führer« »auch vielleicht nicht wahrhaben wollte, oder er sich dessen nicht bewußt war [...]. Ich kannte ihn eben besser, als er sich selbst.«[12]

Diese Überzeugung erklärt vieles – wenn nicht alles.

Anmerkungen

Neue Quellen und alte Spekulationen

1 Scott Tagebuch, 14. 6. 1941, Imperial War Museum [IWM], London, Colonel Malcolm A. Scott Papers 69/66/1, Camp »Z« Diary, 16. 5. 1941 – 21. 2. 1942.

2 Rudolf Heß, Unterlagen für die Besprechung mit Lordkanzler Simon am 9. 6. 1941, Zusatz vom 15. 6. 1941, Public Record Office [PRO], London, FO 1093/1, F. 68.

3 Rudolf Heß, Meine Lieben Alle, 14. 6. 1941, ebd., F. 51/52.

4 Rudolf Heß, Meinem Sohn, 15. 6. 1941, ebd., F. 38–43.

5 Rudolf Heß, Mein Führer, 14. 6. 1941, ebd., F. 48/49.

6 Report by Second-Lieutenant Malone for Commandant, Camp Z, 15. 6. 1941, PRO FO 1093/10, F. 68/69; Malone Tagebuch, 15. 6. 1941, Z, The Private Hell of Rudolf Hess, in: The Observer (13. 9. 1987), S. 11; Scott Tagebuch, 15. 6. 1941, IWM 69/66/1.

7 Cadogan Tagebuch, 15. 6. 1941, D. Dilks (Hg.): The Diaries of Sir Alexander Cadogan, 1938–1945, New York 1972, S. 388.

8 Report to Colonel Scott, 16. 6. 1941, PRO FO 1093/10, F. 64–67; Letter from Commandant to Colonel N. Coates, DDPW, being a report of Z's attempted suicide, Camp Z, Scott Tagebuch, 16. 6. 1941, IWM 59/66/1; Malone Tagebuch, 16. 6. 1941, Observer (13. 9. 1987), S. 11.

9 Report to Colonel Scott, 16. 6. 1941, PRO FO 1093/10, F. 66/67.

10 Report by Malone for Commandant, Camp Z, 15. 6. 1941, PRO FO 1093/10, F. 68/69.

11 Cadogan Tagebuch, 16. 6. 1941, Dilks (Hg.): Cadogan Diaries, S. 388.

12 J. C. Fest: Das Gesicht des Dritten Reiches. Profile einer totalitären Herrschaft, München 1963, S. 264.

13 So der überwiegende Teil der Zeitgenossen und Beobachter auf deutscher Seite, vgl. u.a. I. Heß: Heß. Ein Schicksal in Briefen, Leoni 1984, S. 76; Tagebuch Goebbels, 14. 5. 1941 u. v.a. 20. 6. 1941, E. Fröhlich (Hg.). Die Tagebücher von Joseph Goebbels. Sämtliche Fragmente. Teil 1: Aufzeichnungen 1924–1941, Bd. 4, München/New York/London/Paris 1987, S. 639/640 u. S. 706; H. v. Kotze (Hg.): Heeresadjutant

bei Hitler 1938–1943. Aufzeichnungen des Majors Engel, Stuttgart 1974, S. 103ff.; N. v. Bredow: Als Hitlers Adjutant 1937–1945, Mainz 1980, S. 273f.; O. Dietrich: Zwölf Jahre mit Hitler, München 1955, S. 76; W. Schellenberg: Aufzeichnungen, Wiesbaden/München 1979, S. 159ff.

14 So die Mutmaßung derjenigen Historiker, die zur Schule der sog. »Programmatiker« zählen. Vgl. v.a. A. Hillgruber: Hitlers Strategie. Politik und Kriegführung 1940–1941, München 1982, S. 514ff.; B. Martin: Friedensinitiativen und Machtpolitik im Zweiten Weltkrieg, Düsseldorf 1976, S. 426; K. Hildebrand: Deutsche Außenpolitik 1933–1945. Kalkül oder Dogma, Stuttgart/Berlin/Köln 1990, S. 111; sowie jüngst Ders.: Das vergangene Reich. Deutsche Außenpolitik von Bismarck bis Hitler, Stuttgart 1995, S. 740 sowie U. Schlie: Kein Friede mit Deutschland. Die geheimen Gespräche im Zweiten Weltkrieg 1939–1945, München/Berlin 1994, S. 290ff. Die These einer Mitwisserschaft Hitlers auch bei J. Leasor: Botschafter ohne Auftrag. Der Englandflug Rudolf Heß', Oldenburg 1963 (brit. Ausgabe u.d.T. Rudolf Hess. The uninvited Envoy, London 1962) sowie bei W. Maser: Adolf Hitler. Legende, Mythos, Wirklichkeit, München 1971, S. 506 und Ders.: Der Wortbruch. Hitler, Stalin und der Zweite Weltkrieg, München 1994, S. 319ff. Der größere Teil der historischen Forschung hat demgegenüber geschlossen, daß Heß ohne Auftrag oder Wissen Hitlers handelte, vgl. u.a. A. Bullock: Hitler. Eine Studie über Tyrannei, Düsseldorf 1969, S. 629ff.; J. C. Fest: Hitler. Eine Biographie, Frankfurt/Berlin/Wien 1973, S. 880; J. Toland: Adolf Hitler, Bergisch-Gladbach. Kurzer Überblick bei E. Nolte: Streitpunkte. Heutige und künftige Kontroversen um den Nationalsozialismus, Berlin/Frankfurt 1993, S. 245–247.

15 Beaverbrook war mit Heß am 9. 9. 1941 im Camp Z zu einer Unterredung zusammengetroffen, kurz bevor er nach Moskau reiste, um mit Stalin über den Rüstungsbedarf der Sowjetunion zu verhandeln, vgl. J. Leasor: Lord Beaverbrook pays a secret visit to Hess, in: Sunday Express (23. 7. 1961); Beaverbrook Papers, House of Lords Record Office [HLRO], London, D 443.

16 Vgl. hierzu die im sog. Nürnberger Hauptkriegsverbrecherprozeß vorgelegten Dokumente. Der Prozeß gegen die Hauptkriegsverbrecher vor dem Internationalen Militärgerichtshof [IMT], Nürnberg 1947, Bd. 7, S. 157–161; Bd. 19, S. 431; Bd. 40, S. 279–292.

17 Sammlung Rudolf Jordan, Bundesarchiv, Koblenz [BAK], NS 20/128-3, F. 53.

18 W. R. Heß: Mein Vater Rudolf Heß. Englandflug und Gefangenschaft, München 1985, S. 140/141; sowie v.a. Ders.: Mord an Rudolf Heß? Der geheimnisvolle Tod meines Vaters in Spandau, Leoni 1990, S. 142ff.

19 Ders.: Mord an Rudolf Heß?, S. 145 u. 150.

20 Sammlung Rudolf Jordan, BAK, NS 20/128-3, F. 54.

21 W. Churchill: The Second World War, Bd. 3: The Grand Alliance, Boston 1985, S. 49.

22 J. R. Rees (Hg.): The Case of Rudolf Hess. A Problem in Diagnosis and Forensic Psychiatry, London/Toronto 1947, passim.

23 I. Kirkpatrick: The Inner Circle, London 1959, S. 169ff.; vgl. auch A. Eden: The Reckoning, London 1965, S. 255ff.; J. Simon: Retrospect, London 1952, S. 261ff.

24 F. Roberts: Dealing with Dictators. The Destruction and Revival of Europe 1930–1970, London 1991, S. 48ff.

25 Record of a Talk in the Kremlin at Supper on 18 October 1944, at 1 a.m., PRO FO 800/414, F. 21.

26 B. F. Smith: Reaching Judgement at Nuremberg. The untold story of how the Nazi War Criminals were judged, New York 1977, S. 181–183; W. Maser: Nürnberg. Tribunal der Sieger, Düsseldorf 1977, S. 480–483.

27 L. Besymenski. Was sich am 10. Mai 1941 ereignete, in: Neue Zeit (Moskau) 34 (1973), S. 27.

28 V. Falin: Zweite Front. Interessenkonflikte in der Anti-Hitler-Koalition, München 1995, S. 164.

29 Eden: Reckoning, S. 257; ähnlich bei Churchill: Grand Alliance, S. 48f.

30 So jüngst wieder bei Falin: Zweite Front, S. 162 (dort auch die einschlägige sowjetische Literatur).

31 Ebd., S. 255. Dies deckt sich mit der Aussage von Generalstabschef Franz Halder, die dieser nach dem Kriege bei einer Vernehmung durch die Amerikaner machte, Halder Interrogation, Wiesbaden 1945, US Strategic Bombing Survey, APO 413, National Archives [NA], Washington D.C., RG 226 137995, zit. bei L. C. Kilzer: Churchill's Deception. The dark Secret that destroyed Nazi Germany, New York/London 1994, S. 75.

32 Ebd., S. 164.

33 So z.B. R. Cecil: Indulging in a Flight of Fancy, in: The Guardian (25. 6. 1991), S. 21.

34 Heß: Mein Vater, S. 148ff. (»Die Falle«); Ders.: Mord an Rudolf Heß?, S. 83ff.

35 J. Costello: Ten Days to Destiny. The Secret Story of the Hess Peace Initiative and British Efforts to strike a Deal with Hitler, New York 1991 (brit. Ausgabe u.d.T.: Ten Days that saved the West, London 1991); R. Deacon: A History of the British Secret Service, London 1969; ähnlich bei D. Irving: Wir lockten Rudolf Hess in die englische Falle, in: Weltwoche 17 (26. 4. 1984), S. 5–7, nicht jedoch bei Ders.: Hess. The Missing Years 1941–1945, London 1989.

36 Costello: Ten Days, S. 19, S. 411ff. u. 421ff.

37 Ebd., S. 3ff.; zur Widerlegung der Argumentation Costellos und zur Auflistung von deren sachlicher und handwerklicher Unzulänglich-

keit vgl. die einleitenden Bemerkungen von Roy Conyers Nesbit bei J. Douglas-Hamilton: The Truth about Rudolf Hess, Edinburgh/London 1993, S. 14ff.

38 Record of a Talk in the Kremlin at Supper on 18 October 1944, at 1 a.m., PRO FO 800/414, F. 21.

39 Costello: Ten Days, S. 414ff.

40 Zum Tätigkeitsbereich von Fleming und seines Chefs, von Rear-Admiral John Godfrey (DNI), vgl. C. Andrew: Secret Service. The Making of the British Intelligence Community, London 1985, S. 636/637.

41 Deacon: Secret Service, S. 307ff.; ähnlich bei P. Hopkirk: Horoscope lure for Hess, in: Times (15. 9. 1969), S. 8.

42 P. Fleming: Hess's Flight to Britain: Influence of Astrology, in: Times (18. 9. 1969), S. 9.

43 H. Thomas: The Murder of Rudolf Hess, London 1979 sowie Ders.: Hess. A Tale of two Murders, London 1990.

44 A. Galland: Die Ersten und die Letzten. Jagdflieger im Zweiten Weltkrieg, München 1974, S. 100/101.

45 Göring, der sich am 10. Mai 1941 auf Burg Veldenstein aufhielt, befand sich zur fraglichen Zeit auf einer Spazierfahrt in die weitere Umgebung der Burg, Terminkalender Görings (10. 5. 1941), IZG ED 180/5. Adolf Galland war nicht bereit, diesen Vorgang gegenüber dem Autor zu kommentieren oder zu bestätigen.

46 U. v. Hassell: Vom andern Deutschland. Aus den nachgelassenen Tagebüchern 1938–1944, Zürich/Freiburg 1946, S. 205.

47 Thomas: Two Murders, S. 74ff. u. S. 299ff.

48 Ebd., S. 52ff.

49 Vgl. die Aussagen Kadens gegenüber Roy Conyers Nesbit bei Douglas-Hamilton: Hess, S. 13 sowie bei Das Rätsel von VJ + OQ, in: Der Spiegel (21. 5. 1979), S. 112.

50 Kriegsrangliste der bayerischen Flieger-Ersatz-Abteilung für Ltn. d. Res. Rudolf Heß, BAK, NS 6/71, F. 33.

51 Thomas: Two Murders, S. 21ff.

52 Das Rätsel von VJ + OQ, in: Der Spiegel (21. 5. 1979), S. 100.

53 So Ilse Heß in einem Interview, Thomas: Two Murders, S. 321; Wolf Rüdiger Heß in einer schriftlichen Mitteilung an den Autor (4. 7. 1995).

54 Rees (Hg.): Hess, S. 15.

55 A. Krebs: Tendenzen und Gestalten der NSDAP. Erinnerungen an die Frühzeit der Partei, Stuttgart 1959, S. 170.

56 P. Padfield: Hess. The Führer's Disciple, London 1993.

57 Ebd., S. 350/351.

58 M. Domarus: Hitler. Reden und Proklamationen 1932–1945, Bd. 2, Würzburg 1963, S. 1710/1711.

59 Ebd., S. 1710/1711.

60 Interview des Autors mit Herrn Michael Gerl (15. 5. 1995) in Würzburg.

61 So der überwiegende Trend der Geschichtsschreibung, vgl. u.a. C. Andrew: An Edge of Conspiracy, a BBC II Documentary (17. 1. 1990); D. C. Bateman: Rudolf Hess, in: After the Battle 58 (1987) S. 1–25; H. M. Catudal: Rudolf Hess's Secret Flight to Britain, 1941: What was it all about?, in: Revue de droit international 61 (1983) S. 121–127; Douglas-Hamilton: Hess, passim; Irving: Hess, passim; P. Longerich: Hitlers Stellvertreter. Führung der Partei und Kontrolle des Staatsapparats durch den Stab Heß und die Parteikanzlei Bormann, München/London/New York/Paris 1992, S. 146ff.; R. Manvell/H. Fraenkel: Hess. A Biography, London 1971, passim; A. Smith: The Mission of Rudolf Hess, in: Revue Militaire Generale 6 (1969) S. 110–120; W. Schwarzwäller: Der Stellvertreter des Führers Rudolf Heß. Der Mann in Spandau, Wien/München 1974, passim.

62 A. Seidl: Der verweigerte Friede. Deutschlands Parlamentär Rudolf Heß muß schweigen, München 1985 sowie Ders.: Der Fall Rudolf Heß 1941–1987. Dokumentation des Verteidigers, München 1988.

63 I. Heß: Gefangener des Friedens. Neue Briefe aus Spandau, Leoni 1955; Dies.: Schicksal in Briefen; Dies.: England, Nürnberg, Spandau. Ein Schicksal in Briefen, Leoni 1957; Dies.: Die Antwort aus Zelle Sieben. Briefwechsel mit dem Spandauer Gefangenen, Leoni 1967.

64 H. Brenton: H.I.D. (Hess is dead), London 1989 [Uraufführung des Stücks im Almeida Theatre in London durch die Royal Shakespeare Company am 26. 9. 1989]; D. Moriarty: Rudolf Hess, Deputy Fuhrer. A Psychological Study, London 1993; J. Tuccille: The Mission. A Novel about the Flight of Rudolf Hess, New York 1991.

65 R. H. Drechsler: Rudolf Hess. Der deutsche Märtyrer, Wien 1979; E. W. Geiß: Rudolf Heß. Märtyrer für den Frieden, Hechthausen 1988; E. Schäfer (Hg.): Rudolf Hess 1894–1987. Briefe: ein Einblick, Rothenburg 1981.

66 Geiß: Heß, S. 10.

67 Ebd., S. 9.

68 Schwarzwäller: Stellvertreter; Manvell/Fraenkel: Hess; vgl. auch die Einleitung Dirk Bavendamms bei W. R. Heß (Hg.): Rudolf Heß. Briefe, 1908–1933, München/Wien 1987, S. 7–42.

69 Heß: Mein Vater.

70 E. K. Bird: Hess. Der »Stellvertreter des Führers«. Englandflug und britische Gefangenschaft. Nürnberg und Spandau, München/Wien/Basel 1974.

71 Dies relativiert Sätze wie: »nur durch mich kann die Welt die wahre Geschichte des Rudolf Heß in Spandau erfahren«, ebd., S. 10.

72 Longerich: Hitlers Stellvertreter; dort ausführliche Hinweise zu Projekt und Quellenlage, S. 3ff. Die Reste liegen im Bundesarchiv, Abteilung Potsdam [BAP], Bestand NS 6: Parteikanzlei der NSDAP.

73 H. A. Jacobsen: Karl Haushofer. Leben und Werk, 2 Bde., Boppard 1984; BAK, NL 122.

74 Die Reste im BAP, R 58: Reichssicherheitshauptamt bzw. im Bundesarchiv, Abteilung Militärarchiv, Freiburg [BAMF], RW 5: OKW Abwehr u. RW 49: Dienststellen und Einheiten der Abwehr sowie im Politischen Archiv des Auswärtigen Amtes, Bonn [PAAA], Abteilung Inland, Inland I Partei; Inland II A B; Inland II Geheim.

75 Zu den vereinzelten noch greifbaren Aktenbeständen vgl. PAAA, Büro des Chefs der Auslandsorganisation; BAK, NS 9: Auslandsorganisation der NSDAP. Zum Geheimdienst vgl. Niederschrift der Unterredung des OSAF Franz von Pfeffer am 21. 4. 1963, IZG, ZS 177/II, F. 63.

76 Mitteilung des Foreign & Commonwealth Office an den Verf. vom 21. 10. 1992: »The reason for retaining these papers has nothing to do with the substance of the Hess question. Both date from the wartime period.«

1 Der Günstling des »Führers«

1 Rudolf Heß. Dokumentation des Bayerischen Rundfunks von Hanns Jörg Dürrmeier. Erstausstrahlung am 14. 10. 1978.

2 S. Welles: The Time for Decision, New York/London 1944, S. 112. Ähnlich bei der diplomatischen Korrespondentin der Vossischen Zeitung in Berlin, Bella Fromm, die Heß am 13. 12. 1933 persönlich kennenlernte, Dies.: Blood and Banquets. A Berlin Social Diary, New York/London 1942, S. 141/142.

3 Zu Person und Karriere Winterbothams vgl. Andrew: Secret Service, S. 488.

4 F. W. Winterbotham: Secret and Personal, London 1969, S. 44/45.

5 D. Irving: Die Tragödie der deutschen Luftwaffe. Aus den Akten und Erinnerungen von Feldmarschall Milch, Frankfurt/Berlin/Wien 1970, S. 388.

6 IMT, Bd. 22, S. 422 ff.

7 E. Hanfstaengl: Zwischen Weißem und Braunem Haus, München 1970, S. 92.

8 Krebs: Tendenzen, S. 172.

9 Rees: Hess, S. 7 ff.; Fest: Profile, S. 260.

10 Vgl. zum folgenden Stammtafel Familie Heß, Wunsiedel, Privatbesitz des Autors sowie Die Ahnentafel von Rudolf Heß, BAK, NS 6/71, F. 6 ff.

11 Heß: Mein Vater, S. 34 ff.; Schwarzwäller: Stellvertreter, S. 31 ff.

12 Brief vom 30. 5. 1954, Heß: Schicksal in Briefen, S. 237.

13 Heß an Haffner, Bad Godesberg, 17. 1. 1909 sowie dass., München, 13. 2. 1928, BAK, Kleine Erwerbungen, Nr. 869, F. 1 u. 4.

14 Schwarzwäller: Stellvertreter, S. 36.

15 Nach Wolf Rüdiger Heß, ebd., S. 35.

16 Ebd., S. 36/37 sowie Rees: Hess, S. 8.

17 Rudolf Heß an Alfred Heß, 24. 11. 1954, Heß: Schicksal in Briefen, S. 249.

18 So bei Fest: Profile, S. 260; zu einem breiteren Kontext vgl. R. Binion: »... daß ihr mich gefunden habt.« Hitler und die Deutschen: Eine Psychohistorie, Stuttgart 1978.

19 So »Putzi« Hanfstaengl über Fritz Heß, zit. bei Schwarzwäller: Stellvertreter, S. 40.

20 Zit. ebd., S. 44.

21 Rudolf Heß an Alfred Heß, 24. 11. 1954, Heß: Schicksal in Briefen, S. 249.

22 Manvell/Fraenkel: Hess, S. 18/19; Schwarzwäller: Stellvertreter, S. 44.

23 Heß: Mein Vater, S. 34/35; Zitat bei Schwarzwäller: Stellvertreter, S. 47.

24 Kriegsrangliste der bayerischen Flieger-Ersatz-Abteilung für Ltn. d. Res. Rudolf Heß, BAK, NS 6/71, F. 33.

25 Rudolf Heß an Klara u. Fritz Heß, handschriftlicher Brief, [Südostfront], 30. 1. 1917, W. R. Heß (Hg.): Rudolf Heß. Briefe 1908–1933, München/Wien 1987, Nr. 189, S. 194.

26 Rudolf Heß an Klara u. Fritz Heß, handschriftliche Postkarte, Hardicourt, 18. 11. 1914 u. dass., handgeschriebene Feldpostkarte, Hardicourt, 21. 11. 1914, ebd., Nr. 85/86, S. 114/115.

27 Rudolf Heß an Klara und Fritz Heß, handschriftlicher Brief, [Westfront], 15. 7. 1915 u. Rudolf Heß an Klara Heß, handschriftlicher Brief, in Stellung bei Montauban, 31. 5. 1915, ebd., Nr. 128 u. 124, S. 145 u. 142/143.

28 Kriegsrangliste der bayerischen Flieger-Ersatz-Abteilung für Ltn. d. Res. Rudolf Heß, BAK, NS 6/71, F. 34.

29 Rudolf Heß an Klara Heß, handschriftlicher Brief, [Westfront], 30. 3. 1916, Heß (Hg.): Briefe, Nr. 170, S. 175–178.

30 Kriegsrangliste der bayerischen Flieger-Ersatz-Abteilung für Ltn. d. Res. Rudolf Heß, BAK, NS 6/71, F. 33.

31 Rudolf Heß an Klara und Fritz Heß, handschriftliche Feldpostkarten, [Südostfront], 10. 8. 1917 sowie 13. 8. 1917, Heß (Hg.): Briefe, Nr. 203/204, S. 204/205.

32 Thomas: Two Murders, S. 46ff. Die These einer Operation auch bei Schwarzwäller: Stellvertreter, S. 53.

33 Klara Heß an Georg Haffner, Reicholdsgrün, 24. 9. 1920, BAK, Kleine Erwerbungen, Nr. 869, F. 2.

34 Kriegsrangliste der bayerischen Flieger-Ersatz-Abteilung für Ltn. d. Res. Rudolf Heß, BAK, NS 6/71, F. 35.

35 Rudolf Heß an Klara und Fritz Heß, handschriftliche Postkarte, Nivelles, 6. 10. 1918; dass., handschriftlicher Brief, [Westfront], 14. 10. 1918 u. 1. 11. 1918, Heß (Hg.): Briefe, Nr. 235, 237, 243, S. 222/223 u. S. 228.

36 Dass., handschriftlicher Brief, Homburg/Pfalz, 14. 11. 1918, ebd., Nr. 248, S. 236.

37 Klara Heß an Rudolf Heß, Reicholdsgrün, 10.5.1919, ebd., Nr.253, S.239.

38 Rudolf Heß an Klara und Fritz Heß, handschriftliche Postkarte, München, 25. 6. 1919, ebd., Nr. 257, S. 243.

39 Rudolf Heß an Gret Georg, maschinenschriftlicher Brief, München, 15. 4. 1927, ebd., Nr. 373, S. 377.

40 Rudolf Heß an Klara und Fritz Heß, handschriftlicher Brief, München, 18. 5. 1919, sowie Rudolf Heß an Klara Heß, handschriftlicher Brief, München, 18. 1. 1920, ebd., Nr. 255 u. 261, S. 240 u. 246.

41 Ebd., Nr. 255, S. 240–242; Kriegsrangliste der bayerischen Flieger-Ersatz-Abteilung für Lt. d. Res. Rudolf Heß, BAK, NS 6/71, F. 35; Biographische Skizze Karl Haushofers von 1933, Jacobsen: Karl Haushofer, Bd. 1, S. 232.

42 Jacobsen: Karl Haushofer, Bd. 1, S. 225.

43 Vgl. zum folgenden R. v. Sebottendorff: Bevor Hitler kam. Urkundliches aus der Frühzeit der Nationalsozialistischen Bewegung, München 1933, S. 43ff.; Rudolf Heß an Klara und Fritz Heß, handschriftlicher Brief, München, 18. 5. 1919, Heß (Hg.): Briefe, Nr. 255, S. 242.

44 Jacobsen: Karl Haushofer, Bd. 1, S. 224.

45 Ebd., S. 225.

46 Rudolf Heß an Klara und Fritz Heß, handschriftlicher Brief, München, 17. 6. 1920, Heß (Hg.). Briefe, Nr. 276, S. 261.

47 Karl Haushofer: Einführung in geopolitisches Denken, Vortrag undatiert, BAK, Nachlaß Haushofer, HC 918a. Zum Gesamtzusammenhang vgl. F. Ebeling: Geopolitik. Karl Haushofer und seine Raumwissenschaft 1919–1945, Berlin 1994.

48 Rudolf Heß an Klara und Fritz Heß, handschriftlicher Brief, [Westfront], 21. 3. 1916, Heß (Hg.): Briefe, Nr. 169, S. 174.

49 Rudolf Heß an Karl Haushofer, Reicholdsgrün, 13. 9. 1923, Jacobsen: Karl Haushofer, Bd. 2, Nr. 12, S. 21; Horoskop für Dr. Karl Haushofer, Wien, August 1939, erstellt von Hans Hoyss, Wien, Meistersingerstraße 7/I/20, BAK, Nachlaß Haushofer, NL 122/53, F. 4–22; Rudolf Heß an Ilse Pröhl, handschriftlicher Brief, Festung Landsberg, 18. 6. 1924, Heß (Hg.): Briefe, Nr. 342, S. 338.

50 Rudolf Heß an Klara Heß, handschriftlicher Brief, München, 10. 6. 1920, ebd., Nr. 275, S. 259; Rudolf Heß an Karl Haushofer, Reicholdsgrün, 6. 10. 1923, Jacobsen: Karl Haushofer, Bd. 2, Nr. 13, S. 24/25.

51 Rudolf Heß an Klara und Fritz Heß, handschriftlicher Brief, München, 9. 11. 1919, Heß (Hg.): Briefe, Nr. 260, S. 244/245.

52 »Zum 45. Geburtstag von Rudolf Heß«, Völkischer Beobachter [VB], 26. 4. 1939, BAK, NS 6/70, F. 172.

53 Heß: Schicksal in Briefen, S. 18/19.

54 Ebd., S. 23.

55 Ebd., S. 24/25.

56 Eintritt in die NSDAP am 27. 7. 1921, siehe A. Tyrell: Vom Trommler zum »Führer«, München 1975, S. 41 u.d 65ff.

57 Zum folgenden vgl. »Wie wird der Mann beschaffen sein, der Deutschland wieder zur Höhe führt!«, November 1921, BAK, NS 11/32, F. 1–6; vgl. dazu auch Heß an Hewel, München, 30. 3. 1927, A. Tyrell (Hg.): »Führer« befiehl ... Selbstzeugnisse aus der »Kampfzeit« der NSDAP. Dokumentation und Analyse, Düsseldorf 1969, Nr. 65, S. 168–173.

58 Rudolf Heß, maschinenschriftliche Ausarbeitung, [o.O.], August 1920; Rudolf Heß an Klara und Fritz Heß, handschriftlicher Brief, München, 14. 9. 1920; Rudolf Heß an Klara Heß, handschriftlicher Brief, München, 24. 2. 1921, Heß (Hg.): Briefe, Nr. 278/279/282, S. 262–266; Heß: Schicksal in Briefen, S. 37.

59 Rudolf Heß an Milly Kleinmann, maschinenschriftlicher Brief, München, 11. 4. 1921, Heß (Hg.): Briefe, Nr. 283, S. 267.

60 Biographische Skizze Karl Haushofers von 1933, Jacobsen: Karl Haushofer, Bd. 1, S. 234; A. Hitler: Mein Kampf, München 1933, S. 562ff.

61 Jacobsen: Karl Haushofer, Bd. 1, S. 225/226.

62 Ebd., S. 227 u. S. 476.

63 Ebd., S. 477; Irving: Heß, S. 62.

64 Rudolf Heß an Klara und Fritz Heß, handschriftlicher Brief, München, 22. 9. 1920, Heß (Hg.): Briefe, Nr. 280, S. 265.

65 Rudolf Heß an Ilse Pröhl, handschriftlicher Brief, Reicholdsgrün, 10. 10. 1923, ebd., Nr. 319, S. 307.

66 Dass., Hof, 16. 9. 1923, ebd., Nr. 315, S. 304.

67 Dass., Nürnberg, 14. 10. 1923, ebd., Nr. 320, S. 308.

68 Hierzu sowie zum folgenden Rudolf Heß an Klara und Fritz Heß, handschriftlicher Brief, [o.O.], 8. 11./16. 11./14. 12. 1923, ebd., Nr. 322, S. 310–313; Biographische Skizze Karl Haushofers von 1933, Jacobsen: Karl Haushofer, Bd. 1, S. 236ff.

69 Schwarzwäller: Stellvertreter, S. 90.

70 Jacobsen: Karl Haushofer, Bd. 1, S. 238.

71 Rudolf Heß an Ilse Pröhl, handschriftlicher Brief, [o.O.], 29. 11. 1923, Heß (Hg.): Briefe, Nr. 324, S. 314.

72 Biographische Skizze Karl Haushofers von 1933, Jacobsen: Karl Haushofer, Bd. 1, S. 230.

73 Rudolf Heß an Klara und Fritz Heß, handschriftlicher Brief, [o.O.], 2. 4. 1924; Rudolf Heß, Maschinenschriftliche Ausarbeitung, [o. O.], 9. 4. 1924; Rudolf Heß und Ilse Pröhl an Klara und Fritz Heß, handschriftliche Postkarte, [o.O.], 18. 4. 1924; Rudolf Heß an Klara Heß, handschriftlicher Brief, München, 11. 5. 1924, Heß (Hg.): Briefe, Nr. 327, 328, 329, 330, S. 316–322.

74 Rudolf Heß an Ilse Pröhl, handschriftlicher Brief, Festung Landsberg, 18. 5. u. 27. 5. 1924, ebd., Nr. 333/335, S. 326–330.

75 Dass., 18. 6. 1924, ebd., Nr. 342, S. 338.

76 Dass., 29. 6. 1924, ebd., Nr. 345, S. 341–343.

77 Rudolf Heß an Klara und Fritz Heß, handschriftlicher Brief, Festung Landsberg, 17. 8. 1924, ebd., Nr. 352, S. 349.

78 Dass., 24. 7. 1924; Rudolf Heß an Ilse Pröhl, maschinenschriftlicher Brief, Festung Landsberg, 23. 7. 1924, ebd., Nr. 349/350, S. 346/347.

79 Franz Hemmrich: Die Festung Landsberg am Lech 1920–1945. Erinnerungen eines Gefängnisbeamten, Landsberg 1970, ungedrucktes Manuskript, IZG, ED 153, F. 39; Rudolf Heß an Ilse Pröhl, handschriftlicher Brief, Festung Landsberg, 4. 8. 1924, Heß (Hg.): Briefe, Nr. 351, S. 347/348.

80 Detaillierte Auflistung der insgesamt 22 Stunden umfassenden Besuche Haushofers bei Jacobsen: Karl Haushofer, Bd. 1, S. 239.

81 Rudolf Heß an Ilse Pröhl, handschriftlicher Brief, Festung Landsberg, 10. 7. 1924, Heß (Hg.): Briefe, Nr. 348, S. 345.

82 Rudolf Heß an Klara und Fritz Heß, maschinenschriftlicher Brief, München, 24. 4. 1925, ebd., Nr. 364, S. 367.

83 Toland: Hitler, S. 279.

84 Biographische Skizze Karl Haushofers von 1933, Jacobsen: Karl Haushofer, Bd. 1, S. 240; Rudolf Heß an Klara und Fritz Heß, maschinenschriftlicher Brief, München, 24. 4. 1925, Heß (Hg.): Briefe, Nr. 364, S. 366.

85 Biographische Skizze Karl Haushofers von 1933, Jacobsen: Karl Haushofer, Bd. 1, S. 240.

86 Rudolf Heß an Klara und Fritz Heß, maschinenschriftlicher Brief, München, 24. 4. u. 7. 7. 1925, Heß (Hg.): Briefe, Nr. 364/365, S. 367–370.

87 Dass., handschriftlicher Brief, München, 24. 10. 1926, ebd., Nr. 366, S. 370.

88 K. G. W. Ludecke: I knew Hitler. The Story of a Nazi who escaped the Blood Purge, New York 1937, S. 571; dazu auch der Befund der Psychiater bei Rees (Hg.): Hess, S. 11.

89 Fromm: Blood and Banquets, S. 141/142.

90 Toland: Hitler, S. 311/1152 sowie Schwarzwäller: Stellvertreter, S. 101.

91 Ebd., S. 101; die britischen Psychiater, die sich mit Heß befaßten, kamen zu dem Schluß, daß er während seines gesamten Aufenthalts in England »wenig Interesse an seiner Frau« bekundete, jedoch eine »überaus große Verbundenheit mit seinem Sohn« an den Tag legte, Rees (Hg.): Hess, S. 13.

92 Rudolf Heß an Klara Heß, handschriftlicher Brief, Weimar, 23. 1. 1927, ebd., Nr. 372.

93 Dazu ausführlich U. Kissenkoetter: Gregor Straßer und die NSDAP, Stuttgart 1978, S. 35ff.

94 Rudolf Heß an Heinrich Heim, Dachau, 4. 10. 1932, BAK, NS 6/71, F. 14ff.; K. D. Bracher: Die deutsche Diktatur. Entstehung, Struktur, Folgen des Nationalsozialismus, Frankfurt/Berlin/Wien 1980, S. 196; Schwarzwäller: Stellvertreter, S. 103.

95 Rudolf Heß an Klara und Fritz Heß, maschinenschriftliche Briefe, München, 14. 5. u. 10. 9. 1930, Heß (Hg.): Briefe, Nr. 396/397, S. 403–405; Heß: Mein Vater, S. 47.

96 Ebd., S. 47; Rudolf Heß an Wolf Rüdiger Heß, Spandau, 15. 8. 1954, Heß: Schicksal in Briefen, S. 252.

97 Rudolf Heß an Klara und Fritz Heß, maschinenschriftlicher Brief, München, 10. 3. 1931, Heß (Hg.): Briefe, Nr. 401, S. 408/409.

98 Kissenkoetter: Straßer, S. 154ff.

99 Denkschrift Hitlers über die inneren Gründe für die Verfügungen zur Herstellung einer erhöhten Schlagkraft der Bewegung, Teil 1, 15. 12. 1932, BAK, NS 2/110, Teil 2, 20. 12. 1932, BAK, NS 22/356; dazu im einzelnen Kissenkoetter: Straßer, S. 178ff. und D. Rebentisch: Führerstaat und Verwaltung im Zweiten Weltkrieg. Verfassungsentwicklung und Verwaltungspolitik 1939–1945, Stuttgart 1989, S. 68.

100 Rudolf Heß, Fünf Jahre Stellvertreter des Führers, München, 26. 4. 1938, BAK, NS 6/70, F. 204.

101 Kissenkoetter: Straßer, S. 180.

102 Rudolf Heß an Ilse Heß, handschriftlicher Brief, Berlin, Reichskanzlei, 31. 1./1. 2. 1933, Heß (Hg.): Briefe, Nr. 422, S. 424–426.

2 Imperium ohne Imperator

1 A. Speer: Erinnerungen, Frankfurt/Berlin/Wien 1972, S. 75.

2 Krebs: Tendenzen, S. 170.

3 So bei Fest: Profile, S. 263; ähnlich bei D. Orlow: Rudolf Heß – Stellvertreter des Führers, in: R. Smelser/R. Zitelmann (Hg.): Die braune Elite, Darmstadt 1989, S. 85/86.

4 Interview mit Heinrich Heim, München, 5. 10. 1952, IZG, ZS 243/I, F. 16; ähnlich die Aussage des Adjutanten von Heß, Alfred Leitgen, Niederschrift der Unterredung mit Alfred Leitgen, München, 19. 12. 1952, ebd., ZS 262, F. 14.

5 Verfügung des »Führers«, 21. 4. 1933, BAK, NS 6/71, F. 39.

6 Rudolf Heß, Fünf Jahre StdF, München, 26. 4. 1938, BAK, NS 6/70, F. 205; Rebentisch: Führerstaat, S. 69.

7 Longerich: Hitlers Stellvertreter, S. 8.

8 Rudolf Heß, Fünf Jahre StdF, München, 26. 4. 1938, BAK, NS 6/70, F. 205.

9 Heß: Mein Vater; Irving: Heß; Padfield: Hess; mit gewissen Einschränkungen auch Schwarzwäller: Stellvertreter, sowie Manvell/Fraenkel: Hess.

10 V.a. sind hier zu nennen die Studien von Rebentisch: Führerstaat, S. 68ff. und von Longerich: Hitlers Stellvertreter, passim. Dort die Angabe weiterer Literatur.

11 Rebentisch: Führerstaat, S. 73.

12 Krebs: Tendenzen, S. 171.

13 Interview mit Heinrich Heim, München, 5. 10. 1952, IZG, ZS 243/I, F. 19.

14 Befragung Alfred Leitgens, München, 2. 12. 1965, ebd., ZS 262, F. 16.

15 K. H. Minuth (Bearb.): Die Akten der Reichskanzlei. Die Regierung Hitler, Teil 1, 1933/34, Bd. 2, Boppard 1983, Nr. 341, S. 1255.

16 Der Reichskanzler an die Reichsminister, Bayreuth, 27. 7. 1934, ebd., Nr. 380, S. 1381/1382.

17 Verfügung Nr. 141/35, 17. 7. 1935, Anordnungen des Stellvertreters des Führers, München 1937, S. 145/146. Zur Umsetzung dieses Mitwirkungsrechtes des StdF in der Praxis vgl. Rebentisch: Führerstaat, S. 72f.; Longerich: Hitlers Stellvertreter, S. 74ff.

18 Sehr geraffter Überblick bei Longerich: Hitlers Stellvertreter, S. 84.

19 Rundschreiben Nr. 144/35, Betr.: Einheit zwischen Partei und Staat, München, 17. 7. 1935; Anordnung Nr. 150/35, Anweisung Nr. 2 an die Beauftragten der NSDAP in der Gemeinde, München, 25. 7. 1935; Anordnung Nr. 151/35, Anweisung Nr. 3 an die Beauftragten der NSDAP in der Gemeinde, München, 25. 7. 1935, Anordnungen des StdF, S. 147/148, 156–169.

20 Zum Zusammenhang vgl. H. Mommsen: Beamtentum im Dritten Reich, Stuttgart 1966; zum Anteil von Heß ausführlich Longerich: Hitlers Stellvertreter, S. 40ff. sowie Rebentisch: Führerstaat, S. 73ff.

21 Rundschreiben Nr. 76/35, 26. 4. 1935, Anordnungen des StdF, S. 107–109.

22 Rebentisch: Führerstaat, S. 74.

23 W. Sommer: Partei und Staat, in: Deutsche Juristenzeitung, 15. 5.. 1936, S. 596, zit. ebd., S. 75.

24 Anordnung Nr. 52/36, München, 30. 3. 1936, Anordnungen des StdF, S. 282–286.

25 Hierzu einschlägig die Untersuchung von P. Hüttenberger: Die Gauleiter. Studie zum Wandel des Machtgefüges in der NSDAP, Stuttgart 1969.

26 Denkschrift Hitlers über die inneren Gründe für die Verfügungen zur Herstellung einer erhöhten Schlagkraft der Bewegung, Teil II, 20. 12. 1932, BAK, NS 22/356.

27 Anordnung vom 22. 12. 1933, Anordnungen des StdF, S. 28.

28 Anordnung vom 27. 12. 1933, ebd., S. 28/29.

29 Anordnung vom 27. 2. 1934, ebd., S. 35.

30 Anordnung vom 25. 10. 1934, ebd., S. 67/68.

31 Anordnung vom 21. 12. 1934, ebd., S. 74–77. Diese Berichtspflicht der Gauleiter wurde im Zuge des »Gesetzes gegen heimtückische Angriffe auf Staat und Partei und zum Schutz der Partei-Uniform« vom 20. 12. 1934 dahingehend ausgedehnt, daß die Gauleiter auch »alle Vergehen, die unbedingt unter Strafe gestellt werden müssen, [...] ohne Rücksicht auf die zu erstattende Anzeige bei der Staatsanwaltschaft« beim StdF anzuzeigen hatten, Anordnung Nr. 184/35, 3. 9. 1935, ebd., S. 190/191.

32 Verfügung Hitlers, Nr. 79/35, 18. 4. 1935, ebd., S. 109–112.

33 Irving: Heß, S. 68.
34 Anordnungen, 25. 10. 1935, Anordnungen des StdF, S. 207f.; Rebentisch: Führerstaat, S. 77.
35 Ausführlich ebd., S. 77ff.; Longerich: Hitlers Stellvertreter, S. 14ff.
36 R. Neebe: Die Industrie und der 30. Januar 1933, in: Nationalsozialistische Diktatur 1933–1945, hg. v. K. D. Bracher, M. Funke, H. A. Jacobsen, Düsseldorf 1983, S. 167; M. Jamin: Zur Rolle der SA im nationalsozialistischen Herrschaftssystem, in. Der »Führerstaat«. Mythos und Realität, hg. v. G. Hirschfeld u. L. Kettenacker, Stuttgart 1981, S. 335.
37 Völkischer Beobachter, 22. 1. 1934.
38 Erinnerungen des Generalfeldmarschalls von Weichs, BAMF, N 19/5, F. 11; zum weiteren Zusammenhang H. Höhne: Mordsache Röhm. Hitlers Durchbruch zur Alleinherrschaft 1933–1934, Reinbek 1994, S. 204ff.; Toland: Hitler, S. 444ff.
39 H. Krausnick: Der 30. Juni 1934, in: Aus Politik und Zeitgeschichte (30. 6. 1954), S. 319.
40 Völkischer Beobachter, 7. 6. 1934.
41 »Wie wird der Mann beschaffen sein, der Deutschland wieder zur Höhe führt!«, BAK, NS 11/32, F. 4.
42 Zum folgenden Kölner Rede (Gau Essen) am 25. 6. 1934, ebd., NS 6/70, F. 210–226; gedruckt in R. Heß: Reden, München 1938, S. 16–32.
43 Niederschrift der Unterredung mit Alfred Leitgen, München, 1. 4. 1952, IZG, ZS 262, F. 5ff.
44 Tagebuch Rosenberg, 7. 7. 1934, H. G. Seraphim (Hg.): Das politische Tagebuch Alfred Rosenbergs aus den Jahren 1934/35 und 1939/40, Göttingen/Berlin/Frankfurt 1956, S. 34.
45 Niederschrift der Unterredung mit Alfred Leitgen, München, 1. 4. 1952, IZG, ZS 262, F. 5ff. Die Aussagen Leitgens müssen vor dem Hintergrund der Tatsache gesehen werden, daß er seinen in Spandau einsitzenden ehemaligen Chef keinesfalls belasten wollte.
46 Vgl. hierzu D. Orlow: The History of the Nazi Party, Bd. 2, Pittsburgh 1973, S. 114/115; zum Verhalten von Heß gegenüber den Angehörigen der Opfer vgl. Höhne: Mordsache Röhm, S. 301ff.
47 U. D. Adam: Judenpolitik im Dritten Reich, Königstein/Ts. 1979, S. 98ff.
48 Zur Tätigkeit Wagners siehe C. Andree: Die Ausschaltung jüdischer Mediziner der Universität Breslau und die Gleichschaltung der Ärzteschaft durch den Reichsärzteführer Gerhard Wagner, in: Nationalsozialismus und Widerstand in Schlesien, hg. v. L. Bossle, G. Keil et al., Sigmaringen 1989, S. 105–120.
49 Anordnung Nr. 117/35, München, 15. 6. 1935, Anordnungen des StdF, S. 126–128.
50 Vgl. hierzu die von Heß erlassenen Ausführungsbestimmungen, Rundschreiben Nr. 228/35, München, 2. 12. 1935, ebd., S. 212–220.
51 Rundschreiben Nr. 154/35, München, 27. 7. 1935, ebd., S. 176/177.

52 An den deutschen Bauern, Goslar, 17. 11. 1935, Heß: Reden, S. 134–137; vgl. diesbezüglich auch den Vortrag, den Heß auf Einladung der deutsch-schwedischen Gesellschaft im gleichen Jahr in Stockholm hielt, An die Ausländer guten Willens, Stockholm, 14. 5. 1935, ebd., 100–119.

53 Rede des StdF auf dem Reichsparteitag in Nürnberg, 14. 9. 1936, BAK, NS 6/70, F. 121.

54 Leitgen an NS-Hauptarchiv, 7. 9. 1939, ebd., NS 26/1413.

55 Longerich: Hitlers Stellvertreter, S. 116.

56 »Für unsere nationale Existenz und unser soziales Leben«, Rede des StdF zum 1. 5. 1940 in Essen, VB, 2. 5. 1940, BAK, NS 6/70, F. 2/3.

57 So die von Heß selbst gebrauchte Formel seiner Rollenbeschreibung in der Partei, Rede des StdF am 9. Parteitag der NSDAP in Nürnberg, 13. 9. 1937, ebd., F. 47.

58 Rundschreiben vom 23. 10. 1933; Anordnung Nr. 214/35, München, 5. 11. 1935, Anordnungen des StdF, S. 21–23 u. S. 202.

59 Anordnung, 30. 5. 1934; Anordnung, 9. 1. 1935, Anordnung Nr. 21/35, München, 5. 11. 1935, ebd., S. 50–52, S. 83–85, S. 200–203; vgl. auch die Rede von Heß an die gesamte Führerschaft des NSKK am 16. 1. 1936 in der Berliner Deutschlandhalle, Heß: Reden, S. 139–145.

60 Bekanntgabe des StdF, 19. 7. 1934, ebd., S. 58/59.

61 Rudolf Heß. Dokumentation des Bayerischen Rundfunks von Hanns Jörg Dürrmeier. Erstausstrahlung am 14. 10. 1978.

62 Die Wahl Adolf Hitlers zum Führer. Rede nach Hindenburgs Tod, gehalten am 14. 8. 1934 in Kiel, Heß: Reden, S. 52–63.

63 Rudolf Heß an Klara und Fritz Heß, maschinenschriftlicher Brief, München, 10. 3. 1931, Heß (Hg.): Briefe, Nr. 401, S. 408.

64 Rebentisch: Führerstaat, S. 79.

65 Longerich: Hitlers Stellvertreter, S. 131.

66 Im Überblick dazu Orlow: Nazi Party, Bd. 2, S. 72–79, 138–144, 197–199; P. Diehl-Thiele: Partei und Staat im Dritten Reich. Untersuchungen zum Verhältnis von NSDAP und allgemeiner innerer Staatsverwaltung, München 1971, S. 216ff.; sowie v.a. Longerich: Hitlers Stellvertreter, S. 12ff.

67 Diehl-Thiele: Partei und Staat, S. 235/236.

68 Detailliert bei Longerich: Hitlers Stellvertreter, S. 24ff.

69 Unterredung mit Ernst Schulte-Strathaus, 12. 11. 1963, IZG, ZS 2089, F. 4–6.

70 Amann an Bouhler, München, 10. 12. 1938, sowie Ley an Heß, 25. 8. 1939, BAK, NS 11/9, o.F.

71 Aufzeichnung über die Stellung des Pg. Hederich zur Astrologie, Berlin, 20. 5. 1941, BAK, NS 8/209, F. 13–17.

72 F. Wiedemann: Der Mann, der Feldherr werden wollte. Erlebnisse und Erfahrungen des Vorgesetzten Hitlers im 1. Weltkrieg und seines Persönlichen Adjutanten, Velbert 1964, S. 173.

73 Rundschreiben, 31. 10. 1934, Longerich: Hitlers Stellvertreter, S. 32.

74 So bei H. A. Jacobsen: Nationalsozialistische Außenpolitik 1933–1938, Frankfurt/Berlin 1968, S. 175f.

75 Ausführlich zum Volksdeutschen Rat ebd., S. 160ff.; sowie Ders.: Karl Haushofer, Bd. 1, S. 281ff.

76 Rundschreiben des StdF an alle Reichs- und Gauleiter, 8. 5. 1934, Longerich: Hitlers Stellvertreter, S. 27. Zum Tätigkeitsbereich der »Dienststelle Ribbentrop« vgl. Jacobsen: Außenpolitik, S. 252ff.

77 Unterredung mit Alfred Leitgen, München, 1. 4. 1952, IZG, ZS 262, F. 5ff.

78 Die ausführlichste Darstellung der Organisationsstruktur und des Tätigkeitsbereiches der AO bei Jacobsen: Außenpolitik, S. 90ff.

79 Anordnung Nr. 66/35, München, 15. 4. 1935, Anordnungen des StdF, S. 103–106.

80 J. Mader: Hitlers Spionagegenerale sagen aus, Berlin (Ost) 1974, S. 311.

81 Karlowa [i.e. Landesgruppenleiter der AO für England, d. Vf.] an alle Hoheitsträger, Rundschreiben Nr. 7/39, London, 17. 1. 1939, NS 9/87.

82 Vgl. hierzu A. Masters: The Man who was M. The Life of Maxwell Knight, Oxford 1984, S. 68ff. u. S. 126/127; Hewel an den Chef des persönlichen Stabes des RFSS, Wolff, München, 10. 11. 1938, BAK, NS 19/1139 sowie Anglo-German Review, Bd. 2, Nr. 8, Juli 1938, ebd.; Domvile an Himmler, Übersetzung, London, 4. 9. 1938, ebd.

83 Vgl. dazu »The Link«, BAK, NS 9/87 sowie Tätigkeitsbericht der Deutsch-Englischen Gesellschaft für die Zeit vom 1. 1. 1937–31. 1. 1938, PAAA, Handakten Hewel, R 27477, F. 439290–435303.

84 Schlottmann an Hewel, Berlin, 30. 3. 1939, ebd., F. 435308/435309; Douglas-Hamilton: Hess, S. 90.

85 Schreiben des StdF, München, 4. 11. 1935, BAK, NS 6/80, F. 1.

86 Anordnung Nr. 75/39, München, 6. 4. 1939, ebd., NS 6/701, F. 2; Schreiben des StdF vom 6. 12. 1940 an den Reichswirtschaftsminister, ebd., F. 30f.

87 Unterredung mit OSAF Franz von Pfeffer, 21. 4. 1963, IZG, ZS 177/II, F. 63.

88 Ebd., F. 63/64.

89 Dazu sowie zum folgenden Schellenberg: Aufzeichnungen, S. 43/44 u. S. 202 sowie Schlie: Kein Friede, S. 305ff.; »Jahnke and the Jahnkebüro«, in: Final Report on the Case of Walter Friedrich Schellenberg, NA, RG 319.

90 H. Frank: Im Angesicht des Galgens. Deutung Hitlers und seiner Zeit auf Grund eigener Erlebnisse und Erkenntnisse, Neuhaus 1955, S. 157f.

91 Verfügung Nr. 51/36, 29. 3. 1936; Anordnung Nr. 76/36, 3. 6. 1936; Anordnung Nr. 116/36, 4. 9. 1936; Anordnung Nr. 139/36, 6. 11. 1936, Anordnungen des StdF, S. 275–282, S. 301/302, S. 319/320, S. 346–349.

92 Notiz für den Stabsleiter, Vortrag von Friedrichs beim StdF am 31. 8. 1938, München, 1. 9. 1938, BAK, NS 6/783, F. 1–3.

93 Vorlage an Stabsleiter, Vortrag beim StdF, München, 1. 11. 1938, ebd., F. 4–8; Notiz für den Stabsleiter, Vortrag von Friedrichs beim StdF am 15. 11. 1938, München, 17. 11. 1938, ebd., F. 9–24.

94 Vortrag beim StdF durch Pg. Friedrichs, Berlin, 13. 3. 1941, ebd., F. 55–62; Aktenvermerk für Pg. Friedrichs, München, 18. 4. 1941, ebd., F. 64–72.

95 Rede des StdF auf dem Reichsparteitag der Ehre 1936 in Nürnberg, 14. 9. 1936, BAK, NS 6/70, F. 117–137.

96 Vgl. diesbezüglich die Ausführungen von Heß im gleichen Kreise zwei Jahre später, wo er ausführte: »Vor allem die Gesundheit des nationalsozialistischen Führers gehört nicht diesem allein, sondern der Nation. Er darf nicht nach Belieben mit dieser hausen, sondern ist verpflichtet, sie zu schonen und alles zu vermeiden, was ihr schädlich sein könnte. Hierzu gehört in erster Linie Mäßigung im Rauchen. [...] tatsächlich ist Nikotin schädlicher noch als Alkohol.« Rede des StdF vor den Gau- und Kreisleitern in Nürnberg, 12. 9. 1938, ebd., F. 29.

97 Unterredung mit Alfred Leitgen, München, 1. 4. 1952, IZG, ZS 262, F. 5ff.

98 Neurath an Heß, Berlin, 17. 12. 1935, PAAA, Inland II A/B, R 99570.

99 Dazu im Überblick A. Haug: Die Reichsarbeitsgemeinschaft für eine neue deutsche Heilkunde (1935–1936), in: Würzburger medizinhistorische Mitteilungen 2 (1984), S. 117–130; Longerich: Hitlers Stellvertreter, S. 112.

100 Arzt und Heilweise, Rede des StdF auf dem 12. Internationalen Homöopathen-Kongreß in Berlin, 9. 8. 1937, Heß: Reden, S. 260–262.

101 Notiz für den Stabsleiter über eine Besprechung zwischen Ley und Heß, Berlin, 17. 11. 1939, BAK, NS 6/783, F. 51–54.

102 BAK, NS 18/685, Longerich: Hitlers Stellvertreter, S. 112/113.

103 So bei Schwarzwäller: Stellvertreter, S. 158.

104 D. Kelley: 22 Männer um Hitler. Erinnerungen eines amerikanischen Armeearztes und Psychiaters am Nürnberger Gefängnis, Bern o.J., S. 33/34.

105 Ingeborg Sperr, Erklärung, Nürnberg, 20. 11. 1945, Hoover Library [HL], Ms. DD247 H3 S75, zit. bei Irving: Heß, S. 40/41.

106 Rees (Hg.): Hess, S. 16 sowie Schwarzwäller: Stellvertreter, S. 157.

107 Bericht des Medical Research Council, 29. 5. 1941, Rees (Hg.): Hess, S. 16.

108 Rudolf Heß an Alfred Heß, England, 11. 5. 1943, BAK, Nachlaß Haushofer, HC 937e.

109 Speer: Erinnerungen, S. 190.

110 Ebd., S. 133f.

111 W. R. Heß: Heß. Weder Recht noch Menschlichkeit: Das Urteil von Nürnberg – die Rache in Spandau. Eine Dokumentation, Leoni 1974,

S. 14; vgl. auch Interview mit Obergruppenführer Karl Wolff, München 12. 12. 1952, IZG, ZS 317/I, F. 34.

112 H. Baur: Ich flog Mächtige der Erde, Kempten 1956, S. 191/192.

113 Ebd., S. 191/192.

3 Der »Botengang eines Toren«?

1 Das letzte Wort. Niederschrift von Heß in der Nürnberger Haft [Oktober 1946], gedr. bei Bird: Hess, S. 21/22.

2 An die Frontkämpfer der Welt, Rede über die deutschen Sender anläßlich des Gauparteitages in Ostpreußen, Königsberg, 8. 7. 1934; Rede zur Volksabstimmung nach der Wiederbesetzung der linken Rheinzone durch deutsche Truppen, Stettin, 29. 3. 1936; Zum deutsch-japanischen Antikominternvertrag, Rede auf dem Reichsbauerntag, Goslar, 29. 11. 1936, Heß: Reden, S. 39–48, S. 153–173, S. 219–222.

3 Zu Görings Rolle in diesen Jahren vgl. S. Martens: Hermann Göring. »Erster Paladin des Führers« und »Zweiter Mann im Reich«, Paderborn 1985, S. 77ff.

4 S. E. Hilton: The Welles Mission to Europe, February–March 1940: Illusion or Realism?, in: Journal of American History 58 (1971/72), S. 93–120; Schlie: Kein Friede, S. 82–89.

5 Aufzeichnung über die Unterredung des Reichsministers Heß mit Staatssekretär Sumner Welles am 3. 3. 1940 in Anwesenheit des amerikanischen Geschäftsträgers Kirk, des Legationsrates Struwe und des Parteigenossen Leitgen, Berlin, 4. 3. 1940, Privatbesitz des Autors, der Herrn Michael Gerl für die Überlassung des Dokuments aus den Akten seines Großvaters, Prof. Franz Gerl, dankt. Das im PAAA befindliche Protokoll der Unterredung ist wesentlich kürzer gehalten und weicht in einigen Punkten von der verwendeten Niederschrift ab, PAAA, Handakten Dolmetscher Schmidt, Aufzeichnungen 1940, R 27845, F. 46586–46572. Aufzeichnung des Führers, Richtlinien für die Unterhaltungen mit Sumner Welles, 29. 2. 1940, ADAP, D, Bd. 8, Nr. 637, S. 644/645.

6 Foreign Relations of the United States [FRUS], 1940, Bd. 1, Berlin, Sunday, 3. 3. 1940, S. 50/51.

7 Liddell an Johnson, 7. 2. 1940, NA, RG 84, US Embassy London, Confidential Files, Nr. 820-02; vgl. Schlie: Kein Friede, S. 306ff., Costello: Ten Days, S. 111, S. 136/137.

8 Johnson an Dunn, Personal and strictly confidential, 14. 2. 1940, NA, RG 84, US Embassy London, Confidential Files, Nr. 820-02; Schlie: Kein Friede, S. 307.

9 Rudolf Heß an Ilse Pröhl, handschriftlicher Brief, Festung Landsberg, 19. 5. 1924, Heß (Hg.): Briefe, Nr. 333, S. 328.

10 Unterredung mit Alfred Leitgen, 1. 4. 1952, IZG, ZS 262, F. 5ff.

11 Vgl. Denkschrift Rosenbergs für Hitler: England und Deutschland. Skizze einer weltpolitischen Möglichkeit, Berlin, 12. 5. 1934, gedr. bei Seraphim (Hg.): Tagebuch, S. 137–140; A Short Report of the Activities of the Department for Foreign Affairs of the NSDAP, October 1935, gedr. bei F. W. Winterbotham: Secret and Personal, London 1969, S. 78–81; dazu im Überblick Jacobsen: Außenpolitik, S. 73ff.; Kilzer: Churchill's Deception, S. 227ff.; Winterbotham: Secret, S. 23ff.

12 So bei Jacobsen: Außenpolitik, S. 76.

13 Andrew: Secret Service, S. 488.

14 Winterbotham: Secret, S. 44ff.; Tagebuch Rosenberg, 14. 5. 1934, Seraphim (Hg.): Tagebuch, S. 19.

15 Winterbotham: Secret, S. 76ff., S. 97ff., S. 122ff.

16 Aktennotizen Rosenbergs über die Besuche von Baron de Ropp, Berlin, 16. 8. u. 21. 8. 1939, ADAP, D, Bd. 7, Nr. 74 u. Nr. 151, S. 68/69 u. S. 136/137. Ähnlich und nachdrücklich das Angebot de Ropps, nachdem sich der Fall Polens abzeichnete, Ungezeichnete Aktennotiz, Berlin, 25. 9. 1939, ebd., Bd. 8, Nr. 134, S. 104/105.

17 Aktennotiz ohne Unterschrift, 10. 10. 1939, ebd., Nr. 235, S. 201–205.

18 Tagebuch Rosenbergs, 1. 11. 1939, Seraphim (Hg.): Tagebuch, S. 85; Aufzeichnung ohne Unterschrift, Besprechung mit B[aron] d[e] R[opp], Undatiert, ADAP, D, Bd. 8, Nr. 318, S. 285–288.

19 Tagebuch Rosenbergs, 3. 3. 1940, Seraphim (Hg.): Tagebuch, S. 103.

20 Douglas-Hamilton: Hess, S. 128ff.

21 Aussage Koeppens in sowjetischer Gefangenschaft, L. Besymenski: Was sich am 10. Mai 1941 ereignete, in: Neue Zeit, Moskau, 34 (1973), S. 25. Rosenberg selbst, der 1945 in Nürnberg zum Grund seines Zusammentreffens mit Heß befragt wurde, hüllte sich in Schweigen, Testimony of Alfred Rosenberg, Nürnberg, 16. 11. 1945, IWM, FO 645, Box 160, F. 10–15.

22 Handschriftliches Manuskript der Memoiren Schellenbergs, IZG, ED 90/4, F. 346.

23 Interview des Autors mit Michael Gerl, 15. 5. 1995.

24 Rudolf Heß an Fritz Heß, 24. 10. 1934, PRO FO 371/26566.

25 Rudolf Heß an Franz Gerl, München, 30. 4. 1936; Ilse Heß an Gerl, Büddow bei Falkenburg in Pommern, 12. 6. 1938, Privatbesitz Familie Gerl, Hindelang.

26 Interview des Autors mit Michael Gerl, 15. 5. 1995; Bischof von Chichester an Gerl, The Palace, Chichester, 20. 5. 1946, Privatbesitz Familie Gerl, Hindelang.

27 Patientenkartei Prof. Gerls, Privatbesitz Familie Gerl, Hindelang.

28 Zum folgenden Secret Report by G. Shakespeare suggesting Reasons for the Defection of Rudolf Hess, 14. 5. 1941, IWM, Shakespeare Papers, P. 79, GHS 2.

29 Bescheinigung, unterfertigt von Heß, 31. 8. 1936, Staatsarchiv Nürnberg [StAN], PS-3752 (2).

30 Gerl an Rudolf Heß, Hindelang, 25. 10. 1935, ebd., PS-3752 (1); Rudolf Heß an Gerl, Kissingen, 31. 7. 1936, dass., o.O., 14. 4. 1937, ebd., PS-3752 (2); Gerl an Rudolf Heß, Hindelang, 1. 1. 1938, ebd., PS-3752 (1).

31 Gerl an Ilse Heß, Hindelang, 29. 4. 1937, ebd., PS-3752 (2).

32 Gerl an Rudolf Heß, Hindelang, 1. 1. 1938 sowie 1. 5. 1938, ebd., PS-3752 (1).

33 Rudolf Heß an Klara und Fritz Heß, München, 17. 6. 1920, Heß (Hg.): Briefe, Nr. 276, S. 261. Zu Albrecht Haushofer siehe die Biographie von U. Laack-Michel: Albrecht Haushofer und der Nationalsozialismus, Stuttgart 1974.

34 Jacobsen: Karl Haushofer, Bd. 1, S. 346, S. 382–384.

35 Laack-Michel: Albrecht Haushofer, S. 106ff.

36 Ebd., S. 140ff.

37 Albrecht Haushofer an Karl und Martha Haushofer, Berlin, 9. 8. 1938, Jacobsen: Karl Haushofer, Bd. 2, Nr. 191, S. 355.

38 Albrecht Haushofer an Martha Haushofer, Berlin, 13. 12. 1939, ebd., Nr. 226, S. 417.

39 Rudolf Heß an Karl Haushofer, Berlin, 24. 10. 1939, ebd., Nr. 223, S. 413.

40 Aufzeichnung Albrecht Haushofers, Englische Beziehungen und die Möglichkeit ihres Einsatzes, Obersalzberg, 12. 5. 1941, ADAP, D, Bd. 12, Nr. 500, S. 653/654. Da dieses Memorandum nach dem Flug von Heß zu Papier gebracht wurde, ist es sicher nicht frei von Rechtfertigungsversuchen seitens Haushofers, der seine Kontakte vielleicht über Gebühr herausstrich.

41 Lord Vansittart: The Mist Procession. The Autobiography of Lord Vansittart, London 1958, S. 483.

42 Aufzeichnung Albrecht Haushofers, Englische Beziehungen und die Möglichkeit ihres Einsatzes, Obersalzberg, 12. 5. 1941, ADAP, D, Bd. 12, Nr. 500, S. 653.

43 J. Douglas-Hamilton: Motive for a Mission. The Story behind Hess's Flight to Britain, London 1972, S. 69/70.

44 Ebd., S. 69/70 sowie Ders.: Hess, S. 66/67.

45 Douglas-Hamilton: Hess, S. 66/67 sowie Ders.: Motive, S. 69.

46 Channon Tagebuch, 13. 5. 1941, R. R. James (Hg.): Chips. The Diaries of Henry Channon, London 1967, S. 304/305.

47 Douglas-Hamilton: Motive, S. 70. Auf Einladung der Lilienthal-Gesellschaft, der auch Heß angehörte, hielt sich Clydesdale im Oktober 1936 erneut für zwei Tage in Deutschland auf und besichtigte weitere Luftwaffenstationen, darunter die Junkers-Werke in Dessau, Ders.: Hess, S. 72.

48 Douglas-Hamilton: Motive, S. 71.

49 Ders.: Hess, S. 74.

50 Ders.: Motive, S. 71–73.

51 Albrecht Haushofer an Clydesdale, 27. 11. 1937, Hamilton Papers, Ders.: Hess, S. 77.

52 Ders.: Motive, S. 75 sowie Jacobsen: Karl Haushofer, Bd. 1, S. 476.

53 Albrecht Haushofer an Clydesdale, Cruising the Coast of Western Norway, 16. 7. 1939, Hamilton Papers, Douglas-Hamilton: Motive, S. 91–95. In nicht immer korrekter deutscher Übersetzung, die vor allem den hohen Grad an Vertraulichkeit zwischen Haushofer und Clydesdale nicht erkennen läßt, abgedr. bei Jacobsen: Karl Haushofer, Bd. 1, S. 349–352.

54 Douglas-Hamilton: Motive, S. 96.

55 Abgedr. ebd., S. 98/99.

56 So im englischen Original des Briefes, ebd., S. 98.

57 Unterredung mit Heinrich Heim, München, 25. 6. 1971, IZG, ZS 243/I, F. 61 ff.

58 Aufzeichnung Kerstens, 15. 5. 1941, F. Kersten: The Kersten Memoirs 1940–1945, London 1956, S. 89; zum Frontbesuch von Heß vgl. eine Notiz des Chefs der Heeresgruppe B, Bock, vom 31. 5. 1940, H. A. Jacobsen (Hg.): Dokumente zum Westfeldzug 1940, Göttingen 1960, S. 99.

59 Tagebuch Rosenberg, Mitte Mai 1939, Seraphim (Hg.): Tagebuch, S. 67.

60 Rede Molotows vor dem Obersten Sowjet, 29. 3. 1940, J. Degras: Soviet Documents on Foreign Policy, Bd. 3: 1933–1941, London 1953, S. 436–449.

61 H. Haushofer: Bauer im Schach. Lebenserinnerungen, in: Bayerisches Landwirtschaftliches Jahrbuch 59, Sonderheft 1 (1982), S. 105.

62 Churchill: Second World War, Bd. 2, S. 24.

63 War Cabinet Minutes, WM 107 (40), 15. 5. 1940, PRO, CAB 65/7. Vgl. dazu im Zusammenhang: Das deutsche Reich und der Zweite Weltkrieg, hg. v. Militärgeschichtlichen Forschungsamt, Bd. 2, Stuttgart 1979, S. 338 ff.

64 Aussagen der Generale von Sodenstern und von Blumentritt über die Äußerungen Hitlers am 17. 5. 1940 in Bastogne, W. Ansel: Hitler confronts England, Durham N.C. 1960, S. 70/71.

65 Lagebesprechung im OKW, 20. 5. 1940, Jacobsen (Hg.): Westfeldzug, S. 53; Hillgruber: Strategie, S. 145.

66 Zu dieser Frage siehe jüngst K. H. Frieser: Blitzkrieg-Legende. Der Westfeldzug 1940, München 1995, S. 363 ff., der belegt, daß der »Halt-Befehl« nicht von Hitler, sondern vom Generalstab kam und demnach nicht politisch, sondern militärisch motiviert war.

67 Aufzeichnung Kerstens, Bad Godesberg, 24. 6. 1940, Kersten: Memoirs, S. 88.

68 Zu den diesbezüglichen Debatten und taktischen Manövern im britischen Kabinett vgl. u.a. D. Reynolds: Churchill and the British »Decision« to fight on in 1940: right policy, wrong reasons, in: R. Langhorne

(Hg.): Diplomacy and Intelligence during the Second World War. Essays in Honour of F. H. Hinsley, Cambridge 1985, S. 147–167; L. Kettenacker: Krieg zur Friedenssicherung. Die Deutschlandplanung der britischen Regierung während des Zweiten Weltkriegs, Stuttgart 1989, S. 68ff.; J. Charmley: Churchill. The End of Glory, London 1993, S. 396ff.

69 E. Calic: Reinhard Heydrich. Schlüsselfigur des Dritten Reiches, Düsseldorf 1982, S. 384.

70 Weizsäcker an RAM, Berlin, 19. 6. 1940/22. 6. 1940, PRO, GFM B15, B 002529/B 002530; Aufzeichnung des Staatssekretärs, Berlin, 19. 6. 1940, ADAP, D, Bd. 9, Nr. 487, S. 513; zu den beträchtlichen Irritationen, die dieser Vorgang bei Churchill auslöste, vgl. A. Howard: Rab. The Life of R. A. Butler, London 1987, S. 96ff. Eine fast deckungsgleiche Botschaft übermittelte am selben Tage der britische Botschafter in Stockholm an den schwedischen Außenminister, vgl. C. Ponting: 1940 – Myth and Reality, London 1990, S. 114.

71 Aufzeichnung des Staatssekretärs, Berlin, 22. 6. 1940, ADAP, D, Bd. 9, Nr. 529, S. 563/564.

72 V.a. über den dortigen britischen Botschafter Kelly sowie den ehemaligen Völkerbundskommissar in Danzig und jetzigen Vizepräsidenten des Internationalen Roten Kreuzes, Jacob Burckhardt, vgl. Hohenlohe an Hewel, Schloß Rothenhaus bei Görkenau (Sudetenland), 26. 6. 1940, Beilage: Skizze England heute/England nach Norwegen-Aktion, Spanien/Berlin, 20. 6. 1940, PRO, GFM 34/1125, 371071–371075. Dass., Berlin, 18. 7. 1940, ebd., 371055–371060.

73 Köcher an Auswärtiges Amt, Nr. 591, Ganz Geheim, Bern, 24. 7. 1940, ebd., GFM 34/101, B 002566.

74 Hempel an Auswärtiges Amt, Nr. 410, Geheim, Dublin, 22. 7. 1941, ebd., B 002577; auch in ADAP, D, Bd. 10, Nr. 201, S. 216.

75 Heberlein an Auswärtiges Amt, Nr. 2825, Streng Geheim, Madrid, 19. 8. 1940, ebd., B 002661; vgl. auch OKW Abteilung Ausland/Abwehr, 1. 8. 1940, Geheim, BAMF, RW 5/354.

76 Halder Kriegstagebuch [KTB], 30. 6. 1940, F. Halder: Kriegstagebuch. Tägliche Aufzeichnungen des Chefs des Generalstabes des Heeres 1939–1942, bearb. v. H. A. Jacobsen, Bd. 1, Stuttgart 1962, S. 375.

77 Das Deutsche Reich und der Zweite Weltkrieg, Bd. 2, S. 368ff.

78 Weisung Nr. 16 über die Vorbereitung einer Landungsoperation gegen England, ADAP, D, Bd. 10, Nr. 177, S. 186–188.

79 Halder KTB, 13. 7. 1940, Bd. 2, S. 21 sowie ebd., 31. 7. 1940, S. 48–50.

80 Besprechung von »Seelöwe« zwischen Keitel, Jodl und Raeder; Besprechung der Feldmarschälle bei Hitler, 14. 8. 1940, W. Rahn/G. Schreiber (Hg.): Kriegstagebuch der Seekriegsleitung 1939–1945 [KTBSkl], Teil A, Bd. 12, Herford/Bonn 1990, S. 161–163.

81 Vgl. dazu im Zusammenhang: Das Deutsche Reich und der Zweite Weltkrieg, Bd. 2, S. 375ff.

82 Weisung Nr. 17 für die Führung des Luft- und Seekrieges gegen England, ADAP, D, Bd. 10, Nr. 270, S. 319/320.

83 Zu diesem Gesamtkomplex immer noch unübertroffen Hillgruber: Strategie, S. 207ff.; wichtig auch G. R. Ueberschär: Hitlers Entschluß zum »Lebensraum«-Krieg im Osten. Programmatisches Ziel oder militärstrategisches Kalkül?, in: Ders./W. Wette (Hg.): Der deutsche Überfall auf die Sowjetunion. Unternehmen »Barbarossa« 1941, Frankfurt 1991, S. 13–43. Dort auch die wichtigste Literatur zu der kontrovers debattierten Frage, welche Motive für Hitlers Entschluß letztlich ausschlaggebend waren.

84 Halder KTB, 31. 7. 1940, Bd. 2, S. 49.

85 Ebd., 30. 7. 1940, Bd. 2, S. 45/46. Dagegen die anzweifelbare Ansicht von Ueberschär: Hitlers Entschluß, in Ders./Wette (Hg.): Überfall, S. 26/27, daß Halder in vorauseilendem Gehorsam und ohne Befehl Hitlers Ende Juni schon militärische Planungen für einen Ostfeldzug in Gang gebracht habe.

86 H. W. Stahmer: Wahrheit und Irrtum um Rudolf Heß (1959), Ungedrucktes Manuskript, S. 2. Ich danke Herrn Ulrich Schlie für die Überlassung dieses Dokuments.

87 Albrecht Haushofer an Karl Haushofer, Berlin, 2. 8. 1940, Jacobsen: Karl Haushofer, Bd. 2, Nr. 240, S. 449.

88 Ebd., Bd. 1, S. 478.

89 Dazu im Zusammenhang R. Lewin: Entschied Ultra den Krieg? Die alliierte Funkaufklärung im Zweiten Weltkrieg, Koblenz/Bonn 1981.

90 C. de Gaulle: Memoiren, Bd. 1: Der Ruf, 1940–1942, Frankfurt 1955, S. 94/95.

91 D. Irving: Churchill. Kampf um die Macht, München/Berlin 1990, S. 344/345.

92 Tagebuch Colville, 26. 8. 1940, J. Colville: Downing Street Tagebücher 1939–1945, Berlin 1988, S. 168; Protokoll Bottomleys, 26. 8. 1940, PRO, AIR 14/775.

93 Hierzu sowie zum folgenden Karl Haushofer an Albrecht Haushofer, München, 3. 9. 1940, Jacobsen: Karl Haushofer, Bd. 2, Nr. 243, S. 452–455. Die Annahme Jacobsens, daß sich diese Passage auf »Seelöwe« bezieht, ist irrig.

94 R. Deacon: The Greatest Treason, London 1989, S. 90.

95 So bei Irving: Hess, S. 85; Douglas-Hamilton: Motive, S. 99.

96 Mary Violet Roberts wurde am 5. September 1864 als Mary Violet Maxwell im indischen Ferozepore als Tochter von Captain Patrick Maxwell und dessen Frau Louisa Bell geboren. Nach seinem Ausscheiden aus dem Dienst in der britischen Kolonialarmee kehrte Patrick Maxwell im Rang eines Bt.-Colonel nach Bath in England zurück. Dort heiratete Mary Violet Maxwell im Jahre 1894 den als Mathematiklehrer am Bath College tätigen Herbert Ainslie Roberts. Ein Jahr später wurde der Sohn Patrick Roberts geboren, siehe dazu

J. McBlain: Rudolf Hess. The British Conspiracy, Moulton 1994, S. 7ff.

97 Jacobsen: Karl Haushofer, Bd. 2, S. 453.

98 Violet Roberts an Martha Haushofer, 10 Wilberforce Road, Cambridge, 6. 4. 1941, BAK, Nachlaß Haushofer, NL 122/31. Vorhanden ist lediglich der leere Umschlag des Schreibens, das offenbar von der Gestapo im September 1941 beschlagnahmt wurde.

99 Douglas-Hamilton: Motive, S. 100.

100 Tagebuch Martha Haushofers, 6.–8. 9. 1940, BAK, Nachlaß Haushofer, 128.

101 Zum folgenden Denkschrift Albrecht Haushofers zu den Möglichkeiten eines Friedens mit England, Streng geheim, Berlin, 15. 9. 1940, Jacobsen: Karl Haushofer, Bd. 2, Nr. 246, S. 458–461.

102 Itinerar Hitlers bei Hillgruber: Strategie, S. 678.

103 Rudolf Heß an Karl Haushofer, 10. 9. 1940, ebd., Nr. 244, S. 455–456.

104 Ebd., S. 456.

105 Martha Haushofer an Albrecht Haushofer, Partnachalm, 14. 9. 1940, BAK, Nachlaß Haushofer 125.

106 Karl Haushofer an Albrecht Haushofer, Partnachalm, 14. 9. 1940, Jacobsen: Karl Haushofer, Bd. 2, Nr. 245, S. 457.

107 Albrecht Haushofer an Martha und Karl Haushofer, Berlin, 18. 9. 1940, BAK, Nachlaß Haushofer, HC 832; im Auszug gedr. bei Laack-Michel: Albrecht Haushofer, Nr. 82, S. 354.

108 Zum folgenden Albrecht Haushofer an Rudolf Heß, o.O., 19. 9. 1940, Jacobsen: Karl Haushofer, Bd. 2, Nr. 249, S. 464–466.

109 Albrecht Haushofer an Karl und Martha Haushofer, Berlin, 19. 9. 1940, Anlage: Entwurf eines Briefes an D. H., Jacobsen: Karl Haushofer, Bd. 2, Nr. 248, S. 463/464.

110 Albrecht Haushofer an Rudolf Heß, o.O., 23. 9. 1940, BAK, Nachlaß Haushofer, HC 937e, C 002203.

111 Ebd.

112 Mr. Herbert an Director General, Secret, 26. 5. 1941, PRO, INF 1/912, F. 52/53 sowie F. 73. Der Text des Schreibens, von dem Hamilton erst Mitte März 1941 durch den Geheimdienst der Luftwaffe Kenntnis erhielt, ist abgedruckt bei Douglas-Hamilton: Motive, S. 146/147. Der von den britischen Behörden inzwischen freigegebene Brief Haushofers ist inhaltlich mit der Version bei Douglas-Hamilton identisch, trägt jedoch seltsamerweise das Datum von 28. 9. 1940, PRO, FO 1093/12, F. 92–94.

113 Mr. Herbert an Director General, Secret, 26. 5. 1941, PRO, INF 1/912, F. 52/53.

114 MI 5 an Hopkinson, War Office, 22. 11. 1940 [Kopie, Original gesperrt, Absender gelöscht, d. Verf.], PRO, FO 1093/11, F. 166; Hopkinson an ?, Foreign Office, 7. 12. 1940, [Kopie, Original nicht zugänglich, Adressat getilgt, d. Verf.], ebd., F. 163.

115 Douglas-Hamilton: Motive, S. 146/147.

116 Albrecht Haushofer an Martha Haushofer, Berlin, 12. 11. 1940, Laack-Michel: Albrecht Haushofer, S. 229.

4 Desinformation und Provokation

1 F. W. Winterbotham: The Ultra Secret, New York 1974, S. 59/60.

2 Reflections, Memorandum Liddell Harts, 17. 3. 1941, King's College [KC], Liddell Hart Papers, 11/1941/18; Tagebuch Lockhart, 19. 3. 1941, K. Young (Hg.): The Diaries of Sir Robert Bruce-Lockhart 1939–1945, London 1980, S. 93; C. Rolph: Kingsley. The Life, Letters and Diaries of Kingsley Martin, London 1973, S. 237.

3 Rede Churchills vor dem Unterhaus, 18. 6. 1940, Hansard Parliamentary Debates, 5th Series, House of Commons Official Report, Bd. 362, S. 59/60.

4 Memorandum Lloyd Georges, 12. 9. 1940, House of Lords Record Office [HLRO], London, Lloyd George Papers G 81.

5 Tagebuch Daltons, 22. 7. 1940, London School of Economics and Political Science [LSE], Hugh Dalton Diary, Bd. 23.

6 Churchill an Beaverbrook, 8. 7. 1940, HLRO, Beaverbrook Papers D 4/4/36.

7 Memorandum Churchills: The Munitions Situation, 3. 9. 1940, PRO, WP (40) 352, CAB 66/11. Entsprechend sah ein Strategiepapier der Chiefs of Staff massive Bombenangriffe als Hauptinstrument der britischen Kriegführung vor, um die deutsche Wirtschaft zu zerstören und die Moral der Bevölkerung zu untergraben, während dem Heer nur die Rolle einer Besatzungsmacht im Endstadium des Sieges über Deutschland zugemessen wurde, Chiefs of Staff Paper, »General Strategy«, 31. 7. 1941, PRO, CAB 99/18, COS (R) 14.

8 S. M. Miner: Between Churchill and Stalin. The Soviet Union, Great Britain and the Origins of the Grand Alliance, Chapel Hill/London 1988, S. 14ff.

9 Zit. bei Kettenacker: Deutschlandplanung, S. 105.

10 Dazu im Zusammenhang G. Gorodetsky: Stafford Cripps' Mission to Moscow 1940–1942, Cambridge 1984.

11 Churchill an Stalin, 25. 6. 1940, Die unheilige Allianz. Stalins Briefwechsel mit Churchill 1941–1945, hg. v. M. Rexin, Reinbek 1964, S. 47f.; I. M. Maiski: Memoiren eines sowjetischen Botschafters, Berlin 1984, S. 630ff.; L. Woodward: British Foreign Policy in the Second World War, Bd. I, London 1962, S. 466f.

12 Ebd., S. 491ff.; Miner: Origins, S. 83ff.; H. Hanak: Sir Stafford Cripps as British Ambassador in Moscow, May 1940 to June 1941, in: EHR 94 (1979), S. 68ff.

13 Woodward: Foreign Policy, Bd.I, S.594 u. 597f.; Miner: Origins, S.112ff.

14 Chiefs of Staff Paper, »British Strategy in a certain Eventuality«, 25. 5. 1940, PRO, WP (40) 168, CAB 66/7.
15 Churchill an Roosevelt, Tel., 15. 6. 1940, PRO, PREM 3/468, F. 126/127.
16 Dass., Tel., 20. 5. 1940, PRO, FO 371/24192.
17 Zu diesem Komplex vgl. P. Herde: Pearl Harbor, 7. Dezember 1941. Der Ausbruch des Krieges zwischen Japan und den Vereinigten Staaten und die Ausweitung des europäischen Krieges zum Weltkrieg, Darmstadt 1980.
18 Dazu im Überblick mit Verweis auf die einschlägige Literatur D. Bavendamm: Roosevelts Krieg 1937–1945 und das Rätsel um Pearl Harbor, München/Berlin 1993, S. 122ff.
19 President an Prime Minister, 1. 5. 1941, W. F. Kimball (Hg.): Churchill and Roosevelt. The Complete Correspondence, Bd. 1, Princeton 1984, R-38 X, S. 178ff.
20 Tagebuch Ickes, 19.1.1941, zit. nach Bavendamm: Roosevelts Krieg, S.155.
21 W. L. Langer/E. S. Gleason: The Undeclared War, New York 1953, S. 445f.; President an Prime Minister, 11. 4. 1941, Kimball (Hg.): Correspondence, Bd. 1, R-36 X, S. 166.
22 Prime Minister an President, 23. 5. 1941, ebd., C-90 X sowie Annex A u. B zu C-90 X, S. 192–195; Churchill: Second World War, Bd. 3, Appendix E, S. 697.
23 Dazu im Überblick F. H. Hinsley/A. Stripp (Hg.): Codebreakers: the inside Story of Bletchley Park, Oxford 1993 sowie das im offiziellen Auftrag gearbeitete Werk F. H. Hinsley et al.: British Intelligence in the Second World War. Its Influence on Strategy and Operations, Bd. 1, London 1979, passim.
24 J. C. Masterman: Unternehmen Doppelspiel, Wien/München/Zürich 1973, S. 21.
25 Ebd., S. 109.
26 Ebd., S. 55–60.
27 Ebd., S. 12.
28 N. West: MI 5 British Security Service Operations, 1909–1945, New York 1982, S. 109ff.
29 Masterman: Unternehmen Doppelspiel, S. 80ff.
30 Zur Tätigkeit von TRICYCLE, alias Dusko Popov, eines jugoslawischen Geschäftsmannes, der Anfang 1940 in Belgrad von Abwehrleuten angeworben worden war und sich umgehend dem britischen Geheimdienst offenbarte, vgl. D. Popov: Superspion. Der Doppelagent im Zweiten Weltkrieg, München 1981.
31 Ebd., S. 83/84.
32 Ebd., S. 69ff., S. 76ff. u. S. 89.
33 Ebd., S. 90.
34 Ebd., S. 58/59.
35 Bericht Hamiltons für Churchill über die Unterredung mit Heß am 11. 5. 1941, gedr. bei Douglas-Hamilton: Motive, S. 159.

36 Tagebuch Daltons, 16. 6. 1941, LSE, Box 24, F. 149/150.
37 Köcher an Auswärtiges Amt, Bern, 5. 8. 1940, PRO, GFM 34/101, B 002646.
38 Huene an Auswärtiges Amt, Nr. 1036, Lissabon, 8. 9. 1940, PRO, GFM 34/1614, D 613495.
39 Dass., Nr. 1049, Lissabon, 10. 9. 1940, PRO, GFM 34/101, B 002708.
40 OKW Abt. Ausland/Abwehr, 12. 9. 1940, Geheim, BAMF, RW 5/354.
41 Heydrich an Auswärtiges Amt, Betr. Aufnahme inoffizieller Friedensverhandlungen mit England, Berlin, 23. 10. 1940, ADAP, D, Bd. 11, Nr. 223, S. 323/324; bei dem erwähnten V-Mann handelte es sich um den Berliner Rechtsanwalt Dr. Ludwig Weißauer. Vgl. diesbezüglich auch Secret Memorandum by Mr. Grey: Summary of Principal Peace Feelers, September 1939–March 1941, FO, 24. 2. 1941, PRO, FO 371/26542.
42 Bericht eines V-Mannes aus London über Lissabon, OKW Abt. Ausland/Abwehr, 14. 9. 1940, Geheim, BAMF, RW 5/354; Dass., 27. 9. 1940, Geheim, ebd.; Hempel an Auswärtiges Amt, Nr. 584, Streng Geheim, Dublin, 19. 9. 1940, PRO, GFM 34/101, B 002754/55.
43 Zum folgenden Huene an Auswärtiges Amt, o. Nr., Lissabon, 18. 11. 1940, Anlage: Aufzeichnung über die Lage in London vom 18. 11. 1940, PRO, GFM 34/1614, D 613603-06 sowie Dass., Nr. 934/41, Lissabon, 23. 1. 1941, Anlage: Aufzeichnung eines V-Mannes über die Lage in England vom 23. 1. 1940, ebd., D 613659–667.
44 OKW Abt. Ausland/Abwehr, 3. 10. 1940, Geheim, BAMF, RW 5/358, F. 35/36; Dass., 2. 12. 1940, Geheim, ebd., F. 105; Dass., 20. 1. 1941, Geheim, F. 151–153; Heydrich an Ribbentrop, Berlin, 4. 10. 1940, Anlage: Bericht über Situation in Großbritannien, PAAA, Inland Geheim, Nr. 2693, F. 235547–235548; Dass., Berlin 5. 12. 1940, Anlage: Bericht aus England, ebd., F. 235576–235578; Dass., Geheim, Berlin, 23. 1. 1941, Anlage: Bericht aus England, ebd., F. 235600–235602; Thomsen an Auswärtiges Amt, Nr. 2263, Washington, 23. 10. 1940, PRO, GFM 34/101, B 002829–02830; OKW an Auswärtiges Amt, Nr. 18973/40, Geheim, Ausland VIII, Laufende Informationen Nr. 69, 12. 11. 1940, PAAA, Inland II Geheim, Nr. 2693, F. 235562–235564.
45 Tagebuch Dalton, 14. 10. 1940, LSE, Box 23, F. 67.
46 Heydrich an Ribbentrop, Geheim, Berlin, 8. 3. 1941, u. 26. 3. 1941, PAAA, Inland II Geheim, Nr. 2694, F. 235657–235658 u. 235663–235667; ähnlich in V-Mann Bericht, Geheim, OKW Amt Ausland/Abwehr, 5. 2. 1941, BAMF, RW 4/315, F. 141.
47 F. Wiedemann: Der Mann, der Feldherr werden wollte. Erlebnisse und Erfahrungen des Vorgesetzten Hitlers im Ersten Weltkrieg und seines späteren Persönlichen Adjutanten, Velbert 1964, S. 63ff.
48 Hoover an Berle, 30. 11. 1940, Beilage: Memorandum vom 30. 11. 1940, Meeting in Mark Hopkins Hotel, 7:30 – 1 p.m., 27. 11. 1940, NA, RG 59, 741.6211/11-2940.

49 Hempel an Auswärtiges Amt, Nr. 642 Geheim, Dublin, 11. 10. 1940, PRO, GFM 34/101, B 002808/09; Köcher an Auswärtiges Amt, Nr. 1001, Bern, 22. 10, 1940, ebd., B 002837; OKW Abt. Ausland/Abwehr, 20. 11. 1940, Geheim, BAMF, RW 5/356, o.F.

50 Vgl. Huene an Auswärtiges Amt, o. Nr., Lissabon, 23. 1. 1941, PRO, GFM 34/101, D 613667.

51 OKW Abtl. Ausland/Abwehr, 10. 3. 1941, Geheim, BAMF, RW 5/354, o.F.

52 Dass., 18. 4. 1941, Geheim, ebd., o.F.

53 Heydrich an Ribbentrop, Geheim, Berlin, 23. 4. 1941, Anlage: Lagebericht über England, PAAA, Inland II Geheim, Nr. 2694, F. 235696–235700.

54 Padfield: Hess, S. 362.

55 So auch Heß: Mein Vater, S. 148ff.

56 P. Knightley: Dinner with the Spy Master, in: Sunday Times, 15. 3. 1981.

57 Bericht Berijas über verschlüsseltes Telegramm aus London, Nr. 450, 21. 10. 1942, KGB Archiv Moskau, Black Bertha Akte, Fasz. 20566, F. 230, in englischer Übersetzung gedruckt bei Costello: Ten Days, S. 453.

58 Siehe dazu R. F. Schmidt: Der Heß-Flug und das Kabinett Churchill 1941, in: VZG 1994 (42), S. 1–3.

59 Bericht Berijas über verschlüsseltes Telegramm aus London, Nr. 450, 21. 10. 1942, KGB Archiv, Black Bertha Akte, Fasz. 20566, F. 230.

60 Vgl. die Schilderungen, die Heß selbst von seinem Flug gab, Rudolf Heß: Meinem Sohn, 15. 6. 1941, PRO, FO 1091/1, F. 38–43; Rudolf Heß an Ilse Heß, Spandau, 25. 12. 1947, Heß: Schicksal in Briefen, S. 162/163 sowie ein Bericht aus Nürnberg über den Flug, ebd., S. 82ff. Das Wrack der Maschine, in der sich praktisch kein Treibstoff mehr befand, brannte dementsprechend nur oberflächlich aus, vgl. Bateman: Hess, S. 6ff.

61 Combined Intelligence Objectives Sub-Committee Report on the Interrogation of Dr. Karl Haushofer, NA, RG 266, XL 22853, zit. bei Kilzer: Churchill's Deception, S. 70.

62 Meldung der Nationalsozialistischen Parteikorrespondenz, Berlin, 13. 5. 1941, veröffentlicht im Völkischen Beobachter Nr. 134 am 14. 5. 1941, Domarus: Hitler, Bd. 2, S. 1715.

63 Calic: Heydrich, S. 380.

64 Handschriftliches Manuskript der Memoiren Schellenbergs, IZG, ED 90/4, F. 345.

65 Tagebuch Taborsky in tschechischer Sprache, Aston Abbots, 31. 5. 1941, HL, Taborsky Papers, Box 1: Diaries 1941, F. 494; Prisná duverná zpráva z britského úredního pramene / vojenského [Streng geheimer Bericht der britischen militärischen Amtsquelle], o.O., [Ende Mai 1941], ebd., Box 6: Documents relating to the relations of Czechoslovakia and Great Britain and the British Dominions, 1939–1945, o.F.

66 Ebd.
67 Tagebuch Taborsky in tschechischer Sprache, Aston Abbots, 31. 5. 1941, HL, ebd., Box 1, F. 494/495.
68 Draft of Conversations between President Benes and Mr. Compton Mackenzie, o. Dat., o. O., ebd., Box 4: Materials for Compton Mackenzie's book on Benes, F. 158.
69 The Man who broke the secret news that Hess was coming, Yorkshire Post, Leeds, 4. 11. 1969. Aus dem Abstand von 28 Jahren unterlief Heal offenbar ein Erinnerungsfehler, denn er datierte den Vorfall auf den 9. Mai 1941. Tatsächlich hielt Bevin die besagten Reden in Sheffield und Leeds jedoch am 10. 5. 1941, vgl. The Times, 12. 5. 1941.
70 R. Tree: When the Moon was high. Memoirs of Peace and War 1897–1942, London 1975, S. 149/150.
71 Additional Notes on the Hess incident by Group Captain the Duke of Hamilton, o. Dat., PRO, INF 1/912, F. 88ff.
72 Die Originale der Colville-Tagebücher im Churchill College in Cambridge sind nach wie vor gesperrt.
73 P. Fleming: The Flying Visit, London 1939. In diesem Roman beschrieb der Autor, im übrigen der Bruder des zu dieser Zeit im Geheimdienst der Marine tätigen Ian Fleming, in Form einer mit entsprechenden Karikaturen bestückten beißenden Satire gegen die Nazis, wie Hitler mit dem Fallschirm in England absprang, um Friedensverhandlungen zu beginnen. Die Briten um Premierminister Chamberlain weigerten sich jedoch standhaft, auf die abstrusen Vorschläge des »Führers« einzugehen, und schickten ihn mittels eines Flugzeuges der RAF, das Hitler, wiederum mit einem Fallschirm ausgerüstet, über Berlin abwarf, postwendend zurück.
74 Tagebuch Colville, 11. 5. 1941, Colville: Tagebücher, S. 272/273.
75 Douglas-Hamilton: Motive, S. 161.
76 Tagebuch Cadogans, 11. 5. 1941, Churchill College Cambridge [CCC], Cadogan Papers, ACAD 1/10.
77 Das folgende nach den Hamilton Papers, Douglas-Hamilton: Motive, S. 146ff.
78 Ebd., S. 148.
79 Hamilton an Blackford, 28. 4. 1941, ebd., S. 148/149.
80 Blackford an Hamilton, Secret, 3. 5. 1941, ebd., S. 149/150.
81 Douglas-Hamilton: Hess, S. 77.
82 Hamilton an Blackford, 10. 5. 1941, Douglas-Hamilton: Motive, S. 150/151.
83 Tagebuch Goebbels, 22. 5. 1941, Fröhlich (Hg.): Tagebücher, Bd. 4, S. 654.
84 Aussage Bohles gegenüber Robert Kempner, R. Kempner: Das Dritte Reich im Kreuzverhör, München 1969, S. 104.
85 Ebd., S. 105.
86 Ebd., S. 104/105; Secret Testimony of Ernst Wilhelm Bohle, taken at

Nuremberg, Germany, from 10:30 a.m. to 12:00 noon, 26. 9. 1945, IWM, FO 645, Box 155, F. 5–11; Niederschrift der Unterredung mit Ernst Wilhelm Bohle, 10. 1. 1952, IZG, ZS 209, F. 1.

87 Ebd., F. 1.

88 Testimony of Ernst Wilhelm Bohle, taken at Nuremberg, Germany, 9. 11. 1945, 14:30–16:00, IWM, FO 645, Box 155, F. 42/43.

89 Testimony of Ernst Wilhelm Bohle, taken at Nuremberg, Germany, from 10:30 a.m. to 12:00 noon, 26. 9. 1945, ebd., F. 5ff.

90 Handschriftliches Manuskript der Memoiren Schellenbergs, IZG, ED 90/4, F. 348–350.

91 Niederschrift der Unterredung mit Ernst Wilhelm Bohle, 10. 1. 1952, IZG, ZS 209, F. 1.

92 War Office an Hopkinson, Most Secret, 19. 5. 1941, PRO, FO 1093/8, F. 227–229. Dieses wies je eine Visitenkarte von Karl und Albrecht Haushofer sowie zehn 100-Mark-Reichsbanknoten aus.

93 »He asked me if I could get together leading members of my party to talk over things with a view to making peace proposals.« Hamiltons Bericht an Churchill, 11. 5. 1941, Douglas-Hamilton: Motive, S. 159; vgl. auch Additional Notes on the Hess incident by Group Captain the Duke of Hamilton, PRO, INF 912/21, F. 88–91.

94 Rudolf Heß, Unterlagen für die Besprechung mit Lordkanzler Simon am 9. 6. 1941, PRO, FO 1093/1, F. 55–68.

95 Rudolf Heß an Ilse Heß, Spandau, 12. 2. 1950, Heß: Schicksal in Briefen, S. 211.

96 Aussage Bohles, Kempner: Drittes Reich, S. 107.

97 Aussage Rudolf Staudes, der zu dieser Zeit als Meteorologe bei der zentralen Wetterdienstgruppe beschäftigt war, Staude an Jäckel, 15. 1. 1984, IZG, ZS 2343.

98 Eidesstattliche Versicherung von Ingeborg Sperr, Nürnberg, 5. 3. 1946, IMT, Defence Document Book 2: Rudolf Hess, IWM, FO 645, F. 166/167; Eidesstattliche Versicherung von Hildegard Fath, 5. 3. 1946, ebd., F. 164/165.

99 Translation of a letter from Jonathan [i.e. Heß, d. Verf.] to his wife, England, 9. 9. 1942, PRO, FO 1093/3, F. 142/143; eine nicht wörtlich übereinstimmende Fassung des Briefes auch bei Heß: Schicksal in Briefen, S. 93.

100 Messerschmitt: Wie Heß 1941 nach England flog, in: Frankfurter Neue Presse, 12. 5. 1947.

101 Ebd.; Baur: Mächtige der Erde, S. 202f.; Leasor: Heß, S. 63.

102 Aussage Helmut Kadens, des früheren Cheftestpiloten bei Messerschmitt, R. C. Nesbit: Failed to Return. Mysteries of the Air, Bath 1988, S. 60.

103 Vgl. ebd., S. 63 (21. 12. 1940/18. 1. 1941/30. 4. 1941); Padfield: Hess, S. 150/151; Heß: Mein Vater, S. 66 (10. 1. 1941/30. 4. 1941); Heß selbst gab als ersten Startversuch den 7. 1. 1941 an, Interview with Jonathan

[i.e. Heß, d. Verf.], Most Secret, No. 28, 9. 6. 1941, PRO, FO 1093/1, F. 70ff.

104 Leasor: Heß, S. 65–72.

105 Aktennotiz Messerschmitts, 7. 1. 1941: Me 110 des H. Heß, Messerschmitt Handakten, IWM, FD 4355/45, Bd. 4, S. 206.

106 Völkischer Beobachter, 2. 5. 1941, BAK, NS 6/802, F. 5.

107 Aktennotiz Messerschmitts für Caroli, Nr. 92/41, 2. 5. 1941, Handakten Messerschmitt, IWM, FD 4355/45, Bd. 4, S. 206

108 Messerschmitt: Wie Heß 1941 nach England flog, in: Frankfurter Neue Presse, 12. 5. 1947; Baur: Mächtige der Erde, S. 202–204. Vgl. auch die Aussage von Karl Wahl, dem Gauleiter von Schwaben, der bestätigte, daß Heß erst »Ende April [...] startbereit« war, K. Wahl: »... es ist das deutsche Herz. Erlebnisse und Erkenntnisse eines ehemaligen Gauleiters«, Augsburg 1954, S. 277f.

109 Ebd., S. 277ff.

110 Baur: Mächtige der Erde, S. 203/204.

111 Das folgende nach A. Crawley: Leap before you look. A Memoir, London 1988, S. 160/161. Squadron Leader Aidan Crawley war zu diesem Zeitpunkt als Luftwaffenattaché in der britischen Botschaft in Sofia tätig und wurde unmittelbarer Zeuge der Episode, bei der Kiroff Fotos von Baur, seiner Frau und dessen Kindern vorlegte.

112 Siehe hierzu die Darstellung des Vorgangs bei G. W. Gellermann: Geheime Wege zum Frieden mit England ... Ausgewählte Initiativen zur Beendigung des Krieges 1940/42, Bonn 1995, S. 163ff. Dort auch der Abdruck der wichtigsten Dokumente des britischen Luftwaffenministeriums, S. 172ff.

113 Harris an Douglas, Most Secret, 21. 2. 1941, PRO 16/619; abgedr. bei Gellermann: Geheime Wege, S. 174–176.

114 Boyle an Douglas, Most Secret and Personal, 7. 3. 1941, PRO, AIR 16/619; Gellermann: Geheime Wege, S. 182/183 (dort wird als Absender des Schreibens fälschlicherweise Harris angegeben).

115 Bottomley an Douglas, Most Secret and Personal, 28. 5. 1941, ebd., S. 197.

116 Darauf verweist auch Gellermann: Geheime Wege, S. 168, ohne jedoch hieraus überzeugende Schlüsse zu ziehen.

117 Vgl. dazu Kapitel 3, S. 97 dieser Arbeit.

118 P. Hoffmann: Widerstand, Staatsstreich, Attentat. Der Kampf der Opposition gegen Hitler, München 1970, S. 255; K. v. Klemperer: German Resistance against Hitler. The Search for Allies abroad 1938–1945, Oxford 1992, S. 34ff. u. S. 221ff.

119 Karl Haushofer an Karl Lammers, 12. 7. 1941, zit. bei Jacobsen: Karl Haushofer, Bd. 1, S. 403; Schlie: Kein Friede, S. 305 bezieht dies auch auf die Flugvorbereitungen von Heß.

120 H. W. Stahmer: Wahrheit und Irrtum um Rudolf Heß, 1959, unveröffentlichtes Manuskript, S. 4.

121 Ebd., S. 4/5.

122 Ebd., S. 5/6; H. W. Stahmer: Eidesstattliche Erklärung, Hamburg, 20. 5. 1948, PAAA, Nachlaß Becker, Akten betr. Weizsäcker Prozeß, Bd. 10/2; vgl. auch Schlie: Kein Friede, S. 308/309, dort eine genaue Angabe des Haushofer-Plans.

123 So im übrigen auch die Aussage von H. W. Stahmer, der folgendes berichtete: »Im Rahmen der deutschen Widerstandsbewegung bekam ich als Mitglied der deutschen Botschaft in Madrid 1940 von der Gruppe Popitz, Hassell, Albrecht Haushofer die Aufgabe, über Madrid die Verbindung zu Sir Samuel Hoare (Lord Templewood) für den Fall des Staatsstreiches gegen Hitler herzustellen.« Stahmer: Eidesstattliche Erklärung, Hamburg, 20. 5. 1948, PAAA, Nachlaß Becker, Akten betr. Weizsäcker Prozeß, Bd. 10/2.

124 Stahmer: Wahrheit und Irrtum, S. 5.

125 Stohrer an Auswärtiges Amt, Nr. 987, Madrid, 13. 3. 1941, PAAA, Büro Staatssekretär, England, Bd. 4, F. 108677; ähnlich bei Huene an Auswärtiges Amt, Nr. 635, Lissabon, 29. 3. 1941, ebd., F. 108683.

126 Ebd., S. 6; ähnlich die Ausführungen von Karl Haushofer gegenüber Erika Mann, der Korrespondentin des Glasgow Evening Citizen in München, E. Mann: Hess' Meeting in Spain was fixed, in: Glasgow Evening Citizen (20. 9. 1945). Ob tatsächlich zwischen Heß und Hoare Friedensgespräche stattfanden, ist nicht dokumentarisch belegbar. Es gab allerdings diesbezügliche Gerüchte, wonach Heß Ende März/Anfang April mit Hoare in Madrid konferiert, Hitler die erarbeiteten Vorschläge jedoch »eindeutig abgelehnt« habe, Wehrwirtschafts- und Rüstungsstab Frankreich, Paris, 10. 6. 1941, Beilage: Bericht des Vertreters der Kölnischen Zeitung, Dr. Grotkopp, über eine Unterredung mit Germain Martin jun., Paris, 8. 6. 1941, IZG, MA 167, F. 015827–015828. Das britische Foreign Office verwies Ende April auf Pressemeldungen, wonach Heß mit einem persönlichen Brief Hitlers an Franco nach Madrid geflogen sei, die von Hoare jedoch nicht bestätigt wurden, Foreign Office an Madrid, Nr. 592, 22. 4. 1941, PRO, FO 371/26945; Campbell an Foreign Office, Nr. 402, Lissabon, 22. 4. 1941, ebd.; Hoare an Foreign Office, Nr. 641, 24. 4. 1941 sowie Nr. 148, 25. 4. 1941, ebd.

127 Hoare an Eden, Personal and Secret, Madrid, 20. 5. 1941, PRO, FO 371/26542. Diese Stelle wurde vom Zensor offenbar übersehen, denn der überwiegende Teil der geheimen Kommunikationen zwischen Hoare und London in der fraglichen Zeit wird in den britischen Archiven nach wie vor unter Verschluß gehalten.

128 Hoare an Foreign Office, Nr. 31, Madrid, 7. 1. 1941, PRO, FO 371/26939; Dass., Madrid, 22. 1. 1941, PRO, FO 371/26945; Dass., Nr. 126, Most Secret, Madrid, 23. 1. 1941, PRO, FO 371/26939; Dass., Most Secret, Madrid, 11. 2. 1941, PRO, FO 371/26945; Minutes von Makins, 22. 2. 1941 u. 3. 3. 1941, PRO, FO 371/26939 bzw. 26945; Hoare an Churchill, Madrid, 2. 3. 1941, PRO, FO 371/26966; Churchill an Hoare, Nr. 471, Secret

and Personal, 19. 3. 1941, PRO FO 371/26939; Hoare an Foreign Office, Nr. 543, Most Secret u. Nr. 626, Most Secret, Madrid, 1. 4. 1941 bzw. 22. 4. 1941, PRO FO 371/26945; Dass., Nr. 652, Madrid, 27. 4. 1941, PRO, FO 371/26939.

129 U. v. Hassell: Vom anderen Deutschland. Aus den nachgelassenen Tagebüchern 1938–1944, Zürich/Freiburg 1946, S. 181/182.

130 Ebd., S. 182.

131 Ebd., S. 185 (10. 3. 1941).

132 Tagebuch Martha Haushofer, 15. 4. 1941, BAK, Nachlaß Haushofer 128.

133 Ebd., 26. 4. 1941.

134 Memorandum Albrecht Haushofers für Hitler, Obersalzberg, 5. 5. 1941, erhalten vom State Department am 11. 12. 1945, entfernt am 14. 12. 1945, NA, RG 59, 840.414/11-2745, Kilzer: Churchill's Deception, S. 71/72.

135 Hassell: Vom anderen Deutschland, S. 204.

136 Agentenbericht DONAU, 6. 5. 1941, Bird: Hess, S. 20.

137 W. Stubbe: In Memoriam Albrecht Haushofer, in: VZG 8 (1960), S. 251–253.

138 Albrecht Haushofer: Englische Beziehungen und die Möglichkeit ihres Einsatzes, Obersalzberg, 12. 5. 1941, ADAP, D, Bd. 12, Nr. 500, S. 654/655.

139 Hassell: Vom anderen Deutschland, (10. 5. 1941), S. 204.

140 L. v. Schwerin-Krosigk: Es geschah in Deutschland, Tübingen/Stuttgart 1951, S. 241.

141 Hillgruber: Strategie, S. 508.

142 Heß war, wie u.a. die Besprechungen zwischen Himmler, Heydrich und Schellenberg nach seinem Abflug dokumentieren, präzise über »Barbarossa« im Bilde, Handschriftliches Manuskript der Memoiren Schellenbergs, IZG, ED 90/4, F. 346/347.

143 So auch der Haushofer-Schüler R. Hildebrandt: Wir sind die Letzten. Aus dem Leben des Widerstandskämpfers Albrecht Haushofer und seiner Freunde, Neuwied/Berlin o.J., S. 111.

144 Rudolf Heß an Karl Haushofer, England, 14. 9. 1941, Jacobsen: Karl Haushofer, Bd. 2, Nr. 276, S. 523.

145 Vgl. Vermerk von E. M. Hofweber, ebd., Bd. 1, S. 404.

146 Irving: Hess, S. 98/99.

147 Translation of an appendix to letter dated 6. 2. 1942 to his wife, England, 7. 2. 1942, PRO, FO 1093/3, F. 19; Translation of a letter addressed to Frau Klara Hess, Berlin, Wilhelmstraße 64, England, 16. 8. 1942, ebd., F. 122/123.

148 G. Walther: Der Okkultismus im Dritten Reich, in: Neue Wissenschaft. Zeitschrift für kritischen Okkultismus 2 (1950/51), S. 35ff.

149 H. T. Rowe: Wahrheit über die »Heß-Aktion« in München enthüllt, in: Das Neue Zeitalter 49 (3. 12. 1954), S. 3/4.

150 Deacon: Secret Service, S. 315. In einem für Karl Haushofer zurückgelassenen Schreiben sprach Heß davon, daß sie beide sich Horoskope hätten setzen lassen. Der Sterndeuter habe Heß erklärt, er müsse an einem bestimmten Tag nach England fliegen, G. Schäfer an Pg. Wagner, 7. 6. 1941, SHAEF, PWD Report DE 404/DIS 202, zit. bei Irving: Heß, S. 91.

151 Ebd., S. 307ff. sowie Masters: Maxwell Knight, S. 127ff.

152 Meldung der Nationalsozialistischen Parteikorrespondenz, 13. 5. 1941, veröffentlicht im Völkischen Beobachter am 14. 5. 1941, Domarus: Hitler, Bd. 2, S. 1715.

153 Translation of an appendix to letter dated 6. 2. 1942 to his wife, England, 7. 2. 1942, PRO, FO 1093/3, F. 19; Translation of a letter addressed to Frau Klara Hess, Berlin, Wilhelmstraße 64, England, 16. 8. 1942, ebd., F. 122/123.

5 Der Flug und die Folgen

1 KR-Fernschreiben, Führungsabteilung Gruppe Ic: Zusammenstellung des Nachtangriffs vom 10./11. 5. 1941 gegen England, BAMF, RL 7/99, F. 45/46.

2 Eine Beschreibung der Schäden und Verluste im Tagebuch des Herausgebers des Daily Mirror, W. Armstrong (Hg.): With Malice towards none. A War Diary by Cecil Harmsworth King, London 1970, (11. 5. 1941), S. 271ff.

3 Tagebuch Dalton, 11. 5. 1941, B. Pimlott (Hg.): The Second World War Diary of Hugh Dalton 1940–1945, London 1986, S. 201–203; Dass., LSE, Dalton Diary, Box 24, F. 116–118.

4 C. Rolph: Kingsley. The Life, Letters and Diaries of Kingsley Martin, London 1973, S. 237; Reflections, Note by Liddell Hart, 17. 3. 1941, Kings College London [KC], Liddell Hart Papers, 11/1941/18; Stokes an Liddell Hart, 7. 4. 1941, ebd., 1/450.

5 Diese sprach mit dem Datum vom 10. Mai 1941, 11 Uhr, von einer »Bewölkung in mehreren Schichten, im Norden tief herabreichend und geschlossen«, und von »etwas Niederschlag«, zit. bei H. Thomas: Two Murders, S. 122.

6 Rudolf Heß: Meinem Sohn, 15. 6. 1941, PRO, FO 1091/1, F. 38ff.; in Anlehnung an die Vermutung Helmut Kadens, des Messerschmitt-Testpiloten, wird vielfach davon ausgegangen, daß Heß einen nördlicheren Kurs wählte, um den dichten Luftraum über den Industriezonen des Rhein-Main-Gebiets zu umgehen. Die Karte seiner Flugroute, die er in der Gefangenschaft anfertigte, stimmt allerdings mit den Angaben vom 15. 6. 1941 überein, vgl. Nesbit: Failed to return, S. 63/64; Padfield: Hess, S. 195ff.; die von Heß gezeichnete Karte findet sich als Abbildung bei Rees (Hg.). Hess.

7 Rudolf Heß: Meinem Sohn, 15. 6. 1941, RPO, FO 1091/1, F. 38ff.; Raid 42 J, 22:30–23:09 Uhr, 10. 5. 1941, PRO, AIR 16/1266; Royal Observer Corps Reports »Rudolf Hess«, Secret, 28. 5. 1941, ebd.

8 Rudolf Heß: Meinem Sohn, 15. 6. 1941 PRO, FO 1091/1, F. 38ff.; weitere Darstellungen des Absprungs aus der Maschine, allerdings aus größerer zeitlicher Distanz: Der Flug, niedergeschrieben in Nürnberg zwischen Mai/Juli 1947, sowie Rudolf Heß an Ilse Heß, Spandau, 25. 12. 1947, I. Heß: Schicksal in Briefen, S.82ff.

9 Record of a Talk in the Kremlin at Supper on 18 October 1944, at 1 a.m., PRO FO 800/414, F. 21.

10 Padfield: Hess, S.195ff.; Costello: Ten Days, S.3ff.

11 Der Stützpunkt Ottercops Moss nordwestlich von Newcastle-upon-Tyne meldete zunächst 3 Flugzeuge in ca. 15000 Fuß Höhe.

12 Die detailliertesten Angaben hierzu bei Padfield: Hess, S.198ff.; vgl. auch I. D. Huntley: An Observer's Diary, January 6, 1941–May 2, 1942, The Hauptmann Alfred Horn Story, in: Airfix Magazine (Dez. 1985), S.157ff.; F. Ashbee: The Thunderstorm that was Hess, in: Aeroplane Monthly (Okt. 1987), S.528–531. Im offiziellen Bericht des Luftwaffenministeriums über den Einflug der Maschine fehlt jeder Hinweis auf einen Abfangversuch, vgl. Royal Observer Corps Reports »Rudolf Hess«, Secret, 28. 5. 1941, PRO, AIR 16/1266.

13 Operational Record Book, 72 Squadron, 10. 5. 1941, PRO, AIR 27/624.

14 Operational Record Book, RAF Ayr, 10. 5. 1941, PRO, AIR 27/969 u. 28/40; vgl. auch Report by Air Commodore Warrington-Morris, Commandant of the Royal Observer Corps, 18. 5. 1941 sowie Report Nr.195 by Operational Research Section of Fighter Command, 18. 5. 1941, zit. bei Bateman: Hess, S.5f.; zu den Abfangversuchen siehe auch Nesbit. Failed to return, S.65ff.

15 Zum folgenden siehe Wing Commander S.D. Felkin an Flight Lieutenant Baring, Secret, 23. 5. 1941, PRO, FO 1093/11, F. 57; Padfield: Hess, S.205ff., der die Vorgänge v.a. auf Grund von Augenzeugenaussagen rekonstruierte, sowie Bateman: Hess, S.10–12.

16 W. R. Heß: Mein Vater, S.47.

17 Operational Record Book, RAF Ayr, 10./11. 5. 1941, PRO, AIR 28/40. Donalds Bericht über die Me 110, deren Wrackteile über ca. 6 Quadratkilometer weit verstreut lagen, wies die Maschine als fabrikneu, mit noch eingefetteten Bordkanonen und nur relativ geringen Brandschäden am Rumpf aus, was darauf hindeutete, daß vor dem Absturz nur noch ein geringer Rest von Treibstoff vorhanden gewesen sei, vgl. Royal Observer Corps Reports »Rudolf Hess«, Secret, 28. 5. 1941, PRO, AIR 16/1266 sowie Bateman: Hess, S.6ff.

18 The Interrogation of Rudolph Hess by Roman Battaglia, durchgeführt durch Lieutenant J. Mair am 29. 5. 1941, Beilage zu C an Hopkinson, Most Secret, London, 11. 6. 1941, PRO, FO 1093/11, F. 152–155; Letter by Graham Donald an Sir Harry, 19. 5. 1941, IWM, Spec. Misc. N.

19 Royal Observer Corps Reports »Rudolf Hess«, Secret, 28. 5, 1941, PRO, AIR 16/1266.
20 Report Hamiltons for Prime Minister, 11. 5. 1941, PRO, PREM 3/219/7.
21 Zum folgenden ebd.; auszugsweise gedr. bei Douglas-Hamilton: Motive, S.159–160, sowie Additional Notes on the Hess Incident by Group Captain the Duke of Hamilton, PRO, INF 1/912, F. 88–91.
22 Hess's own Statement written during his time at Maindiff Court [nach dem 25. 6. 1942], Rees (Hg.): Hess, S.96.
23 Report Hamiltons for Prime Minister, 11. 5. 1941, PRO, PREM 3/219/7.
24 Additional Notes on the Hess Incident by Group Captain the Duke of Hamilton, PRO, INF 1/912, F. 88–91.
25 Wing Commander S.D. Felkin an Flight Lieutenant Baring, Secret, 23. 5. 1941, PRO, FO 1093/11, F. 57.
26 Additional Notes on the Hess Incident by Group Captain the Duke of Hamilton, PRO, INF 1/912, F. 88.
27 Costello: Ten Days, S.415.
28 Additional Notes on the Hess Incident by Group Captain the Duke of Hamilton, PRO, INF 1/912, F. 88/89; zu diesem Vorgang vgl. ausführlich Kapitel 4, S.148ff.
29 Additional Notes on the Hess Incident by Group Captain the Duke of Hamilton, PRO, INF 1/912, F. 89; Nesbit: Failed to return, S.73.
30 Additional Notes on the Hess Incident by Group Captain the Duke of Hamilton, PRO, INF 1/912, F. 89.
31 Ebd., F. 89 sowie Churchill. Second World War, Bd.3, S.43, der die Abläufe jedoch vollkommen irrig darstellt.
32 Douglas-Hamilton: Motive, S.163.
33 Ebd., S.163; Hamilton selbst berührte den Inhalt dieser Besprechung mit Churchill nicht, Additional Notes on the Hess Incident by Group Captain the Duke of Hamilton, PRO, INF 1/912, F. 88–91.
34 Tagebuch Cadogan, 12. 5. 1941, Dilks (Hg.): Cadogan Diaries, S.377; Tagebuch Edens, 12. 5. 1941, A. Eden: The Reckoning, London 1965, S.255.
35 S. Delmer: Die Deutschen und ich, Hamburg 1963, S.460.
36 Prime Minister's Draft Statement, 12. 5. 1941, PRO, FO 371/26565; die dann in gekürzter Form veröffentlichte Version in PRO, PREM 3/219/4.
37 Tagebuch Cadogan, 12. 5. 1941, Dilks (Hg.): Cadogan Diaries, S.377. Kirkpatrick und Hamilton hatten London gegen 17 Uhr mit einer de Havilland verlassen und trafen erst nach Mitternacht in Buchanan Castle in Schottland ein, Nesbit: Failed to return, S.73 sowie Kirkpatrick: Inner Circle, S.174f.
38 Tagebuch Lockhart, 13. 5. 1941, Young (Hg.): Lockhart Diaries, S.99.
39 Tagebuch Cadogan, 12. 5. 1941, Dilks (Hg.): Cadogan Diaries, S.377.
40 London Times and New York Times, 13. 5. 1941.
41 Parteiamtliche Mitteilung zur Bekanntgabe im großdeutschen Rundfunk, 12. 5. 1941, Domarus, Hitler, Bd.2, S.1714.
42 Die These eines Zusammenspiels zwischen Hitler und Heß wird ver-

treten bei Leasor: Hess, S.122ff.; Costello: Ten Days, S.421ff.; Hutton: Hess, S.68; Padfield: Hess, S.185f. u. S.219ff.; Schwarzwäller: Stellvertreter, S.208ff.; W. Maser: Der Wortbruch. Hitler, Stalin und der Zweite Weltkrieg, München 1994, S.319ff. sowie bei Schlie: Kein Friede, S.315. Abgestuft und v.a. aus Programm und Motivation Hitlers abgeleitet bei Hillgruber: Strategie, S.514ff.; Martin: Friedensinitiativen, S.426; K. Hildebrand: Deutsche Außenpolitik 1933–1945. Kalkül oder Dogma?, Stuttgart/Berlin/Köln 1990, S.111.

43 So unter Berufung auf ein Interview mit Bodenschatz bei W. Frischauer: Goering, London 1951, S.230; ebenfalls unter Bezugnahme auf Bodenschatz ähnlich bei Hutton: Hess, S.68; Costello: Ten Days, S.421ff. sowie Leasor: Hess, S.122ff.

44 H. Linge: Bis zum Untergang. Als Chef des persönlichen Dienstes bei Hitler, hg. v. W. Maser, München/Berlin 1980, S.141ff.

45 Ebd., S.142/143.

46 Aussage Alfred Leitgens gegenüber Wulf Schwarzwäller, Ders.: Stellvertreter, S.209; Wolf Rüdiger Heß gibt als Zeugen für dieses Gespräch den Fahrer seines Vaters, Rudolf Lippert an, Heß: Mein Vater, S.240ff. sowie schriftliche Aussage von Wolf Rüdiger Heß vom 4. 7. 1995 gegenüber dem Verf.; ähnlich die Angabe durch Bohle bei Kempner: Kreuzverhör, S.106/107 sowie bei Linge: Untergang, S.143.

47 Niederschrift der Unterredung mit Alfred Leitgen, 1. 4. 1952, IZG, ZS 262, F. 5ff.; Dass., 19. 12. 1952, ebd., F. 12–14; Dass., 2. 12. 1965, F. 16–22.

48 Auskunft von Prof. Norman Stone, der die entsprechenden sowjetischen Originaldokumente einsehen konnte (Brief an den Verf. vom 22. 12. 1994).

49 Aussage von Lorenz gegenüber Picker, 27. 3. 1942, H. Picker (Hg.): Hitlers Tischgespräche im Führerhauptquartier, Stuttgart 1976, S.150. So gibt Lorenz an, daß sich Hitler zu einer Plauderei mit Göring und Ribbentrop am Kamin aufhielt, als Pintsch eintraf. Nachweislich war Göring zu dieser Zeit auf Burg Veldenstein, und Ribbentrop hielt sich in Schloß Fuschl auf.

50 Notizkalender Bormann, 11. 5. 1941, NA, T-84, EAP 105/18.

51 C.S.D.I.C. (U.K.) G.G. Report, Top Secret, S.R.G.G. 1236 (C), 20. 5. 1945, PRO, WO 208/4170.

52 Vgl. Unterredung mit Karl Bodenschatz, Erlangen, 30. 11. 1970, IZG, ZS 10, F. 32ff.

53 Speer: Erinnerungen, S.189; vgl. diesbezüglich auch die Eindrücke von O. Dietrich: Zwölf Jahre mit Hitler, München 1955, S.76; P. Schmidt: Statist auf diplomatischer Bühne 1923–1945, Bonn 1950, S.538; N. v. Below: Als Hitlers Adjutant 1937–1945, Mainz 1980, S.273f., die allesamt eine Mitwisserschaft Hitlers ausschließen.

54 Tagebuch Engel, 11. 5. 1941, H. v. Kotze (Hg.): Heeresadjutant bei Hitler 1938–1943, Aufzeichnungen des Majors Engel, Stuttgart 1974, S.103/104.

55 Terminkalender Göring, 11. 5. 1941, IZG, ED 180/5.

56 Vgl. die entsprechenden Berichte bei Wahl: Gauleiter, S.270ff.; R. Jordan: Erlebt und Erlitten. Wege eines Gauleiters von München bis Moskau, Leoni 1974, S.211ff.; Gedächtnisprotokoll über die Sitzung am 19. 5. 1941 im Haus der NSDAP unter dem Vorsitz des Herrn Generalgouverneurs [i.e. Hans Frank, d.Verf.], Krakau, 21. 5. 1941, IWM, AL 2525.

57 Aussage Hildegard Faths, IMT Defense Document, Book 2: Rudolf Hess, IWM, FO 645 Nuremberg Files, F. 165.

58 So Goebbels nach der Lektüre des Schreibens, Tagebuch Goebbels, 14. 5. 1941, Fröhlich (Hg.): Tagebücher, Bd.4, S.639.

59 Hierzu sowie zum folgenden Dietrich: Zwölf Jahre, S.76ff.; Wahl: Gauleiter, S.270ff.; Jordan: Erlebt und Erlitten, S.211ff.; Gedächtnisprotokoll Hans Frank, 21. 5. 1941, IWM, AL 2525.

60 Dietrich: Zwölf Jahre, S.77.

61 L. Hill (Hg.): Die Weizsäcker Papiere 1933–1950, Berlin 1974, S.255/256 (19. 5. 1941).

62 Tagebuch Goebbels, 14. 5. 1941, Fröhlich (Hg.): Tagebücher, Bd.4, S.639.

63 Ebd., S.640; Gedächtnisprotokoll Hans Frank, 21. 5. 1941, IWM, AL 2525.

64 Jordan: Erlebt und erlitten, S.212/213.

65 Tagebuch Goebbels, 14. 5. 1941, Fröhlich (Hg.): Tagebücher, Bd.4, S.640.

66 J. Schaub: Der Flug von Rudolf Heß nach England am 10. Mai 1941, Nachlaß Julius Schaub, zit. bei D. Irving: Hitler und seine Feldherren, Frankfurt/Berlin/Wien 1975, S.249.

67 Jordan: Erlebt und erlitten, S.213/214.

68 Terminkalender Göring, 12. 5. 1941, IZG, ED 180/5; Unterredung mit Karl Bodenschatz, 30. 11. 1970, IZG, ZS 10, F. 32ff.; Dietrich: Zwölf Jahre, S.77/78; Tagebuch Hewel, 12. 5. 1941, zit. bei Irving: Hitler, S.251. Vgl. auch Hitlers Äußerung »Hoffentlich stürzt er ins Meer«, Schmidt: Statist, S.538; ähnlich bei Speer: Erinnerungen, S.189.

69 So bei Schlie: Kein Friede, S.290.

70 Handschriftliches Manuskript der Memoiren Schellenberge, IZG, ED 90/4, F. 346.

71 Unterredung mit Karl Bodenschatz, 30. 11. 1970, IZG, ZS 10, F. 32ff.; Dietrich: Zwölf Jahre, S.78; Irving: Hitler, S.251; auch Goebbels befürchtete bei »unseren Achsenfreunden« Zweifel an der deutschen Bündnistreue, Tagebuch Goebbels, 14. 5. 1941, Fröhlich (Hg.): Goebbels Tagebücher, Bd.4, S.640.

72 Aufzeichnung über die Unterredung zwischen dem RAM und dem Duce im Palazzo Venezia am 13. 5. 1941 in Anwesenheit des Grafen Ciano. Aufzeichnung des Gesandten Schmidt (Büro RAM), Fuschl, 14. 5. 1941, ADAP, D, Bd.12/2, Nr.511, S.664–666.

73 Tagebuch Ciano, 13. u. 16. 5. 1941, M. Muggeridge (Hg.): Ciano's Diary, Surrey 1947, S.350–352.

74 Tagebuch Goebbels, 13. 5. 1941, Fröhlich (Hg.): Goebbels Tagebücher, Bd.4, S.638.

75 H. Boberach (Hg.): Meldungen aus dem Reich 1938–1945. Die geheimen Lageberichte des Sicherheitsdienstes der SS, Bd.7, Herrsching 1987, (15. 5. 1941), Nr.186, S.2302.

76 Dazu I. Kershaw: Der Hitler-Mythos. Volksmeinung und Propaganda im Dritten Reich, Stuttgart 1980, S.145ff.

77 Ebd., S.147/148.

78 Vertraulicher Bericht, Berlin, 13. 5. 1941, PAAA, Dienststelle Ribbentrop, R 27097, Teil 2, F. 30882–30885.

79 Vertraulicher Bericht, Hat dem Führer vorgelegen, Berlin, 13. 5. 1941, ebd., F. 30886–30891; Vertraulicher Bericht, Berlin, 13. 5. 1941, ebd., F. 30894–30895.

80 A. Speer: Spandauer Tagebücher, Frankfurt/Berlin/Wien 1976, (2. 12. 1962), S.565; Ders.: Erinnerungen, S.190.

81 Gedächtnisprotokoll Hans Frank, 21. 5. 1941, IWM, AL 2525.

82 Speer: Erinnerungen, S.191.

83 Meldung der Nationalsozialistischen Parteikorrespondenz, 13. 5. 1941, Domarus: Hitler, Bd.2, S.1715, veröffentlicht im Völkischen Beobachter Nr.134, 14. 5. 1941.

84 Handschriftliches Manuskript der Memoiren Schellenbergs, IZG, ED 90/4, F. 342/343; Schwarzwäller: Stellvertreter, S.235/236; Hildebrandt: Die Letzten, S.114.

85 Bormann an Hederich, Führerhauptquartier, 14. 8. 1941, BAK, NS 11/19, o.F.

86 Albrecht Haushofer: Englische Beziehungen und die Möglichkeit ihres Einsatzes, Obersalzberg, 12. 5. 1941, ADAP, D, Bd.12, Nr.500, S.654/655.

87 Longerich: Hitlers Stellvertreter, S.150.

88 Niederschrift der Unterredung des OSAF Franz von Pfeffer am 13. 6. 1963, IZG, ZS 177/II, F.66; vgl. auch Tagebuch Goebbels, 25. 5. 1941, Fröhlich (Hg.): Goebbels Tagebücher, Bd.4, S.659.

89 Aufzeichnung von Karl Haushofer, verfaßt im Sommer 1945, Jacobsen: Karl Haushofer, Bd.I, S.426/427; Bormann an Heydrich, Geheim, Führerhauptquartier, 29. 6. 1941, IZG, MA 667, F. 3329–3330.

90 Heydrich an Himmler, Tel. Nr.75899, Berlin, 15. 5. 1941, BAK, NS 19/3872, F. 32; Tagebuch Martha Haushofer, 22. 6. 1941, BAK, Nachlaß Haushofer 128; Aufzeichnung von Karl Haushofer, verfaßt im Sommer 1945, Jacobsen: Karl Haushofer, Bd.I, S.427; Bormann an Tießler, Geheim, Führerhauptquartier, 29. 6. 1941, IZG, MA 667, F. 3328; Bormann an Klopfer, Geheim, München, 29. 6. 1941, ebd., F. 3331–3332; Hildebrandt: Die Letzten, S.114/115.

91 Zur Durchführung der sog. »Aktion Heß« durch Heinrich Müller, den

Chef der Abteilung IV der Gestapo, siehe im einzelnen E. Howe: Urania's Children, London 1967, S.192ff.; Bormann an Himmler, Führerhauptquartier, 19. 6. 1941, faksimiliert abgedruckt in: Frankenpost, (9. 1. 1946); Wahl: Gauleiter, S.276.

92 Ilse Heß an Himmler, Bad Oberndorf, 5. 3. 1943, BAK, NS 19/3380; Bormann an Schwarz, 11. 4. 1943, BAK, Sammlung Schumacher, Nr.236; vgl. auch die entsprechenden Aussagen von Pintsch nach seiner Rückkehr aus sowjetischer Kriegsgefangenschaft, Extract from Times, 17. 12. 1955: Hess's aide returns from Russia, PRO, WO 208/4471.

93 Ausführlich hierzu Howe: Urania's Children, S.192ff.; Wahl: Gauleiter, S.276.

94 Tagebuch Goebbels, 13. 6. 1941, Fröhlich (Hg.): Goebbels Tagebücher, Bd.4, S.688.

95 Tagebuch Engel, 12. 5. 1941, Kotze (Hg.): Heeresadjutant, S.105.

96 Heß: Mein Vater, S.95/96; Toland: Hitler, S.837.

97 Toland: Hitler, S.837; Irving: Hitler, S.255.

98 Bormann an Himmler, Führerhauptquartier, 19. 6. 1941, faksimiliert abgedruckt in: Frankenpost, (9. 1. 1946); ähnlich äußerte sich Bormann gegenüber Goebbels, Tagebuch Goebbels, 20. 6. 1941, Fröhlich (Hg.): Goebbels Tagebücher, Bd.4, S.706.

99 Heß: Mein Vater, S.96.

6 »Wir müssen uns entscheiden, wie wir aus der Sache H. durch Lügen das Beste herausholen ...«

1 Tagebuch Goebbels, 16. 5. 1941, Fröhlich (Hg.): Goebbels Tagebücher, Bd.4, S.643.

2 Ebd., 17. 5. 1941, S.645.

3 Delmer: Die Deutschen und ich, S.459.

4 Ebd., S.449/450 sowie S.459.

5 Mit Ausnahme der dritten Unterredung am 15.5. wurde Kirkpatrick jeweils vom Herzog von Hamilton bei der Vernehmung von Heß begleitet, der jedoch keinerlei Einfluß auf die Gespräche nahm.

6 Kirkpatrick: Inner Circle, S.175.

7 Zum folgenden: Record of an Interview with Herr Rudolph Hess, Secret, 13. 5. 1941, PRO, FO 1093/1, F. 28–31 sowie die Aufzeichnung Cadogans über die telefonische Mitteilung Kirkpatricks aus Turnhouse Aerodrome die erste Unterredung mit Heß betreffend, Minute Cadogans, 13. 5. 1941, ebd., F. 23–25. Kirkpatricks Erinnerungen stimmen mit seinen zeitgenössischen Aufzeichnungen und Aussagen im wesentlichen überein, vgl. Kirkpatrick: Inner Circle, S.175ff. Über die von Heß angefertigten Notizen gibt es keinen Nachweis, so daß man in der Rekonstruktion seiner Ausführungen auf die Berichte Kirkpatricks angewiesen ist.

8 Tatsächlich fand die erwähnte Ansprache Hitlers vor dem Reichstag am 4. 5. 1941 ab 18 Uhr statt. Im Anschluß an die Rede kam es zu einem kurzen Gespräch zwischen Heß und Hitler, mit der Anfrage von Heß, ob Hitler mit Blick auf England noch zu dem in »Mein Kampf« niedergelegten Programm stünde. Hitler bejahte dies, war jedoch in großer Eile, da für 20:15 Uhr die Abfahrt des Zuges terminiert war, der ihn nach Gotenhafen zur Inspektion der Schlachtschiffe »Bismarck« und »Tirpitz« brachte. Der Text der Rede Hitlers in der Kroll-Oper zu Berlin, die sich inhaltlich auf den Balkanfeldzug bezog, bei Domarus: Hitler, Bd.II, S.1697ff.; zu Gespräch und Terminplanung vgl. Gedächtnisprotokoll Hans Frank, 21. 5. 1941, IWM, AL 2525; Itinerar Hitlers vom 1. 9. 1939–31. 12. 1941, bei Hillgruber: Hitlers Strategie, S.689.

9 Tagebuch Goebbels, 21. 4. 1940, Reuth (Hg.): Goebbels Tagebücher, Bd.4, S.1408.

10 Record of an Interview with Herr Rudolph Hess, Secret, 13. 5. 1941, PRO, FO 1093/1, F. 31.

11 Ebd., F. 31.

12 Record of an Interview with Herr Hess on May 14, 1941, 15. 5. 1941, ebd., F. 32/33.

13 Prime Minister's Personal Telegram, No. T 186, undatiert, CCC, Chartwell Trust Papers [CTP] 20/38, F. 139–142. Diese Nachricht findet sich nicht bei Kimball (Hg.): Correspondence, Bd.1.

14 Kirkpatrick: Inner Circle, S.181.

15 Memorandum von James T. Rowe Jr. of White House Staff an Roosevelt, 14. 5. 1941, Franklin D. Roosevelt Library [FDRL], Hyde Park, Messages Churchill–Roosevelt, Film 1, F. 00242f.

16 Secret Message from President to Prime Minister, Tel. No. T 184, 15. 5. 1941, CCC, CTP 20/38, F. 136; Kimball (Hg.): Correspondence, Bd.1, R-40 X, S.187.

17 Zum folgenden: Record of a Conversation with Herr Hess on May 15, 1941, PRO, FO 1093/1, F. 34/35.

18 Reflections on Conversations with Herr Hess, by I. K.[irkpatrick], [19. 5. 1941], ebd., F. 36.

19 Report on Kirkpatrick's Interview with Hess by A. Cadogan, 13. 5. 1941, ebd., F. 24.

20 So Robert Bruce Lockhart, Young (Hg.): Lockhart Diaries, 28. 5. 1941, S.101.

21 Hansard, Bd.371, 13. 5. 1941, S.1085.

22 Prime Minister's Personal Telegram, No. T 186, undatiert, CCC, CTP 20/38, F. 139–142.

23 Minute Edens to Prime Minister, 13. 5. 1941, PRO, PREM 3/476/10.

24 Tagebuch Cadogan, 19. 5. 1941, Dilks (Hg.): Cadogan Diaries, S.380.

25 Ebd., 14. 5. 1941, S.378/379.

26 Minute Cadogans, 14. 5. 1941, zu Churchills geplanter Erklärung im

Unterhaus, PRO, FO 1093/11, F. 132–139; ähnlich in Tagebuch Cadogan, 14. 5. 1941, Dilks (Hg.): Cadogan Diaries, S. 379.

27 Tagebuch Eden, 14. 5. 1941, Eden: Reckoning, S. 256; Tagebuch Cadogan, 14. 5. 1941, Dilks (Hg.): Cadogan Diaries, S. 379; vgl. auch Duff Cooper to Prime Minister, 15. 5. 1941, PRO, PREM 3/219/7.

28 Hansard, Bd. 371, 15. 5. 1941, S. 1261/1262.

29 Am 15. und am 19. 5., vgl. War Cabinet Minutes, WM 50 (41) 1, 15. 5. 1941 sowie WM 51 (41) 9, Secret, 19. 5. 1941, PRO, CAB 65/18; Tagebuch Cadogan, 19. 5. 1941, Dilks (Hg.): Cadogan Diaries, S. 380.

30 So Beaverbrook gegenüber Eden beim Verlassen der Sitzung, Eden: Reckoning, S. 256.

31 Minute by Makins, 13. 5. 1941, PRO, FO 1093/11, F. 158.

32 Parliamentary Secretary to Director General, 13. 5. 1941, PRO, INF 1/912, F. 2/3.

33 Tagebuch Goebbels, 16. 5. 1941, Fröhlich (Hg.): Goebbels Tagebücher, Bd. 4, S. 643.

34 Deputy Führer Hess's Flight: Its Exploitation in Propaganda to Germany, Secret, 13. 5. 1941, PRO, FO 1093/11, F. 130/131 sowie Undatiertes Memorandum on Hess, ebd., F. 31–35.

35 Ebd., F. 131.

36 Guidance No. 571, Memorandum by INF, 13. 5. 1941, Bodleian Library Oxford [BLO], Monckton Papers 7, F. 145; Minute Cadogans, 15. 5. 1941, PRO, FO 1093/11, F. 141.

37 Undated Memorandum, BLO, Monckton Papers 5, F. 134; Deputy Führer Hess's Flight: Its Exploitation in Propaganda to Germany, Secret, 13. 5. 1941, PRO, FO 1093/11, F. 130/131.

38 Suggested Methods of Treatment of Hess in BBC German Programmes, Appendix: Draft of a Talk to be delivered by Lord David Douglas Hamilton in BBC German Service, 26. 5. 1941, PRO, FO 1093/11, F. 38–47; vgl. hierzu Minute by Kirkpatrick, 26. 5. 1941, ebd., F. 30.

39 Hood an J. M. Martin, 10 Downing Street, Secret, 6. 6. 1941, PRO, INF 1/912, F. 66/67.

40 Minute by Warner for Sargent, 16. 5. 1941, PRO, FO 1093/11, F. 122; Minute by Cadogan, 17. 5. 1941, ebd.; Postal Censorship Reports, 27. 5. 1941, Report on the Arrival of Hess (No. 2), PRO, INF 1/912, F. 54–57.

41 So der Lord Provost von Glasgow, Sir Patrick Dollan, der dies wiederholt bei öffentlichen Auftritten unterstrich, The Scotsman, 12. 6. 1941.

42 Dort war es im Oktober/November 1939 zu Kontakten zwischen dem Secret Service und vermeintlichen Oppositionskreisen der Wehrmacht gegen Hitler gekommen. Tatsächlich wurden die bald weit gediehenen Verhandlungen zum Sturz des Diktators jedoch im Auftrag von Himmler und Heydrich durch den Standartenführer im SD, Walter Schellenberg, geführt, der nach dem Attentatsversuch im Münchner Bürgerbräukeller umgehend angewiesen wurde, seine britischen Verhandlungspartner in einer Blitzaktion bei Venlo gefangenzuneh-

men, über die deutsch-niederländische Grenze zu verschleppen und in den Gewahrsam des SD zu nehmen. vgl. hierzu Schellenberg: Aufzeichnungen, S. 79ff., C. A. MacDonald: The Venlo Affair, in: European Studies Review 8 (1978), S. 443–464.

43 Inward Press Flash, 8. 8. 1941, PRO, HO 199/482.

44 Cooper an Churchill, 15. 5. 1941, PRO, PREM 3/219/7; Tagebuch Nicolson, 14./16. 5. 1941, H. Nicolson: Diaries and Letters, Bd. 2: The War Years, 1939–1945, New York 1967, S. 166; Tagebuch Cadogan, 17. 5. 1941,Dilks (Hg.): Cadogan Diaries, S. 379; Minutes by Roberts, Makins und Cadogan, 9. 7. 1941, PRO, FO 1093/10, F. 2 sowie Minute by Eden, 10. 7. 1941, ebd.

45 Hood an J. M. Martin, 10 Downing Street, Secret, 6. 6. 1941, PRO, INF 1/912, F. 66/67.

46 Siehe z.B. Lord Simon's Note for Foreign Office, 16. 5. 1941, approved by Cadogan, 16. 5. 1941, BLO, Simon Papers 88, F. 13.

47 Hansard, Bd. 371, 20. 5. 1941, S. 1391–1393.

48 Tagebuch Cadogan, 14. 5. 1941, Dilks (Hg.): Cadogan Diaries, S. 379.

49 Minute Edens an Churchill, 13. 5. 1941, PRO, PREM 4/476/10.

50 Prime Minister to President, 24. 4. 1941, Kimball (Hg.): Correspondence, Bd. 1, C-81X, S. 172ff.; Churchill: Second World War, Bd. 3, Appendix E, S. 697.

51 Prime Minister to President, 29. 4. 1941, Kimball (Hg.): Correspondence, Bd. 1, C-83X, S. 176.

52 President to Prime Minister, 1. 5. 1941, ebd., R-38X, S. 178ff.

53 Prime Minister to President, 3. 5. 1941, ebd., C-84X, S. 181f.; Prime Minister's Personal Minute to Eden, 2. 5. 1941, PRO, PREM, 3/469/350.

54 Kettenacker: Deutschlandplanung, S. 105f.

55 Woodward: Foreign Policy, Bd. 1, S. 460ff.

56 Churchill an Stalin, 25. 6. 1940, Rexin (Hg.): Unheilige Allianz, S. 47f.; Miner: Churchill und Stalin, S. 68ff.

57 Woodward: Foreign Policy, Bd. 1, S. 491ff., S. 594 u. 597f.; Miner: Churchill and Stalin, S. 83ff., S. 112ff.

58 G. Ross (Hg.): The Foreign Office and the Kremlin. British Documents on Anglo-Soviet Relations 1941–1945, Cambridge 1984, S. 10.

59 Vgl. Cripps to Foreign Office, 7. 3. u. 24. 3. 1941, Gorodetsky: Mission to Moscow, S. 115.

60 JIC Report, 1. 4. 1941, PRO, WO 190/983.

61 Vgl. Minute by Roberts, 26. 3. 1941; Minute by Sargent, 27. 3. 1941; Minute by Cadogan, 28. 3. 1941, PRO, FO 371/26518.

62 Foreign Office to Cripps, 4. 4. 1941, sowie Minute by Cadogan, 4. 4. 1941, PRO, FO 371/29479; Gorodetsky: Mission to Moscow, S. 119.

63 Prime Minister to Cripps, 3. 4. 1941, Churchill: Second World War, Bd. 3, S. 320; G. Gorodetsky: Churchill's Warning to Stalin. A Reappraisal, in: Historisches Jahrbuch 29 (1986),S. 979–990.

64 Churchill: Second World War, Bd. 3, S. 320ff.; Gorodetsky: Mission to Moscow, S. 116ff.

65 Cripps to Foreign Office, 17. 4. 1941, PRO, FO 371/29465; so auch Gorodetsky: Mission to Moscow, S. 125f. sowie Woodward: Foreign Policy, Bd. 1, S. 607.

66 Cripps to Foreign Office, 18. 4. 1941, PRO, FO 371/29465, gedr. bei Woodward: Foreign Policy, Bd. 1, S. 607ff. sowie bei Ross (Hg.): Foreign Office, S. 11/12.

67 Cripps an Monckton, Moskau, 17. 4. 1941, BLO, Monckton Papers 4, F. 202.

68 Zur harschen Reaktion Londons auf diese Eigenmächtigkeit von Cripps vgl. Memorandum Sargents, 29. 4. 1941; Minute by Cadogan, 28. 4. 1941, Minute by Eden, 30. 4. 1941, Ross (Hg.): Foreign Office, Nr. 2, S. 72ff.

69 Eden: Reckoning, S. 265; Eden to Cripps, 16. 4. 1941, PRO, FO 371/29465; Woodward: Foreign Policy, Bd. 1, S. 611f.

70 Memorandum Sargents, 26. 4. 1941, Ross (Hg.): Foreign Office, Nr. 2, S. 73; Minute Sargents, 25. 4. 1941, PRO, FO 371/29480.

71 Cripps an Monckton, Moskau, 17. 4. 1941, BLO, Monckton Papers 4, F. 202.

72 Cripps to Foreign Office, Nr. 502, 13. 5. 1941, PRO, FO 1093/11, F. 146f.

73 Minute Sargents, 14. 5. 1941, PRO, FO 371/26565.

74 Darlan war am 13. 5. 1941 zu einer Unterredung mit Hitler zusammengetroffen, und Eden erwartete ein entsprechendes Abkommen mit antibritischer Stoßrichtung, vgl. KTBSkl, Bd. 21, 15. 5. 1941, S. 199.

75 Tagebuch Cadogan, 30. 5. 1941, Dilks (Hg.): Cadogan Diaries, S. 382.

76 Minute Sargents, 14. 5. 1941, PRO, FO 371/26565.

77 Minute Sargents, 16. 5. 1941, PRO, FO 1093/11, F. 125/126.

78 Marginalien Cadogans (16. 5. 1941) und Edens (o.Dat.) auf Minute Sargents, 16. 5. 1941, PRO, FO 1093/11, F. 126.

79 So hatte MI 5 zuletzt am 25. 4. 1941 gemeldet, daß der deutsche Aufmarsch im Osten zwar für die Sowjetunion eine »tatsächliche Bedrohung« darstelle, jedoch betont, daß der Zweck vor allem darin zu sehen sei, Rußlands dauernde ökonomische Kollaboration zu erzwingen, Hinsley: British Intelligence, Bd. 1, S. 466ff. Dagegen war Bletchley Park, das mit der Entschlüsselung des deutschen Enigma-Codes befaßt war, dessen Berichte jedoch ausschließlich Churchill zur Verfügung standen, bereits am 14. 5. 1941 zu dem Schluß gelangt, daß ein deutscher Angriff auf die Sowjetunion wahrscheinlich sei, ebd., S. 465 sowie Andrew: Secret Service, S. 484.

80 Winant an Department of State, Tel. Nr. 1907, 13. 5. 1941, Irving: Hess, S. 143: Tagebuch Lee, 24. 5. 1941, Leutze (Hg.): London Journal, S. 287/288; R. Sherwood: The White House Papers of Harry L. Hopkins. An Intimate History, Bd. 1, London 1949, S. 294.

81 Minute Edens, 16. 5. 1941, PRO, FO 1093/11, F. 123.

82 Tagebuch Cecil King, 15. 5. 1941, Armstrong (Hg.): Cecil King Diary, S. 129f.; Tagebuch Nicolson, 16. 5. 1941, Nicolson: Diaries, S. 167.
83 Daily Mail, Daily Telegraph, New York Times, 14. 5. 1941.
84 Daily Mail, 14. 5. 1941, ähnlich im Daily Telegraph, 17. 5. 1941 sowie in der New York Times, 14. 5. 1941.
85 Daily Telegraph, 19. 5. 1941; London Times, 15. 5. 1941; Daily Mail, 14. 5. 1941; vgl. auch den Querschnitt der britischen Pressestimmen in KTBSkl, Bd. 21 (15. 5. 1941), S. 199.
86 New York Times, 15. 5. 1941.
87 Hansard, 15. 5. 1941 u. 20. 5. 1941, Bd. 371, S. 1261 f. u. S. 1391 f.
88 Tagebuch Cadogan, 19. 5. 1941, Dilks (Hg.): Cadogan Diaries, S. 380.
89 Tagebuch Lockhart, 21. 5. 1941; Young (Hg.): Lockhart Diaries, S. 100; Prime Minister to President, 19. 5. 1941, Kimball (Hg.): Correspondence, Bd. 1, C-88X, S. 189f.; vgl. auch das harsche, jedoch nicht abgeschickte Telegramm Churchills vom 21. 5. 1941, zit. bei M. Gilbert: Finest Hour, Winston Spencer Churchill 1939–1941, London 1983, S. 1091. Zu den Berichten aus Bletchley Park siehe Andrew: Secret Service, S. 484 sowie Hinsley: British Intelligence, Bd. 1, S. 465.
90 Tagebuch Cadogan, 18. 4. 1941, Dilks (Hg.): Cadogan Diaries, S. 372; KTBSkl, Bd. 21 (22. 5. 1941), S. 319.
91 Vertraulicher Bericht der Dienststelle Ribbentrop, Salzburg, 19. 5. 1941, PAAA, R 27097, F. 30903–30904.
92 Minute Sargents, 16./28. 5. 1941, PRO, FO 1093/11, F. 25.
93 Foreign Office to Stockholm, New York, Istanbul, Tels. No. 298/475/224, Top Secret, 23. 5. 1941, PRO, FO 1093/6, F. 3; vgl. auch Secret Memorandum, o.Dat., Beilage zu: Political Intelligence Department of the Foreign Office an Hopkinson, Secret, E.H. (41) 903/5, 21. 5. 1941, ebd., F. 8ff.
94 Tagebuch Kennedy [i.e. Times-Korrespondent, d.Verf.], 28. 5. 1941, CCC, LKEN 24. Am 11. 6., also unmittelbar nach dem Zusammentreffen zwischen Heß und Lord Simon, äußerte sich Eden erneut dahingehend, daß das Angebot von Heß »sehr ernsthafter Natur« sei, ebd., 11. 6. 1941.
95 Gilbert: Finest Hour, S. 1096.
96 KTBSkl, Bd. 21 (28. 5. 1941), S. 41417.
97 Prime Minister to President, 21. 5. 1941, PRO, PREM 3/469/382f.; Kimball (Hg.): Correspondence, Bd. 1, C-89X, S. 191; Tagebuch Cecil King, 26. 5. 1941, Armstrong (Hg.): Cecil King Diary, S. 293; G. Winant: A Letter from Grosvenor Square, London 1947, S. 194ff.
98 Rede Winants, 15. 5. 1941, Archiv der Gegenwart, 1941, S. 5027.
99 Minute von Sumner Welles, 15. 5. 1941, NA, RG 59, 862.00/4036.
100 J. Edgar Hoover, Memorandum for Department of State, ebd., 740.0011/11345.
101 Sherwood: White House Papers, Bd. 2, S. 294.
102 Complete Presidential Press Conferences of Franklin D. Roosevelt,

Bd. 17 (January 1941–June 1941), New York 1972 [CCPC], Nr. 743, 23. 5. 1941, S. 347f.

103 New York Times, 16. u. 24. 5. 1941.

104 Memorandum von Sumner Welles über eine Unterredung mit Lord Halifax am 22. 6. 1941, J. P. Lash: Roosevelt and Churchill 1939–1941. The Partnership that saved the West, London 1977, S. 347f. Es war bezeichnend, daß Halifax erst am 22. 6. 1941, dem Tag des deutschen Angriffs auf die Sowjetunion, durch London angewiesen wurde, die von Hoover verbreiteten Gerüchte offiziell zu dementieren.

105 Langer/Gleason: Undeclared War, S. 459ff.; President to Prime Minister, Kimball (Hg.): Correspondence, Bd. 1, R-42X, S. 196f.

106 President to Prime Minister, 29. 5. 1941, ebd., R-44X, S. 199f.; Prime Minister to President, 29. 5. 1941, ebd., C-93X, S. 201f.

107 New York Times 1. u. 4. 6. 1941; CPPC, Bd. 17, Nr. 746, 3. 6. 1941, S. 360.

108 Ebd., Nr. 747, 6. 6. 1941, S. 363f.; Winant: Letter, S. 201; Lash: Partnership, S. 347.

109 New York Times, 8. 6. 1941.

110 Campbell to Ministry of Information, Tel. No. 56, 18. 6. 1941, PRO, PREM 3/219/1.

111 Tagebuch Goebbels, 7./8. 6. 1941, Fröhlich (Hg.): Goebbels Tagebücher, Bd. 4, S. 677f.

112 Minute Sargents, 28. 5. 1941, PRO, FO 1093/11, F. 25.

113 Foreign Office to Cripps, 2. 6. 1941, PRO, FO 371/29514. Gorodetsky: Mission to Moscow, S. 146, deutet dies als rein disziplinarische Maßnahme und als politischen Fehler mit Blick auf Moskau.

114 So die Erklärung von Cripps in der London Times, 13. 6. 1941; KTBSkl, Bd. 22, 16. 6. 1941, S. 171.

115 Steinhardt to Secretary of State, Moskau, 14. 6. 1941, FRUS 1941, Bd. 1, S. 173.

116 Tagebuch Lockhart, 28. 5. 1941, Young (Hg.): Lockhart Diaries, S. 101.

117 Tagebuch Cadogan, 19. 5. 1941, Dilks (Hg.): Cadogan Diaries, S. 380.

118 Vgl. J. Simon: Retrospect, London 1952, S. 261ff.

119 Tagebuch Cadogan, 29. 5. 1941, CCC, Cadogan Diary, ACAD.

120 Simon an Eden, Most Secret, 27. 5. 1941, PRO, FO 1093/11, F. 51/52; Eden an Simon, Most Secret, 27. u. 28. 5. 1941, ebd., F. 48/49 u. F. 53.

121 Eden an Simon, Most Secret, 28. 5. 1941, BLO, Simon Papers, 88, F. 39–40; Dass., Most Secret, 28. 5. 1941, ebd., F. 42; Tagebuch Cadogan, 3./4. 6. 1941, CCC, Cadogan Diary, ACAD.

122 Memorandum Cadogans, Most Secret, 6. 6. 1941, PRO, FO 1093/8, F. 202/203.

123 Tagebuch Lockhart, 13. 5. 1941, Young (Hg.): Lockhart Diaries, S. 99.

124 Irving: Heß, S. 142.

125 Makins an Commander C. F. Tower, Most Secret, 28. 5. 1941, Appendix: Protokoll der Unterredung vom 22. 5. 1941 mit Major Foley, PRO, 1093/11, F. 16–23.

126 Intelligence Division, Naval Staff, Admiralty an Foreign Office, Most Secret, 18. 6. 1941, PRO, FO 1093/10, F. 42–49.

127 Protokoll der Unterredung vom 22. 5. 1941 mit Major Foley, PRO, 1093/11, F. 18. Auch die mit Heß in der Folgezeit geführten Unterredungen über verschiedenartigste Themen (»Methods of Warfare«, »Weapons«, »Communism«, »Religion«, »The Jews«, »Personalities« – u.a. Göring, Ribbentrop, Streicher, Bohle, Mosley, Unity Mitford –, »The Beer Cellar Explosion«, »Morale in Submarines«, »Post War Reconstruction«) erbrachten ähnlich dürftige Ergebnisse. Vgl. Malone's Report, Statements made by Z [i.e. Heß, d.Verf.] in the course of conversations, 13./14. 7. 1941, Tagebuch Scott, 13./14. 7. 1941, IWM, 69/66/1, F. 40–47.

128 Kirkpatrick an Hopkinson, 10. 6. 1941, Beilage: Memorandum vom 29. 5. 1941, PRO, FO 1093/10, F. 91–94.

129 Eine detaillierte Auflistung der von Heß mitgeführten Sammlung an Medikamenten in Medical Research Council, Report on the Collection of Drugs etc., belonging to German Airman Prisoner, Captain Horn, 27. 5. 1941, PRO, FO 1093/10, F. 175–179. Sie umfaßte 2 Ampullen des krampflösenden »Spasmalgin«, 2 Ampullen des opiumhaltigen Schmerzmittels »Pantopon«, 4 Ampullen des Impfstoffes »Spenglersan A«, das Barbiturat »Phanodorm«, einen Metallbehälter mit 4 Spritzen, 12 Tabletten des Traubenzuckers »Dextro-Energen«, die Koffeintabletten »Kola-Dallmann« bzw. »Dallkolat«, den Nervenaufbaustoff »Kola-Dallmann mit Lecithin«, das Analgetikum »Somnin«, ein Abführmittel, das Spasmolytikum »Atropin-Sulfat«, 7 unidentifizierbare Fläschchen mit homöopathischen Tinkturen, »Dr. Buers Reinlecithin«, 28 Tabletten des Wachhalters »Pervitin«, 2 Flaschen zur Wunddesinfektion, 1 Flasche des pflanzlichen Mittels »Nerven-Komplex D 4«, 4 Pappschachteln mit »Digitalis«, »Colocynthis«, »Antimon Crud.« sowie »Crategus«, eine Metallschachtel mit »Ohropax«, mit Tabletten zur Mundspülung und einem Barbiturat.

130 Vgl. die jetzt freigegebenen Akten über die medizinischen Untersuchungen im Military Hospital in Drymen, Sgd. A. Dorset Harper, Major R.A.M.C., Surgical Specialist, Report by Surgical Specialist on POWD Capt. Horn Alfred (Rudolf Hess), Military Hospital Drymen, Glasgow, 13. 5. 1941, PRO, WO 199/3288 B; Report by Sgd. J. Gibson Graham, Lt.-Col. R.A.M.C., Officer i/c Medical Division, Military Hospital Drymen, Glasgow, 13. 5. 1941, ebd.; Report by Sgd. R. A. Lennie, Col., Officer Commanding, Military Hospital Drymen, Glasgow, 15. 5. 1941, ebd.; Special Report of Prisoner of War, Sgd. R. A. Lennie, Col., Officer Commanding, Military Hospital Drymen, Glasgow, 15. 5. 1941, ebd.; dass., No.2, 16. 5. 1941, ebd.

131 So der Tenor von Heß nach seiner Ankunft in Schottland, wie ihn Brendan Bracken bei einem Mittagessen im United University Club gegenüber dem Leiter des XX-Committee John Masterman und dem

Doppelagenten Dusko Popov zum besten gab, Popov: Spy/Counterspy, S.114/115.

132 Secret Report on the Custody and Movement of Rudolf Hess, 14. 5. 1941 to the evening of 20. 5. 1941 when he reached his permanent camp by A. Hunter (Director POWD), 22. 5. 1941, PRO, PREM 3/219/7, F. 141/142.

133 Secret Report on the Conduct of X by A. Hunter, 17. 5. 1941, PRO, PREM 3/219/7, F. 153.

134 Heß an Hamilton, London, 19. 5. 1941, PRO, FO 1093/11, F. 65/66.

135 Secret Report on the Custody and Movements of Rudolf Hess, 14. 5. 1941 to the evening of 20. 5. 1941 when he reached his permanent camp by A. Hunter (Director POWD), 22. 5. 1941, PRO, PREM 3/219/7, F. 141/142.

136 Operation Order No.1 for Colonel Malcolm A. Scott [i.e. Lagerkommandant, d.Verf.], Most Secret, 18. 5. 1941, IWM, Scott Papers, 69/66/1, »Camp Z« Diary, F. 1; Heß an Ilse Heß, Spandau, 8. 1. 1948, Heß: Schicksal in Briefen, S.165/166.

137 Prime Minister's Personal Minute, 13. 5. 1941, PRO, PREM 3/219/7.

138 Operation Order No.1 for Colonel Malcolm A. Scott, Most Secret, 18. 5. 1941, IWM, Scott Papers, 69/66/1, »Camp Z« Diary, F. 1.

139 Tagebuch Scott, 21./25. 5. 1941, ebd.; Report by W. B. Malone to me on last night's incidents, »Camp Z«, 29. 5. 1941, ebd., F. 7–10.

140 Tagebuch Malone, 28. 5. 1941, Z, The Private Hell of Rudolf Hess, in: The Observer (13. 9. 1987), S.11.

141 Tagebuch Scott, 29. 5. 1941, IWM, Scott Papers, 69/66/1, F. 6; Medical Officer's Report, Memorandum on Jonathan [i.e. Heß, d.Verf.], 29. 5. 1941, by J. G. Graham, Lt. Col. R.A.M.C., PRO, FO 1093/8, F. 211.

142 Tagebuch Scott, 8. 6. 1941, IWM, Scott Papers, 69/66/1, F. 13/14.

143 Secret Memorandum on Kurt Maass, 23. 5. 1941, PRO, FO 1093/11; Rudolf Hess, 29. 5. 1941, PRO, FO 1093/10, F. 182.

144 Unterlagen für die Besprechung mit Lordkanzler Simon am 9. 6. 1941, PRO, FO 1093/1, F. 55–68.

145 Dies bezieht sich, wie aus den weiteren Notizen hervorgeht, auf eine Unterredung mit Hitler während des Frankreichfeldzuges.

146 Tagebuch Scott, 9. 6. 1941, IWM, Scott Papers, 69/66/1, F. 14.

147 Tagebuch Malone, 9. 6. 1941, Z, The Private Hell of Rudolf Hess, in: The Observer (13. 9. 1987), S.11.

148 Interview with Jonathan [i.e. Heß, d.Verf.], Most Secret, No.28, 9. 6. 1941, 3:30–5:30 p.m., Dr. Guthrie, Dr. Mackenzie, Jonathan, German Witness, Captain Barnes (Interpreter), Lieutenant Reade (Secretary), PRO, FO 1093/1, F. 70–147.

149 Basis for an Understanding, Signed Rudolf Hess, 10. 6. 1941, PRO, PREM 3/219/7. Eine übersetzte Kopie des im deutschen Original nicht greifbaren Dokuments in PRO, FO 1093/1, F. 155/156.

150 Rudolf Hess – Preliminary Report [John Simon], Most Secret, 10. 6.

1941, PRO, FO 1093/1, F. 149–154; vgl. auch die Bemerkungen Simons gegenüber Cadogan, Tagebuch Cadogan, 11. 6. 1941, Dilks (Hg.): Cadogan Diaries, S.387.

151 Churchill an Eden, Personal Minute, 14. 6. 1941, PRO, PREM 3/219/5.

152 Tagebuch Scott, 9. 6. 1941, IWM, Scott Papers, 69/66/1, F. 14.

153 Unterlagen für die Besprechung mit Lordkanzler Simon am 9. 6. 1941, Zusatz vom 15. 6. 1941, PRO, FO 1093/1, F. 55; Report by Malone on this morning's interview with »Z«, 15. 6. 1941, IWM, Scott Papers, 69/66/1, F. 19–23.

154 Vgl. S.9ff.; dort auch die Nachweise.

155 Tagebuch Cadogan, 15. u. 16. 6. 1941, Dilks (Hg.): Cadogan Diaries, S.388.

156 Tagebuch Malone, 6. 6. 1941, Z, The Private Hell of Rudolf Hess, in: The Observer (13. 9. 1987), S.11; Daily Herald, 6. 6. 1941; Report of U.S. Embassy in Rome, 7. 6. 1941, NA, RG 59, 740.0011/11769.

157 BBC Internal Circulating Memo, Subject: Hess Flight, 5. 7. 1941, PRO, FO 1093/10, F. 5/6.

158 Tagebuch Goebbels, 8. 6. 1941, Fröhlich (Hg.): Goebbels Tagebücher, Bd.4, S.679.

159 Tagebuch Lockhart, 3. 6. 1941, Young (Hg.): Lockhart Diaries, S.101f.

160 Hinsley: Intelligence, Bd.1, S.474 u. 478f.; Andrew: Secret Service, S.484; Minute Sargents, 11. 6. 1941, PRO, FO 371/29483.

161 Hansard, Bd.372, 10. 6. 1941, S.29/30.

162 Ebd., 19. 6. 1941, S.901.

163 Ebd., 19. 6. 1941, S.911ff. u. 917ff.

164 Eden an Cripps, 2. 6. 1941, PRO, FO 371/29465; Eden: Reckoning, S.266f.

165 Ebd., S.268; Woodward: Foreign Policy, Bd.1, S.620; Foreign Office an Baggallay, 10. 6. 1941, PRO, FO 371/29482. All dies entsprach einem Kabinettsbeschluß vom Vortage, War Cabinet Minutes, WM 58 /41), Most Secret, 9. 6. 1941, PRO, CAB 65/22.

166 Memorandum Edens, 13. 6. 1941, PRO, FO 371/29482; Eden: Reckoning, S.268f.; Woodward: Foreign Policy, Bd.1, S.621.

167 Tagebuch Cadogan, 16. 6. 1941, Dilks (Hg.): Cadogan Diaries, S.388; Maiski: Memoiren, S.641f. Auf die unrichtige Angabe des Datums bei Maiski (10. 6. 1941) verweist auch Gorodetsky: Stalin; S.355, datiert jedoch die Unterredung seinerseits fälschlicherweise auf Sonntag, den 15. 6. 1941.

168 Maiski: Memoiren, S.645; Cripps' Memorandum, 21. 6. 1941, PRO, FO 371/29484.

169 Tagebuch Colville, 22. 6. 1941, Colville: Tagebücher, S.288.

170 Churchill: Second World War, Bd.3, S.316.

7 Zwischen Abwarten und Angriff

1 B. Pietrow: Anastas Iwaniwitsch Mikojan erinnert sich: die ersten Monate des deutsch-sowjetischen Krieges 1941, in: Osteuropa 36 (1986), S. 433ff.; G. Schukow: Erinnerungen und Gedanken, Stuttgart 1969, S. 230.

2 Eine Übersicht der konträren Interpretationen bei Gorodetsky: Stalin, S. 347f.; V. Petrov (Hg.): June 22, 1941. Soviet Historians and the German Invasion, Chapel Hill 1968; B. Bonwetsch: Vom Hitler-Stalin-Pakt zum Unternehmen »Barbarossa«. Die deutsch-russischen Beziehungen 1939–1941 in der Kontroverse, in: Osteuropa 41 (1991), S. 562–579; H. W. Koch: Operation Barbarossa. The Current State of the Debate, in: Historical Journal 31 (1988), S. 377–390.

3 Zur Debatte über die Gewichtung der einzelnen Motivstränge vgl. B. Stegemann: Geschichte und Politik. Zur Diskussion über den deutschen Angriff auf die Sowjetunion 1941, in: Beiträge zur Konfliktforschung 17 (1987), S. 73–97; Ders.: Der Entschluß zum Unternehmen Barbarossa. Strategie oder Ideologie?, in: GWU 33 (1982), S. 205–213; H. W. Koch: Hitlers »Programme« and the Genesis of Operation »Barbarossa«, in: Journal of Modern History 26 (1983), S. 891–920; A. Hillgruber: Noch einmal: Hitlers Wendung gegen die Sowjetunion 1940. Nicht (Militär-)»Strategie oder Ideologie«, sondern »Programm« und »Weltkriegsstrategie«, in: Ders.: Die Zerstörung Europas, Frankfurt/Berlin 1989, S. 239–255; Ueberschär: Hitlers Einfluß, in: Ders./W. Wette (Hg.): Überfall, S. 13–43. Zum Gesamtkomplex vgl. den Forschungsbericht bei D. Pohl: Rückblick auf das »Unternehmen Barbarossa«, in: Jahrbuch für Geschichte Osteuropas 42/1 (1994), S. 77–94.

4 B. S. Telpuchowski: Die sowjetische Geschichte des Großen Vaterländischen Krieges 1941–1945. Deutsche Ausgabe, hg. v. A. Hillgruber u. H. A. Jacobsen, Frankfurt 1961; J. Degras (Hg.): Soviet Documents on Foreign Policy, Bd. 3: 1933–1941, London 1953.

5 Text der Rede bei S. Talbott (Hg.): Chruschtschow erinnert sich, Hamburg 1971, S. 529ff.

6 B. Bonwetsch: Die Repression des Militärs und die Einsatzfähigkeit der Roten Armee im »Großen Vaterländischen Krieg«, in: Wegner (Hg.): Zwei Wege, S. 404ff.; S. Bialer (Hg.): Stalin and his Generals. Soviet Military Memoirs of World War II, New York 1969.

7 Domarus: Hitler, Bd. 2, S. 1725–1732.

8 Ribbentrop an Schulenburg, 21. 6. 1941, in: E. M. Carroll/F. T. Epstein (Hg.): Das Nationalsozialistische Deutschland und die Sowjetunion 1939–1941. Akten aus dem Archiv des deutschen Auswärtigen Amtes, Berlin 1948, Nr. 258, S. 389–392.

9 Siehe dazu W. Wette: Die propagandistische Begleitmusik zum deutschen Überfall auf die Sowjetunion am 22. Juni 1941, in: Ueberschär/Wette (Hg.): Überfall, S. 45–65.

10 Tagebuch Goebbels, 16. 6. 1941, Reuth (Hg.): Goebbels Tagebücher, Bd. 4, S. 1601.

11 E. v. Manstein: Verlorene Siege, Bonn 1955, S. 179/180.

12 Vgl. diesbzgl. die polemische Argumentation bei G. R. Ueberschär: »Historikerstreit« und »Präventivkriegsthese«, in: Tribüne 26, Heft 103 (1987), S. 108–116 sowie bei W. Wette: Über die Wiederbelebung des Antibolschewismus mit historischen Mitteln. Oder: Was steckt hinter der Präventivkriegsthese?, in: G. Erler et al. (Hg.): Geschichtswende? Entsorgungsversuche zur deutschen Vergangenheit, Freiburg 1987, S. 86–115. Bezeichnend ist, daß hier nicht etwa eine kritische Auseinandersetzung mit der These einer Angriffsabsicht Stalins versucht wird, statt dessen wird eine politisch motivierte Theorie einer Verschwörung von rechts entwickelt, die angeblich darauf abzielt, Hitlers Verbrechen zu relativieren und »den Überfall Hitler-Deutschlands auf die Sowjetunion am 22. Juni 1941 in einen sogenannten Präventivkrieg umzumünzen.« (Wette: Präventivkriegsthese, S. 86).

13 A. Bullock: Hitler und Stalin. Parallele Leben, Berlin o.J., S. 8f.

14 So der Titel des von Ueberschär/Wette herausgegebenen Sammelbandes.

15 Ein Dokument der kontroversen Standpunkte ist bereits der vom Militärgeschichtlichen Forschungsamt herausgegebene Sammelband »Das Deutsche Reich und der Zweite Weltkrieg«, Bd. 4: Der Angriff auf die Sowjetunion, Stuttgart 1983. Ihren eigentlichen Ausgangspunkt nahm die Debatte jedoch nach einer Besprechung der von Viktor Suworow (s.u.) vorgelegten These zur offensiven militärischen Aufmarschplanung der Roten Armee in der Frankfurter Allgemeinen Zeitung [FAZ] durch Günther Gillessen, die eine Lawine von Leserbriefen und Stellungnahmen auslöste. Vgl. u.a. Ders.: Der Krieg der Diktatoren. Wollte Stalin im Sommer 1941 das Deutsche Reich angreifen?, in: FAZ (20. 8. 1986); Ders.: Der Krieg der Diktatoren. Ein erstes Resümee der Debatte über Hitlers Angriff im Osten, in: FAZ (25. 2. 1987); Ders.: Der Krieg zweier Aggressoren. Was plante Stalin vor dem Angriff Hitlers auf die Sowjetunion?, in: FAZ (27. 4. 1989); H. Boog: Stalins Kriegsplan und Hitlers Angriff, in: FAZ (13. 12. 1986); J. Hoffmann: Stalin wollte den Krieg, in: FAZ (16. 10. 1986); R. D. Müller: Es war kein Präventivkrieg, in: FAZ (10. 11. 1986); G. R. Ueberschär: Hitler, nicht Stalin war der Aggressor, in: FAZ (31. 10. 1986). Keinen Niederschlag findet die Kontroverse hingegen bei R. G. Foerster (Hg.): »Unternehmen Barbarossa«. Zum historischen Ort der deutsch-sowjetischen Beziehungen von 1933 bis Herbst 1941, München 1993.

16 Dies ist der vorherrschende Tenor in der wissenschaftlichen Literatur, vgl. u.a. Hillgruber: Strategie, S. 429ff.; J. Erickson: Stalin's War with Germany, Bd. 1: The Road to Stalingrad, London 1975, S. 72ff.; B. Pietrow: Stalinismus – Sicherheit – Offensive. Das »Dritte Reich« in

der Konzeption der sowjetischen Außenpolitik 1933–1941, Melsungen 1983, S. 230ff.; Dies.: Deutschland im Juni 1941 – ein Opfer sowjetischer Aggression? Zur Kontroverse über die Präventivkriegsthese, in: W. Michalka (Hg.): Der Zweite Weltkrieg, München/Zürich 1980, S. 586–607; G. Gorodetsky: Stalin und Hitlers Angriff auf die Sowjetunion. Eine Auseinandersetzung mit der Legende vom deutschen Präventivschlag, in: VZG 37 (1989), S. 645–672, und zuletzt H. Schwendemann: Die wirtschaftliche Zusammenarbeit zwischen dem deutschen Reich und der Sowjetunion von 1939 bis 1941. Alternative zu Hitlers Ostpolitik?, Berlin 1993, S. 229ff.

17 So bei Pietrow: Präventivkriegsthese, S. 595.

18 V. Suworow: Who was planning to attack whom in June 1941, Hitler or Stalin?, in: Journal of the Royal United Services Institute for Defence Studies 80/2 (June 1985), S. 50–55; Ders.: Yes, Stalin was planning to attack Hitler in June 1941, in: ebd., 131 (June 1986), S. 73/74; Ders.: Der Eisbrecher. Hitler in Stalins Kalkül, Stuttgart 1989. Ein durchgängiges Manko der Arbeiten Suworows ist, daß er seine Behauptungen nicht durch sowjetisches Aktenmaterial zu belegen vermag.

19 E. Topitsch: Stalins Krieg, Herford 1990, S. 133ff.

20 J. Hoffmann: Die Sowjetunion bis zum Vorabend des deutschen Angriffs, in: Das Deutsche Reich und der Zweite Weltkrieg, Bd. 4, S. 38–97; Ders.: Die Angriffsvorbereitungen der Sowjetunion 1941, in: Wegner (Hg.): Zwei Wege, S. 367–388.

21 Ebd., S. 369.

22 Ebd., S. 376.

23 Ebd., S. 375ff.

24 Während Suworow davon ausgeht, daß ein sowjetischer Angriff für den Sommer oder Spätherbst 1941 geplant gewesen sei, neigt Hoffmann der Ansicht zu, daß Stalin erst im Laufe des Jahres 1942, nach Abschluß aller militärischen Vorbereitungen, den Krieg gegen Hitler eröffnen wollte. Suworow: Eisbrecher, S. 332ff.; Hoffmann: Angriffsvorbereitungen, S. 375ff.; Ders.: Sowjetunion, S. 71ff.

25 Zu einer Kritik en detail und einer Auflistung der ungeklärten Probleme vgl. R. F. Schmidt: Eine verfehlte Strategie für alle Fälle. Stalins Taktik und Kalkül im Vorfeld des Unternehmens »Barbarossa«, in: GWU 6 (1994), S. 373ff.

26 Vgl. Stalins Bericht an den 18. Parteitag, J. Stalin: Fragen des Leninismus, Moskau 1947, S. 688–690.

27 So die von Stalin unmittelbar nach Ribbentrops Abflug aus Moskau gegenüber den Mitgliedern des Politbüros geäußerte Überzeugung, Talbott (Hg.): Chruschtschow erinnert sich, S. 140/141.

28 R. E. Tarleton: What really happened to the Stalin Line?, in: Journal of Soviet Military Studies 5 (1992), S. 187–219.

29 Vgl. die Rede Molotows vor dem Obersten Sowjet, 1. 8. 1940, Degras (Hg.): Documents, Bd. 3, S. 462ff. sowie den Artikel von Generalmajor

Iwanow in der Prawda, 20. 6. 1941, zit. bei A. Werth: Rußland im Kriege, München 1965.

30 Aufzeichnung des Gesandten Schmidt über die Unterredung zwischen Hitler und Molotow am 13. 11. 1940, Carroll/Epstein (Hg.): Akten, Nr. 200, S. 267/268.

31 Bericht Dergatschows, 6. 6. 1941; Bericht Tupikows, 9. 6. 1941, Iswestia ZK KPSS, Moskau, 1990, Nr. 3/4, S. 220–222 u. S. 198–199, zit. bei Falin: Zweite Front, S. 192/193. Tatsächlich ließ Hitler von Mitte bis Ende Juni 1940 15 Infanterie-, sechs Panzer- und drei motorisierte Divisionen unter dem Armeeoberkommando 18 nach Ostpreußen und ins Generalgouvernement vorrücken, Halder KTB, 16. 6. u. 25. 6. 1940, Bd. 1, S. 358 u. S. 372..

32 Werth: Rußland, S. 87.

33 A. Hillgruber: Hitler, König Carol und Marschall Antonescu, Wiesbaden 1965, S. 70ff.; J. W. Brügel: Das sowjetische Ultimatum an Rumänien im Juni 1940, in: VZG 11 (1963), S. 405ff.

34 Aufzeichnung des Legationsrates Melzer über seine Unterredung mit dem türkischen Botschaftsrat Alkend, 23. 7. 1940, ADAP, D, Nr. 214, S. 230f.

35 Statement by Molotow to the Italian Ambassador Rosso on Soviet Policy in South-East Europe, 25. 6. 1940, Degras (Hg.): Documents, Bd. 3, S. 457/458.

36 Vgl. S. 115.

37 FRUS 1940, Bd. 1, S. 439/440; Bd. 3, S. 392/393 u. S. 399ff.

38 Schwendemann: Zusammenarbeit, S. 225.

39 Aufzeichnung des Gesandten Schmidt über die Unterredungen zwischen Hitler und Molotow am 12. 11. und 13. 11. 1940, Carroll/Epstein (Hg.): Akten, Nr. 199, S. 256–265 u. Nr. 200, S. 265–279.

40 Aufzeichnung des Botschaftsrats Hilger über die Unterredung zwischen von Ribbentrop und Molotow am 13. 11. 1940, ebd., Nr. 201, S. 284/285.

41 Werth: Rußland, S. 97.

42 Hoffmann: Angriffsvorbereitungen, S. 368; Topitsch: Stalins Krieg, S. 133ff.

43 Halder KTB, 4. 11. 1940, Bd. 2, S. 165; Weisung Nr. 18, 12. 11. 1940, ADAP, D, Bd. 11, Nr. 323.

44 Halder KTB, 30. 7. 1940, Bd. 2, S. 45/46.

45 Tagebuch Engel, 15. 11. 1941, Kotze (Hg.). Heeresadjutant, S. 91.

46 I. Akhmedov: In and out of Stalin's GRU. A Tatar's Escape from Red Army Intelligence, Frederick 1984, S. 133/134.

47 B. Bonwetsch: Vom Hitler-Stalin-Pakt zum »Unternehmen Barbarossa«. Die deutsch-russischen Beziehungen 1939–1941 in der Kontroverse, in: Osteuropa 41 (1991), S. 562–579.

48 Schulenburg an Ribbentrop, Streng Geheim, 26. 11. 1940, Carroll/Epstein (Hg.): Akten, Nr. 203, S. 288–290.

49 Hillgruber: Strategie, S. 207ff.; Schwendemann: Zusammenarbeit, S. 275.

50 S. A. Gorlow: Warnungen vor dem »Unternehmen Barbarossa«. Aus den Akten der Sowjetvertretung in Berlin 1940–1941, in: Osteuropa 41 (1991), S. 545–561.

51 Ebd., S. 549/550. Das Schreiben wurde am 7. 12. 1940 mit dem Vermerk »Gen. Stalin zur Kenntnis« an Molotow weitergeleitet samt einer die Informationen des Briefes verifizierenden Stellungnahme des stellvertretenden Luftwaffenattachés Skornjakow.

52 W. Hubatsch (Hg.): Hitlers Weisungen für die Kriegführung 1939–1945, Frankfurt 1962, S. 84–88.

53 Berichte Tupikows, 29. 12. 1940 u. 4. 1. 1941, zit. bei Falin: Zweite Front, S. 193.

54 TASS Statement on the reported entry of German troops into Bulgaria, 13. 1. 1941, Degras (Hg.): Documents, Bd. 3, S. 482.

55 Dekanosow an Weizsäcker, 17. 1. 1941, ebd., S. 482/483.

56 Hillgruber: Strategie, S. 461ff.

57 Dazu ausführlich Schwendemann: Zusammenarbeit, S. 229ff.

58 Schulenburg an Auswärtiges Amt, 14. 6. 1941, Carroll/Epstein (Hg.): Akten, Nr. 256, S. 387f.

59 Hillgruber: Strategie, S. 427ff.; Joint Soviet-Turkish Statement on Neutrality, 25. 3. 1941, Degras (Hg.): Documents, Bd. 3, S. 484.

60 H. Lupke: Japans Rußlandpolitik 1939–1941, Frankfurt 1962, S. 92ff.

61 Warlimont an Ritter, Geheime Kommandosache, 13. 1. 1941; Jodl an Ritter, Geheime Kommandosache, 1. 3. 1941; Dass., 23. 4. 1941; Dass., 6. 5. 1941; Dass., 8. 6. 1941, Anlage: Zusammenstellung der Grenzverletzungen durch russische Flugzeuge und russische Soldaten, BAMF, RW 4/675, F. 24593ff.

62 J. C. Bagramjan: So begann der Krieg, Berlin (Ost) 1972, S. 45–48. Generalmajor Bagramjan war zu diesem Zeitpunkt der Chef der operativen Verwaltung im Kiewer Militärbezirk.

63 Greer an War Office, Secret, 17. 2. 1941, PRO, FO 371/29528.

64 Gen.StdH.O Qu IV, Abt. Fremde Heere Ost (II), Nr. 33/41 g. Kdos. Chefsache, Lagebericht Nr. 1, Geheim, 15. 3. 1941, IWM, AL 1367, F. 32/33.

65 Greer an War Office, Tel. o. Nr. u. Nr. 5872, Secret, 11. 4. 1941, PRO, WO 193/642.

66 Gen.StdH.O Qu IV, Abt. Fremde Heere Ost (II), Nr. 35/41 g. Kdos. Chefsache, Lagebericht Nr. 2, Geheim, 20. 3. 1941, IWM, AL 1367, F. 34/35; Amt Ausland/Abwehr, Telegramm der deutschen Gesandtschaft Bukarest, 9. 4. 1941, BAMF, RW 4/315, F. 248. Die Entwicklung im Kiewer Militärbezirk bei Bagramjan: Krieg, S. 58/59.

67 Keitel an Ribbentrop, Geheime Kommandosache, 11. 5. 1941, BAMF, RW 4/675, F. 24596–24597.

68 Memorandum Fremde Heere Ost: Feindbeurteilung (Stand: 20. 5.

1941), IWM, AL 1367, F. 17ff.; vgl. auch Vortragsnotiz über Feindlage am 19. 5. 1941, ebd., F. 66/67.

69 Plan oborony gosudarstvennoi granitsky 1941, Erickson: Stalingrad, S. 69 u. S. 80/81; K. A. Merezkow: Im Dienste des Volkes, Berlin (Ost) 1982, S. 185; Bagramjan: Krieg, S. 55; A. M. Wassilewski: Sache des ganzen Lebens, Berlin (Ost) 1977, S. 96.

70 V. Bereschkow: Ich war Stalins Dolmetscher, München 191, S. 299ff.

71 Wassilewski: Sache, S. 101; Schukow: Erinnerungen, S. 210/219.

72 Zum folgenden »Erwägungen zum strategischen Aufmarschplan der sowjetischen Streitkräfte für den Fall eines Krieges mit Deutschland und seinen Verbündeten«, o. Dat. [15. 5. 1941], abgedr. bei W. Danilow: Hat der Generalstab der Roten Armee einen Präventivschlag gegen Deutschland vorbereitet?, in: Österreichische Militärische Zeitschrift 1 (1993), S. 49–51. Das Dokument findet sich auch bei W. Maser: Der Wortbruch. Hitler, Stalin und der Zweite Weltkrieg, München 1994, S. 421–427 sowie teilweise bei D. Wolkogonow: Stalin. Triumph und Tragödie. Ein politisches Porträt, Düsseldorf 1990, S. 548/549.

73 Danilow: Präventivschlag, S. 42/43.

74 Ebd., S. 49/50.

75 Ebd., S. 49.

76 Ebd., S. 43/46/49.

77 Zur widersprüchlichen Überlieferung der Rede, die in der Forschung kontrovers diskutiert wird, vgl. die verschiedenen Versionen bei Werth: Rußland, S. 106/107; G. Hilger/A. G. Meyer: Wir und der Kreml. Deutsch-sowjetische Beziehungen 1918–1941. Erinnerungen eines deutschen Diplomaten, Frankfurt 1964, S. 307f.; L. Besymenski: Sonderakte »Barbarossa«. Dokumente, Darstellung, Deutung, Stuttgart 1968, S. 286/287; Schukow: Erinnerungen, S. 223/224. Auch die vor kurzem veröffentlichte Fassung bei L. Besymenski: Die Rede Stalins am 5. Mai 1941. Dokumentiert und interpretiert in: Osteuropa 42 (1992), S. 242–264, hat hier keine Klarheit gebracht; vgl. hierzu B. Bonwetsch: Nochmals zu Stalins Rede am 5. Mai 1941. Quellenkritisch-historiographische Bemerkungen, in: ebd., S. 536–542.

78 »Über die Aufgaben der politischen Propaganda in der Roten Armee in der nächsten Zeit«, Memorandum der Hauptverwaltung für Politische Propaganda [GUPP], am 20. 6. 1941 von Malenkow an Stalin übergeben, zit. nach Wolkogonow: Stalin, S. 557.

79 Wassilewski: Sache, S. 101/102; Bagramjan: Krieg, S. 76; Merezkow: Im Dienste, S. 185/186.

80 Keitel an Ribbentrop, Geheime Kommandosache, 11. 6. 1941, BAMF, RW 4/675, F. 24600–24603.

81 Jodl an Ritter, Geheime Kommandosache, 20. 6. 1941, ebd., F. 24604–24605.

82 Zahlreiche Belege bei Gorlow: Warnungen, S. 552ff.

83 Unterredung Schulenburgs mit Dekanosow, 5. 5. 1941, I. Fleischhauer:

»Unternehmen Barbarossa«. Die deutsche Kriegserklärung in Moskau im Licht sowjetischer Dokumente, in: Osteuropa 41 (1991), S. 520.

84 F. Moravec: Master of Spies, Glasgow 1975, S. 189; F. W. Deakin/G. R. Storry: Richard Sorge. Die Geschichte eines großen Doppelspiels, München 1965, S. 255ff.

85 Vgl. die Unterredung zwischen Stalin, Schukow und Timoschenko Mitte Juni, bei der Stalin nach dem Zeugnis Timoschenkos bemerkte: »Wenn ihr da an der Grenze die Deutschen reizt, wenn ihr ohne unsere Genehmigung die Truppen verschiebt, dann rollen die Köpfe. Merkt euch das.« Zit. bei Besymenski: Stalins Rede, S. 563/564.

86 Tagebuch Goebbels, 29. 5. 1941, Fröhlich (Hg.): Goebbels Tagebücher, Bd. 4, S. 665.

87 Pietrow: Mikojan erinnert sich, S. 436.

88 Wolkogonow: Stalin, S. 540.

89 Zit. bei Gorodetsky: Stalin, S. 350f. In diesem Sinne äußerte sich Stalin noch am 15. Juni gegenüber Schukow und Timoschenko, vgl. Gorlow: Warnungen, S. 561.

90 Talbott (Hg.): Chruschtschow, S. 145; ähnlich bei Bereschkow: Stalins Dolmetscher, S. 299ff.

91 Deakin/Storry: Sorge, S. 410, Anm. 11.

92 Spravka, Nr. 376, 14. 5. 1941 u. Spravka, Nr. 338, 18. 5. 1941, KAM, Black Bertha Akte, 20566, abgedr. bei Costello: Ten Days, S. 506f.; vgl. auch Bereschkow: Stalins Dolmetscher, S. 344. Zur Rolle Philbys als Mitglied des Rings der sog. »Cambridge-Spione« siehe P. Knightley: The Master Spy. The Story of Kim Philby, New York 1988; P. Seale/M. McConville: Philby. The long road to Moscow, London 1973; sowie die allerdings wenig ergiebigen Memoirenbände von Philby, Ders.: Mein Doppelspiel. Autobiographie eines Meisterspions, München 1968; Ders.: Im Secret Service. Erinnerungen eines sowjetischen Kundschafters, Berlin (Ost), 1983.

93 Agentenberichte »JUN«, »FRANKFURTER«, »EXTERN«, KAM, Black Bertha Akte, 20566, Costello: Ten Days, S. 436/437.

94 Memorandum Hoovers, 22. 5. 1941, NA, RG 59, 862.00/4041; vgl. auch Bericht des amerikanischen Militärattachés in Moskau, 20. 5. 1941, ebd., 740.0011/11348.

95 Maiski: Memoiren, S. 639.

96 Note made by Director-General after Luncheon with Mr. Maiski at Soviet Embassy, 28. 5. 1941, BLO, Monckton Papers 5, F. 49; Secret Memorandum of Conversation between Director-General and Mr. Maiski, 6. 6. 1941, ebd., F. 96; Tagebuch Beatrice Webb, 23. 5. 1941, LSE, Bd. 55, F. 7079–7081.

97 A. Nekritsch/P. Grigorenko: Genickschuß. Die Rote Armee am 22. Juni 1941, Wien/Frankfurt 1969, S. 145; ähnlich bei Petrov (Hg.): June 22, 1941, S. 190f.

98 Text bei Steinhardt an Secretary of State, 14. 6. 1941, FRUS 1941, Bd. 1, S. 149.
99 Aufzeichnung des Vortragenden Legationsrates Likus (Persönlicher Stab RAM), 17. 6. 1941, ADAP, D, Bd. 12/2, Nr. 639, S. 869; Akhmedov: GRU, S. 138ff.
100 Bereschkow: Stalins Dolmetscher, S. 299f.
101 R. Conquest: Stalin. Der totale Wille zur Macht, München 1991, S. 304.
102 Zit. bei Bullock: Hitler und Stalin, S. 951.
103 Churchill: Second World War, Bd. 3, S. 331ff.
104 Daily Express, 23. 6. 1941.
105 Halder KTB, 3. 7. 1941, Bd. 3, S. 38; KTB OKW, 4. 7. 1941, Bd. 1, S. 1020.
106 Tagebuch Cripps, 9. 7. 1941, zit. bei Gorodetsky: Stalin, S. 361.
107 Woodward: Foreign Policy, Bd. 2, S. 11–14. Zur Annahme von Stalins Vorschlag im britischen Kabinett vgl. War Cabinet Minutes, WM 67 (41) Secret, 9. 7. 1941, PRO, CAB 65/19; Eden an Cripps, 9. 7. 1941, ebd.

8 Die dialektische List der Geschichte

1 Minute Mortons an Prime Minister, 28. 7. 1941, PRO, PREM 3/219/2.
2 Niederschrift von Rudolf Heß, Most Secret, (handschriftliches Original), 30. 7. 1941, PRO, FO, 1093/12, F. 133–150.
3 Rudolf Heß: Erklärung, (handschriftliches Original), 21. 8. 1941, PRO, FO 1093/12, F. 104/105.
4 Rudolf Heß: Deutschland–England unter dem Gesichtswinkel des Krieges gegen die Sowjetunion, Lord Beaverbrook übergeben am 9. 9. 1941, [gemäß dem Tagebuch des Lagerkommandanten wurde das Memorandum bereits am 7. 8. 1941 fertiggestellt, vgl. Tagebuch Scott, 7. 8. 1941, IWM, 69/66/1], (handschriftliches Original), PRO, FO 1093/12, F. 45–78.
5 Hess's own Statement, written at Maindiff Court, Rees (Hg.): Hess, S. 104ff.
6 Rees (Hg.): Hess, S. 70/71.
7 Minute by C. W. Harrison, Top Secret, 16. 6. 1945, PRO, FO 1093/18, F. 52–54; Report by Brigadier Rees on Rudolf Hess, Top Secret, 28. 6. 1945, ebd., F. 49.
8 Note for Cabinet Meeting, 30. 5. 1945; Minute Wamers, 8. 6. 1945, German War Crimes: Rudolf Hess, N 4199, 31. 5. 1945, PRO, FO 371/50976.
9 Wilkinson an Anderson, Conf., British Embassy Bonn, 22. 1. 1957, PRO, FO 371/130854.
10 Extract from Record of visit of the Prime Minister to Bonn, 8./9. 10. 1958, Secret, PRO, FO 371/146063.
11 Tomkins an Wilkinson, Conf. 4. 12. 1959, PRO, FO 371/146063.
12 Ilse Heß an Rudolf Heß, Gailenberg, 11. 10. 1954 sowie Rudolf Heß an Ilse Heß, Spandau, 17. 10. 1954, Heß (Hg.): Schicksal in Briefen, S. 255/256.

Quellen- und Literaturverzeichnis

Ungedruckte Quellen

Bundesarchiv – Abteilung Militärarchiv (Freiburg)

RL 7: Kommandobehörden der Luftwaffe
95, 96, 97, 98, 100
RL 19: Luftgaukommandos – Luftgaustäbe
141, 242
RL 20: Flughafenbereichskommandos
13, 131, 149, 189
RL 21: Fliegerhorstkommandaturen
163, 270, 271
RW 4: Oberkommando der Wehrmacht, Wehrmachtführungsstab
314, 315, 316, 320, 328, 335, 336, 675, 884, 889
RW 5: OKW Abwehr
32, 34, 36a/b, 58, 75, 226, 284, 354, 355, 356, 358, 368, 379,380, 382, 383, 407, 500, 694, 698
RW 49: Dienststellen und Einheiten der Abwehr
69, 71, 78, 82a/b, 565, 566, 567, 568, 569, 570
RH 2: Oberkommando des Heeres/Generalstab des Heeres (Abteilung Fremde Heere Ost)
1983, 2093, 2106, 2399, 2475K, 2591, 2690, 2711, 2732, 2733, 2932

Nachlässe
N 19/5: Maximilian Freiherr von Weichs
N 179: Erhard Milch (46, 47, 48, 54, 68)
N 220: Franz Halder (97, 101, 128, 129)
N 211: Adolf Galland (1–3)

Bundesarchiv Koblenz

NS 8: Kanzlei Rosenberg (außenpolit. Amt der NSDAP)
183/7, 209/2

NS 9: Auslandsorganisation der NSDAP
87, 88, 89
NS 10: Persönliche Adjutantur des Führers und Reichskanzlers
70, 74, 362
NS 11: Parteiamtliche Prüfungskommission zum Schutz des NS-Schrifttums
9, 10, 11, 17, 19, 26, 27, 32
NS 19: Persönlicher Stab Reichsführer SS
42, 217, 253, 1139, 1447, 1448, 1449, 2064, 2299, 3126, 3380, 3852, 3872, 3898, 3973
NS 20: Kleine Erwerbungen NSDAP
128 – Sammlung Rudolf Jordan (3, 20, 22)
NS 26: Hauptarchiv der NSDAP
Gruppe I, Bd. 1
NS 43: Außenpolitisches Amt der NSDAP
15

Nachlässe
NL 94/19: Richard Walter Darré
NL 122: Karl und Albrecht Haushofer (HC 832, HC 833, HC 910b, HC 912e, HC 915b, HC 917c, HC 918a, HC 918b, HC 925b, HC 930c, HC 931b, HC 937e, HC 940d, HC 955a, 15, 29, 31, 38, 39, 53, 54, 58, 59, 69, 125, 127, 128)
NL 125/1: Konstantin Hierl
NL 126: Heinrich Himmler

Kleine Erwerbungen
124: Dietrich Eckart
276: Nachlaß Fritz Hesse (1, 2, 3, 4, 14)
838: Schriftwechsel Döscher mit Beamten des Auswärtigen Amtes (1, 2)
869: Nachlaß Georg Haffner
903: NKWD Dossier über Friedrich Werner Graf von der Schulenburg (1931–1941)

Bundesarchiv: Abteilung Potsdam

NS 6: Parteikanzlei der NSDAP
69, 70, 71, 80, 90, 100, 701, 749, 783, 801, 802
R 58: Reichssicherheitshauptamt
120, 274, 310, 569, 572, 607, 634, 1113, 1142, 1143

Institut für Zeitgeschichte (München)

F 23/I + II: Tagebücher General Lahousen
FA 190: Aufzeichnung Major Kelley in Nürnberg 1945
ED 180/5: Terminkalender Hermann Göring von 1941

ED 90/1–7: Manuskript Schellenbergs für Memoiren
ED 153: Franz Hemmrich, Die Festung Landsberg am Lech 1920–1945

Zeugenschrifttum
ZS 10: Karl Bodenschatz
ZS 137: Julius Schaub
ZS 209: Ernst Wilhelm Bohle
ZS 243/I–II: Heinrich Heim
ZS 262: Alfred Leitgen
ZS 317/I–IV: Karl Wolff
ZS 917: Fritz Hesse
ZS 2017: Adolf Galland
ZS 2089: Schulte-Strathaus
ZS 2327: Walter Tießler
ZS 2343: Staude
ZS/A-21/24: Sammlung Irving

Mikrofilmbestände
MA 48, MA 73/1, MA 144/3, MA 261, MA 272, MA 292, MA 330, MA 441/4, MA 538, MA 619, MA 667, MA 747, MA 1300/1

Politisches Archiv des Auswärtigen Amtes (Bonn)

Büro des Staatssekretärs (Mikrofichenummern)
0184–0190, 0191–0196, 0197–0202, 0203–0208, 1617–1620, 1621–1625, 1626–1629, 1629–1632, 1667–1668, 1668–1671, 1672–1675, 1675–1678, 1692–1694, 946, 954/955
Abteilung Inland
Inland I Partei: 98934
Inland II A B: 99207, 99210, 99288, 99559, 99560, 99561, 99562, 99563, 99570, 99597, 99598, 99599, 99600, 99601, 99610, 100099, 100126, 100127, 100128, 100129, 100132, 100134
Inland II Geheim (Mikrofichenummern)
1710–1715, 1716–1717, 1721–1723, 1759, 1760–1763, 1764–1767, 1859–1861, 1862–1864, 1868–1869, 1875–1877, 1882–1883, 1914–1917, 1918–1919, 1934–1936, 1983–1985, 2693–2695, 2696–2699, 3104–3109, R 101191
Büro des Chefs der Auslandsorganisation
27237, 27192, 27199, 27225
Dienststelle Ribbentrop
27094–27095, 27096–27097, 27104, 27118, 27119–27120, 27121–27122, 27123–27124, 27170–27171, 27157

Handakten und Nachlässe
Walter Hewel:
27468, 27469, 27471, 27472, 27473, 27474, 27475, 27477, 27487, 27491, 27492, 27493

Hasso von Etzdorf: 27353
Paul Schmidt: 27876, 27877
Gesandter Paul Otto Schmidt: 27845, 27846, 27847
Hellmuth Becker: Bd. 10/2

Staatsarchiv Nürnberg

PS-1351, PS-1670, PS-3163, PS-3752 (1–4), PS-3753, PS-3754, PS-3797, PS-3799
NG-3812, NG-3834, NG-4314, NG-5229, NG-5298
Repositur 501: Kriegsverbrecherprozesse, Fall 11
E 1-10 (Ernst Wilhelm Bohle), S 1-21 (Walter Schellenberg)
Repositur 502: Kriegsverbrecher, Anklage – Interrogations
B 51 (von Below), B 108 (Karl Bodenschatz), B 122 (Ernst Wilhelm Bohle), D 11 (Rudolf Walter Darre), E 32 (Gerhard Michael Engel), H 115 (Alfred Heß), H 117 (Fritz Hesse), L 4 (Erwin Lahousen), M 87 (Erhard Milch), S 35 (Julius Schaub), S 45a/b/c (Walter Schellenberg)

Hoover Institution on War, Revolution and Peace (Stanford)

Eduard Taborsky Collection
Boxes 1, 4, 6

National Archives (Washington, D.C.)

RG 59: Department of State
RG 84: Foreign Service Posts of the Department of State
RG 226: Secret OSS (= Office of Strategic Services)
XL 22853, XL 11080
RG 238: R.H. Jackson Main Office Files
Box 180
RG 319: Chief of Staff Papers
Box 83

British Library (London)

Lord Cecil of Chelwood Papers: 51073, 51083, 51089
Paul Emrys Evans Papers: 58242, 58270
Admiral Keyes Papers: 13484
Lord D'Abernon Papers: 48926
J.A. Spender Papers: 46388

Bodleian Library (Oxford)

Monckton Papers: 4, 5, 6, 7
Simon Papers: 12, 13, 16, 86, 87, 88, 89
Attlee Papers: 2, 3

Cambridge University Library (Cambridge)

W. Mackenzie King Diary
Viscount Templewood Papers (Sir Samuel Hoare)

Churchill College (Cambridge)

Chartwell Trust Papers
Official Prime Minister, Serie 20
22–30, 36–47, 67–85, 87, 91, 93–99, 104–127, 131, 132, 137–147, 152–178, 181, 183–185, 191, 193–201, 209–225
Cadogan Papers
Attlee Papers
Bevin Papers
Harvey Watt Papers

Newspaper Library of the British Museum (Colindale)

The Times (1941–1945), The Daily Mail (1941–1945), The Daily Herald (1941–1945), The Daily Telegraph (1941–1945)

Scottish Record Office (Edinburgh)

Lothian Papers

House of Lords Record Office (London)

Beaverbrook Papers
David Lloyd George Papers

Imperial War Museum (London)

A. Malcolm Scott Papers
Geoffrey Shakespeare Papers
Hugh Quinlan Papers
Noel MacFarlane Papers
John Hughes Papers

Nuremberg Files: FO 645
11, 31, 52, 54, 151, 155, 157, 160, FDX 885(14)–899

Captured German Documents
Fremde Heere Ost: AL 1341a, AL 1367
Miscellaneous: MI 14/603 (I), AL 2525
Jodl Tagebücher: AL 977/3/1a+b, AL 977/3/2, AL 930/4/1–4
Messerschmitt Papers: FD 4355/45, vol. 1–11, FD 4355/45, vol. 5/S 207
Himmler Papers: AL 2757, Box 5 (H/5/41), 18 (H/18/140), 26 (H/26/69–70), 27/28 (356–360), 28A (427–431)

University of London, King's College Library (London)

Lord Alanbrooke Papers
Lord Ismay Papers
Captain Liddell Hart Papers

London School of Economics and Political Science (London)

Hugh Dalton Diary
Beatrice Webb Diary

Trinity College (Cambridge)

Butler Papers

Public Record Office (London)

Admirality
ADM 223: Naval Intelligence Papers
128, 129, 130, 148, 149, 150

Air Ministry
AIR 16: Fighter Command
619, 1266
AIR 19: Private Office Papers
564
Air 20: Unregistered Papers
352
AIR 25: Operations Record Books: Groups
233
AIR 27: Operations Record Books: Squadrons
969, 1481, 2079
AIR 28: Operations Record Books: RAF Stations
40, 624, 861, 863, 864
AIR 29: Operations Record Books: Miscellaneous Units
1019

Cabinet Office
CAB 21: Registered Files
952
CAB 65: War Cabinet Minutes, W.M. Series (1939–1945)
1, 18–26, 28, 29, 35, 53, 54
CAB 66: War Cabinet Memoranda, W.P. Series (1939–1945)
1–66
CAB 79: Chiefs of Staff Minutes
10, 11, 12, 86
CAB 80: Chiefs of Staff Memoranda
27, 28
CAB 81: War Cabinet: Chiefs of Staff Committees and Sub-Committees
Meeting of Joint Intelligence Sub-Committee (JIC)
88, 101, 102, 103
CAB 120: Minister of Defence: Secretariat Files
158
CAB 127: General Ismay Papers
15, 34
CAB 127: Cripps Papers
63, 64, 75
CAB 127: Beaverbrook Papers
239, 248
CAB 146: Enemy Section
300, 301, 379, 380, 405, 406, 409, 448

Defence Papers
DEFE 1: Postal and Telegraph Censorship Department
134
DEFE 3: Intelligence from Enemy Radio Communications (Ultra)
1, 2

Foreign Office
FO 115: Embassy and Consular Archives USA: Correspondence
3544
FO 181: Embassy and Consular Archives Russia: Correspondence
962, 963, 965, 969/12, 971, 973, 974, 976–980, 985–987, 989–993, 995, 997, 998, 1000, 1001, 1004, 1007, 1009
FO 371: General Correspondence, Political
23677, 23678, 23688, 23689, 23692–23697, 23701, 23702, 24363, 24405–24408, 24424, 24843–24855, 26520, 26542–26546, 26565, 26566, 26590, 26597, 26939, 26945, 26966, 26971, 29407, 29463–29475, 29479–29495, 29497, 29500, 29501, 29509, 29510, 29514, 29527, 29528, 29558, 29564–29583, 29590, 29600, 29601, 29615, 29617–29619, 29633, 29642, 29655, 30834, 30919, 30920, 30941, 31513, 32740, 32809, 32858–32861, 32863, 32869, 32874–32876, 32879, 32886, 32897, 32904–32916, 32933–32937, 32941, 32951, 33017–33019, 33026, 33036, 33038, 33133, 34340, 34484,

36924, 36931–36942, 36954–36960, 36966, 36971, 36972, 36983–36985, 36991, 36992, 37005, 37015, 37025, 37028–37031, 37037, 43270–43282, 43304–43307, 43319, 43332, 43335, 43336, 43351–43355, 43379, 43384, 43385, 43414–43417, 43449, 46777, 46780, 47076, 47078, 47834–47845, 47853–47858, 47860–47862, 47881–47883, 47892, 47917, 47941, 47965, 50912, 50976, 50986, 50993, 51001, 57564, 93535–93537, 93544, 97970, 103731, 103732, 118429, 124689, 124690–124692, 130852–130854, 146063, 146064, 154293

FO 800: Private Papers

Alexander Cadogan Correspondence

Nevile Henderson Correspondence

Inverchapel Papers

Roger Makins Papers

Omre Sargent Papers

Private Secretaries' Papers

FO 898: Political Warfare Intelligence Directorate

1–37

FO 954: Eden Papers

19B, 20A–D, 22A, 22B, 24B, 25A, 25B, 26A–C, 29A, 29B, 30A–C

FO 1012: Control Commission for Germany: Berlin

515, 687

FO 1049: Control Commission for Germany: Political Division

329

FO 1060: Control Commission for Germany: Legal Division

797

FO 1093: Rudolf Hess: Miscellaneous Unregistered Papers

1–20

FO 1019: War Crimes Trials Nuremberg, Correspondence and Papers

8, 32

German Foreign Ministry

GFM 34/101, GFM 34/146, GFM 34/1125, GFM 34/1264, GFM 34/1614

Ministry of Home Security

HO 186, HO 199, HO 201, HO 203, HO 208, HO 216, HO 217, HO 315, HO 333

Ministry of Information

INF 1/912

Prime Minister's Office

PREM 1: Correspondence and Papers, 1916–1940

331A, 443

PREM 3: Operations Papers

76 A/1–12, 219/1–7, 394/1–4, 399/1–8, 401/3, 401/7, 409/2, 434/1–8, 476/10

PREM 4: Confidential Papers

23/2

War Office
WO 106: Directorate of Military Operations and Intelligence
3267, 5420, 5421, 5729
WO 193: Directorate of Military Operations and Intelligence, Collation Files
642, 644
WO 199: Military Headquarter's Papers: Home Forces
1979, 3288A, 3288B
WO 208: Directorate of Military Intelligence
1751, 1752, 1755, 1757, 1758, 1761, 1778, 3773, 4170, 4442, 4459, 4467, 4471

Gedruckte Quellen

Akten zur deutschen Auswärtigen Politik 1918–1945. Serie D (1937–1941). Bde. 9 u. 10, Frankfurt 1962/63.

Andrew, C./Gordievsky, O.: Instructions from the Centre: Top secret Files on KGB Foreign Operations, London 1991.

Anordnungen des Stellvertreters des Führers, München 1937.

Archiv der Gegenwart, Jahrgang 1940 u. 1941.

Besymenski, L. (Hg.): Die letzten Notizen von Martin Bormann. Ein Produkt und sein Verfasser, Gütersloh 1962.

Ders.: Sonderakte »Barbarossa«. Dokumente, Darstellung, Deutung, Stuttgart 1968.

Ders.: Die Rede Stalins am 5. Mai 1941. Dokumentiert und interpretiert, in: Osteuropa 42 (1992), S. 242–264.

Boberach, H. (Hg.): Meldungen aus dem Reich 1938–1945. Die geheimen Lageberichte des Sicherheitsdienstes der SS, Bd. 7, Herrsching 1984.

Boelcke, W. (Hg.): Kriegspropaganda 1939–1941. Geheime Ministerkonferenzen im Reichspropagandaministerium, Stuttgart 1966.

Brügel, J. W. (Hg.): Stalin und Hitler. Pakt gegen Europa, Wien 1973.

Carroll, E. M./Epstein, F. T. (Hg.): Das Nationalsozialistische Deutschland und die Sowjetunion 1939–1941. Akten aus dem Archiv des deutschen Auswärtigen Amtes, Berlin 1948.

Degras, J. (Hg.): Soviet Documents on Foreign Policy, Bd. 3: 1933–1941, London 1953.

Domarus, M.: Hitler. Reden und Proklamationen 1932–1945. Kommentiert von einem deutschen Zeitgenossen, 2 Bde., Würzburg 1962/63.

Foreign Relations of the United States 1941,Bd. I.

Haidn, C./Fischer, L. (Hg.): Das Recht der NSDAP. Vorschriftensammlung, München o. J. (1936).

Henke, J.: Partei-Kanzlei der NSDAP. Bestand NS 6, Teil I: Bestandsverzeichnis, Koblenz 1984.

Heß, R.: Reden, München 1938.

Heß, W. R.: Heß. Weder Recht noch Menschlichkeit: Das Urteil von Nürnberg – die Rache in Spandau. Eine Dokumentation, Leoni 1974.

Hill, L. E. (Hg.): Die Weizsäcker Papiere, Bd.II (1933–1950), Frankfurt/Berlin/Wien 1974.
Hillgruber, A. (Hg.): Staatsmänner und Diplomaten bei Hitler. Vertrauliche Aufzeichnungen über Unterredungen mit Vertretern des Auslandes, 2 Bde. München 1969/Frankfurt 1970.
Hitler, A.: Mein Kampf, München 1933.
Hubatsch, W. (Hg.): Hitlers Weisungen für die Kriegführung 1939–1945, Frankfurt 1962.
Jacobsen, H. A.: Karl Haushofer. Leben und Werk, 2 Bde., Boppard 1984.
Ders. (Hg.): Dokumente zum Westfeldzug 1940, Göttingen 1960.
Jochmann, W. (Hg.): Adolf Hitler. Monologe im Führerhauptquartier 1941–1944. Die Aufzeichnungen Heinrich Heims, Hamburg 1980.
Kimball, W. F. (Hg.): Churchill and Roosevelt. The Complete Correspondence, Bd.I: Alliance Emerging, Princeton 1984.
Klein, F./Lachnit, L.: Der »Operationsentwurf Ost« des Generalmajors Marcks vom 5. August 1940, in: Wehrforschung (1972), S. 114ff.
Klöss, E. (Hg.): Reden des Führers. Politik und Propaganda Adolf Hitlers 1922–1945, München 1967.
Minuth, K. H. (Bearb.): Akten der Reichskanzlei. Die Regierung Hitler, Teil 1 1933/34, hg. v. K. Repgen u. H. Booms, 2 Bde., Boppard 1983.
Moritz, E. (Hg.): Fall Barbarossa. Dokumente zur Vorbereitung der faschistischen Wehrmacht auf die Aggression gegen die Sowjetunion (1940/41), Berlin (Ost) 1970.
Organisationsbuch der NSDAP, München 1936.
Parliamentary Debates, Fifth Series, House of Commons Official Report, Bde. 371 (April 22–May 29, 1941); 372 (June 10–July 3, 1941); 374 (Sept. 9–Nov. 11, 1941); 377 (Jan. 8–Febr. 19, 1942); 392 (Sept. 21–Oct. 21, 1943).
Partei-Statistik, hg. v. Reichsorganisationsleiter der NSDAP, München 1935.
Präg, W./Jacobmeyer, W. (Hg.): Das Diensttagebuch des deutschen Generalgouverneurs in Polen 1939–1945, Stuttgart 1975.
Der Prozeß gegen die Hauptkriegsverbrecher vor dem Internationalen Militärgerichtshof. Sitzungsprotokolle und Beweisurkunden, Bde. 1–42, Nürnberg 1947–1949.
Rahn, W./Schreiber, G. (Hg.): Kriegstagebuch der Seekriegsleitung 1939–1945, Bde. 12/21/22, Herford/Bonn 1990.
Rexin, M. (Hg.): Die unheilige Allianz. Stalins Briefwechsel mit Churchill 1941–1945, Reinbek 1964.
Roosevelt, F. D.: Complete Presidential Press Conferences of Franklin D. Roosevelt, Bde. 17 (Jan.–June 1941); 18 (July–Dec. 1941), New York 1972.
Schmolze, G. (Hg.): Revolution und Räterepublik in München 1918/19 in Augenzeugenberichten, Düsseldorf 1969.
Schramm, P. E./Hillgruber, A. (Hg.): Henry Picker. Hitlers Tischgespräche im Führerhauptquartier 1941–1942, Stuttgart 1963.
Seidl, A.: Der Fall Rudolf Heß 1941–1987. Eine Dokumentation des Verteidigers, München 1988.

Seidl, A. (Hg.): Die Beziehungen zwischen Deutschland und der Sowjetunion 1939–1941. Dokumente des Auswärtigen Amtes, Tübingen 1949.
Sherwood, R. E.: The White House Papers of Harry L. Hopkins, Bd.I: Sept. 1939–Jan. 1942, London 1950.
Trevor-Roper, H. (Hg.): The Bormann Letters. The Private Correspondence between Martin Bormann and his Wife from January 1943 to April 1945, London 1954.
Tyrell, A. (Hg.): Führer befiehl ... Selbstzeugnisse aus der »Kampfzeit der NSDAP«. Dokumentation und Analyse, Düsseldorf 1969.
Verfügungen/Anordnungen/Bekanntgaben, hg. v. d. Parteikanzlei, 7 Bde., München 1942–1944.
Volkov, F. D. (Hg.): SSSR-Anglija 1929–1945, Moskau 1964.
Wagner, G. (Hg.): Lagevorträge des Oberbefehlshabers der Kriegsmarine vor Hitler 1939–1945, München 1942.

Tagebücher, Briefe, Memoiren, Augenzeugenberichte

Acton, H.: Memoirs of an Aesthete 1939–1969, New York 1971.
Akhmedov, I.: In and out of Stalin's GRU. A Tatar's escape from Red Army Intelligence, Frederick 1984.
Armstrong, W. (Hg.): With Malice towards None. A War Diary by Cecil Harmsworth King, London 1970.
Ashbee, F.: The Thunderstorm that was Hess, in: Aeroplane Monthly (Okt. 1987) S.528–531.
Attlee, C.: As it happened, London 1954.
Bagramjan, J. C.: So begann der Krieg, Berlin (Ost) 1972.
Bajanov, B.: Bajanov revèle Staline. Souvenirs d'un ancien secretaire de Staline, Paris 1979.
Barnes, J./Nicholson, D. (Hg.): The Empire at Bay: the Leo Amery Diaries 1929–1945, London 1988.
Baur, H.: Ich flog Mächtige der Erde, Kempten 1956.
Below, N. v.: Als Hitlers Adjutant 1937–1945, Mainz 1980.
Bereschkow, V.: Ich war Stalins Dolmetscher, München 1991.
Ders.: History in the Making, Moscow 1983.
Ders.: In diplomatischer Mission bei Hitler in Berlin 1940–1941, Frankfurt 1967.
Best, S. P.: The Venlo Incident, London 1950.
Bialer, S.: Stalin and his Generals. Soviet Military Memoirs of World War II, New York 1969.
Bor, P.: Gespräche mit Halder, Wiesbaden 1950.
Bruce-Lockhart, R. H.: Comes the Reckoning, London 1947.
Butler, Lord: The Art of the Possible, London 1971.
Churchill, W. S.: The Second World War, 6 Bde., London 1951 ff.
Ciano, G.: Ciano's Diary, hg. v. M. Muggeridge, Surrey 1947 (dt.: Tagebücher 1939–1943, Bern 1946).

Colville, J.: The Fringes of Power. Downing Street Diaries 1939–1945, London 1985 (dt.: Downing Street Tagebücher 1939–1945, Berlin 1988).
Cooper, D.: Old Men Forget, London 1954 (dt.: Das läßt sich nicht vergessen, München 1954).
Crawley, A.: Leap before you Look. A Memoir, London 1988.
Cross, C. (Hg.): Life with Lloyd George. The Diary of A. J. Sylvester 1931–1945, London 1975.
De Gaulle, C.: Memoiren. Bd. 1. Der Ruf/1940–1942, Frankfurt 1955.
Delmer, S.: Black Boomerang, London 1962.
Ders.: Die Deutschen und ich, Hamburg 1963.
Dicks, H. V.: Fifty Years of the Tavistock Clinic, London 1970.
Dietrich, O.: 12 Jahre mit Hitler, München 1955.
Dilks, D. N. (Hg.): The Diaries of Sir Alexander Cadogan 1938–1945, London 1971.
Dodd, W. E.: Ambassador Dodd's Diary, London 1941 (dt.: Diplomat auf heißem Boden. Tagebuch des USA-Botschafters William E. Dodd in Berlin 1933–1938, Berlin o.J.)
Dönitz, K.: Zehn Jahre und Zwanzig Tage, Bonn 1958.
Ders.: Mein wechselvolles Leben, Göttingen 1958.
Eccles, D.: By Safe Hand. Letters of Sybil and David Eccles, 1939–1942, London 1983.
Eden, A.: The Reckoning, London 1965.
Ehrich, E.: Die Auslandsorganisation der NSDAP, Berlin 1937.
Fleming, I.: How to write a Best-Seller, in: Evening Standard (18. August 1964).
Frank, H.: Im Angesicht des Galgens. Deutung Hitlers und seiner Zeit auf Grund eigener Erlebnisse und Erkenntnisse, München 1953.
Fröhlich, E. (Hg.): Die Tagebücher von Joseph Goebbels. Sämtliche Fragmente. Teil I: Aufzeichnungen 1924–1941, 4 Bde., München/New York/London/Paris 1987.
Dies. (Hg.): Die Tagebücher von Joseph Goebbels. Teil II: Diktate 1941–1945. Bd. 9: Juli–September 1943, München/New Providence/London/Paris 1993.
Fromm, B.: Blood and Banquets. A Berlin social Diary, New York/London 1942.
Gabel, C.: Conversations interdites avec Rudolf Hess, Paris 1988.
Galland, A.: Die Ersten und die Letzten, München 1974.
Gilbert, G. M.: Nürnberger Tagebuch, Frankfurt 1962.
Gisevius, H. B.: Bis zum bitteren Ende, Hamburg 1947.
Gladwyn, Lord: The Memoirs of Lord Gladwyn, London 1972.
Gosztony, P.: Memoiren russischer Kriegsteilnehmer 1941–1945, Frankfurt 1973.
Grigorenko, P.: Erinnerungen, München 1981.
Ders.: Der sowjetische Zusammenbruch 1941, Bern 1969.
Guderian, H.: Erinnerungen eines Soldaten, Heidelberg 1951.

Halder, F.: Kriegstagebuch. Tägliche Aufzeichnungen des Chefs des Generalstabes des Heeres 1939–1942, bearb. v. H. A. Jacobsen, 3 Bde., Stuttgart 1962–1964.
Ders.: Hitler als Feldherr, München 1949.
Halifax, V.: Fulness of Days, New York 1957.
Hanfstaengl, E.: 15 Jahre mit Hitler, München 1980.
Ders.: Zwischen Weißem und Braunem Haus, München 1970.
Ders.: Hitler – the missing Years, London 1957.
Harvey, J. (Hg.): The Diplomatic Diaries of Oliver Harvey 1937–1940, London 1970.
Ders. (Hg.): The War Diaries of Oliver Harvey 1941–1945, London 1978.
Hassell, U. v.: Vom andern Deutschland. Aus den nachgelassenen Tagebüchern 1938–1944, Zürich/Freiburg 1946.
Haushofer, H.: Bauer im Schach. Lebenserinnerungen, in: Bayerisches Landwirtschaftliches Jahrbuch 59, Sonderheft 1 (1982) S. 1–236.
Heiber, H. (Hg.): Reichsführer! Briefe an und von Himmler, München 1970.
Heiden, K.: Geburt des Dritten Reiches, Zürich 1934.
Ders.: Adolf Hitler, Zürich 1936.
Henderson, N.: Failure of a Mission, London 1940.
Heß, I.: Heß. Ein Schicksal in Briefen, Leoni 1984.
Dies.: Gefangener des Friedens. Neue Briefe aus Spandau, Leoni 1955.
Dies.: England – Nürnberg – Spandau. Ein Schicksal in Briefen, Leoni 1957.
Dies.: Die Antwort aus Zelle Sieben. Briefwechsel mit dem Spandauer Gefangenen, Leoni 1967.
Heß, W. R. (Hg.): Rudolf Heß, Briefe 1908–1933, München/Wien 1987.
Hesse, F.: Das Spiel um Deutschland, München 1953.
Heydrich, L.: Leben mit einem Kriegsverbrecher, Pfaffenhofen 1976.
Hildebrandt, R.: Wir sind die Letzten. Aus dem Leben des Widerstandskämpfers Albrecht Haushofer und seiner Freunde, Neuwied/Berlin o.J.
Hilger, G./Meyer, A. G.: Wir und der Kreml. Deutsch-sowjetische Beziehungen 1918–1941. Erinnerungen eines deutschen Diplomaten, Frankfurt 1964.
Hill, L. (Hg.): Die Weizsäcker Papiere 1933–1950, Berlin 1974.
Hirschner, F.: Rudolf Heß, der Stellvertreter des Führers, o. O. 1933.
Hull, C.: Memoirs, 2 Bde., New York 1948.
Huntley, I. D.: An Observer's Diary, January 6, 1941–May 2, 1942: The Hauptmann Alfred Horn Story, in: Airfix Magazine (Dez. 1985) S. 157–163.
Ickes, H. L.: The Secret Diary of Harold L. Ickes, Bd. 3: The Lowering Clouds 1939–1941, New York 1955.
Irving, D.: Die Tragödie der deutschen Luftwaffe. Aus den Akten und Erinnerungen von Feldmarschall Milch, Frankfurt/Berlin/Wien 1970.
James, R. R. (Hg.): Chips. The Diaries of Henry Channon, London 1967.
Jeremenko, A. L.: W natschale woiny (Am Anfang des Krieges), Moskau 1964.

Jordan, R.: Erlebt und Erlitten. Wege eines Gauleiters von München bis Moskau, Leoni 1974.
Ders.: Im Zeugenstand der Geschichte, Heusenstamm 1974.
Kelley, D.: Twenty-two Cells in Nuremberg. A Psychiatrist examines the Nazi Criminals, New York 1947 (dt.: 22 Männer um Hitler. Erinnerungen eines amerikanischen Armeearztes und Psychiaters am Nürnberger Gefängnis, Bern o.J.).
Kempner, R.: Das Dritte Reich im Kreuzverhör, München 1969.
Kersten, F.: The Kersten Memoirs 1940–1945, London 1956 (dt.: Totenkopf und Treue. Heinrich Himmler ohne Uniform, Hamburg 1952).
Kirkpatrick, L.: The Inner Circle, London 1959 (dt.: Im Inneren Kreis, Berlin o.J.).
Kotze, H. v. (Hg.): Heeresadjutant bei Hitler 1938–1943. Aufzeichnungen des Majors Engel, Stuttgart 1974.
Krebs, A.: Tendenzen und Gestalten der NSDAP. Erinnerungen an die Frühzeit der Partei, Stuttgart 1959.
Lautenschläger, B. (Hg.): Ahnentafel des Stellvertreters des Führers, Leipzig 1936.
Leutze, J. (Hg.): The London Journal of General Raymond E. Lee 1940–41, Boston/Toronto 1971.
Linge, H.: Bis zum Untergang. Als Chef des persönlichen Dienstes bei Hitler, hg. v. W. Maser, München/Berlin 1980.
Ludecke, K. G. W.: I knew Hitler. The Story of a Nazi who escaped the blood purge, New York 1937.
Maiski, L. M.: Memoiren eines sowjetischen Botschafters, Berlin (Ost) 1984.
Malone, B.: Z. The Private Hell of Rudolf Hess, in: The Observer (13. 9. 1987), S.11.
Mann, E.: Hess' Meeting in Spain was fixed, in: Glasgow Evening Citizen (20. 9. 1945)
Manstein, E. v.: Verlorene Siege, Bonn 1955.
Martin, J.: Downing Street. The War Years, London 1991.
Masterman, J. C.: The Double Cross System in the War of 1939 to 1945, New Haven/London 1972 (dt.: Unternehmen Doppelspiel, Wien, München, Zürich 1973).
Matthews, K.: The Strange Case of Rudolf Hess, in: Blackwood's Magazine (1978) S.486–492.
Merezkow, K. A.: Im Dienste des Volkes, Berlin (Ost), 1982.
Merker, P.: Deutschland. Sein oder Nicht-Sein, Bd.2, Mexiko City 1945.
Messerschmitt, W.: Wie Heß 1941 nach England flog, in: Frankfurter Neue Presse (12. 5. 1947).
Meyer, G. (Hg.): Generalfeldmarschall Wilhelm Ritter von Leeb. Tagebuchaufzeichnungen und Lagebeurteilungen aus zwei Weltkriegen, Stuttgart 1976.
Moran, Lord: Winston Churchill: The Struggle for Survival 1940–1965, London 1968.

Moravec, F.: Master of Spies, Glasgow 1975.
Moskalenko, K. S.: Na jugo-sapadnom naprawlenije (In südwestlicher Richtung. Erinnerungen eines Armeeführers), Moskau 1969.
Mosley, O.: My Life, London 1968.
Murphy, J.: Who sent Rudolf Hess, London/Melbourne 1941.
Nicolson, H.: Diaries and Letters, Bd.II: The War Years 1939–1945, New York 1967.
Pflücker, L.: Als Gefängnisarzt in Nürnberg, in: Waldeckische Landeszeitung, Korbach (4.–29. 10. 1952).
Philby, K.: Im Secret Service. Erinnerungen eines sowjetischen Kundschafters, Berlin (Ost) 1983.
Ders.: Mein Doppelspiel. Autobiographie eines Meisterspions, München 1968.
Picker, H. (Hg.): Hitlers Tischgespräche im Führerhauptquartier, Stuttgart 1976.
Pimlott, B. (Hg.): The Second World War Diary of Hugh Dalton 1940–1945, London 1986.
Popov, D.: Spy/Counterspy, London 1974 (dt.: Superspion, Wien/München/Zürich 1975).
Raeder, E.: Mein Leben, 2 Bde., Tübingen 1956/57.
Rees, J. R. (Hg.): The Case of Rudolf Hess. A Problem in Diagnosis and Forensic Psychiatry, London/Toronto 1947.
Reuth, R. G. (Hg.): Joseph Goebbels Tagebücher, 5 Bde., München 1992.
Ribbentrop, J. v.: Zwischen London und Moskau. Erinnerungen und letzte Aufzeichnungen, Leoni 1953.
Roberts, F.: Dealing with Dictators. The Destruction and Revival of Europe 1930–1970, London 1991.
Rokossowskij, K. K.: Soldatenpflicht, Berlin 1971.
Rosenberg, A.: Letzte Aufzeichnungen. Ideale und Idole der nationalsozialistischen Revolution, Göttingen 1955.
Schellenberg, W.: Memoiren (Neuausgabe unter dem Titel: Aufzeichnungen. Die Memoiren des letzten Geheimdienstchefs unter Hitler, Wiesbaden/München 1979), Köln 1956.
Schtemenko, S. M.: Im Generalstab, Berlin (Ost) 1973.
Schukow, G. K.: Erinnerungen und Gedanken, Stuttgart 1969.
Schwerin Krosigk, L. V.: Es geschah in Deutschland, Tübingen/Stuttgart 1951.
Sebottendorff, R. v.: Bevor Hitler kam. Urkundliches aus der Frühzeit der nationalsozialistischen Bewegung, München 1933.
Semmler, R.: Goebbels – The Man next to Hitler, London 1947.
Seraphim, H. G. (Hg.): Das politische Tagebuch Alfred Rosenbergs 1934/35 u. 1939/40, Göttingen 1956.
Serrano Suner, R.: Zwischen Hendaye und Gibraltar, Zürich 1948.
Sherwood, R.: The White House Papers of Harry L. Hopkins. An Intimate History, 2 Bde., London 1949.
Simon, J.: Retrospect, London 1952.

Sommer, E.: Das Memorandum, München 1981.
Speer, A.: Erinnerungen, Frankfurt/Berlin/Wien 1972.
Ders.: Der Sklavenstaat. Meine Auseinandersetzungen mit der SS, Stuttgart 1981.
Ders.: Spandauer Tagebücher, Frankfurt/Berlin/Wien 1976.
Stalin, J.: Fragen des Leninismus, Moskau 1947.
Strang, W.: At home and abroad, London 1956.
Strasser, O.: Mein Kampf, Frankfurt 1969.
Ders.: Hitler und Ich, Konstanz 1948.
Stuart, C. (Hg.): The Reith Diaries, London 1975.
Stubbe, W.: In Memoriam Albrecht Haushofer, in: VZG 8 (1960) S. 236–256.
Talbott, S. (Hg.): Chruschtschow erinnert sich, Hamburg 1971.
Thompson, R. W.: Churchill and Morton. Correspondence between Major Sir Desmond Morton and R. W. Thompson, London 1976.
Tree, R.: When the Moon was high. Memoirs of Peace and War 1897–1942, London 1975.
Vansittart, Lord: The Mist Procession. The Autobiography of Lord Vansittart, London 1958.
Ders.: Bones of Contention, New York 1945.
Wahl, K.: »... es ist das deutsche Herz. Erlebnisse und Erkenntnisse eines ehemaligen Gauleiters«, Augsburg 1954.
Warlimont, W.: Im Hauptquartier der deutschen Wehrmacht 1939–1945. Grundlagen – Formen – Gestalten, Frankfurt 1962.
Wassilewski, A. M.: Sache des ganzen Lebens, Berlin (Ost) 1977.
Welles, S.: The Time for Decision, London/New York 1944.
Werth, A.: Russia at War 1941–1945, New York 1964 (dt.: Rußland im Kriege, München 1965).
Wiedemann, F.: Der Mann, der Feldherr werden wollte. Erlebnisse und Erfahrungen des Vorgesetzten Hitlers im 1. Weltkrieg und seines späteren Persönlichen Adjutanten, Velbert 1964.
Winant, J. G.: A Letter from Grosvenor Square, New York 1947.
Winterbotham, F. W.: Secret and Personal, London 1969.
Ders.: The Ultra Secret, New York 1974.
Wohl, L. de: Strangest Battle of the War, in: Sunday Graphic (9. Nov. 1947) S. 5.
Ders.: Sterne. Krieg und Frieden. Astrologische Erfahrungen und praktische Anleitung, Olten 1951.
Young, K. (Hg.): The Diaries of Sir Robert Bruce-Lockhart 1939–1945, London 1980.
Zoller, A. (Hg.): Hitler Privat. Erlebnisbericht einer Geheimsekretärin (Christa Schröder), Düsseldorf 1949.

Literatur

Adam, U. D.: Judenpolitik im Dritten Reich, Königstein/Ts. 1979.

Allard, S.: Stalin und Hitler. Die sowjetrussische Außenpolitik 1930–1941, Bern/München 1974.

Allen, P.: The Crown and the Swastika. Hitler, Hess and the Duke of Hamilton, London 1983.

Andree, C.: Die Ausschaltung jüdischer Mediziner der Universität Breslau und die Gleichschaltung der Ärzteschaft durch den Reichsärzteführer Gerhard Wagner, in: Nationalsozialismus und Widerstand in Schlesien, hg. v. L. Bossle, G. Keil et al., Sigmaringen 1989, S. 105–120.

Andrew, C.: Secret Service. The Making of the British Intelligence Community, London 1985.

Ders.: Hess. An Edge of Conspiracy (17. Januar 1990). A BBC II Documentary.

Ders./Gordievsky, O.: KGB. Die Geschichte seiner Auslandsoperationen von Lenin bis Gorbatschow, Frankfurt 1990.

Dies.: Instructions from the Centre: Top secret Files on KGB Foreign Operations, London 1991.

Ansel, W.: Hitler Confronts England, Durham, N.C. 1960.

Balfour, M.: Propaganda in War, 1939–1945, London 1979.

Barker, E.: Churchill and Eden at War, London 1978.

Bateman, D. C.: Rudolf Hess, in: After the Battle 58 (1987) S. 1–25.

Bavendamm, D.: Roosevelts Krieg 1937–1945 und das Rätsel von Pearl Harbor, München/Berlin 1993.

Beer, A.: Der Fall Barbarossa. Untersuchungen zur Geschichte der Vorbereitungen des deutschen Feldzuges gegen die Union der Sozialistischen Sowjetrepubliken im Jahre 1941, Diss. phil. Münster 1978.

Beloff, M.: The Foreign Policy of Soviet Russia, Bd. II (1936–1941), London 1948.

Besymenski, L.: Was sich am 10. Mai 1941 ereignete, in: Neue Zeit (Moskau) 34 (1973) S. 25–27.

Bingham, J.: The Double Agent, London 1967.

Binion, R.: »... daß ihr mich gefunden habt«. Hitler und die Deutschen: Eine Psychohistorie, Stuttgart 1978.

Bird, E. K.: Hess. Der »Stellvertreter des Führers«. Englandflug und britische Gefangenschaft. Nürnberg und Spandau, München/Wien/Basel 1974 (engl.: The Loneliest Man in the World, London 1974).

Birkenhead, Lord: Walter Monckton. The Life of Viscount Monckton of Brenchley, London 1969.

Bollmus, R.: Das Amt Rosenberg und seine Gegner, Stuttgart 1970.

Bonwetsch, B.: Nochmals zu Stalins Rede am 5. Mai 1941. Quellenkritisch-historiographische Bemerkungen, in: Osteuropa 42 (1992), S. 536–542.

Ders.: Vom Hitler-Stalin-Pakt zum »Unternehmen Barbarossa«. Die deutsch-russischen Beziehungen 1939–1941 in der Kontroverse, in: Osteuropa 41 (1991), S. 562–579.

Boog, H.: Stalins Kriegsplan und Hitlers Angriff, in: FAZ (13. 12. 1986).
Boyle, A.: Ring der Verräter. Fünf Spione für Rußland, Hamburg 1980.
Bracher, K. D.: Die deutsche Diktatur. Entstehung, Struktur und Folgen des Nationalsozialismus, Frankfurt/Berlin/Wien 1980.
Ders./Funke, M./Jacobsen, H. A. (Hg.): Nationalsozialistische Diktatur 1933–1945, Düsseldorf 1983.
Brandes, D.: Großbritannien und seine osteuropäischen Alliierten 1939–1943, München 1988.
Brenton, H.: H.I.D. (Hess is dead), London 1989.
Brown, A. C.: The Secret Servant. The Life of Sir Stewart Menzies, London 1988.
Ders.: Die unsichtbare Front. Entschieden Geheimdienste den Zweiten Weltkrieg?, München 1975.
Brügel, J. W.: Das sowjetische Ultimatum an Rumänien im Juni 1940, in: VZG 11 (1963), S. 404–417.
Buchheit, G.: Der deutsche Geheimdienst. Geschichte der militärischen Abwehr, München 1969.
Bullock, A.: Hitler. Eine Studie über Tyrannei, Düsseldorf 1969.
Ders.: Hitler und Stalin. Parallele Leben, Berlin o.J.
Byron, R.: Nuremberg 1938, in: The Spectator 22 (29. 8. 1987).
Calic, E.: Reinhard Heydrich. Schlüsselfigur des Dritten Reiches, Düsseldorf 1982.
Carlton, E.: Anthony Eden, London 1981.
Catudal, H. M.: Rudolf Hess's secret flight to Britain, 1941: What was it all about?, in: Revue de droit international 61 (1983) S. 121–127.
Cecil, R.: Indulging in a Flight of Fancy, in: The Guardian (25. 6. 1991), S. 21.
Cecil, R.: Hitlers Griff nach Rußland, Graz/Wien/Köln 1977.
Charmley, J.: Churchill. The End of Glory. A Political Biography, London 1993.
Conquest, R.: Stalin. Der totale Wille zur Macht, München 1991.
Costello, J.: Ten Days that saved the West, London 1991 (amerik.: Ten Days to destiny. The Secret Story of the Hess Peace Initiative and British Efforts to strike a Deal with Hitler, New York 1992).
Ders.: Mask of Treachery, London 1988.
Ders./Tsarev, O.: Deadly Illusions, London 1993.
Dallin, D. J.: Soviet Russia's Foreign Policy 1939–1942, New Haven 1942.
Danilow, W.: Hat der Generalstab der Roten Armee einen Präventivschlag gegen Deutschland vorbereitet?, in: Österreichische Militärische Zeitschrift 1 (1993), S. 41–51.
Day, D.: Menzies and Churchill at War, London 1986.
Deacon, R.: The Greatest Treason, London 1989.
Ders.: A History of the British Secret Service, London 1969.
Deakin, F. W./Storry, G. R.: Richard Sorge. Die Geschichte eines großen Doppelspiels, München 1965.
Diehl-Thiele, P.: Freiheit für den letzten Gefangenen in Spandau, in: Süddeutsche Zeitung 88 (16. 4. 1974) S. 4.

Ders.: Partei und Staat im Dritten Reich. Untersuchungen zum Verhältnis von NSDAP und allgemeiner und innerer Staatsverwaltung, München 1971.
Donald, G.: The Story of Rudolf Hess, in: The Journal of the Royal Observer Corps (Okt. 1942).
Douglas-Hamilton, J.: Motive for a Mission. The Story behind Hess's Flight to Britain, London 1972 (dt.: Geheimflug nach England. Der Friedensbote Rudolf Heß und seine Hintermänner, Düsseldorf 1973).
Ders.: The Truth about Rudolf Hess, Edinburgh/London 1993.
Drechsler, R. H.: Rudolf Hess, der deutsche Märtyrer, Wien 1979.
Ebeling, F.: Geopolitik. Karl Haushofer und seine Raumwissenschaft 1919–1945, Berlin 1994.
Erickson, J.: Stalin's War with Germany, Bd.I: The Road to Stalingrad, London 1975.
Ders.: The Soviet High Command. A Military Political History 1918–1941, London 1962.
Ders.: Threat Identification and Strategic Appraisal by the Soviet Union, 1930–1941, in: Ernest R. May (Hg.): Knowing one's enemies. Intelligence Assessment before the two World Wars, Princeton 1984, S. 375–423.
Fabry, P. W.: Der Hitler-Stalin Pakt 1939–1941, Darmstadt 1962.
Ders.: Die Sowjetunion und das Dritte Reich. Eine dokumentierte Geschichte der deutsch-sowjetischen Beziehungen von 1933 bis 1945, Stuttgart 1971.
Falin, V.: Zweite Front. Interessenkonflikte in der Anti-Hitler-Koalition, München 1995.
Farago, L.: Das Spiel der Füchse. Deutsche Spione in England und den USA, Frankfurt 1972.
Fest, J. C.: Hitler. Eine Biographie, Frankfurt/Berlin/Wien 1973.
Ders.: Das Gesicht des Dritten Reiches. Profile einer totalitären Herrschaft, München 1963.
Fischer, L.: Russia's Road from Peace to War. Soviet Foreign Relations 1917–1941, New York/Evanston/London 1969.
Fishman, J.: The Seven Men of Spandau, London 1954.
Fitzgibbon, C.: Secret Intelligence in the 20th Century, London 1976.
Fleischhauer, L.: Der Pakt. Hitler, Stalin und die Initiative der deutschen Diplomatie 1937/39, Berlin/Frankfurt 1990.
Dies.: »Unternehmen Barbarossa«. Die deutsche Kriegserklärung in Moskau im Licht sowjetischer Dokumente, in: Osteuropa 41 (1991), S. 517–544.
Fleming, P.: Hess's Flight to Britain: Influence of Astrology, in: Times (18. 9. 1969) S. 9.
Ders.: The Flying Visit, London 1939.
Förster, J.: Fünfzig Jahre danach: Ein historischer Rückblick auf das »Unternehmen Barbarossa«, in: Aus Politik und Zeitgeschichte B 24/91 (7. 6. 1991) S. 11–24.
Foerster, R. G. (Hg.): »Unternehmen Barbarossa«. Zum historischen Ort der

deutsch-sowjetischen Beziehungen von 1933 bis Herbst 1941, München 1993.
Franz-Willing, G.: Die Hitlerbewegung, Hamburg/Berlin 1962.
Ders.: Munich. Birthplace and Centre of the National-Socialist German Workers' Party, in: JCH 29 (1957) S.319ff.
Frieser, K. H.: Blitzkrieg-Legende. Der Westfeldzug 1940, München 1995.
Frischauer, W.: Goering, London 1951.
Fromm, F. K.: Sühne oder Rache in der Politik, in: FAZ 116 (20. 5. 1981), S.10/11.
Gall, M.: Der Schwarze Freitag der SA, Wien/München/Zürich 1972.
Geiß, E. W.: Rudolf Hess. Märtyrer für den Frieden, Hechthausen 1988.
Gellermann, G. W.: Geheime Wege zum Frieden mit England ... Ausgewählte Initiativen zur Beendigung des Krieges 1940/42, Bonn 1995.
Geschichte des Zweiten Weltkriegs 1939–1945, Bd.IV: Die faschistische Aggression gegen die UdSSR. Der Zusammenbruch der Blitzkriegsstrategie, Berlin (Ost) 1977, S.35ff.
Gilbert, G. M.: Psychology of Dictatorship, New York 1950.
Gilbert, M.: Finest Hour. Winston Spencer Churchill 1939–1941, London 1983.
Gillessen, G.: Der Krieg der Diktatoren. Ein erstes Resümee der Debatte über Hitlers Angriff im Osten, in: FAZ (25. 2. 1987).
Ders.: Der Krieg zweier Aggressoren. Was plante Stalin vor dem Angriff Hitlers auf die Sowjetunion?, in: FAZ (27. 4. 1989).
Ders.: Der Krieg der Diktatoren. Wollte Stalin im Sommer 1941 das Deutsche Reich angreifen?, in: FAZ (20. 8. 1986).
Görlitz, W.: Rudolf Heß. Parlamentär ohne Auftrag, in: Die Welt 101 (2. 5. 1981), S.3.
Gorlow, S. A.: Warnungen vor dem »Unternehmen Barbarossa«. Aus den Akten der Sowjetvertretung in Berlin 1940–1941, in: Osteuropa 41 (1991), S.545–561.
Gorodetsky, G.: Stafford Cripps' Mission to Moscow 1940–1942, Cambridge 1984.
Ders.: Stalin und Hitlers Angriff auf die Sowjetunion. Eine Auseinandersetzung mit der Legende vom deutschen Präventivschlag, in: VZG 37 (1989) S.645–672.
Ders.: Stalin und Hitlers Angriff auf die Sowjetunion, in: B. Wegner (Hg.): Zwei Wege nach Moskau, München/Zürich 1991, S.347–366.
Ders.: Churchill's Warning to Stalin. A Reappraisal, in: Historical Journal 29,4 (1986) S.979–990.
Ders.: The Hess affair and Anglo-Soviet Relations on the eve of »Barbarossa«, in: EHR 101 (1986) S.405–420.
Gosztony, P.: Die Rote Armee, Wien/München/Zürich/New York 1980.
Green, W.: Warplanes of the Third Reich, London 1970.
Griffiths, R.: Fellow Travellers of the Right. British Enthusiasts for Nazi Germany 1933–1939, Oxford 1983.

Hanak, H.: Sir Stafford Cripps as British Ambassador in Moscow, May 1940 to June 1941, in: EHR 94 (1979) S. 48–70.

Ders.: Sir Stafford Cripps as Ambassador in Moscow, June 1941–January 1942, in: EHR 97 (1982) S. 333–344.

Haslam, J.: Stalin's fears of a Separate Peace 1942, in: Intelligence and National Security 8 (1993) S. 97–99.

Haug, A.: Die Reichsarbeitsgemeinschaft für eine neue deutsche Heilkunde (1935–1936), in: Würzburger Medizinhistorische Mitteilungen 2 (1984), S. 117–130.

Helmdach, E.: Täuschungen und Versäumnisse. Kriegsausbruch 1939/1941, Berg am See 1979.

Henke, J.: England in Hitlers politischem Kalkül 1935–1939, Boppard 1973.

Herde, P.: Pearl Harbor, 7. Dezember 1941. Der Ausbruch des Krieges zwischen Japan und den Vereinigten Staaten und die Ausweitung des europäischen Krieges zum Zweiten Weltkrieg, Darmstadt 1980.

Herman, J.: Soviet Peace Efforts on the Eve of World War Two: A Review of the Soviet Documents, in: JCH 15 (1980) S. 577–602.

Heß, W. R.: Mein Vater Rudolf Heß. Englandflug und Gefangenschaft, München 1985.

Ders.: Mord an Rudolf Heß? Der geheimnisvolle Tod meines Vaters in Spandau, Leoni 1990.

Heydecker, J./Leeb, J.: Der Nürnberger Prozeß, Köln/Berlin 1958.

Hill, C.: Cabinet Decisions on Foreign Policy. The British experience, October 1938–June 1941, Cambridge 1991.

Hillgruber, A.: Hitler, König Carol und Marschall Antonescu. Die deutsch-rumänischen Beziehungen 1938–1944, Wiesbaden 1965.

Ders.: Hitlers Strategie. Politik und Kriegführung 1940/41, München 1982.

Ders.: Japan und der Fall »Barbarossa«. Japanische Dokumente zu den Gesprächen Hitlers und Ribbentrops mit Botschafter Oshima von Februar bis Juni 1941, in: Ders.: Deutsche Großmacht- und Weltpolitik im 19. u. 20. Jahrhundert, Düsseldorf 1979, S. 223 ff.

Ders.: Sowjetische Außenpolitik im Zweiten Weltkrieg, Düsseldorf 1979.

Ders.: Die Zerstörung Europas, Frankfurt/Berlin 1989.

Hilton, S. E.: The Welles Mission to Europe, February/March 1940. Illusion or Realism, in: Journal of American History 58 (1971/72), S. 93 ff.

Hinsley, F. H./Stripp, A. (Hg.): Codebreakers: The inside Story of Blechtley Park, Oxford 1993.

Hinsley, F. H./Thomas, E. E./Ransom, C. F. G./Knight, R. C.: British Intelligence in the Second World War. Its Influence on Strategy and Operations, Bd. I, London 1979.

Hirschfeld, G./Kettenacker, L. (Hg.): Der »Führerstaat«. Mythos und Realität, Stuttgart 1981.

Höhne, H.: Mordsache Röhm. Hitlers Durchbruch zur Alleinherrschaft 1933–1934, Reinbek 1984.

Hofmann, H. H.: Der Hitlerputsch, München 1961.

Hoffmann, J.: Stalin wollte den Krieg, in: FAZ (16. 10. 1986).
Ders.: Die Sowjetunion bis zum Vorabend des deutschen Angriffs, in: Das Deutsche Reich und der Zweite Weltkrieg, Bd.IV: Der Angriff auf die Sowjetunion, hg. v. H. Boog et al, Stuttgart 1983, S.38–97.
Ders.: Die Angriffsvorbereitungen der Sowjetunion 1941, in: B. Wegner (Hg.): Zwei Wege nach Moskau, München/Zürich 1991, S.367–388.
Ders.: Die Geschichte der Wlassow-Armee, Freiburg 1986.
Hopkirk, P.: Horoscope lure for Hess, in: Times (15. 9. 1969) S.8.
Howard, A.: Rab. The Life of R. A. Butler, London 1987.
Howe, E.: Urania's Children. The strange World of the Astrologers, London 1967.
Hüttenberger, P.: Die Gauleiter. Studie zum Wandel des Machtgefüges in der NSDAP, Stuttgart 1969.
Hutton, J. B.: Hess. The Man and his Mission, New York 1970.
The Inside Story of the Hess Flight, in: American Mercury (Mai 1943).
Irving, D.: Hess. The Missing Years 1941–1945, London 1989 (dt.: Rudolf Heß – ein gescheiterter Friedensbote? Die Wahrheit über die unbekannten Jahre 1941–1945, Graz/Stuttgart 1987).
Ders.: Churchill's War. Bd.I: The Struggle for Power, London 1987 (dt.: Churchill. Kampf um die Macht, München/Berlin 1990).
Ders.: Göring, München 1987.
Ders.: Rudolf Hess, seine Mission und sein Schicksal. Der letzte Gefangene von Spandau ist tot, in: Die Welt (19. 8. 1987), S.3.
Ders.: Wir lockten Rudolf Hess in die englische Falle, in: Weltwoche 17 (26. 4. 1984), S.5/7.
Ders.: Hitler und seine Feldherren, Frankfurt/Berlin/Wien 1975.
Ders.: The War Path. Hitler's Germany 1933–1939, London 1978.
Jacobsen, H. A.: Nationalsozialistische Außenpolitik 1933–1938, Frankfurt/Berlin 1968.
Janßen, K. H.: Der Stellvertreter: Zeitmagazin 18 (24. 8. 1981), S.6–12.
Ders.: Der Häftling Nr.7, in: Die Zeit 17 (19. 4. 1974), S.2.
Junker, D.: Der unteilbare Weltmarkt. Das ökonomische Interesse in der Außenpolitik der USA 1933–1941, Stuttgart 1975.
Kahn, D.: Hitler's Spies. German Military Intelligence in World War II, New York 1978.
Kershaw, I.: Der Hitler-Mythos. Volksmeinung und Propaganda im Dritten Reich, Stuttgart 1980.
Kettenacker, L.: Krieg zur Friedenssicherung. Die Deutschlandplanung der britischen Regierung während des Zweiten Weltkriegs, Stuttgart 1989.
Ders.: The Anglo-Soviet Alliance and the Problem of Germany, 1941–1945, in: JCH 17 (1982) S.435–458.
Kilzer, L. C.: Churchill's Deception. The dark secret that destroyed Nazi Germany, New York/London 1994.
Kissenkoetter, U.: Gregor Straßer und die NSDAP, Stuttgart 1978.

Kitchen, M.: British Policy towards the Soviet Union during the Second World War, New York 1986.
Klemperer, K. v.: German Resistance against Hitler. The search for Allies Abroad 1938–1945, Oxford 1992.
Knightley, P.: The Second Oldest Profession. Spies and Spying in the Twentieth Century, New York/London 1986.
Ders.: The Master Spy. The Story of Kim Philby, New York 1988.
Knipping, F.: Die amerikanische Rußlandspolitik in der Zeit des Hitler-Stalin-Pakts 1939–1941, Tübingen 1974.
Koch, H. W.: Operation Barbarossa. The Current State of the Debate, in: Historical Journal 31 (1988), S.377–390.
Ders.: Hitler's »Programme« and the Genesis of Operation »Barbarossa«, in: Journal of Modern History 26 (1983), S.891–920.
König, E.: Weiter offene Fragen über den Tod von Heß, in: Die Presse 11/832 (20. 8. 1987) S.1.
Krausnick, H.: Der 30. Juni 1934. Bedeutung, Hintergründe, Verlauf, in: Aus Politik und Zeitgeschichte, Beilage zur Wochenzeitung »Das Parlament«, (30. 6. 1954), S.320ff.
Laack-Michel, U.: Albrecht Haushofer und der Nationalsozialismus, Stuttgart 1974.
Lamb, R.: The Ghosts of Peace 1939–1945, Wiltshire 1987.
Lang, J. v.: Der Sekretär, Stuttgart 1977.
Langer, W./Gleason, E. S.: The Undeclared War, New York 1953.
Langhorne, R. (Hg.): Diplomacy and Intelligence during the Second World War, Essays in honour of F. H. Hinsley, Cambridge 1985.
Lash, J. P.: Roosevelt and Churchill 1939–1941. The Partnership that saved the West, London 1977.
Lawlor, S.: Britain and the Russian entry into the War, in: R. Langhorne (Hg.): Diplomacy and Intelligence during the Second World War. Essays in honour of F. H. Hinsley, Cambridge 1985, S.168–183.
Dies.: Churchill and the Politics of War, 1940–1941, Cambridge 1994.
Leasor, J.: Rudolf Hess. The uninvited Envoy, London 1962 (dt.: Botschafter ohne Auftrag. Der Englandflug Rudolf Heß', Oldenburg 1963).
Leutze, J.: The Secret of the Churchill-Roosevelt Correspondence, September 1939–May 1940, in: JCH 10 (1975) S.465–491.
Leverkuehn, P.: Der geheime Nachrichtendienst der deutschen Wehrmacht im Kriege, Frankfurt 1957.
Lewin, R.: Entschied Ultra den Krieg? Die alliierte Funkaufklärung im Zweiten Weltkrieg, Koblenz/Bonn 1981.
Liddell Hart, B.: History of the Second World War, London 1973.
Longerich, P.: Hitlers Stellvertreter. Führung der Partei und Kontrolle des Staatsapparates durch den Stab Heß und die Parteikanzlei Bormann, München/London/New York/Paris 1992.
Ders.: Propagandisten im Krieg. Die Presseabteilung des Auswärtigen Amtes unter Ribbentrop, München 1987.

Lorbeer, H. J.: Westmächte gegen die Sowjetunion 1939–1941, Freiburg 1975.
Lukacs, J.: The Duel. Hitler vs. Churchill: 10 May–31 July 1940, London 1990.
Lupke, H.: Japans Rußlandpolitik von 1939 bis 1941, Frankfurt 1962.
MacDonald, C. A.: The Venlo Affair, in: European Studies Review 8 (1978), S. 443–464.
Mader, J.: Hitlers Spionagegenerale sagen aus, Berlin (Ost) 1974.
Manvell, R./Fraenkel, H.: Hess. A Biography, London 1971.
Marton, S.: Hermann Göring. »Erster Paladin des Führers« und »Zweiter Mann im Reich«, Paderborn 1985.
Martin, B.: Friedensinitiativen und Machtpolitik im Zweiten Weltkrieg, Düsseldorf 1976.
Ders.: Amerikas Durchbruch zur politischen Weltmacht. Die interventionistische Globalstrategie der Regierung Roosevelt 1933–1941, in: MGM 30 (1981) S. 57 ff.
Maser, W.: Der Wortbruch. Hitler, Stalin und der Zweite Weltkrieg, München 1994.
Ders.: Nürnberg. Tribunal der Sieger, Düsseldorf 1977.
Ders.: Adolf Hitler. Legende, Mythos, Wirklichkeit, München 1971.
Masters, A.: The Man who was M. The Life of Maxwell Knight, Oxford 1984.
Mastny, V. M.: Russia's Road to the Cold War, New York 1979.
May, E. R. (Hg.): Knowing one's enemies, Princeton 1984.
McBlain, J.: Rudolf Hess. The British Conspiracy, London 1994.
Mercalov, A. N.: Der 22. Juni 1941: Anmerkungen eines sowjetischen Historikers, in: Aus Politik und Zeitgeschichte B 24/91 (7. 6. 1991) S. 25–36.
Michalka, W.: Ribbentrop und die deutsche Weltpolitik 1933–1940. Außenpolitische Konzeption und Entscheidungsprozesse im Dritten Reich, München 1980.
Mommsen, H.: Beamtentum im Dritten Reich, Stuttgart 1966.
Moriarty, D.: Rudolf Hess, Deputy Fuhrer. A Psychological Study, London 1993.
Mosley, N.: Rules of the Game. Sir Oswald and Lady Cynthia Mosley 1896–1953, London 1982.
Müller, K. J.: Armee und Drittes Reich 1939–1939, Paderborn 1989.
Müller, R. D.: Es war kein Präventivkrieg, in: FAZ (10. 11. 1986).
Ders.: Das Tor zur Weltmacht. Die Bedeutung der Sowjetunion für die deutsche Wirtschafts- und Rüstungspolitik zwischen den Weltkriegen, Boppard 1984.
Nederling, R. (Hg.): Rudolf Hess. Sein Schicksal in Bildern, Leoni 1982.
Nekritsch, A./Grigorenko, P.: Genickschuß. Die Rote Armee am 22. Juni 1941, Wien/Frankfurt 1969.
Nesbit, R. C.: Failed to Return. Mysteries of the Air 1939–1945, Bath 1988.
Nolte, E.: Streitpunkte. Heutige und künftige Kontroversen um den Nationalsozialismus, Berlin/Frankfurt 1993.
Ohnesorge, H.: Für Moskau ist Heß nur ein Objekt, in: Die WELT (6. 5. 1971), S. 3.

Orlow, D.: Rudolf Heß – »Stellvertreter des Führers«, in: R. Smelser/ R. Zitelmann (Hg.): Die braune Elite, Darmstadt 1989, S. 84–97.
Ders.: The History of the Nazi Party, 2 Bde., Pittsburgh 1973.
Padfield, P.: Hess. The Führer's Disciple, London 1993.
Petrov, V. (Hg.): June 22, 1941. Soviet Historians and the German Invasion, Chapel Hill 1968.
Pietrow, B.: Deutschland im Juni 1941 – ein Opfer sowjetischer Aggression? Zur Kontroverse über die Präventivkriegsthese, in: W. Michalka (Hg.): Der Zweite Weltkrieg, München/Zürich 1989, S. 586–607.
Dies.: Anastas Iwaniwitsch Mikojan erinnert sich: die ersten Monate des deutsch-sowjetischen Krieges 1941, in: Osteuropa 36 (1986) S. 433–440.
Dies.: Stalinismus – Sicherheit – Offensive. Das »Dritte Reich« in der Konzeption der sowjetischen Außenpolitik 1933–1941, Melsungen 1983.
Pohl, D.: Rückblick auf das »Unternehmen Barbarossa«, in: Jahrbuch für Geschichte Osteuropas 42/1 (1994), S. 77–94.
Ponting, C.: 1940 – Myth and Reality, London 1990.
Read, A./Fisher, D.: The Deadly Embrace. Hitler, Stalin and the Nazi-Soviet Pact 1939–1941, London 1988.
Dies.: Colonel Z. The Secret Life of a Master of Spies, New York 1985.
Rebentisch, D.: Führerstaat und Verwaltung im Zweiten Weltkrieg. Verfassungsentwicklung und Verwaltungspolitik 1939–1945, Stuttgart 1989.
Reifenrath, R.: Der Stellvertreter, in: Frankfurter Rundschau 191 (20. 8. 1987) S. 3.
Reile, O.: Geheime Westfront. Die Abwehr 1935–1945, München/Wels 1962.
Ders.: Geheime Ostfront. Die deutsche Abwehr im Osten 1921–1945, München/Wels 1963.
Ressing, G.: Der letzte Gefangene der Siegermächte, in: Rheinischer Merkur 17 (27. 4. 1987) S. 4.
Reuth, R. G.: Goebbels, München/Zürich 1990.
Reynolds, D.: Great Britain and the Third Reich, 1933–1940. Appeasement, Intelligence and Misperceptions, in: A. M. Birke/M. L. Recker (Hg.): Das gestörte Gleichgewicht. Deutschland als Problem britischer Sicherheit im 19. u. 20. Jahrhundert, Frankfurt 1990, S. 113–133.
Ders.: Churchill and the British »Decision« to fight on in 1940: right policy, wrong reasons, in: R. Langhorne (Hg.): Diplomacy and Intelligence during the Second World War. Essays in honour of F. H. Hinsley, Cambridge 1985, S. 147–167.
Rexin, M.: Unnachgiebig. Die Sowjets und Rudolf Heß, in: Deutsches Allgemeines Sonntagsblatt 34 (23. 8. 1987) S. 1.
Rich, N.: Hitler's War Aims, Bd. I: Ideology, the Nazi State and the Course of Expansion, New York 1973.
Rolph, C.: Kingsley. The Life, Letters and Diaries of Kingsley Martin, London 1973.
Roskill, S.: Hankey. Man of Secrets, Bd. 3, London 1974.

Rothwell, V.: Anthony Eden. A Political Biography 1931–1957, Manchester 1992.
Rowe, H. T.: Wahrheit über die »Heß-Aktion« in München enthüllt, in: Das Neue Zeitalter 49 (3. 12. 1954) S.3/4.
Rowland, P.: Lloyd George, London 1975.
Sanden, H.: Rudolf Heß – eine gescheiterte Mission, in: Nation Europa 2/10 (1952) S.33–35.
Schäfer, E. (Hg.): Rudolf Hess 1894–1987 Briefe: ein Einblick, Rothenburg 1981.
Schickel, A.: Mutmaßungen über den Inhalt geheimer Heß-Papiere, in: Stuttgarter Zeitung 97 (26. 4. 1984) S.3.
Ders.: Täter und Opfer einer Epoche, in: Bayernkurier 17 (28. 4. 1984) S.7.
Schlie, U.: Kein Friede mit Deutschland. Die geheimen Gespräche im Zweiten Weltkrieg 1939–1941, München/Berlin 1994.
Schmidt, R. F.: Der Heß-Flug und das Kabinett Churchill. Hitlers Stellvertreter im Kalkül der britischen Kriegsdiplomatie Mai/Juni 1941, in: VZG 42 (1994), S.1–38.
Ders.: Ein Geschenk vom Himmel, in: DIE ZEIT, Nr.49 (3. 12. 1993), S.88.
Ders.: Eine verfehlte Strategie für alle Fälle. Stalins Taktik und Kalkül im Vorfeld des Unternehmens »Barbarossa«, in: GWU 6 (1994), S.368–379.
Schulze-Wegner, G.: Die Rote Armee im Urteil der deutschen Führung vor dem »Unternehmen Barbarossa«, in: HMRG 7 (1994), S.102–119.
Schwarzwäller, W.: Der Stellvertreter des Führers Rudolf Heß. Der Mann in Spandau, Wien/München 1974.
Schwendemann, H.: Die wirtschaftliche Zusammenarbeit zwischen dem deutschen Reich und der Sowjetunion von 1939–1941. Alternative zu Hitlers Ostpolitik?, Berlin 1993.
Scott Newton: The economic Background for Appeasement and the Search for Anglo-German Detente before and during World War II, in: Lobster 20, S.25ff.
Seale, P./McConville, M.: Philby. The Long Road to Moscow, London 1973.
Seaton, A.: The Russo-German War, 1941–1945, London 1971.
Seidl, A.: Der verweigerte Friede. Deutschlands Parlamentär Rudolf Heß muß schweigen, München 1985.
Ders.: Der Fall Rudolf Heß 1941–1987. Dokumentation des Verteidigers, München 1988.
Seraphim, H. G.: Die deutsch-russischen Beziehungen 1939–1941, Hamburg 1949.
Sherwood, R. E.: Roosevelt and Hopkins, Oldenburg 1950.
Simpson, C./Knightley, P.: The Secret List of Rudolf Hess, in: Sunday Times (7. 11. 1982).
Smith, A.: The Mission of Rudolf Hess, in: Revue Militaire Generale 6 (1969) S.110–120.
Smith, B. F.: Reaching Judgement at Nuremberg. The untold Story of how the Nazi War Criminals were judged, New York 1977.

Der Spiegel, Nr. 21 (21. 5. 1979): Das Rätsel von VJ und OQ, S. 100–112.
Der Spiegel, Nr. 35 (24. 8. 1987): Heß – »Er war eine künstliche Größe«, S. 84–98.
Der Spiegel, Nr. 15 (8. 4. 1974): Kriegsverbrecher. Beichte in der Zelle, S. 72/73.
Stauffer, P.: Rudolf Heß und die Schutzmacht Schweiz (1941–1945), in: SZG 37 (1987) S. 260–284.
Stegemann, B.: Geschichte und Politik. Zur Diskussion über den deutschen Angriff auf die Sowjetunion 1941, in: Beiträge zur Konfliktforschung 17 (1987) S. 73–97.
Ders.: Hitlers Ziele im ersten Kriegsjahr 1939/40. Ein Beitrag zur Quellenkritik, in: MGM 27 (1980) S. 93–105.
Ders.: Der Entschluß zum Unternehmen Barbarossa. Strategie oder Ideologie?, in: GWU 33 (1982) S. 205–213.
Stone, N.: Hitler. The Final Report, London 1995.
Strothmann, D.: Der Letzte von Spandau, in: Die ZEIT (23. 1. 1970) S. 2.
Suworow, V.: Der Eisbrecher. Hitler in Stalins Kalkül, Stuttgart 1989.
Ders.: GRU. Die Speerspitze. Die sowjetische Militärspionage, 1988.
Symonds, J.: The Great Beast. The Life and Magick of Aleister Crowley, London 1971.
Tarleton, R. E.: What really happened to the Stalin line?, in: The Journal of Soviet Military Studies 5 (1992), S. 187–219.
Taylor, A. J. P.: Beaverbrook, New York 1972.
Ders. (Hg.): Lloyd George. Twelve Essays, London 1971.
Telpuchowski, B. S.: Die sowjetische Geschichte des Großen Vaterländischen Krieges 1941–1945. Deutsche Ausgabe, hg. v. A. Hillgruber u. H. A. Jacobsen, Frankfurt 1961.
Thomas, H.: Hess. A Tale of Two Murders, London 1990.
Ders.: The Murder of Rudolf Hess, London 1979.
Topitsch, E.: Stalins Krieg, Herford 1990.
Trevor-Roper, H.: Our Don Quixote, in: The Spectator (29. 8. 1987) S. 12/13.
Tuccille, J.: The Mission. A Novel about the Flight of Rudolf Hess, New York 1991.
Tyrell, A.: Großbritannien und die Deutschlandplanung der Alliierten 1941–1945, Frankfurt 1987.
Ders.: Vom Trommler zum »Führer«, München 1975.
Ueberschär, G. R.: »Historikerstreit« und »Präventivkriegsthese«, in: Tribüne 26 (1987) Heft 103, S. 108–116.
Ders.: Hitler, nicht Stalin war der Aggressor, in: FAZ (31. 10. 1986).
Ders./W. Wette (Hg.): Der deutsche Überfall auf die Sowjetunion, Frankfurt 1991.
Ulam, A. B.: Stalin. Koloß der Macht, Eislingen 1977.
Urner, K.: Der fragwürdige Fall des Rudolf Heß, in: Christ und Welt 23/13 (27. 3. 1970) S. 24.
Walther, Gerda: Zum anderen Ufer, Remagen 1960.

Dies.: Der Okkultismus im Dritten Reich, in: Neue Wissenschaft. Zeitschrift für kritischen Okkultismus 2/3/4 (1950/51) S. 34–41, 15–19, 29–34.
Watt, D. C.: Herbert King. A Soviet Source in the Foreign Office, in: Intelligence and National Security 3 (1988) Nr. 4, S. 62–82.
Wegner, B. (Hg.): Zwei Wege nach Moskau. Vom Hitler-Stalin-Pakt zum »Unternehmen Barbarossa«, München/Zürich 1991.
Weinberg, G.: Germany and the Soviet Union 1939–1941, Leiden 1954.
Ders.: The Nazi-Soviet Pacts. A Half Century Later, in: Foreign Affairs 68 (1989) S. 175–189.
West, N.: M.I.5 British Security Sevice Operations 1909–1945, New York 1982.
Ders.: M.I.5 1943–1972, London 1982.
Wette, W.: Über die Wiederbelebung des Antibolschewismus mit historischen Mitteln. Oder: Was steckt hinter der Präventivkriegsthese?, in: G. Erler et al. (Hg.): Geschichtswende? Entsorgungsversuche zur deutschen Vergangenheit, Freiburg 1987, S. 86–115.
Whaley, B.: Codeword Barbarossa, Cambridge Mass. 1973.
Winterbotham, F. W.: The Nazi Connection, London 1978.
Winters, P. J.: Das absurde Theater von Spandau, in: FAZ 97 (26. 4. 1974) S. 12.
Wolkogonow, D.: Stalin. Triumph und Tragödie. Ein politisches Porträt, Düsseldorf 1990.
Wood, A.: The true History of Lord Beaverbrook, London 1965.
Wood, D.: Attack Warning Red: The Royal Observer Corps and the Defence of Britain 1925–1975, London 1976.
Woodward, L.: British Foreign Policy in the Second World War, Bd. I–IV, London 1962–1975.
Wulf, J.: Martin Bormann. Hitlers Schatten, Gütersloh 1962.
Young, K.: Churchill and Beaverbrook, London 1966.
Zametica, J.: A Conspiracy to topple Churchill, in: The Spectator (23. 7. 1988) S. 23/24.
Ziegler, P.: King Edward VIII. The Official Biography, London 1990.

Abkürzungen

ADAP	Akten zur Deutschen Auswärtigen Politik
AO	Auslandsorganisation der NSDAP
BAK	Bundesarchiv, Abteilung Koblenz
BAMF	Bundesarchiv, Abteilung Militärarchiv, Freiburg
BAP	Bundesarchiv, Abteilung Potsdam
BLO	Bodleian Library, Oxford
CAB	Cabinet Papers
CCC	Churchill College Cambridge
CPPC	Complete Press Conferences of Franklin D. Roosevelt
CTP	Chartwell Trust Papers
DAF	Deutsche Arbeitsfront
DDPW	Deputy Director of Prisoners of War Department
DNI	Director of Naval Intelligence
EHR	English Historical Review
FAZ	Frankfurter Allgemeine Zeitung
FBI	Federal Bureau of Investigation
FDRL	Franklin Delano Roosevelt Library, Hyde Park/New York
FO	Foreign Office
FRUS	Foreign Relations of the United States
GWU	Geschichte in Wissenschaft und Unterricht
HL	Bibliothek der Hoover Institution on War, Revolution and Peace, Stanford, Kalifornien
HLRO	House of Lords Record Office, London
HMRG	Historische Mitteilungen der Ranke-Gesellschaft
IMT	Der Prozeß gegen die Hauptkriegsverbrecher vor dem Internationalen Militärgerichtshof [IMT], Nürnberg 1947.
IWM	Imperial War Museum, London
IZG	Institut für Zeitgeschichte, München
JCH	Journal of Contemporary History
JMH	Journal of Modern History
KAM	Archiv des KGB, Moskau
KC	King's College, London
KTB	Kriegstagebuch Halders

KTBSkl	Kriegstagebuch der Seekriegsleitung
MGM	Militärgeschichtliche Mitteilungen
NA	National Archives, Washington, D.C.
NSBO	Nationalsozialistische Betriebszellenorganisation
NSKK	Nationalsozialistisches Kraftfahrkorps
OKW	Oberkommando der Wehrmacht
o.O.	ohne Ort
OSAF	Oberster Führer der SA
PAAA	Politisches Archiv des Auswärtigen Amtes, Bonn
PPK	Parteiamtliche Prüfungskommission zum Schutze des NS-Schrifttums
POWD	Prisoner of War Department
PRO	Public Record Office, London
RAF	Royal Air Force
RAM	Reichsaußenminister
RFSS	Reichsführer SS, Heinrich Himmler
ROL	Reichsorganisationsleitung der NSDAP
RSHA	Reichssicherheitshauptamt
SA	Sturmabteilung der NSDAP
SD	Sicherheitsdienst im Reichssicherheitshauptamt
SIS	Secret Intelligence Service
SOE	Special Operations Executive
StAN	Staatsarchiv Nürnberg
StdF	Stellvertreter des Führers
SZG	Schweizerische Zeitschrift für Geschichte
VB	Völkischer Beobachter
VZG	Vierteljahreshefte für Zeitgeschichte
WO	War Office

Personen- und Sachregister